向美人生

大学生美育书目导读

田恩铭　主编

黑龍江大學出版社
HEILONGJIANG UNIVERSITY PRESS
哈尔滨

图书在版编目（CIP）数据

向美人生 ：大学生美育书目导读 / 田恩铭主编. -- 哈尔滨 ：黑龙江大学出版社，2023.6
ISBN 978-7-5686-0866-4

Ⅰ. ①向… Ⅱ. ①田… Ⅲ. ①大学生－美育－推荐书目 Ⅳ. ①Z835

中国版本图书馆 CIP 数据核字（2022）第 154623 号

向美人生——大学生美育书目导读
XIANG MEI RENSHENG——DAXUESHENG MEIYU SHUMU DAODU
田恩铭 主编

责任编辑 宋丽丽 范丽丽
出版发行 黑龙江大学出版社
地 址 哈尔滨市南岗区学府三道街 36 号
印 刷 哈尔滨市石桥印务有限公司
开 本 720 毫米 ×1000 毫米 1/16
印 张 24.5
字 数 351 千
版 次 2023 年 6 月第 1 版
印 次 2023 年 6 月第 1 次印刷
书 号 ISBN 978-7-5686-0866-4
定 价 68.00 元

本书如有印装错误请与本社联系更换，联系电话：0451-86608666。

编　委　会

主　　编　田恩铭

副 主 编　付金柱　邹晓伟

参编成员　（按姓氏笔画排列）

叶子犀　田恩铭　付金柱　李兴军

杨艳秋　邹晓伟　胡国利　钟　黎

目　录

导　言 …… 001

综合编

美育与人生——蔡元培美学文选 …… 009
谈　美 …… 017
美学散步　艺境 …… 025
中国艺术精神 …… 033
黄与蓝的交响：中西美学比较论 …… 040
意象照亮人生：叶朗自选集 …… 052
审美教育书简 …… 060
歌德谈话录 …… 070
悲剧的诞生 …… 080
在通向语言的途中 …… 088
美　感 …… 098
通过身体来思考：身体美学文集 …… 106

文学编

诗　经 …… 117

道德经 …… 126
论　语 …… 135
庄　子 …… 143
艺　概 …… 151
诗映大唐春：唐诗与唐人生活 …… 158
唐诗美学精读 …… 173
晚唐钟声：中国文学的原型批评 …… 181
人间词话 …… 192
中国之美文及其历史 …… 201
中国小说美学 …… 209

音乐戏剧编

人民音乐家：冼星海 …… 219
请赴音乐的盛宴 …… 226
我的音乐笔记 …… 233
京剧谈往录 …… 240
邓肯自传 …… 254

美术书法编

林泉高致 …… 265
艺舟双楫　广艺舟双楫 …… 273
图说中国绘画史 …… 282
第一堂课：在哈佛和芝大教中国美术史 …… 297
汉字书法之美 …… 306
陈从周说园 …… 314
世界美术名作二十讲 …… 328

影视编

电影是什么? …… 339
电影艺术：形式与风格 …… 346
演员自我修养 …… 361
大学影视鉴赏 …… 373

后　记 …… 383

导　言

一般的美育读本或文化读本会自先秦至清末、自古希腊至今列出一份长长的目录，构成文化传承的历时性体系。这样的体系建构有一定的好处，能够梳理出美育史或文化史的脉络，为读者提供广阔的选择空间。然而，它也有缺点，可能会让读者不知从何处着手进行阅读。培养人才是大学教育的根本，而编写导读性教本是其中一个重要方面。审美教育常常是围绕教本开展的，读者想入其境而有所得，首先就要有可信而又优质的教本。

一、美育的起点：立足文本，根于元典以向美

一部教本的意义是如何生成的？韩昌黎有言："师者，所以传道、授业、解惑也。"因此，大学阶段的审美教育自然要发挥"传道""授业""解惑"这三个功能。"传道"在立其根本，"授业"在引入正途，"解惑"在减少障碍。大学阶段的审美教育要有"一种由内而外、充溢于天地之间的精神力量"[①]。"传道"要求"道"要真淳，传之则可受之，立足文本是最佳的选择。教师需通过对教本的设计与编写完成自己的使命。众所周知，"儒道互补"是中国审美思想的一条主线，以孔子为代表的儒家思想

① 陈平原：《抗战烽火中的中国大学》，北京大学出版社 2015 年版，第 4 页。

和以庄子为代表的道家学说是中国审美思想非常重要的两个方面，以儒家为本、道家为辅的互补形式一直延续着。立于“儒道互补”之说，从而形成孔、孟、老、庄思想的聚合，从中可以看出中国传统文化经典的美育内蕴。

美育根植于元典，又不能局限于元典。向美先需有识见，在诸子百家中独取儒、道两家经典，虽犹沧海之一粟，却可见精髓。从文本出发，读懂，读通，进而读透，这要经过一个逐步理解的过程。我们先要立足文本解决传什么道的问题，也就是提出如何以元典为根本形成人生态度的问题，接下来阐释问题并引领学生从元典出发形成对传统美学的“了解之同情”。思想的阐发离不开元典，对元典的运用离不开具体的文化语境，这从孔子对“乐”的理解即可见一斑，在雅俗共赏中归纳总结，从而达到阐释的目的。我们认为美育并非传统意义上的经、史、子、集之汇合，而是能够体现传统文化精髓、文化精神的有益之“学”。因此，还要有关于元典的导读之作，这些导读之作经典化之后，再成为被导读的对象，这样就形成了元典、研究著作相互结合的融合体系。当然，在遴选篇目的过程中，还需要去粗取精、去伪存真，在含英咀华中达到“以文育人，以文化人”的教育目标。

二、美育的过程：由点及面，构建体系以授业

《向美人生——大学生美育书目导读》作为大学通识课程导读教本，虽不能面面俱到，却自成体系。体系一成便有了“源头活水”，何愁不由江河而见大海呢？“道”已可见，传道的过程还需要授业，将授业之所思所想纳入阐释文本，才能形成教本，任何一部有思想的教本均要以授业而及之。根据传统文化的基本特质，选择审美文化经典并建构一个敞开的阐释空间，能够让学习者有道可循，并登堂入室，撷取文化宝藏之精华。

《向美人生——大学生美育书目导读》一书以阐释传统美育精神为中心，不废外来之审美资源，形成了一个敞开的阐释样态。我们力争打破历时次序，按照内容与主题重新归纳，又在此基础上以阅读链接进行贯通概括，让大学生能够循序渐进地接受传道，并使其步入更加广阔的人文空间。好的教本或读本要有“主心骨”，能够使读者在含英咀华中陶冶性情，启发思考，激发阅读兴趣。本书从古今中外的美育书目中遴选出 39 部进行导读，导读书目分为综合美育类和分科美育类，分科美育类再细分为文学类、音乐戏剧类、美术书法类、影视类。本书选取了具有代表性的美育书目，主要进行作者介绍、书目导读以及书目推荐等部分的编写。编写重点在书目导读部分，对这一部分的编写力求观点清晰鲜明，语言简练精要，赏析怡情悦目，使读者在阅读过程中欣赏美、体验美，尽情享受美的愉悦，拓展审美视野，提高人文素养。融审美性、思想性、教育性于一体，是本书的主要特点。

“寓研于教”是我们遵循的原则。每一编均精挑细选，入选的著作既要有代表性，又要体现专题性。以文学编为例，汇集《论语》《道德经》《庄子》等作品，集美育与文学于一身，呈现出了中华美育的基本风貌。再如与唐诗美学相关的三部著作，《诗映大唐春：唐诗与唐人生活》注重审美文化，《唐诗美学精读》试图在文本阐释中建立唐诗美学体系，《晚唐钟声：中国文学的原型批评》则循着审美文化传统聆听美的歌唱。传道者要知“道”，授业者要知“导”，由一水奔流而感知到“飞流直下”之势，并由此体味出“逝者如斯夫，不舍昼夜”的真意和美感，授业的目标也就自然完成了。

三、美育的功能：读而能解，导引结合以解惑

有道可传，授业则是传道的过程，在这个过程中，接受者一旦生惑，

必然发问。其所提出的问题或是对“道”本身的质疑，或是拘泥于章句的问题。面对这些问题如何解惑也是考验师者智慧的一个方面。诉之于教本，对元典的释读是否得当是能否解惑的关键环节，这一环节要求释读者能够高屋建瓴。

由经典文本集合而成的读本，应能够发挥解惑的作用，这就需要读本的编纂者煞费苦心地建构一条通向解惑的路径，编制出一个开放的阐释空间。《向美人生——大学生美育书目导读》一书的编写者均以热爱贯穿其中，力求达到传道之真，授业之诚，解惑之用心。好的教本是用心编出来的，选题立意、体系构建、字里行间都蕴含着编者的心血。对于学习者来说，从文字间就能读出编者的诚意，这样的教本才能成为合格的教本。既有文本通过编者的整合与阐释才能生成有意义的教本，如果说传播文化的意义就在于培育有创造力的人才，那么优秀的教本正是其连接的纽带。

文化修养之深浅影响着未来之路，我们的编撰旨在发扬文化经典之审美精神。《向美人生——大学生美育书目导读》作为一部美育读本兼教本，对经典文化精神的揭示、对审美观念的发掘、对审美教育的深层次论述均体现出了时代意义。作为读本可以让人找到读懂经典的路径，作为教本可以使人由经典见微知著，一册在手，开卷有益，读有所得，掩卷深思，其价值不可小觑。本书的价值有二：一是拓展大学生的美育知识视野。本书分门别类地对美育名著予以介绍和赏析，使大学生对于美育方面的知识得到全面而系统的了解与掌握。二是增进大学生的审美认知与体验。通过阅读本书，大学生能够形成初步的审美感知力，并在阅读过程中不断提升自身的想象力与创造性思维能力。

张载有言：“为天地立心，为生民立命，为往圣继绝学，为万世开太平。”其中，“为往圣继绝学”正体现了师者存在之价值，即继承传统并发扬传统，将中华美学之精华融入现代文明，使其成为现代文明的组成部分。润物无声而万物生长，一部教本可能无法承载过多的文化负重，它仅仅是沧海之一粟，置身于文化建设的洪流中，也许能发挥乘风破浪的作用。站在为经典文化立言的高度观之，我们编写的《向美人生——大学生美育书目导读》力求将审美文化之泉融入人们的生命体中，但愿凡细读此书者都能从中汲取营养，文化经典深邃之义得以发微，随无涯之旅而得入胜境。虽不能至，而心向往之。

综合编

美育与人生——蔡元培美学文选

蔡元培

蔡元培（1868—1940），字鹤卿，号孑民，曾化名蔡振、周子余。著名教育家、学者。浙江绍兴人。1884 年考取秀才，1885 年设馆教书，1892 年经殿试中进士，殿试策论成绩为二甲三十四名，被点为翰林院庶吉士。1894 年，授职翰林院编修，甲午战争爆发后开始接触西学。1898 年，任绍兴中西学堂监督，提倡新学。1901 年，任上海代理澄衷学堂首任校长。1916 年 12 月 26 日，受命担任北京大学校长，支持新文化运动，提倡学术研究，主张“思想自由，兼容并包”，实行教授治校。1917 年 1 月 9 日，蔡元培发表就任北京大学校长的演说，明确向学生说明：“诸君来此求学，必有一定宗旨，欲求宗旨之正大与否，必先知大学之性质。今人肄业专门学校，学成任事，此固势所必然。而在大学则不然，大学者，研究高深学问者也。”1918 年，蔡元培明确地指出：“大学为纯粹研究学问之机关，不可视为养成资格之所，亦不可视为贩卖知识之所。学者当有研究学问之兴趣，尤当养成学问家之人格。”1919 年 6 月 15 日，他在《不愿再任北京大学校长的宣言》中说：“我绝对不能再作不自由的大学校长：思想自由，是世界大学的通例。”1920 年 2 月，蔡元培下令允许王兰、奚浈、查晓园 3 位女生入北大文科旁听，当年秋季起即正式招收女生，开中国公立大学招收女生之先例。蔡元培是第一位明确提出军国民教育、实利主义教育、公民道德教育、世界观教育和美感教育“皆今日之教育所不可偏废”的教育思想家。主张五育并举。蔡元培认为，教育对于社会有两个基本功能：一在引领，所谓“教育指导社会，而非随逐社会者也”；二在服务，“就是学校里养成一种人才，将来进社会做事”，或者“就是学生或教员一方面讲学问，一方面效力社会”。毛泽东评价蔡元培为“学界泰斗，人世楷模”。其著作收录于《蔡元培全集》《蔡元培教育论著选》等。

蔡元培主张“教育救国”，提出“五育并举”的思想，认为美育可以代替宗教。他认为，艺术可以使人养成美的精神和纯洁的人格，美育应该成为人生教育。《美育与人生——蔡元培美学文选》这部著作就是集中探讨这些问题的。

《美育与人生——蔡元培美学文选》收录了蔡元培的 30 篇文章，包括对新教育的意见和鼓励学生“养成优美高尚思想”等内容。其中，关于美术的文章有 4 篇，关于美学的文章有 9 篇，关于美育的文章有 8 篇，还有关于中国文学与中国书画的文章，等等，集中探讨了美学与美育的问题，并将以美育代宗教和美育与人生等问题作为探讨重点。

1912 年 1 月，中华民国临时政府在南京成立，蔡元培任南京临时政府教育总长，颁布了《普通教育暂行办法》，并主持制定了《大学令》与《中学令》。蔡元培任南京临时政府教育总长时，主张采用西方教育制度，《美育与人生——蔡元培美学文选》这部作品中的第一篇文章《对于新教育之意见》就是这时发表的。蔡元培提出了对新教育的看法，他认为教育有属于政治与超越政治两大分别：专制时代教育家遵循政府的方针进行教育，这就是纯粹隶属于政治的教育；共和时代，教育家以人民的地位为教育标准，就有了超越政治的教育。第一种教育是军国民教育，实利主义教育隶属于政治教育的第二类，这类教育以人民生计为普通教育的主要目的，也是当务之急的教育。除此之外，教育也要致力于公民道德教育与世界观教育。最后，“故教育家欲由现象世界而引以到达于实体世界之观念，不可不用美感之教育”①。这样，蔡元培在《对于新教育之意见》中提出了自己的“五育”教育观：军国民主义教育、实利主义教育、德育主义教育、世界观教育和美育主义教育。其中，前三者是属于政治的教育，后二者为超越政治的教育。“以教育界之分言三育者衡之，军国民主义为体育；实利主义为智育；公民道德及美育皆毗于德育；而世界观则统三者而一之。”② 通过《美育与人生——蔡元培美学文选》的第一篇文章我们就可以了解蔡元培的教育观念——“五育并举”，这应当是蔡元培《美育与人生——蔡元培美学文选》的总纲。

《美育与人生——蔡元培美学文选》的第二个内容是关于美术的。蔡元培通过《美术的起原》《美术的进化》《美术与科学的关系》《美术批评的相对性》4 篇文章来讨论美术。我们不能用今天普遍化的美术课来分析蔡元培对美术的理解。蔡元培指出，狭义的美术是专指建筑、造像（雕刻）、图画与工艺美术（包装饰品等），广义的美术在上述所言之外，又包含文学、音乐、舞蹈等。从这里可知，蔡元培所言美术是指今天我们所说的美学具体领域。关于美术的起源，蔡元培从两方面着手进行分析：一是古代未开化民族所造的，是古物学的材料；一是现代未开化民族所造的，是人类学的材料。同时，他进一步从静的美术与动的美术两个方面对其进行分类考察。蔡元培以平实的语言，叙述美术的起源与进化历史，使我们有了美术的历史感。关于美术与科学的关系，蔡元培认为，“我们的心理上，可以分三方面看：一面是意志，一面是知识，一面是感情。意志的表现是行为，属于伦理学，知识属于各科学，感情是属于美术的”③。“科学与美术有不同的点：科学是用概念的，美术是用直观的。”④ 关于美术批评

① 蔡元培：《美育与人生——蔡元培美学文选》，山东文艺出版社 2020 年版，第 5 页。
② 蔡元培：《美育与人生——蔡元培美学文选》，山东文艺出版社 2020 年版，第 6 页。
③ 蔡元培：《美育与人生——蔡元培美学文选》，山东文艺出版社 2020 年版，第 91 页。
④ 蔡元培：《美育与人生——蔡元培美学文选》，山东文艺出版社 2020 年版，第 91 页。

问题，蔡元培以举例的形式，把深奥的道理简明地说了出来，他区分了几个相对问题：一是习惯与新奇；二是失望与失惊；三是阿好（爱好）与避嫌；四是雷同与立异；五是陈列品的位置与叙次。这几种对比分析对理解美术批评问题是十分有意义的。

《美育与人生——蔡元培美学文选》的第三个内容是关于“美学”的。关于美学的文章，包括《美学观念》《康德美学述》《美学的进化》《美学的研究法》《美学讲稿》《美学的趋向》《美学的对象》《实验的美学》《〈美学原理〉序》等。蔡元培认为，“美学观念者，基本于快与不快之感。与科学之属于知见，道德之发于意志者，相为对待”①。“而美学观念，以具体者济之，使吾人意识中，有所谓宁静之人生观，而不至疲于奔命，是谓美学观念惟一之价值。”② 康德的美学，蔡元培是比较推崇的，他认为演绎纯粹美感的真相，发挥美学判断的关系，最为著名的就是康德。蔡元培在《康德美学述》中对康德美学观点进行了述评，对美学的基本问题及优美进行了分析。蔡元培在之前谈论过美术的进化，后来又阐释了美学的进化，他认为我们如果不懂得一点美学，绝不能知道美术的底蕴。由此看来，具体艺术品的美术是离不开美学的，没有美学知识，可能对艺术品的欣赏都没有底蕴。蔡元培关于美学研究法的论述是值得认真阅读的，《美学的研究法》一文中不但讲了美学的研究法，也对美术的鉴赏法进行了分析，这对于我们了解美术与美学都是有帮助的。蔡元培的《美学讲稿》、《美学的趋向》和《美学的对象》是关于美学知识分类的文章，对研究美学是有一定意义的。其中引用了康德对美的定义：第一是普遍性；第二是超脱性。蔡元培认为，“自有康德的学说，而在哲学上美与真、善有齐等之价值，于是确定，与论理学、伦理学同占重要的地位，遂无疑义”③。蔡元培关于美学的文章，现在看来已经是我们能够接触到的美学的基本常识，但在民国时期却是很有见解的，对我们后来美学的发展有着很重要的

---

① 蔡元培：《美育与人生——蔡元培美学文选》，山东文艺出版社 2020 年版，第 15 页。
② 蔡元培：《美育与人生——蔡元培美学文选》，山东文艺出版社 2020 年版，第 17 页。
③ 蔡元培：《美育与人生——蔡元培美学文选》，山东文艺出版社 2020 年版，第 100 页。

贡献。蔡元培谈论美学时往往把美学与其他方面结合起来，融入整个教育之中，他说："无论何人，总不能不有是非、善恶、美丑之批评，这因心理上有知、意、情三作用，以真善美为目的。三者之中，以善为主，真与美为辅，因而人是由意志成立的。"①

《美育与人生——蔡元培美学文选》中，美育与人生是蔡元培美育思想的核心内容。蔡元培可以说是中国提出美育思想的第一人。何谓美育呢？蔡元培认为，"美育者，应用美学之理论于教育，以陶养感情为目的者也"②。"所以美育者，与智育相辅而行，以图德育之完成者也。"③ 蔡元培以我国古代教育中的六艺来说明美育的重要作用。"吾国古代教育，用礼、乐、射、御、书、数之六艺。乐为纯粹美育；书以记述，亦尚美观；射御在技术之熟练，而亦态度之娴雅；礼之本义在守规则，而其作用又在远鄙俗；盖自数以外，无不含有美育成分者。"④ 后世的诗、词、书、画、小说、戏剧及各种美术工艺无不于非正式教育中行其美育的作用。那么美育实施的方法包括哪些呢？蔡元培认为，"美育之设备，可分为学校、家庭、社会三方面"⑤。关于以美育代宗教，在《美育与人生——蔡元培美学文选》中有3篇文章谈论此内容，尽管有重复，但核心问题是不变的。蔡元培一贯主张以美育代宗教，但并不是把美育和美术混在一起，只有美育可以代宗教，美术不能代宗教。那么为什么蔡元培想以美育代宗教呢？首先他从客观方面去研究宗教，看看宗教到底是做什么的。蔡元培认为，在最初的时候，宗教完全是教育，后来的智、德、体三育，最初都在宗教中体现出来。原始初民时代没有科学，人类不易知道的事都是从宗教中寻求答案的，当时宗教解决了人们最初的智育问题。宗教一般讲规矩，讲爱人、爱友和如何与人交往，这是宗教和德育的关系。以前宗教代替了教

① 蔡元培：《美育与人生——蔡元培美学文选》，山东文艺出版社2020年版，第149页。
② 蔡元培：《美育与人生——蔡元培美学文选》，山东文艺出版社2020年版，第156页。
③ 蔡元培：《美育与人生——蔡元培美学文选》，山东文艺出版社2020年版，第156页。
④ 蔡元培：《美育与人生——蔡元培美学文选》，山东文艺出版社2020年版，第156页。
⑤ 蔡元培：《美育与人生——蔡元培美学文选》，山东文艺出版社2020年版，第157页。

育，除了宗教外，几乎没有另外的教育。后来，智育问题由科学教育来解决了，体育也已经独立于宗教。蔡元培指出，“这样，在宗教的仪式中，就丢掉了智、德、体三育，剩下来的只有美育，成为宗教的唯一原素”①。宗教上的各种美术品，其价值还是能够站得住的。那么有了美育，宗教可不可以代美育呢？蔡元培认为不可以，因为宗教上的美育材料有限制，而美育则无限制，美育应该绝对自由，以调养人的感情，美育是普及的，而宗教则有界限。“总之，宗教可以没有，美术可以辅宗教之不足，并且只有长处而没有短处”②，蔡元培认为这个问题很重要。

关于“美育与人生”，蔡元培专门写了一篇手稿谈论此问题，而这篇手稿也奠定了《美育与人生——蔡元培美学文选》这本小书的主题。“人的一生，不外乎意志的活动，而意志是盲目的，其所恃以为较近之观照者，是知识；所以供远照、旁照之用者，是感情。”③ 蔡元培指出，人人都有感情，但是并非都有伟大而高尚的行为，这是由于感情推动力的薄弱问题。而要增强感情推动力，就需要陶养，陶养的工具就是美的对象，陶养的作用就是美育。为什么美的对象能够陶养感情呢？蔡元培认为，美的对象具有两种特性，一是普遍性，二是超脱性。这种普遍主要指可以共享，如陶渊明称“奇文共欣赏”。超脱指超越利用、利害关系。既有普遍性以打破“人我之见”，又有超脱性以透出利害的关系。所以，如蔡元培所言：“吾人固不可不有一种普遍职业，以应利用厚生的需要；而于工作的余暇，又不可不读文学，听音乐，参加美术馆，以谋知识与感情的调和，这样，才算是认识人生的价值了。”④

蔡元培是中国现代美学的重要奠基者之一，他以融汇中西的学术修养和崇高的政治学术地位，对美学特别是美育的发展及推广做出了杰出的贡献。蔡元培担任教育总长和北京大学校长时，将美育首次纳入教育方针，

① 蔡元培：《美育与人生——蔡元培美学文选》，山东文艺出版社 2020 年版，第 166 页。
② 蔡元培：《美育与人生——蔡元培美学文选》，山东文艺出版社 2020 年版，第 167 页。
③ 蔡元培：《美育与人生——蔡元培美学文选》，山东文艺出版社 2020 年版，第 182 页。
④ 蔡元培：《美育与人生——蔡元培美学文选》，山东文艺出版社 2020 年版，第 183 页。

提出“五育并举”，倡导“以美育代宗教”。蔡元培一生专治美学，留学期间，重点研究美学。他在《自写年谱》中曾谈道：“我于讲堂上既常听美学、美术史、文学史的讲〈演〉，于环境上又常受音乐、美术的熏习，不知不觉的渐集中心力于美学方面。”蔡元培“到四十多岁，专治美学”，他在北京大学开设美学课程十余次，制定美育方针，传播美育思想，推动美育实践。可以说，美育是蔡元培的教育理想，此一理想贯穿他一生的教育生涯。

《美育与人生——蔡元培美学文选》是蔡元培美学与美育思想的重要体现。此书收录的文章看似多样，但主题比较明确，主要围绕美学与美育的相关理论与实践问题进行选录，并把蔡元培关于美学与美育的主张呈现出来。蔡元培的《美育与人生——蔡元培美学文选》以对新教育之意见为开篇语，围绕美术与美学展开论述，提出美育思想，最后升华到“美育与人生”的主题。虽然是文章的合集，但主题还是相对突出的。我们在读《美育与人生——蔡元培美学文选》中的文章时，可能会受到当时（二十世纪二三十年代）语言风格的影响，有些不易理解。但是，整体来说，蔡元培并没有运用抽象的理论来说明问题，语言还是十分平实的。

美育对于今天的我们来说，尤其具有重要意义。现代的生活已经完全置于科学发展之下，人们生活于现代化的世界之中，处于物质繁荣之地，但是也会有人一时找不到精神家园。阅读《美育与人生——蔡元培美学文选》，可以让我们把真、善、美结合起来，让我们的感情世界丰盈起来，从而享受“美育与人生”的新境界。

（胡国利）

阅读链接

1.《美育与人生——蔡元培美学文选》，蔡元培著，山东文艺出版社，

2020 年版。

2.《蔡元培传》，唐振常著，上海人民出版社，2018 年版。

3.《蔡元培全集》（共十八卷），中国蔡元培研究会编，浙江教育出版社，1998 年版。

谈　美

朱光潜

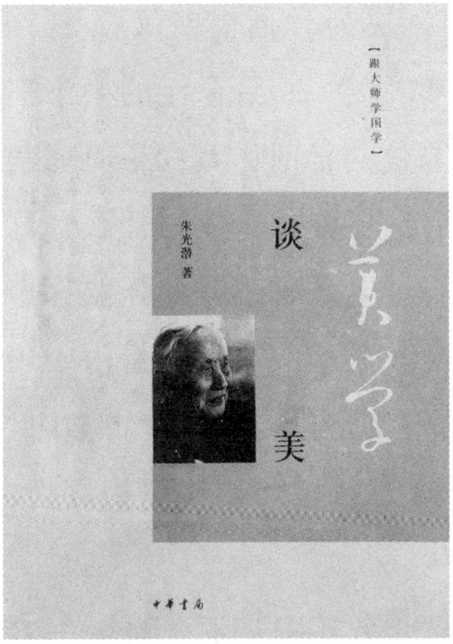

朱光潜（1897—1986），别名孟实，安徽桐城人。我国著名的美学家、文艺理论家、教育家、翻译家。青年时期在桐城中学、武昌高等师范学校学习，后进入香港大学文学院学习。1922年香港大学毕业后，先后在吴淞中国公学和春晖中学任教，后来到上海参与立达学会和立达学园的创办，倡导“教育独立自由”。1924年，撰写第一篇美学文章《无言之美》。自1925年出国留学八年，先后学习于英国爱丁堡大学、伦敦大学，法国巴黎大学、斯特拉斯堡大学，获得文学硕士、博士学位。回国后，受聘为北京大学西语系教授，主编过《文学杂志》。朱光潜主要编著有《文艺心理学》《悲剧心理学》《谈美》《诗论》《谈文学》《克罗齐哲学述评》《西方美学史》《美学批判论文集》《谈美书简》《美学拾穗集》等，并翻译了《歌德谈话录》、柏拉图的《文艺对话集》、莱辛的《拉奥孔》、黑格尔的《美学》、克罗齐的《美学原理》、维柯的《新科学》等。朱光潜认为，人要有出世的精神才可以做入世的事业。

美学大师“谈美”会是什么样子？既然是美学大师，是不是会用十分抽象的理论来述说“美”，用深奥难懂的语言来表达“美”呢？朱光潜，这位中国著名的美学大师也要“谈美”，而且是给青年人“谈美”，青年人能理解吗？让我们来看看朱光潜先生是如何给青年人“谈美”的。

《谈美》是朱光潜于 1932 年用书信形式为青年人所写的一本美学入门书。朱光潜在留学欧洲期间，曾经给国内的青年朋友写了十二封信，信中所谈及的多是青年关心的问题。这些信中涉及读书、社会运动、哲学、作文、爱情、人生等问题，朱光潜像与朋友写信一样，信中既有自己的感悟，又有与老友的真挚交谈，把对人生、社会、生活等问题细细道来，使青年朋友受益良多。《谈美》也被称为给青年的“第十三封信”，朱光潜称《谈美》是其著作《文艺心理学》的“缩写本”，更为“通俗叙议”。《谈美》1932 年 11 月曾由开明书店出版，书名为《谈美——给青年的第十三封信》。朱光潜在《谈美》开场话中曾说：“在写这封信时，我和平时写信给我的弟弟妹妹一样，面前一张纸，手里一管笔，想到什么便写什么，什么书也不去翻看。我所说的话都是你所能了解的，但是我不敢勉强要你全盘接收。”《谈美》自出版以来，先后重印过多次，其中一个版本是由中华书局以“跟大师学国学”系列出版的 2010 年版《谈美》。朱光潜在 20 世纪 80 年代曾出版《谈美书简》，《谈美》与《谈美书简》相比更为真切，也更好读。

朱自清给《谈美》这本小书作了序言，他像是介绍老朋友一样，娓娓道来：“作者是你的熟人，他曾写给你《十二封信》；他的态度的亲切和谈话的风趣，你是不会忘记的。”朱自清先生指出，新文化运动以来，青年人非常希望能从各类书刊中得到关于美学的知识，但是这种“东鳞西爪”积累起来的知识只是“杂拌儿”，可能还赶不上“杂拌儿”。由此，青年人从这些凌乱的知识里，是得不着清清楚楚的美感观念的。青年人在美感与快感之间、考据批评与欣赏之间、自然美与艺术美之间，常常自己冲突，自己烦恼，自己困惑，不知道如何去解这连环。而朱光潜的《谈美》这部作品便能帮助青年人走出迷路，指给青年人一些不绕弯的道路，从而使其不至于彷徨在大野里；同时，《谈美》这部作品可以让青年人举一反三，在矫正青年人错误的时候，鼓励其走向前去。朱自清在序言中谈道："他（朱光潜）告诉你美并不是天上掉下来的；它一半在物，一半在你，在你的手里。""孟实先生引读者由艺术走入人生，又将人生纳入艺术之中。这种'宏远的眼界和豁达的胸襟'，值得学者深思。"

在朱自清的序言之后，我们再来看看朱光潜自己的开场话，这些话对当时的青年有意义，对我们现在的青年同样具有意义。在1932年，朱光潜听说青年朋友之中，有些人已遭惨死，有些人因天灾人祸而废学，有些人正忙于高官厚禄。朱光潜写道："现在青年不应该再有复杂错乱的心境了。他们所需要的不是一盆八宝饭而是一帖清凉散。想来想去，我决定来和你讲美。"① 在当时那种危急存亡的情况下，还在"讲美"，还在"谈风月"，这是否合适呢？朱光潜认为，现在"讲美"，正因为时机实在是太紧迫了。"我坚信中国社会闹得如此之糟，不完全是制度的问题，是大半由于人心太坏。我坚信情感比理智重要，要洗刷人心，并非几句道德家言所可了事，一定要从'怡情养性'做起，一定要于饱食暖衣、高官厚禄等等之外，别有较高尚、较纯洁的企求。要求人心净化，先要求人生美化。"② 乱世之中，更要注重"修身"，否则人心会更坏，朱光潜的信仰具有中国儒家的"修身、齐家、治国、平天下"的情怀。正如朱光潜所言，"人要有出世的精神才可以做入世的事业"。"现世只是一个密密无缝的利害网"，美感的世界可以超乎利害关系而独立，艺术的活动是"无所为而为"的。朱光潜认为，把自己所做的学问事业当成艺术品来看待，不计较利害得失，才可有大成就。"伟大的事业都出于宏远的眼界和豁达的胸襟。"③ 人心之坏，在于"未能免俗"。朱光潜写这封信，其中一个很单纯的目的，就是研究如何"免俗"。

《谈美》有十五个话题，朱光潜给每个话题都安上一个优雅的主题，

① 朱光潜：《谈美》，中华书局2010年版，开场话第2页。
② 朱光潜：《谈美》，中华书局2010年版，开场话第2页。
③ 朱光潜：《谈美》，中华书局2010年版，开场话第3页。

并分别配上美学的术语作为副标题，使我们能够一目了然。如第二个话题：“当局者迷，旁观者清”——艺术和实际人生的距离。这十五个话题，我们可以分成这样几个部分来看：一是对美的认识（前三个话题）；二是谈论美感与美（第四个到第八个话题）；三是创造美（第九个到第十四个话题）；四是艺术与人生（第十五个话题）。

第一，对美的认识。朱光潜对美的认识谈了三个话题：一是从我们对于一棵古松的三种态度，即实用的、科学的、美感的，引入对美的基本认识；二是从“当局者迷，旁观者清”来谈艺术和实际人生的距离；三是从“子非鱼，安知鱼之乐?”来谈宇宙的人情化。同样一件事物，人的看法不同，可能就会有多种态度。对于一棵古松来说，商人眼中是实用，植物学家眼中是科学研究，画家眼中是美。“从此可知这棵古松并不是一件固定的东西，它的形相随观者的性格和情趣而变化。各人所见到的古松的形相都是各人自己性格和情趣的返照。古松的形相一半是天生的，一半也是人为的。极平常的知觉都带有几分创造性；极客观的东西之中都有几分主观的成分。”① 朱光潜认为美也是如此，有审美的眼睛才能见到美。人们对待古松的态度是不同的，有实用的态度，有科学的态度，有美感的态度，而这三种态度也就是我们所说的“真、善、美”的态度。如果从“用”来说，可能美是最没有用处的，但是，人异于其他动物之处就是于日常饮食等需求之外还有更为高尚的追求，美就是其中之一。人的生命的意义，如果仅限于饮食，没有心灵的追求，那人可能真就等同于动物了。朱光潜说：“照这样看，我们可以说，美是事物的最有价值的一面，美感的经验是人生中最有价值的一面。”② 历史中许多英雄和美人，许多成功和失败，可能随着时间的流逝已经成为过去，但艺术作品却是真正不朽的。正如朱光潜所言：“悠悠的过去只是一片漆黑的天空，我们所以还能认识出来这漆黑的天空者，全赖思想家和艺术家所散布的几点星光。朋友，让我们珍

① 朱光潜：《谈美》，中华书局 2010 年版，第 2 页。
② 朱光潜：《谈美》，中华书局 2010 年版，第 6 页。

重这几点星光！让我们也努力散布几点星光去照耀那和过去一般漆黑的未来！"①

第二，谈论美感与美。实际上，朱光潜在第二个话题和第三个话题中已经回答了"美感是什么"：一是艺术和实际人生要有适当的距离；二是宇宙的人情化，观赏时以"我"的情趣移注于物，以物的姿态移注于"我"——物我两忘的境界。进一步理解美感，朱光潜认为还要区分美感与快感、美感与联想。美感与快感是不同的：美感具有普遍性，快感则没有；美感与实用活动无关，而快感则起于对实际要求的满足。美感经验是直觉的而不是反省的。在聚精会神之中忘我地观赏，比如读一首诗，当时我们心领神会，后来回想起来，才觉得这一番经验很让人愉快。美感与快感之外，还有一个容易被误解的问题，就是美感与联想。朱光潜主张，联想是知觉和想象的基础，艺术不能离开知觉和想象，不能离开联想。但是联想容易导致乱想，从这个意义上来说，联想是妨碍美感的。美感起于直觉，但联想却不免带有思考。"记得绿罗裙，处处怜芳草。"当我们一心一意领略芳草的情趣时，联想到穿着罗裙的美人，心思可能就不在芳草上了。朱光潜继续写道，一般人可能会把快感与联想误解为美感，学者们可能会把考证和批评误认为是欣赏。考证的是历史知识，历史知识可以帮助欣赏但却不是欣赏，如我们要欣赏陶渊明的《饮酒》一诗，可能会考证原本是"悠然望南山"还是"悠然见南山"。当然，了解和欣赏是互补的，但只了解而不能欣赏，那只是史学的功夫，而没有走进文艺的领域。同样，批评者也不是欣赏者。有些批评者以"导师""法官""舌人"自居，但是他们根本就不懂欣赏。更有甚者那些居于"饕餮者"地位的批评者，只是贪图美味，而不懂欣赏。朱光潜认为："考据不是欣赏，批评也不是欣赏，但是欣赏却不可无考据与批评。"② 现在的青年以为有文艺的爱好就可以谈文艺，是很大的错误。朱光潜对美感进行谈论之后，进一步讨论了美本身。什么是美呢？按照朱光潜的观点来看，"美不完全在外物，也不

① 朱光潜：《谈美》，中华书局2010年版，第7页。
② 朱光潜：《谈美》，中华书局2010年版，第43页。

完全在人心，它是心物婚媾后所产生的婴儿”①。这种观点也是中国美学史上，关于美是什么的争论中朱光潜的立场——“情人眼底出西施”，美的欣赏是把自然加以艺术化。从美学观点来看，“自然美”的美和“艺术美”的美是不应该被混为一谈的。朱光潜批评了写实主义和理想主义的错误，进一步理清了一些美学观点。艺术的美丑和自然的美丑是两回事，艺术的美不是由模仿自然美得来的。关于美感与美，朱光潜以日常说理的形式讲给青年朋友，让青年人于常理中认识美感与美。

第三，创造美。前面的话题侧重于欣赏，之后，朱光潜开始探讨创造。“创造之中都寓有欣赏，但是创造却不全是欣赏。”② 创造须更进一步，要有相当的天才和人力。朱光潜认为，艺术的雏形就是游戏，要了解艺术的创造和欣赏，最好先研究游戏。从普遍的游戏中，我们可以看出游戏和艺术的类似点：像艺术一样，游戏把欣赏的意象客观化，使其成为一个具体的情境；游戏还是一种“想当然耳”的事情；游戏带有移情作用；游戏能够创造另一个理想世界。一般艺术家都是所谓的“大人者不失其赤子之心”。艺术虽然伏根于游戏本能，但须传达情思于观者，这可能就是游戏望尘莫及的地方了。艺术和游戏需要臆造空中楼阁来慰情，创造必定要使用想象。朱光潜认为，“不可以言传的全赖读者意会。在微妙的境界我们尤其不可拘虚绳墨”③。创造之中还要有情感，艺术的任务是在创造意象，但这种意象必定是情感饱和的。创造中有模仿，“凡是艺术家都须有一半是诗人，一半是匠人。他要有诗人的妙悟，要有匠人的手腕”④。可是对于这些，青年作家往往会忽略。那么如何进行创造呢？朱光潜又谈论了一个话题——天才与灵感。我们承认遗传和环境对人的影响巨大，但这不能完全用来解释天才，对灵感进行一番研究，就可以见出天才的形成不可无人力了。“‘读书破万卷，下笔如有神’所谓‘灵感’就是杜工部所说的

① 朱光潜：《谈美》，中华书局 2010 年版，第 47 页。
② 朱光潜：《谈美》，中华书局 2010 年版，第 62 页。
③ 朱光潜：《谈美》，中华书局 2010 年版，第 75 页。
④ 朱光潜：《谈美》，中华书局 2010 年版，第 99 页。

‘神’，‘读书破万卷’是工夫，‘下笔如有神’是灵感。据杜工部的经验看，灵感是从工夫出来的”[①]。

第四，艺术与人生。作这部作品还有一个更大的目的，那就是“人生的艺术化”。“文章忌俗滥，生活也忌俗滥。”[②] 朱光潜认为，人生是多方面而却互相和谐的整体，把它分析开来看，我们说某部分是实用的活动，某部分是科学的活动，某部分是美感的活动，完满的人生见于这三种活动的平均发展，它们虽是可分别的，却不是互相冲突的。离开人生便无所谓艺术，因为艺术是情趣的表现，而情趣的根源就在人生；反之，离开艺术也便无所谓人生，因为凡是创造和欣赏都是艺术的活动。人生本来就是一种广义的艺术，会生活的人就是艺术家。“无所为而为的玩索”才是人生的大境界。朱光潜先生告诉我们对待人生要“慢慢走，欣赏啊!”

朱光潜以一个老朋友的语气娓娓而谈，他把对美的看法、美学的问题、对艺术与人生的关系的深刻体悟，渗透在质朴清新的文字中，让我们读起来十分流畅，美感与美学的基本问题融入平实的谈话中，使我们少了一些专业术语的阻隔，多了一些亲切之感。但我们应当注意的是，朱光潜先生在这平实的话语中渗透了关于美学的基本问题，如“当局者迷，旁观者清”“子非鱼，安知鱼之乐?”“情人眼底出西施”等。《谈美》一书虽小，内容却十分丰富，关于美学的基本问题都已经说得很清楚了，它可以说是一本美学的入门书，也是美学的精品。

《谈美》这部作品我们可以一气呵成去读，因为它是一本小书，晓畅易懂；也可以随意找到一部分来读，因为每个部分都是一个问题，都是我们欣赏美时会遇到的问题，可以细细品味。当我们把生命、生活、生存都融于欣赏时，一切都变成美的了。

（胡国利）

① 朱光潜：《谈美》，中华书局2010年版，第103页。
② 朱光潜：《谈美》，中华书局2010年版，第111页。

阅读链接

1. 《谈美》，朱光潜著，中华书局，2010 年版。

2. 《朱光潜全集》，朱光潜著，中华书局，2012 年版。

美学散步　艺境

宗白华

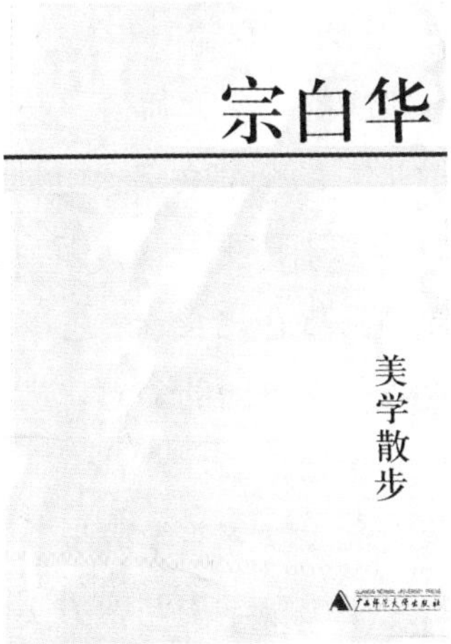

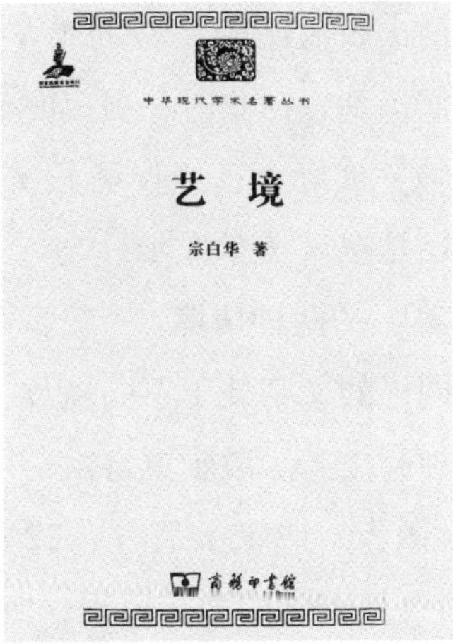

宗白华（1897—1986），原名宗之櫆，字伯华，原籍江苏常熟，著名哲学家、美学家和诗人。1897 年出生于安徽省安庆市，8 岁时随父亲去南京读小学，17 岁到青岛德国高等学校中学部就读，1918 年毕业于上海同济大学语言科。1918 年，参加了少年中国学会，并负责编辑会刊《少年中国》。1919 年，在上海主编《时事新报》副刊《学灯》，发现和培育了郭沫若等文坛新秀。1920 年，到德国留学，曾在法兰克福大学和柏林大学学习哲学和美学等课程。1923 年，创作轻灵与充满哲思的《流云小诗》，轰动诗坛。1925 年，回国后赴南京东南大学哲学系任教。抗战期间随学校迁至重庆，抗战胜利后返回南京继续任教。新中国成立后，1949 年到 1952

年任南京大学教授。1952 年任北京大学哲学系教授，后兼任中华全国美学学会顾问。1986 年 12 月 20 日在北京逝世。宗白华是中国现代美学研究的先行者和开拓者之一，被誉为“融贯中西艺术理论的一代美学大师”。宗白华先生的著作由《宗白华全集》整体呈现出来。其中，美学理论性著作有《美学散步》和《艺境》，译著有康德的《判断力批判》（上卷）、瓦尔特·赫斯的《欧洲现代画派画论选》，译文集《宗白华美学文学译文选》。另著有诗集《流云小诗》，与郭沫若、田汉合著书信集《三叶集》。

宗白华先生 1981 年出版的《美学散步》奠定了其中国现代美学大师的地位。后来 1986 年出版的《艺境》收录了《美学散步》的全部文字，成为其生前出版的比较完备的美学著作，但是《美学散步》更具有影响力，当人们谈到宗白华时，更多时候会想到这位美学大师的“美学散步”。尽管《艺境》实际上已经收录了《美学散步》的全部文字，但是我们读书欣赏美时还是把《美学散步》与《艺境》分开来谈更好些，因为它们可能体现了“美”的两种情境：“散步”有种自由自在之美；“艺境”有种心境之美。同样的文字处于不同境界，可能会产生不同的美感：漫步赏析之美与心领神会之美。散步更自由，境界更高雅。

《美学散步》收录了宗白华 22 篇美学文章，以“美学散步”和“美从何处寻?”开始美学的散步历程，“散步”于中国美学史与西方美学史，最后以唐人诗歌结束散步之旅。欣赏这 22 篇美学文字，我们需要持有一种自由自在、无拘无束的心态，把自己置于散步时的心境，不急不躁，慢慢读来，也许散步时的心境与文字的流动是一起的。

起步——“美学散步”，宗白华让我们领略了大师游历于东方之美与西方之美的优游状态。宗白华认为，散步看似没有计划，没有系统，但是散步和逻辑并不是绝对不相容的，西方逻辑学大师亚里士多德的学派就被称为“散步学派”。庄子在山野里散步，观看鹏鸟、小虫、蝴蝶、游鱼——逍遥于世间；达·芬奇于街头散步时，速写“戏画”。宗白华以闲适的文字把散步之情描画出来，进而探讨诗（文学）和画的分界。诗与画有着微妙的关系，有些诗中有画，可以画出来，如：“蓝溪白石出，玉山红叶稀。”（苏轼《书摩诘蓝田烟雨图》）但后两句诗“山路元无雨，空翠湿人衣”却不能直接画出来，而那不能画出来的就是“诗中之诗”，是诗而不是画的精要部分。宗白华正是以散步的精微品味诗与画的关系，“诗中有画，而不全是画，画中有诗，而不全是诗”。宗白华的《流云小诗》中“太阳的光洗着我早起的灵魂，天边的月犹似我昨夜的残梦”也正是如此。起步之后，好奇之问油然而起——“美从何处寻?”宗白华认为，诗和春都是美的化身，我们都是从视听的世界里去寻找它们的踪迹的。“啊，诗从何处寻？在细雨下，点碎落花声，在微风里，飘来流水音，在蓝空天末，摇摇欲坠的孤星!”（《流云小诗》）那么，我们在自己的内心就找不到美了吗？单独在内心找寻美是找不到美的踪迹的，美的踪迹要到自然、人生、社会的具体形象里去找。

散步于中国美学史。宗白华从中国美学史中重要问题的初步探索、中国艺术意境之诞生、中国艺术表现里的虚和实、中国诗画中所表现的空间意识、中国书法里的美学思想、中国古代的音乐寓言与音乐思想等游览之中，评论中国美学。中国美学史有自己的特点，其材料特别丰富，涉及的方面也特别多，各种传统艺术（诗文、绘画、戏剧、音乐、书法、建筑等）都有自己独特的体系，并且互相影响，互相包含。宗白华从中国先秦工艺美术、古代哲学文学、古代绘画、古代音乐，以及园林建筑艺术等方面，对中国美学史进行了精要的评议，然后深入到中国艺术意境去探究美。宗白华进行整体的中国美学史游览之后，驻足于具体的中国美学领域，对中国诗画中所表现的空间意识、中国书法里的美学思想、中国古代的音乐寓言与音乐思想等进行了深入论述。其间还对中国与西方的画法进行了比较分析，评论了《世说新语》和晋人的美，并谈论了敦煌艺术的意义与价值。宗白华散步于中国美学史，十分悠然自得，娓娓道来，于散步中指点迷津。

漫步于西方美学。宗白华阐释了希腊哲学家的艺术理论，评述了康德的美学思想，对罗丹的作品进行了评论。宗白华曾经翻译过康德的《判断力批判》，曾去德国留学，对西方美学有着深入的研究，他可以说是融贯中西的美学大师。希腊是西方艺术的源头，宗白华对希腊哲学家艺术理论的评述可见其西学的深厚功底。康德的美学思想植根于其深奥的哲学体系之中，宗白华以漫步的形式游览于深奥的哲思之中，使我们能够明了康德哲学中的美学价值。宗白华看了罗丹的雕刻之后，认真写了札记，并且思想上也更深沉了，对美的认识更为深刻了。宗白华对罗丹作品“形与影”的分析更为精当。“离形得似的方法，正在于舍形而悦影。影子虽虚，恰能传神，表达出生命里微妙的、难以模拟的真。”（《形与影——罗丹作品学习札记》）漫步于西方美学，宗白华同样是美学大师。

休憩于唐诗。宗白华在美学中散步，最后落脚于唐人诗歌。在停歇之前，宗白华谈论了他和诗的缘分，以及他对新诗的看法。宗白华说自己开始写诗是一件偶然的事，然而后来写诗却也不完全是偶然的事，与其幼年的性情有些关系。宗白华对山水风景的喜爱是发乎自然的，之后便能自然而然地写出自然之爱。在对新诗的谈论中，宗白华认为哲理研究、自然中活动、社会中活动是养成健全诗人人格的必由途径。当散步于中西方美学之后，于何处休息呢？宗白华选择的落脚点是唐人诗歌。唐人诗歌中表现出深厚的民族精神，宗白华在休憩时又引领我们欣赏了从初唐到晚唐各种风格的诗歌，其诗之美也就跃然纸上了。

宗白华的《美学散步》以“散步”之心态，悠游于中西美学，有时驻足欣赏，有时漫步感怀，以优美的文字带我们进入“美学”的殿堂。

《艺境》是宗白华晚年出版的比较完备的美学理论著作，虽然将《美学散步》的文字都收录其中，但其美学的境界又有所不同。宗白华在《艺境》前言中说，其终生情笃于艺境之追求，可见先生十分着意于此著作的出版，“人生有限，而艺境之求索与创造无涯”。

《艺境》分为上下两编，如宗白华所言，上编为理论的探究——艺境，下编为实践之体验——流云（诗文）。上编收录了《美学散步》的文字，但使《美学散步》的文字情境发生了变化，再读时已经有了艺境的体味。上编除了《〈艺境〉原序》和《美学散步》已有的文字外，还有多篇文章，这些文章集成宗白华对艺境的部分理解，还有一些宗白华写的文章由于散失没能收录。上编文字内容比较广泛，有对中西方艺境的看法与理解，有对作品之欣赏，也有宗白华自我的内心感受。由于不易归类，我们还是沿着宗白华的排序尝试着欣赏一下其美文。此中关于《美学散步》所载文字，就不再赘述了。

《艺境》起首篇是《〈艺境〉原序》，写于1948年，可见宗白华早年就有追求艺境的渴盼。宗白华引用画史上对唐朝画家张璪的记载，来解释自己追求中国先民艺术道路的由来。张璪曰："外师造化，中得心源!"可惜张璪的《绘境》失传了，宗白华把自己的论文集题名为《艺境》，以表示对张璪的追怀和仰慕。

宗白华在《美学与艺术略谈》中，区分了美学和艺术，认为美学是研究"美"的学问，艺术是创造"美"的技能，其中诗歌是艺术中的女王，艺术是自然中最高级的创造，最精神化的创造。在《戏曲在文艺上的地位》一文中，宗白华认为戏曲的艺术是整合抒情文学和叙事文学的，是文艺中最高、最难的制作，戏曲文学在文艺上实处最高地位，希望当时的青年文学家详加注意。

《三叶集》是一本书信集，收录了宗白华、田汉和郭沫若1920年1月到3月间的20封书信，其中田汉5封，宗白华8封，郭沫若7封。三叶象征三人的友情，通信主要以歌德为中心，谈人生、事业、爱情、诗歌、戏曲等，是三人早期思想和创作的珍贵资料，田汉称这个集子为"中国的《少年维特之烦恼》"。宗白华把自己的8封信收录于《艺境》中，可见对其早期作品的珍视。歌德是宗白华等人探讨的中心，宗白华在《艺境》中收录了他写的关于歌德的三篇文章：《〈歌德之认识〉附言》《歌德之人生启示》《歌德的少年维特之烦恼》。其中《歌德之人生启示》这篇长文，表达了宗白华的某种人生之境，"所谓近代人生，则由伟大的歌德以他的人格，生活，作品表现出它的特殊意义与内在的问题"[①]。那一代人受歌德

① 宗白华：《艺境》，商务印书馆2011年版，第49页。

的影响是巨大的，“歌德自己一生的猛勇精进，周历人生的全景，实现人生最高的形式，也自知他‘生活的遗迹不致消磨于无形’”①。《艺境》还收录了宗白华致一岑（郭一岑，中国现代心理学家，笔名柯一岑）的信，与其论诗词与文学，包括《恋爱诗的问题》、《乐观的文学》和《〈蕙的风〉的赞扬者》三篇文章。

宗白华在《艺境》中收录了几篇关于艺术理论的文章，其中包括《略谈艺术的“价值结构”》《常人欣赏文艺的形式》《略论文艺与象征》《艺术与中国社会》《艺术形式美二题》等。宗白华认为艺术不只具有美的价值，也具有人生价值与文化价值，对人生的意义与人的心灵都能产生巨大影响，艺术至少是三种主要价值的结合体：形式的价值、描象的价值和启示的价值。艺术是具有价值的，但需要被人们欣赏，如果艺术都是高雅的，常人就可能欣赏不了。宗白华认为一流作家的文学或艺术，多数都是雅俗共赏的，如莎士比亚和歌德，李白和杜甫。真正的艺术都是有境界的，“幽眇以为理，想象以为事，惝恍以为情”，使人默会于意象，寄托于境界。艺术也是依托于社会的，宗白华在《艺术与中国社会》一文中认为，“中国人感到宇宙全体是大生命的流行，其本身就是节奏与和谐。人类社会生活里的礼和乐，是反射着天地的节奏与和谐。一切艺术境界都根基于此”②。艺境不单纯是美的，艺境具有价值，艺境需要被常人欣赏，艺境更是根植于社会的。

《艺境》还收录了宗白华关于书法、绘画、诗歌、戏剧等的文章。这些文章看似散作，但都以艺境为中心，围绕艺境来展示宗白华对美的求索。如书法之境，何尝不是接近于音乐、舞蹈、建筑的建构美；画之境，静时，庄严、深厚、静穆，动时，多彩、雄健、明快；山水诗画，无一不妙境待赏。

宗白华的《美学散步》与《艺境》可能是其生前出版的仅有的两部美学理论性著作，虽然《艺境》已收录《美学散步》的所有文字，但两部著

① 宗白华：《艺境》，商务印书馆 2011 年版，第 72 页。
② 宗白华：《艺境》，商务印书馆 2011 年版，第 242 页。

作却是以不同的美学形式展示于后人的，由此来看，还是不宜以《艺境》来代替《美学散步》。《美学散步》出版之时，恰逢国内“美学热”兴起之时，宗白华的《美学散步》已经融入一代人的情怀之中。这两部著作内在美学意蕴是不同的，其文章选取也是有不同中心主题的，当不同的美学主题贯穿其中时，美学的境界已经不同。

今天看来，《美学散步》与《艺境》只不过是宗白华美学思想的一角。宗白华对中国古典艺术——诗、画、书法、音乐、戏剧、园林、建筑等进行了独创性研究，提出了自己的见解，已经是这一领域的大师。中国艺术的时空意识、虚实关系、诗与画的情景意境，都在宗白华那里得到独特的阐释。宗白华不但精通中国古典艺术，对西方艺术也是有独到见解的，不但独到而且全面。宗白华从希腊哲学与艺术中去探讨西方艺术理论，从歌德的少年维特之烦恼到康德的美学思想，从罗丹的雕刻到西方的戏剧，对西方美学的研究从哲学延伸到具体艺术，并把中西方艺术进行了对比，真正融通了中西方的思想与美学。宗白华对美学与艺术思想的思考精深细密，于细微处领略美的境界，内在贯通，涉及古今中外的审美、信仰、精神、价值，形成了一个从哲学到艺术、从作品到思想、从生活到文化的艺境。从宗白华的思考和研究方法来看，其独特的天赋与素养，悠然于天地、古今的境界，使其不愧为一代宗师。

我们品读宗白华的《美学散步》与《艺境》，一方面应怀有虔敬之心，一方面也要有先生艺境之态。欣赏美，领悟艺术，我们都可以去进行“美的散步”与欣赏“艺术之境”。最后，让我们欣赏一下宗白华的《生命之窗的内外》中的一段诗文：

> 黑夜，闭上了生命的窗。
> 窗里的红灯
> 掩映着绰约的心影：
> 雅典的庙宇，莱茵的残堡，
> 山中的冷月，海上的孤棹。

是诗意、是梦境、是凄凉、是回想？
缕缕的情丝，织就生命的憧憬。
大地在窗外睡眠！
窗内的人心，
遥领着世界深秘的回音。

（胡国利）

阅读链接

1.《美学散步》（彩图本），宗白华著，上海人民出版社，2015 年版。
2.《艺境》，宗白华著，商务印书馆，2011 年版。

中国艺术精神

徐复观

徐复观（1903—1982），湖北浠水人，原名秉常，字佛观，后由熊十力改名为复观，取义《老子》“万物并作，吾以观复”。中国著名学者。早年入读于武昌第一师范学校及国学馆接受中国传统经典训练；后至日本留学，考入陆军士官学校，大量接触社会主义思潮。归国后，投身军界，从事政治活动多年。40岁后始治学，拜入熊十力先生门下，重启对中国传统文化的信心，致力于中国思想与文化、学术与政治、中国知识分子等方面的研究。20世纪50年代起，与唐君毅、牟宗三等学者推动儒学现代化研究，提出了结合中国儒家思想及民主政治以救中国的理念，为现代新儒家的代表人物。主要著作有《中国人性论史·先秦篇》《中国艺术精神》《两汉思想史》《中国思想史论集》《中国文学论集》《学术与政治之间》等。

“亡国族者常先亡其文化”，“欲救中国，必先救学术”，这是抗战期间熊十力对徐复观说的话。此语对徐氏犹如当头棒喝，使其立即放弃前途看好的军政生涯，致力于中国文化与学术的追索。在徐复观看来，在人类文化的三大支柱——道德、艺术、科学中，中国文化在源远流长的道德精神和艺术精神方面，体现了中国独特的人文精神。这种人文精神应该发掘、弘扬开来，这样人类社会才会更美好。这就形成了他独具一格的文化哲学和中国文化观，使他对中国思想文化问题做出了富有开拓性的研究，《中国艺术精神》就是在这种学术理论下进行探讨的成果。

《中国艺术精神》一书是徐复观继《中国人性论史·先秦篇》之后的又一部重要专著，也是在现代视野之下研究中国艺术精神的奠基之作。徐氏认为，由于中国文化走的是人与自然过分亲和的方向，征服自然为己用的意识不强，因此以自然为对象的科学未能得到顺利发展。但是，在人的具体生命的心、性中，发掘出了道德的根源、人生价值的根源，因此在道德方面创造了非常有历史和现实意义的成就。《中国人性论史》即为阐发中国文化中道德方面成就之作。而在《中国艺术精神》一书中，徐先生努力在人的具体生命的心、性中，发掘出艺术的根源，把握到精神自由解放的关键，并由此在绘画方面产生了许多伟大的画家和作品，表明中国文化在艺术方面的成就，也具有历史、现代以及将来的意义。如是，则两书合璧，使世人知道在世界文化的三大支柱中，中国文化实有道德、艺术两大擎天之柱。《中国艺术精神》共计十章，前两章分别论述儒家孔子与道家庄子各自所代表的艺术精神，其余八章均为论述绘画艺术及其所蕴含的中国艺术精神的。徐氏将孔子与庄子并列为中国艺术精神的滥觞，并且认为，自孔子以音乐教育为中心的艺术精神转化和没落之后，由庄子的横空出世，导出了中国纯粹艺术精神的主体“心”，奠定了以虚、静、明为基本特征的艺术性思维方式，并在后世山水画的创作与理论中得以体现和发展。

由前所述，徐复观在第一章中主要探讨孔子以音乐为中心的教育，认为此是古代艺术精神的滥觞之一。徐复观认为，从西周以来形成了礼、乐、诗的人文教育传统。礼的最基本意义体现为敬与节制，是人类行为的艺术化、规范化的统一；乐的规范性体现为对情操的陶冶。而在当时朝聘会同的礼仪中，不仅礼与乐合在一起，而且形成了一种歌诗以道志的风气，三者统一形成了一种音乐活动。到了孔子的时候，始把乐放在了礼的上位，认定了乐才是人格完成的最高境界。因此，孔子说出了“兴于诗，立于礼，成于乐”（《论语·泰伯》）的话，有了将音乐作为最高艺术价值的自觉，建立了“为人生而艺术”的典范。孔子对音乐的重视一方面来自对古代乐教的传承，另一方面则来自他对乐的艺术精神的新发现。在《论语》中有孔子对音乐欣赏的很多记载，如“子在齐闻《韶》，三月不知肉味，曰：‘不图为乐之至于斯也’”“《关雎》乐而不淫，哀而不伤”“乐其可知也。始作，翕如也。从之，纯如也，皦如也，绎如也，以成”等。在对音乐的欣赏中，孔子实现了乐与仁以及音乐中美与善的统一。乐是艺术，仁是道德；美属于艺术的范畴，善属于道德的范畴。孔子所要求于乐的，是美与善的统一，这是孔子在欣赏、体验音乐时所得到的对于音乐、对于艺术的基本规定与要求。乐的美是通过其音律及歌舞的形式而体现的，通过欣赏者对某种特定关系的发现而产生的，是由美的意识而创造的一种美的形式。郑、卫之乐之所以能够风靡一时，是因为其存在着一定的形式美。但孔子却说“郑声淫”（《论语·卫灵公》），是指郑乐顺着快乐的情绪而发展得太过，以至易使人流连忘返走上淫乱之路。相反，孔子称颂韶乐“尽美矣，又尽善也”（《论语·八佾》），原因在于孔子要求音乐美与善的统一。在韶乐中，既有音乐形式上的美，又有善的意味孕育其中，“尽善”有仁的精神在其中，体现了美与善的统一。《韶》是舜乐，尧舜的禅让是仁，其所以“有天下也而不与焉”（《论语·泰伯》），是出于天下为公之心，“选于众，举皋陶，不仁者远矣”（《论语·颜渊》），更是仁的精神体现。因此，徐复观总结道，孔子重视乐，不仅是因为乐自身的艺术境界，更在于乐与仁的精神状态自然而然的融合。此即是说，孔子之所以重视乐，是认为乐的艺术有助于政治上的教化，可以作为人格修养以达到仁的境界的一种功夫。因此，由孔子所传承、发展的“为人生而艺术”的音乐，尽管不曾否定作为艺术本性的美，然而更追求美与善相融合统一的最高境界。这最高境界的完成并不仅由艺术本身而达到，更有待于自身人格修养的不断完善，是“下学而上达”（《论语·宪问》），将无限向上的人生修养融入无限的艺术修养中，才可以达到乐的最高境界。然而，孔子这一追求美与善统一的艺术精神后来渐趋没落，原因即在于“曲高和寡”，孔颜乐处的艺术精神非常人所可企及，因此美善并存的雅乐传统逐渐式微，被注重感官快乐的俗乐取而代之。孔子以后的儒家则逐渐发展了孔子追求仁善的人格修养传统，并将其转化为文学方面的载道精神，从而退出了艺术精神的领域。

徐复观在第二章中探讨庄子之“道”精神为中国艺术精神主体之呈现，是全书美学思想的灵魂所在。在此章中，徐氏由庄子关于道、美、精神自由等问题的阐述，导出中国艺术精神的主体——以虚、静、明为基本特征的心斋之“心”，进而确立了庄子作为中国纯艺术精神之滥觞的地位。艺术能否使人类更加完善？艺术能否让我们的生活变得更加美好？徐氏并未通过形而上的理论推演论证，而是通过《庄子》中大家耳熟能详的庖丁解牛的故事，来形象地说明这个问题。徐复观认为庖丁解牛的过程就是一个道与技关系的发展过程。庖丁解牛过程中“莫不中音；合于《桑林》之舞，乃中《经首》之会”，这不是技术自身所达致的效用，而是由技术所成就的艺术性的效用。庖丁解牛后所得到的享受，“提刀而立，为之四顾，为之踌躇满志”，这是他由技术所得到的精神上的享受，他体会到了由技术的解放而带来的自由感与充实感，因此解牛成了一种至纯至美的艺术享受。徐复观认为，庖丁由技而进乎道，是道在人生中实现的情境，也正是艺术精神在人生中呈现的情境。庖丁解牛将技术转化为艺术，将物质过程升华成精神享受，这种境界消解了人与牛的对立，消解了技术对心的制约，自然而然就让人进入了极乐至美的世界。从这个意义上来讲，与艺术合为一体的人生，是美、乐的人生。因此，他说：“由庄子所说的学道的工夫，与一个艺术家在创作中所用的工夫的相同，以证明学道的内容，与一个艺术家所达到的精神状态，全无二致。”“庄子所追求的道，与一个艺术家所呈现出的最高艺术精神，在本质上是完全相同。所不同的是：艺术家由此而成就艺术地作品；而庄子则由此而成就艺术地人生。”由是，徐复观通过对庄子之“道”的通盘考察，认定庄子之道本质上是最高的艺术精神。这一艺术精神的旨趣，意在成就艺术的人生，使人生得到“至乐”“天乐”，从而在精神上实现真正的解放与自由。因此，庄子讲“心斋”与“坐忘”，讲“物化”与“物忘”，讲“忘我”与“丧我”，均是教人以虚静之心，不谴是非，脱离世俗的沉浊，“而游乎四海之外”，以达“独与天地精神往来”的境界。由是而观，庄子是最具艺术精神的思想家，而庄子思想中的艺术精神，在中国绘画艺术中又得以最生动地展现出来。

在接下来的几章中，徐复观循庄学而“体道”，诠释并探讨了气韵生动、魏晋玄学与山水画的兴起、唐代山水画的发展及其画论、荆浩《笔法记》的再发现、逸格地位的奠定、郭熙的山水画创作体验、宋代的文人画论，以及环绕南北宗的诸问题，皆是从宏大处着眼，于深细处用力，发出独到的见解。徐氏以庄学之道释中国绘画艺术极为具体，仅以释魏晋玄学与山水画的兴起、董其昌艺术思想为例以明之。徐复观认为，魏晋玄学实以《庄子》为中心而展开，庄子以人与自然相融合的道对魏晋玄学产生了深远而重大的影响，而从魏晋开始的山水画则更为直接、深刻而显著地体现了庄子的人与自然相融合的艺术精神。庄子对世俗感到沉浊而要求超越于世俗之上的思想，会于不知不觉中，使人超越于人间世而回归自然，并主动追寻自然。这样便可以使人进一步在自然山水中安顿自己的生命，而这一切都体现在魏晋玄学与山水画中。首先，徐复观列出了魏晋玄学总汇的《世说新语》中关于玄学与自然关系的一些例证，说明了魏晋士人对自然之美的体悟。此种体悟是魏晋士人以超越于世俗之上的虚静之心，观照具有纯净之姿的自然山水，“其山崔巍以嵯峨，其水浬渫而扬波，其人磊砢而英多”（《世说新语·言语第二》），使山水松竹等自然景物，都成了审美的对象，进而渗入审美者的内心世界，使人的内心变得虚静澄明。受庄子艺术精神影响的玄学使自然山水成了审美的对象，才有了山水画及其他自然景物画的兴起。然后，徐复观对宗炳的《画山水序》与王微的《叙画》进行了释读，他认为宗炳、王微两人在艺术精神上奠定了中国山水画的基础。宗、王二氏之所以能在山水中得到精神的解放，是因为他们能在山水之形中看出山水之灵。而所谓山水之灵，实际上乃是可以使人精神飞扬浩荡的山水之美。山水本身是无意识、无个性的，但可以由人作自由的发现，因而由山水之形所表现的美，是人主观的由有限通向无限之美，用庄子的话说，就是由有通向无之美。所以二人皆不称山水为美，而称之为灵。他们所画的山水，不仅具有形式之"判躯之状"，更体现了艺术之"玄牝之灵""太虚之体"，是"明神降之"。概言之，他们的画乃是他们所追求的玄学的具象化和所追求的庄子之道的具象化。他们这种艺术的洞察力，与其对世俗的超越成正比。史书记载宗炳屡次受当朝征辟而不就，畅游于山水之间，"栖丘饮谷三十余年"，于自然中"澄怀观道"；王微亦是"贲兹丘园，悖是薄俗"的隐士，有着山水之爱，"性知绘画"而形之笔端。正是由于两人不敢怀庆赏爵禄之功名心，不敢怀非誉巧拙的性格、生活，也即是庄子所说的"外天下""外物"的学道的性格与生活，因此他们已经进一步实现了对现实生活的超越，实现了人与山水间的自然契合，他们眼中的山水，则是"体道""融灵"的庄子所追求的艺术精神。

董其昌为明末书画家，尤擅山水画，"结岳融川，笔与神合。气韵生动，得于自然"，画作与画论对后世影响甚大。徐复观认为董其昌的艺术观以平淡为最高境界，平淡是出于性情的自然，而性情的自然又关乎平日的修养。然而，平淡的性情固然是艺术的根源，可是性情又可以不断地向上升华，或是不断地向下堕落，此时就需要人文的修养。因此，人文的修养愈深，艺术的心灵表现也愈厚。学问修养之功通过人格、性情的捩转，成为艺术绝不可少的培养、开辟的力量。接下来的问题是，董其昌平淡的艺术思想从何而来呢？一般认为其来自于禅学。徐氏独具慧眼，认为董氏所把握到的禅，只是与庄学在同一层次的禅，与真正的禅，尚有向上一关，未曾透入。但是，正是由于有此一关未曾参透，"才可资以为艺术上的了悟"，否则他不能积极地肯定淡的艺术意境。而淡的意境，则是从庄子艺术精神中直接透出的意境。徐复观认为，董其昌的平淡艺术思想由玄学而揭示，是由有限以通无限的联结点，是不加以人工矫饰之力，顺乎自然万物之性的平淡。而此平淡正是庄子虚、静、明以观照清明澄澈世界的艺术精神之体现。

综上所述，徐复观的《中国艺术精神》一书以庄子之道参悟以山水画为中心的中国艺术精神，有着强烈的人文价值关怀。正如他在篇首自叙中所言，“由机械、社团组织、工业合理化等而来的精神自由的丧失，及生活的枯燥、单调，乃至竞争、变化的剧烈”，使人类社会陷入到了现代性环境下残酷、孤危的精神状态之中，而中国山水画中所反映的与物感通、从容淡定的艺术精神，则能够凭借将主体安顿于自然的力量，使人在生命的疲困中重获自由。这正是中国艺术精神的价值所在。

（付金柱）

阅读链接

1. 《中国艺术精神》，徐复观著，商务印书馆，2010 年版。
2. 《中国人性论史 · 先秦篇》，徐复观著，九州出版社，2020 年版。

黄与蓝的交响：中西美学比较论

邓晓芒　易中天

邓晓芒（1948—　　），中国当代著名哲学家、美学家。长期从事德国古典哲学、美学研究，对西方哲学作品译介有重要贡献。代表著作有《思辨的张力：黑格尔辩证法新探》《文学与文化三论》《新批判主义》《实践唯物论新解：开出现象学之维》等。

易中天（1947—　　），中国知名作家、学者，曾任教于武汉大学、厦门大学。长期从事文学、艺术、美学、心理学、人类学、历史学等研究。代表著作有《〈文心雕龙〉美学思想论稿》《艺术人类学》《人的确证——人类学艺术原理》《艺术的特征》等。

《黄与蓝的交响——中西美学比较论》是两人合著，1999年出版的美学著作。该书以代表中国文化和西方文化基本色调的“黄”和“蓝”为题，以人类的普遍共同点“人性”为核心，追溯传统中国美学和西方美学的历史源流，阐明中西方各个不同时期美学代表性思想的时代特征，梳理出中西方“以情感传达为主线”和“以理性融通为主线”两条逻辑发展线索，并结合马克思主义实践美学的基本理论，探索出新实践论美学的基本原理。

中国文化和西方文化具有较为明显的外观差别和性格区分，两种文化都在各自不同地域上产生、发展和定型，因此，两种文化就自身而言，既具有文化性格的普遍内容，又有文化样态的多重表现。

《黄与蓝的交响——中西美学比较论》是在“人性”这一共通点的基础上，以审美趣味和美学思想为切入点，对中西传统文化进行历时性和共时性的多维比较。该书梳理各自的发展源流和脉络，并试图用一种全新的美学理论——新实践论美学，来诠释两种文化在“人性”问题上的统一趋势。

从总体上看，该书作者认为，中国古代美学思想的鼻祖是孔子，西方则是肇端于毕达哥拉斯。中国人的美学侧重于人情和感受，西方人的美学则侧重于理智和思辨。我们对这两种文化的直观印记，可以用黄色和蓝色两种基本色调来表征。黄色，象征着黄河流域、黄土高原哺育之下中华民族性情的深沉与厚重；蓝色，则象征着欧洲文化。代表两种民族心性的不同色泽，植根于不同的生产生活方式之中。古代中国的生产生活方式是自给自足的小农经济，这种生活方式下孕育的是以家族血缘关系为根基的族群文化；而像希腊文明，其生存命脉则是以航海和贸易为主导的商品经济，这种生活方式下产生的是以契约关系为基础的个体文化。概括来讲，两种文化的思想内核，前者是群体意识，后者是个体意识；前者主张群体的人伦主义，后者主张个体的自由主义。

中国人审美意识的变迁经历了几个发展阶段，转折点分别在先秦、魏晋、宋元明清几个特定历史时期。

先秦时期中国人的审美意识与文化的进步相关。远古时期，中国人经历了从原始生产实践向社会伦理形象的过渡，具体来说，这种转换是通过礼乐文化中的“文”表现出来的。“文”一开始表示用于祭祀的图腾形象，后来逐渐发展为超功利的用途，追求装饰的审美效果。自周代以来，“文”

的含义，开始由“美”向具有社会伦理价值的“善”转化，逐渐有了美与善的交融。“文”不再只是物质材料的装饰，还包括对语言、文学、艺术等精神产品的表达。通过这些情感和思想的表现形式，个体能够表达个人情感，读者和欣赏者也能从中体验他人和社会的情感，实现彼此之间的情感交流，从心理上确证自己的群体性。这种相互和谐、共同美好的群体感受就是“乐”（音同勒）。以“文”诉情，以情达“乐”，是中国人审美体验的最初表达。“美”的艺术，就是人实现情感交流的方式。春秋以后，孔子在此基础上把审美与伦理、政治教化结合起来，梳理出从个人内在修养到普遍社会规范的上升之路。其中的核心概念是个体性的“德”和社会性的“礼”，“德”表示个人内心修养，“礼”普遍意为行为规范。“德”表现为“我爱他人”和“他人爱我”的“仁”，以及表现在具体行为中的“义”。“礼”则是体现“德”，成全“仁”的外部表现形式。换句话说，仁和义，是要从情感和意志两个方面，让单个人内在的“德”逐渐导向自己与他人之间关系的和谐；礼，则是要把这种内在倾向实现为普遍的规范和习俗。但这种由个人到社会、由内在修养到外在规范的实现，不能通过强制手段，而需要以润物细无声的方式逐渐渗透展开，这就需要一种审美的形式作为桥梁，这个桥梁就是“乐”（音同悦）。“乐”既是音乐的艺术形式，也是快乐的情感表达。孔子把“乐”作为“德”“礼”之间相互融通不可或缺的重要环节。因此谈到“礼”就不能缺少“乐”，谈到“乐”一定要联系到“礼”。于是乎，作为外部规范习俗的“礼”，就和音乐的“乐”、内心快乐的“乐”联系在了一起，并借此通达每个人的爱人情绪和责任感、义务感。“乐”，就不只是玉帛之仪、钟鼓之声带来的感官享受，而是促进个体和群体和谐，让每个人在“我爱人”和“人爱我”的情感及意志中真切体验到的欢乐愉悦。因此，道德修养、情感愉悦、合乎礼法，三者有机统一，密不可分。这就是孔子倡导的由内而外、由外而内的礼乐制度。

“乐”是一种发自内心的、不计利害的审美体验，但中国人文化心理的这种“乐”感，又带有明显的忧患意识。在平民百姓中，忧患意识主要表现为操心农时、操劳农业生产，这与当时传统封闭的小农经济生产生活方式有关。以农为生的古代中国人，需顺应农时和天气，加上农业生产周期较长，老百姓需要时时担心维系基本生存的耕地和收成。在贵族阶级或知识分子当中，忧患意识主要表现为对旧秩序的维护，对战乱的忧患心理和对开明政治的祈求。于是，中国的“乐”感文化，就不是单纯的艺术欣赏和审美体验，而是伴随着忧患意识的欢乐，是使得不同等级在亲密无间的伦理实体中和谐统一的“乐”，其中既有血亲关系的天伦之乐，也有小农经济自给自足的田园之乐，还有国泰民安之乐和均贫富的自得之乐。这一切的一切，意味着天、地、人、万事万物相互和谐，共属一体的憧憬和祈盼。

于是，中国人的审美心理和艺术旨归，就在于天、地、人、物之间的其乐融融，这种自由感的乐趣，不是站在个人意识、个人立场上的愉悦，而是人与自然、人与人之间相互交融的自由欢畅，是建立在忧患农时、忧患纷争、渴盼温饱、祈求安定的和乐状态。建立在忧患意识和乐感意识中的中国艺术和审美体验，不是个人的天才和灵感，而是天人合一至高境界的外在表现。

当然，儒家思想中对这种“德”（仁义）、“礼”、“乐”之间相互融通的美的体验，不同时代有不同的侧重点。孔子和孟子更突出“德”的自我修为，荀子则更强调“礼”的外部规范。孔子强调个体在群体中得到的和谐感和优美感，孟子则强调个体贡献群体的牺牲感和崇高感。荀子注意到人人都有在群体中的离心力，因此他主张人性本恶，人性和情感需要由“礼”和“乐”来疏导、制约、调节。从孔、孟到荀子，中国传统文化思想内核从外到内不断深入，又从内到外不断固化。但是，这种建立于群体意识上的人伦思想，却在历史发展中逐渐走向反面。不同个体之间爱的情绪体验越来越淡薄，“礼乐”沦为被封建专制统治者利用的抽象说教，成为违背情理和自然的虚伪东西，个人扭曲天性来适应礼教，而原本作为最高审美体验的“乐感”则变成麻木的适应感和自得感。

与儒家思想相区别，其他先秦诸子对于天人合一之“乐”有不同感悟和认识。在儒家，天人合一的“乐”，主要通过个人修身养性、磨砺道德人格的礼，把个人消融于礼法伦常关系之中；而在道家，天人合一的“乐”更强调在自然中实现个人的内心自由感的乐趣，把人伦关系还原为天地万物的自然关系。在道家，个人消融于自然，成为消极避世、以天真的自然性取代社会性的虚玄表达。道家认为没有绝对的美，美与丑相互转化，一切审美判断都是相对的。在具体的美色、美声、美味等物质形态的美之上，还有一种超然物外的大美，就是道，真正的审美是对道的体验和观照。与儒家、道家截然不同的是，墨家和法家完全轻视审美文化。墨家认为美只是感官享乐，只有物质生产才是首要的。在法家，则更重视算计，他们认为艺术审美只是伪善和矫饰，审美形式的包装无法掩盖伦理道德和政教体制的虚伪。

到了汉代，董仲舒综合了儒家和道家两种情感趋向，认为人伦与天道可以相通。他将人际关系上升到人与天之间的交互感应：天人感应。天人感应是一种移情，从人的情感转移到天的情感。这种心物交融、天人合一的“太和”境界，奠定了后来中国文人的审美方式。

魏晋时期，文人士大夫把审美过程中享受到的精神“滋味”当作自己的追求目标。在这里，艺术从人事伦理逐渐转向了对自然的情感。以音乐为例，此时音乐和带有政教伦理的情感分离开来，成为自然美的表达形式。在文学上，《文心雕龙》是那个文学自觉时代的代表作，其核心便是自然之道。道是宇宙万物的本体，文学、艺术则是道的产物、外形和表现。因此，一切都是道的衍化和表现，这种表现就叫文采。宇宙万物都各有自己的文采，都是道通过感性形式实现自身存在的方式。它不但直接通过器物显现物的文采，还间接地通过圣人来创造属人的文采，以符合人感性需求的审美形式表述天地之道。而文学，从感性方面看，是个人情感和外物作用的结果；从理性方面看，这种个人情感与社会伦理之间又能相互渗透。因此为情造文，既有真情实感又包含着社会效益。于是，《文心雕龙》所谓的自然之道，就把道家、玄学、儒家的审美艺术观念统一起来了。

宋元明清时期，中国艺术打破了这种外物、人伦、自然三位一体之道的统一性，而是返回人的内心，强调超越时空、超出一切外部束缚，以求达到心理上无限自由的人生态度。在这一时期，审美意象的朦胧性和模糊性得到肯定，主体创造性超越了客体有限性。如：苏轼、董其昌、王渔阳等人身体力行，在诗文书画领域创造出妙不可言的美学作品，一切都从容自在、怡然自得。最后在清代人王夫之那里，中国古典艺术的审美情致得到总体统摄，美与善统一的伦理框架、天人合一的哲学基础、以情观物的移情态度、立象尽意的艺术手法等都熔于一炉。

与中国人重视情感体验、人伦关系、天人合一的审美理念不同，古希腊人的审美方式以探索美的现象背后的永恒本质为起点，以求“真”为切入点，把美作为一种知识去理解和掌握。西方文明自古希腊开启，西方人的审美和艺术也从古希腊文明肇始。

与中国古代宗法制、家天下的组织架构不同，古希腊各个城邦国土面积小，生活地域狭长，不利于农耕作业，因此农业生产并不是他们主要的生产生活方式。这些城邦多数三面临海，终年气候宜人、阳光充足，因此出海贸易成为古希腊人主要的谋生方式。古希腊人借助得天独厚的地理条件，围绕地中海区域开展商品经济、殖民贸易，与埃及、南意大利、亚细亚各民族展开深入广泛的商贸往来和文化接触。古希腊诸城邦，是在商品贸易基础上建立起来的国家，人口有限、财富分散，有利于形成以私有制为基础、以个体意识为导向的法权国家。如果说，古希腊人理解的“人”是具有独立人格的个体，那么古代中国人理解的“人”则是群体性的天然分子。

古希腊人因为人与人的关系建立在人与物的关系上，对人与物的认识萌生了理性和科学，将自然对象人格化，创造出神话的艺术世界。而在现实生活中，古希腊艺术的中心则是雕刻，因为雕刻最能突出表现人物个性的丰富性。由于崇尚个性自由，古希腊人先天具有立足于个体意识的科学精神和艺术气质。对比中华民族和古希腊民族的文明，可以清楚地看到，内向型的中华民族表现出一种群体意识，以德和仁为内容，以礼和乐为形式，艺术发挥着同化作用；外向型的希腊民族表现出浓郁的个体意识，他们向大自然突进，在契约关系中结成许多个性自由的共同体。在作品中，他们通过艺术把一个个对象塑造成外部存在的自由个性形象。如果说，中国传统审美侧重于内省模式的封闭性，重伦理、情感、体验，艺术上侧重于表现、意境、神似，那么，古希腊传统审美则侧重于科学、理性、观察，艺术上侧重于再现、模仿、形似。

如果分别用一种艺术形式来概括这两大民族的审美差异，则中国和古希腊艺术，可以分别用“音乐性”和“雕塑性”来标画。中国艺术形式普遍包含着一种音乐性。在中国诗歌中，歌词（诗词）总伴随音乐来完成；在中国绘画中，不重形似而讲究韵律；在中国书法中，音乐感体现在书写笔势和线条流动中。古希腊艺术形式则普遍包含一种雕塑性。他们从音乐向造型艺术转化，把音乐化为建筑。在古希腊神话中，俄狄浦斯音乐演奏完之后，音乐和节奏并不消散，而化成市镇建筑，因此他们是从音乐的建筑美来欣赏音乐美的。古希腊的绘画也同样具有雕塑的倾向，其核心是人体及其动作姿态。他们的绘画可以真实再现人体的数学比例，表现具有立体感的个体性。因此比较中国传统艺术和古希腊艺术，一个是重抒情性、时间性、音乐性，一个是重模仿性、空间性、雕塑性。前者侧重于感性体验，后者侧重于理性认知。

古希腊文明重视科学和知识，同样，他们的艺术也表现出一种独特的理性气质，艺术被视为对具体事物和永恒真理的模仿。古希腊的模仿论，经历了自然模仿论到精神模仿论的过渡。毕达哥拉斯认为事物是对数量关系的模仿。柏拉图认为事物是对客观心灵、理念的模仿，只有心灵、理念才是最真实的、永恒不变的东西，而具体事物或者事物的影像，都是对真实东西的模仿。亚里士多德则综合了不同的模仿说，梳理模仿论从低到高的不同层级，构建了从个别具体事物出发，经由数量关系到以善为最高目的的艺术模仿论。他认为艺术作为不同层次的模仿，有教育、净化和精神享受的作用。一方面，艺术通过对人物情感的模仿和共鸣，使得人在艺术的陶醉中缓解现实痛苦，从个体意识提升到普遍的伦理原则；另一方面，艺术通过模仿现实事件，使欣赏者摆脱野蛮冲动，通过悲剧和音乐将人指引到理智清明、情感适度的精神境界。在亚里士多德看来，真正的艺术最终是要反映现实事物中尚未表现出来的内在目的——善。但是他指出，艺术只是在模仿，还达不到真实的境界。艺术和真理之间始终有无法逾越的鸿沟，而真理必须借助科学思维才能认识。

与古希腊的艺术模仿论不同，在古罗马时期，西方美学不再以追求真实和真理为目标。朗基努斯通过“崇高”概念，建立起一种情感表现论。艺术不再被理解为对物和理念、心灵的模仿，而是对人内心世界的情感表现。这种艺术观的转折，深刻影响了近代的美学思想。

到了近代，鲍姆加登第一次提出“美学”概念，他抛弃了用理性认识把握客观事物属性的方式来理解美，而把美学视为感性学。美学与研究自然对象的学问不同，它完全是关于人自身的学问。德国古典哲学家康德把人的感性能力进一步突显出来，他认为审美是一种判断力，是认识能力的协调活动，或者叫鉴赏力。鉴赏活动引起无关利害的快感，它能通过每个人共同的情感体验感受到。这种愉快源于认识能力似乎趋向于一个目的而相互协调。这种具有社会性的共通感就是自由的体现。审美活动就是诉诸这样的共通感，通过人与人之间普遍交流情感达到全人类的统一。康德认为，要发展人的鉴赏力，必须具有传达情感和感受情感的能力，必须积累大量人文知识陶冶心灵，使人具有传达情感的能力，此外还必须培养道德情感，使人具有普遍感受情感的能力。这样，鉴赏力才能在传达和感受情感基础上得到提升，而鉴赏力的提升也能反过来促进智力和道德情感。人性的真和善（人文知识和道德情感）就通过美（鉴赏和艺术）达到了统一。

康德把美视为一种鉴赏力，用以沟通真和善。其后的黑格尔，则把感性学的鉴赏力和古希腊的科学认知结合起来，他强调艺术是一种主体的创造活动，而不是静观的、被动的鉴赏力培养。黑格尔将艺术视为艺术家个人想象力、天才与灵感的产物。他用这种创造力的实践活动破除了美学作为纯理论的认识。

通过以上梳理我们发现，西方美学思想大体上经历了对真相的模仿论、情感的表现论、促进共通感的鉴赏论和主体创造性的实践论的变迁，美学思想从客观内容逐渐向主观形式转变，最后结合成主观和客观统一的实践论美学。无论在哪个时期，都以个体的自由意识为基准，个体或者趋向永恒的真理，或者趋向个人情感表现，或者趋向个体相互间的共同体验，或者趋向通过个体的创造表达自由的愿景。与西方重视个体意识不同，中国美学思想则以伦理整体或自然全体为依归，个体通过礼乐、诗词绘画等艺术形式，或者融入伦理整体，或者回归自然，寻觅天人合一的善与美。

现代之后，西方美学和中国美学各自经历了不同的发展变革。西方美学逐渐从理性主义向非理性主义转变，中国美学则经历了从情感体验向科学论证的拓展。西方美学和中国美学思想虽然发展脉络不同，但二者共同的趋向都是从外部客体走向主体，交汇点是人感性的心理学理解。美的问题归根结底是人性的问题。在当代，许多人开始从马克思主义入手，意识到马克思主义的实践论是当代美学的出路。实践论美学以人的实践为艺术和审美的逻辑起点，探讨人类劳动为何必然产生艺术和美。劳动中的自由感产生于客观的物质需要，体现为能动的、改造世界的物质活动。劳动虽然不是艺术活动，但它埋藏着艺术活动产生的心理根基。生产劳动的意识性表现在：一是使对外界直观表象上升到人的概念，二是把欲望上升到有目的的自觉意志，三是把受外界影响的盲目情绪上升为人与人的情感。因此，生产劳动是最早的传情媒介。原始劳动中包含的艺术元素，又能通过加强人与人之间的社会意识而促进生产。因此，艺术的传达情感既是生产劳动的结果，又是它的前提。在人与物的关系中逐渐发展出人与人的情感关系。艺术作品只能在促进人与物、人与人传情达意中获得生命力。艺术的最终使命在于统一全人类的情感，它最终将复归精神劳动与物质劳动的统一，成为无处不在的自由自觉的活动。

作者认为，通过情感符号引起的共鸣就是美感，即相互的情感理解。情感在普遍传达中得到共鸣即美感，只有美感才能让人登上主体性殿堂。而情感传达只有通过拟人或情感的对象化才可能实现。艺术家把自己的情感对象化，从而感到自己的自由，欣赏者从艺术家的作品中体验到自己情感的调动，因而也是观众自己在创造自由。因此，作品承载了情感的对象化和对象的情感化，以这种游戏的方式体现人类精神的自由。一个创造的我和一个欣赏的我在此构成两人的社会，于是借助情感的共鸣，审美的传情活动体现了人的个体性和社会性的统一。美感千差万别的表现方式即情调，在欣赏人的外貌时，我们是把它作为内心情感的物质外壳、情调来欣赏的，不同民族根据自身尺度和规范理解漂亮的外貌。情调是欣赏者在无数次情感联想中形成、加强和固定下来的情感形式。但这种客观形式又具有某种独立的意义，如“情人眼里出西施”，不在乎对象客观上是否美，而首先取决于有情人关乎自身情感的愉快。真正的创作和欣赏都是带着个人特殊情调的。西方传统美学重视普遍形式，中国传统美学也重视来源于情感本身的情调。

根据以上分析，作者想要建立一种新实践论美学。它包括几个原理：

第一原理：美的本质。

美的定义分为三方面内容：审美活动的现实性是美感（借助于人化对象与别人交流情感活动），情感的对象化即艺术，对象化了的情感就是美。这里关键是，审美主体和审美对象的关系不是认识关系，也不单是移情关系，即单纯把它视为人与物的关系，而本质上是人与人的情感传达。物是拟人者被看作人，移情把对象看成自我，也把自我看成对象，达到自我—对象—自我的同一。美感是借助情感共鸣带来的个人与人类普遍情感的自由感、喜悦感。

第二原理：艺术与美的辩证法。

审美活动是一个人与人借助艺术作品实现情感交流的过程，作为过程，它是美的创造，作为结果则是艺术品。创造和作品是同一活动的不同环节，二者只有在相互辩证关系中才能得到具体理解，一个是内容，一个是形式，即情感交流环节和对象化环节的矛盾。艺术是将情感内容对象化的形式，美是以对象化形式体现情感的内容。千差万别的跨时代和民族的情调色彩都要归结到普遍的社会性情感中，而情感都要用约定俗成的艺术符号和艺术家的个人独创的情调来诠释，这是它们的联系。它们的区别在于，艺术立足于审美活动的形式，美则立足于审美活动的内容。美的领域分化为自然美、社会美、心灵美、艺术美等情感内容，艺术则表现为抒情的、浪漫的、热烈的、描绘的、现实的等等形式。

第三原理：审美标准。

美和艺术都不能脱离美感体验，因此审美标准只能是美感。美感没有绝对标准，是在社会交流过程中历史地形成的相对稳定的模式。这个标准就是：每一个个体的独特情感都通过特殊的对象形象，为每个其他个体同感。审美标准不是在一次审美或一部作品中完全达到的，因为沟通的情感内容不可能完全一致，沟通的形式不可能永远适合传达情感，因此艺术作品在不同时代都不会过时。

结论：真善美的统一。

中西美学是在真善美的相互关系的不同倾向下产生、形成、发展起来的。西方天人相分是人人相分的体现，中国天人合一是人人合一的体现。人怎样对待人就怎样对待自然。作者认为西方自希腊神话到文艺复兴，陶醉于精确的模仿，骨子里是理性主义和科学精神，以个体意识为基础。中国只凭内心体验改变和创造对象，把个人情感扩展到社会上去，这种艺术的自我表现不是表现真正独立的自我，而是不断在瓦解和消融自我，将自我纳入群体的大我之中。现实生活的人际关系遭到破坏时，诗人和艺术家们则满足于到自然界中寻求本真的人际关系。

审美都是对人的情感的感性认识，道德是对人的社会关系的认识；美和真都有善的价值，心灵美是一切善的源泉，知识是伪善的死敌；真和善都有美的形式。美育就是让艺术和审美通过传情调动人最独特而亲切的情感，使之得到对象化的熏陶和定型，上升为全人类的普遍情感。艺术的善在于使人的情感摆脱个人的狭隘和自私，研究心灵美和道德基础。只有以情感、情感的对象化和情感的传达为核心，才能理解人类自由的三种对象化形式——真、善、美之间的关系。

（叶子犀）

阅读链接

1.《黄与蓝的交响：中西美学比较论》，邓晓芒、易中天著，人民文学出版社，1999 年版。

2.《西方美学史纲》，邓晓芒著，商务印书馆，2018 年版。

3.《破门而入——美学的问题与历史》，易中天著，复旦大学出版社，2004 年版。

4.《艺术的特征》，易中天著，湖南人民出版社，2006 年版。

意象照亮人生：叶朗自选集

叶 朗

叶朗（1938— ），浙江衢州人，中国当代著名的美学家、文艺理论家，国家级有突出贡献专家。1955 年考入北京大学哲学系哲学专业，1960 年毕业留校工作，进入刚刚成立的美学教研室，陆续接触到邓以蛰、朱光潜、宗白华等学术大家，走上中国美学研究之路。现为北京大学哲学社会科学教授，博士生导师，兼任北京大学艺术学院名誉院长、北京大学文化产业研究院院长、北京大学美学与美育研究中心名誉主任，曾任国务院学位委员会哲学学科评议组召集人、教育部艺术教育委员会主任委员，北京市哲学会会长、北京市社科联副主席。第九、十届全国政协常委委员。主要著作有《中国小说美学》《中国美学史大纲》《意象照亮人生》《胸中之竹》《欲罢不能》等。进入学术成熟期后，除开展美学研究外，叶朗还十分关注文化产业发展。同时，为了弘扬北大传统和蔡元培先生倡导的美育思想，在青少年人文素质教育方面投入较大精力，主编多部文学、文化、美学读物，如《中国文化读本》《中华优秀传统文化》《现代美学体系》《中国历代美学文库》《文章选读》《观·物：哲学与艺术中的视觉问题》等。

《意象照亮人生：叶朗自选集》一书是首都师范大学出版社出版的北京社科名家文库中的一部，书中包含了叶朗先生30年来的学思精华，完整地反映了叶朗先生的学术探索历程和学术风采。全书分为上、中、下三编，上编“美学基本理论与中国美学”共收录20篇文章，中编“人文学科、人文教育与文化产业”共收录11篇文章，下编“读书、治学与人生”共收录15篇文章。叶朗先生在这部书中提出了一个“美在意象”的理论框架，由意象、感兴、人生境界三个概念构成了一个理论核心，突出了心灵世界、精神价值和人生境界的提升，这是对中国传统美学精神的继承，具有中国色彩，是对时代要求的一种回应。

叶朗先生在上编中以《中国美学在21世纪如何“接着讲”》为开篇，认为中国美学在新世纪里应该有新的创造，这种新的创造应该体现在美学理论的核心区域。文章开篇没有明确论述“照着讲”和“接着讲”的差别，只举了康德与朱熹的例子，探讨“照着讲”与“接着讲”有差异。其中，“照着讲”是指哲学史家在讲述知识的时候，必须尊重古今中外思想文化的经典创造和学术积累，将其原本的知识内容讲述介绍出来即可。而“接着讲”是指中国人文学科需从经典思想家“接着讲”，其意思总体来说一是继承，二是考证，三是探索。第一，继承是重要因素。站在新世纪文化发展的高度，吸取上一世纪中国学术积累的成果，更重要的是吸收众多学者如蔡元培、朱光潜、宗白华、冯友兰、熊十力等的学术成果。二是搜集和考证，但这不是主要目的，而是通过搜集和考证这种路径，提炼出具有强大包孕性的核心概念、命题，进而思考最基本、最前沿的理论问题，这才是关键。三是不针对某个具体学者的研究继续讲下去，而是在前辈学者开创的学术道路基础上，在新的时代条件、时代课题面前做出新的探索。每一个时代都有自己的学术焦点，这形成了每一个时代在学术研究当中的烙印。叶朗先生沿着“接着讲”这条路线，逐渐形成了一个以“美在意象”为核心的理论框架，建构了意象、感兴和人生境界三个核心概念。“意象”既是美的本体规定，又是对美感活动的本体规定。在审美活动中，美和美感是同一的，核心就是意象的生产。叶朗先生认为，美感不是认识，而是“感兴”（体验）。“感兴”是中国美学的概念，内涵相当于西方哲学中从狄尔泰到伽达默尔所说的“体验”。“人生境界”是中国传统哲学中最有价值的内容，审美活动的终极意义就是提高人的文化素质和文化品格，提升人的人生境界。总而言之，就是重视“心”的作用，重视精神的价值。

叶朗先生基于美学知识体系建设的需要提出“美在意象”的观点，突出审美与人生，审美与精神境界的提升和价值追求的密切联系。叶朗先生认为中国美学的历史至少从老子、孔子的时代就开始了，不能说中国古代没有美学。孔子的美学基础是仁学，仁学本身是孔子的一种传统道德哲学，是孔子一种道德主义伦理思想的哲学核心。孔子从传统仁学角度出发，把美与人的感性精神存在和现实生活环境紧密联系起来，肯定了美存在于人的社会政治、经济结构和伦理道德文化活动之中。如在《论语》中频频谈到，“先王之道斯为美”（《学而》），“周公之才美”（《泰伯》），“里仁为美”（《里仁》），“君子成人之美”（《颜渊》），等等，均表明孔子认为美与人生理想和道德要求是相统一的。“美”就是“善”，而最高的美德境界也是仁的境界。孔子又把美同艺术的特征和感性形式联系起来，肯定了包括音乐、诗歌、舞蹈等在内的艺术本身的美。庄子也写道：“天地有大美而不言。”因此，在两千多年的历史中，中国人积累了丰富的美学思想传统。

叶朗先生认为中国传统美学的“美”是不存在实体化的、外在于人的“美”，“美”离不开人的审美活动。唐代思想家柳宗元的“夫美不自美，因人而彰”就提出了这个思想，自然景物要成为审美对象，要成为“美”，必须有人的审美活动，必须要有人的意识去“发现”它，“唤醒”它，“照亮”它，使它从实在物变成“意象”。由此可以说明，美不是天生自在的，美离不开观赏者，而任何观赏都带有创造性。美因人而异，同一外物在不同人的面前会显示为不同的景象，生成不同的意蕴。美带有历史性。在不同的历史时代，在不同的民族，在不同的阶级，美具有共同性，也有差异性。叶朗先生认为中国传统美学的“美”还存在另一个观点，就是不存在一种实体化的、纯粹主观的“美”，中国传统美学的“美”是对实体性的自我的超越。

那么“美”在哪里呢？叶朗先生基于对美学的洞察和定位，从前辈学者的学术成果“接着讲”，批判了学术界对中国传统美学的一些错误看法，探讨了中国传统美学的现代意蕴。相比西方美学发展的“主客二分”，他认为中国传统美学对于审美活动的解释，其主导思想是“天人合一”，而不是“主客二分”。他认为，中国传统美学的“美”是“美”在意象。意象世界是情景交融的，是在物理世界之外构建的审美活动。意象是本体，也是艺术的本体。“情”与“景”的统一是审美意象的基本结构。离开主体的“情”，“景”就不能显现，就成了“虚景”；离开客体的“景”，“情”就不能产生，也就成了“虚情”。只有“情”“景”统一，才能构成审美意象。审美意象不仅是有情感的感性世界，更是有意蕴的世界。在中国传统美学中，意象世界是一个真实的世界，正如王夫之的“现量”界定，“现量”是“显现真实”，“如所存而显之”。意思是说，意象世界是人的直接体验，是人的创造，“心目之所及，文情赴之”。审美意象以一种情感性质的形式解释世界的某种意义，是人的创造，而正是这个意象世界照亮了一个充满生命的有情趣的世界，照亮了世界的本来面貌，这是人的创造（意象世界）与“显现真实”的统一。要把握中国美学这个思想，关键在于把握中国美学对“真实”、对世界本来存在的样子的理解。

叶朗先生在中编以《关于把美育正式列入教育方针的建议》作为开篇，将其美学原理和现代美学体系等研究推向现实和社会，其美学思想在现代具有积极的理论指导意义。他认为加强美育教育是新时代培育创新人才的需要。他从美育与智育、德育的关系出发，指出加强美育是新时代经济发展的直接要求。叶朗先生认为德育是规范性教育，智育是知识性教育，都作用于人的意识、理性的层面，与“良知”息息相关。而美育属于熏陶和感发，作用于人的感兴、情感层面，与“潜移默化”步调一致，影响人的情感、气质、性格和胸襟等。现代社会中，德育用于调整和规范社会中人与人的关系，建立和维护社会伦理、社会秩序、社会规范，避免在社会中出现人与人关系的失序、失范和失礼。美育则保持人本身的精神的平衡、和谐与健康。现代社会对于社会安定的影响，除了政治、经济方面的因素外，社会心理、社会情绪方面的因素越来越突出。美育可以激发和强化人的创造冲动，培育和发展人的审美直觉和想象力。实现中华民族的伟大复兴，需要培养胸襟广阔、精神和谐、趣味高尚和人格健全的人，从文化的层面激发民族智慧和原创性。这也是对蔡元培以来重视美育优良传统的继承和发扬，是美学对新时代要求的积极回应。

叶朗先生认为，当今世界面临着一种危机和隐患，物质的、技术的、功利的追求在社会生活中占据了压倒一切的统治地位，而精神生活和精神追求则被忽视、被冷淡、被挤压、被驱赶。这样发展下去，人就有可能成为“单面人”，成为没有精神生活和情感生活的单纯的技术性动物和功利性动物。因此，从物质的、技术的、功利的统治下拯救精神，就成了时代的要求。一个国家的人才首先有文化素养和文化品格的问题，也就是教养的问题。人文素养会深刻地影响到一个社会的治、乱、兴、衰，而且通过塑造一个民族的文化品格和文化精神，这个民族的发展也会受到深远的影响。中华优秀传统文化的一个最重要特点，就是重视人文精神和人文教养，重视对人自身的教化和塑造。中国传统美育不仅传授艺术形式带来的审美情感，而且蕴含深厚的家国情怀、社会理性与道德精神。道德和艺术正是中华传统文化两大精神基石，中华人文精神亦由此带有泓邃的审美品格。在中国，艺术与道德的有机结合，涵养出一种求善的美育文化和美育精神，中华传统文化精神的形成方式和渠道就是美育。历代中国社会，无不将生活化、道德化的艺术作为人格培养的基本手段。这种通过审美教育来实现人由外在规范向内在自觉的转变，迥异于德国哲学家康德对抽象“先验理性”或“道德律令”的绝对服从，而是融合具体情景，在艺术审美和道德培养中追求人格的艺术境界，最终实现“从心所欲，不逾矩”的极致。中华传统文化是一种以礼乐精神为核心的重视人文教养的文化。而这种人文教养的目的，则是塑造一种高尚的人格，追求一种理想的人生境界。叶朗认为中国文化重视人文精神，人文教养的传统对于新时代价值体系的建设和民族精神的塑造，是十分重要的。一个国家，一个民族，不能只有经济和物质的追求，还应该有精神和价值的追求。这对于一个民族增强自己的生命力、创造力、凝聚力，对于一个社会的稳定和发展，都是至关重要的。

不同时代弘扬传统文化，必然有不同的侧重点。新时代弘扬传统文化的侧重点，就是人文教育与审美教育。从强调对国民性之改造与国家自信图强，到提升国民文明程度、振奋民族精神，再到成为社会主义精神文明建设的诸环节，中国美育的内涵一直随时代发展而变迁，既包括审美教育，也包括情操教育和心灵教育，与德育、智育、体育、劳育相辅相成、相互促进。美育与中国社会、文化、政治的发展联系越来越密切，也因此越来越具有现实层面的可操作性。中国共产党百余年来领导中华儿女取得新民主主义革命的胜利，继而建立新中国，建设社会主义，实行改革开放，直至中国特色社会主义进入新时代，一步步脚踏实地以大美化育人民，以大美塑造民族。在叶朗先生看来，正确认识人文学科在大学教育乃至整个现代化视野中的地位和作用，仍然是需要我们认真对待的一个重大课题。叶朗先生梳理了我国从“五四”以来，人文学科领域出现的一大批学者的共同特点，即都有深厚的中国学术根底，在西方文化方面也有深厚的学养，都力图把中国文化和西方文化加以沟通、融合，在中西文化的融合方面做出了不同程度的贡献。

在接下来的几章中，叶朗先生指出，大学教育，尤其是人文学科，不应仅是传授知识和学习技术，更重要的是要教育学生，让大学生具有更高的精神追求，追求更有意义和更有价值的人生。一是通过美育和艺术教育提高学生的文化素质和文化品格，引导学生提升自己的人生境界。二是学校要加强中华文化教育，加强中华文化的根基意识，使学生具有一种“文化自觉”，明白自己的文化传统、价值和发展方向，增强民族自信心，增强文化创新的自主能力，取得文化选择的自主地位。三是要提倡阅读人文经典，一个人要提高文化修养，打下做人、做学问的根底，必须要精读人文经典著作。四要重视校园文化环境的建设，加强社会文化环境的治理。

下编中叶朗先生总结了自己近十年的美学研究成果，认为当代社会生活和当代艺术的发展，迫切要求产生一个体现时代精神的新的美学体系，即现代形态的美学体系。他认为中国美学学科的发展正处于一个新旧体系转换的重大关节点，因此，建设一个现代形态的、科学的美学体系，已经成为美学学科发展的关键。在如何对待传统美学以及如何对待东西方美学的重大差异等问题上，中国学者应该有自己的立足点，应该下大力气系统地研究、总结和发展中国传统美学，并且努力把它推向世界，使它和西方美学的优秀成果融合起来，实现新的理论创造。

叶朗先生在建构其美学体系时所依据的理论，主要是中国传统美学的“审美意象”，同时融入了西方现代理论，这些理论都统一于“意象”。他从宏观方面定位把握，从横向的维度对“意象”美学做出了理论性的、逻辑化的以及体系化的论证和描述，是对中国传统意象论美学，尤其是对朱光潜先生“美是主客观的统一”理论的整体推进和发展。由此可见，叶朗先生基于对美学的洞察和定位，继承了中西传统美学理论，融入了现代西方美学的精华，立足于当代世界美学研究的现状，探索未来美学发展的趋向，以作为实践性质的审美活动为其研究对象，以“意象”为核心，建构了以集中体现审美活动的审美感兴、审美意象和审美体验“三位一体”的意象本体论美学体系，在中国当代美学研究领域具有独特的价值和意义。

综上所述，叶朗先生梳理了孔子以来历代思想家关于人生境界的论述，让人们更好地感受人生、体验人生，获得心灵的喜悦和境界的提升，让其理论具有中国色彩，突出心灵世界和精神价值。审美能够让万物明朗起来，让万物显现自身。这样的美学是对时代要求的一种回应，更是对中国传统美学精神的传承。在文明交流互鉴的历史长河中，中国现代美学批判地吸收和借鉴了西方美学体系，经过中国传统文化的筛选和改造，实现了中西美学不同程度的创新融合。从“学西”到“化西”，中国美学建构了新的美学话语体系，形成了现代学科形态的美学，使融通互鉴真正成为跨文化的互动，实现中西美学互识互通、互补互鉴，推动了当代中国美学不断发展。

（邹晓伟）

阅读链接

1.《意象照亮人生：叶朗自选集》，叶朗著，首都师范大学出版社，2011 年版。

2.《现代美学体系》，叶朗著，北京大学出版社，1999 年版。

审美教育书简

席　勒

约翰·克里斯托弗·弗里德里希·冯·席勒（1759—1805），18 世纪德国著名诗人、哲学家、思想家、剧作家，德国“狂飙突进运动”的代表人物。德国古典文学和古典美学最重要的代表人物之一，与歌德并称为“德国最伟大的作家”。《审美教育书简》是席勒的一部经典名著，也是现代性美学批判的第一本著作，它认为现代性文化对人类天赋和潜能的单一性发展，造成人的性格和能力发展的畸形，是违背人性的。他主张用心灵的审美心境来沟通人的自然本性和抽象思维，让感觉和思维在对立中达到和谐统一，从而恢复人性的全面综合发展。而这样的审美教育，不但对于培养个体人格，而且对于提升一个民族的精神气质也发挥着重要作用。席勒的代表作品有剧作《强盗》《阴谋与爱情》《华伦斯坦》。其著名诗作《欢乐颂》被贝多芬谱为《第九交响曲》，以致家喻户晓，四海传唱。

“美”作为一个哲学范畴出现，肇始于古希腊。自柏拉图始，“美”就在其作品中，作为一个特殊的“理念”出现了。在柏拉图的语境中，要探讨的不是人美、花美、景美、画美这样的一些具体事物的美，而是“美”的本质或“美”本身是什么，简而言之，就是何为“美”的理念。在柏拉图看来，世界分为可知世界和可感世界。可知世界即本质的世界，由不动不变的永恒理念构成；可感世界即现象世界，由不断变化、消逝着的事物组建而成。而现象世界的事物之所以有短暂的存在，是因为它们分有了特殊的理念。比如：人的美貌，它之所以能够存在，是因为这个事物分有美本身或者分有了美的理念，美的理念使人获得了美的灵魂和生气；而这种美感之所以最终会丧失，是因为人这一有限物是时间中的存在，它的肉体或载体终将衰老死亡，美的理念也将离他（她）而去。从中我们可以看出，对于柏拉图时期的古希腊哲学来说，永恒的理念世界是更高的世界，而幻灭的可感世界则是层次较低的世界。实际上，这里柏拉图强调的不是美感，而是美的本质；重要的不是美的享受，而是美的知识。因此在表现美的方式中，思辨哲学、抽象思维等捕捉美的理念和思想的方式，才是最高的形式，而绘画、诗歌、音乐等表现美感的方式，却是低级的形式。这是与古希腊哲学的哲学气质和整个时代精神的潮流直接相关的。在古希腊哲学鼎盛时期，科学与哲学同步发展，处于方兴未艾的起步时期。因此，科学和哲学的任务在于，让思维从感性的牢笼中脱颖而出，用普遍的定义和归纳方法，初步形成不同领域的普遍概念、必然性规律。因此，与感官直接关联的美感，当然不能作为科学大厦、哲学体系的坚实内容。

而到了 18 世纪，在席勒所处的时期，整个欧洲的文化风向标，是反对旧有的宗教压迫和封建压制。以德国市民资产阶级为主体的知识分子，掀起了一阵高扬“天才、自由、创造”精神的狂飙突进运动，以及后续的浪漫主义运动，他们主张个性解放、呼唤民族意识觉醒。因此，作为时代精神代表的德国哲学，肩负着对德意志民族自我反思和自我觉醒的使命，因而呈现出注重思想上的自我反思、自我认识、自我批判，追求理性和自由的独特气质。

席勒的思想，就是在这样的以理性、自由为主流的思潮推动下产生的。《审美教育书简》是席勒思想中的重要内容，它是席勒于 1793—1794

年间写给交往甚密的奥古斯滕堡公爵的27封信，其主旨是以审美教育思想追求人类本性的完善，以及理性的自由。具体地说，他要站在恢复人性的完整性基础上，以心灵的审美心境为研究对象和媒介，试图消融感觉和思维，可感世界和可知世界之间的差别对立。与古希腊探讨“美的理念”不同，席勒着重探讨“美感”或审美心境。这种审美心境，是介于感性认识和知性思维之间的，为思维提供自由动力的创造能力。

《审美教育书简》主要围绕几个问题展开：1. 审美教育的最终目的；2. 审美教育的历史必然性；3. 美的概念与人性概念的关系；4. 审美教育主要解决的问题；5. 审美教育要达到的效果。

第一，审美教育的最终目的。在席勒看来，美育问题与道德问题、幸福问题息息相关。《审美教育书简》开篇指出，其讨论内容与人类幸福生活，与人类本性的道德高尚相关。他主要站在康德哲学的立场来看待审美教育涉及的几方面内容。康德哲学是一种认识论哲学，他将人的活动分为“知”“情”“意”三个方面：“知”回答的是人的认识能力的界限、认识具有哪些形式的问题；“意”回答的是人在有限的认识范围内，人能够自由自觉地选择做什么的问题；“情”回答的是在“能认识什么”和“能自由地做什么”之间，人还能希望什么的问题。“情”既不是要把握事物的本质或真理，也不是要进行自由选择和决定，而是一种对目的和愿望的希冀。这种希冀就是美好生活、美好心灵、美好人生、美好未来的愿景。席勒的审美教育，对应的就是康德哲学中的一个“情”字，要解决的就是我们在认识世界、改造世界过程中，怎样表达内心世界、为人生提供原始创造力和自由动力的问题。只有建立在源源不断的自由感受和创造力基础上，我们才能讨论如何更道德、更幸福地生活。席勒之所以提出道德、幸福及其动力问题，是与当时德国和整个欧洲的社会和文化环境息息相关的。

席勒所处的时代，是一个科学至上、物欲横流的时代，人们对物质的需求和向往远远超过对精神生活的需要、对精神自由的追求。精神自由几乎被物质追求所取代。科学和政治在当时几乎被各种物质利益关系所左右，从而挤占了精神领域包括艺术领域的自由空间。一切都被物质需要所支配，科学因物质需要才得以扩张。相应地，艺术领域难以回应和满足人们和社会的物质需求，从而缩小了发展的领地。这种以物质需要为第一性的状态，对于个人和国家来说仅仅是自然状态。对于人而言，物质状态是人最开始的状态。人只有超越这种自然状态，从外部自然的制约关系中超越出来，才能获得自由状态。而人只有在精神上超越物质，才可能获得由自由意志所保持的道德状态。对于国家而言，国家一开始也仅仅是自然状态的国家，是以自然物质需求为目的的、靠暴力和强权建立的国家，自然状态的国家要想进步，需要改造为建立在理性法则、道德和法律规范基础之上的，成为一个道德的、理性的、自由的国家。席勒拿国家和钟表作了类比：一个坏了的钟表可以在停止转动的时候经过修理再运转，但一个国家是不能停下来再修理的，而是要在运转过程中更换齿轮。这就需要找到一个作为工具和桥梁的支柱来完成这项更换工作，以便把国家从自然状态提升为理性道德状态。而这个支柱不会从自然状态的国家中来，也不能从道德国家状态中来，它首先是从国民性格中来，这种性格只有在整个民族中占优势才能成为支柱。这种性格一方面既包容自然中的多样性，另一方面又力求把各个主体的多样性结合成单一的整体。因此，这种性格很好地协调了自然要求的多样性，以及理性要求的统一性。

作为一个德国人，在席勒看来，当时的社会和文化背景下的德国，普遍缺少这种能够作为支柱或中间协调力量的国民性格。一方面，欠缺文化熏陶的底层人民展示的更多的是粗野的先天本能和急于求得物质需求的动物性满足；另一方面，文化阶层则走向另一个极端，大多呈现出文弱、性格腐化的图景。在他看来，无论哪一个民族，要想摆脱这样的自然状态，都需要经过理性化才能在更高层次上回归自然。席勒对比了希腊人的自然状态和现代人的自然状态。他认为，希腊人的自然是符合人本性的自然，那时候的自然与艺术、科学、智慧充分结合，而现代人的自然是违背人性的、物质至上的自然，这时候的自然和艺术、智慧等严重分离。在他看来，只有理性与物质没有割裂开的自然人性才是完整的，才是真正的自然。现代世界中不同层次的人只根据物质需要发展其天赋的一部分，是不完整的畸形发展。就个体而言，现代人只有作为整体的时候才呈现出比古代人更优秀的特质，但每个人作为单个的个体都是有缺失的，其才能也是分裂的；就国家而言，古希腊城邦中的每个个体都有独立完整的发展，而必要时又能组成一个整体，现代国家则是由无数无生命部分拼成的机械整体：国家与教会、法律与习俗都各自分离。

第二，审美教育的历史必然性。虽然席勒很向往古希腊时期个人和国家的美好状态，但历史是不断向前发展的。在近代，人们已经不可能回到希腊人的自然本性，而古希腊文化也已经走向历史的终点，古希腊文化自身问题在于，它已经不能获得更高的提升，必定在自然整体瓦解中走向灭亡。希腊文化中的自然本性如果想要继续在当下的时代中得到新的发展，需要其他民族将古希腊文化遗产中的各个部分都进行发展，实现它的全面提升。这种提升，是从各个方面单独进行的，首先就体现为理性抽象与自然感性的分裂。近代人的知性抽象思维，已经从古代的感性思维中独立出来，从中分离出知识的明确性。只有明确性的概念和知识才能把单方面的能力提升到更高层次。因此，古希腊文化之后，人性必然先放弃完整性，而从各条道路分别发展进步。这种单方面能力训练一开始不可避免地会在单方向上将人性引入歧途，但从历史发展总的趋势上看，单方面的能力训练最后只要能够凝聚成唯一的整体力量，就可以将人性引向全面发展。无论个体还是国家，只有各种力量协调一致，才能造就幸福且完美的人和国家。

席勒认为，现代世界发展至今，单个能力的训练已经显现出整合的趋势。在他所处的历史时期，西方世界不应只注重培育个别能力而牺牲完整性，要通过艺术来恢复自然本性的完整性。要实现这一点，不能仅依靠现有状况的国家，更好的人性才能创造更好的国家。然而，要恢复自然本性的完整性，究竟从哪里开始呢？这里似乎遇到了一个问题：到底是理论改良先行，还是国家改革先行？若是理论改良先行，就用先进理论来提升性格高尚化的修养，从而达到提升国民性格、创造高尚国家的目的。然而，自然状态下的国家又没有产生高尚性格的土壤，无法产生先进理论，因此似乎应该先创造先进国家，实现国家的改良，而国家改良又依赖先进理论的产生。于是，这里陷入了死循环：国家改革依赖理论改良，而理论改良又依赖国家法律制度的革新。为了不受这个死循环的限制，席勒认为需找到一种工具去构建中间桥梁，这就是美的艺术。于是审美教育就成为历史发展的必然性选择。艺术和一般的理论革新、国家法律制度革新的不同点在于，艺术能够摆脱外在条件和固有习俗的制约。从内容上看，艺术的素材虽然来自当代，但其先进形式却可以来自不同时代。这种形式超越时空的局限，可以被任何时代所吸收借鉴。

我们看到，席勒并不是就艺术本身来谈艺术，而是从改造国民性格出发，从改良国家的理性和先进性出发来探讨艺术。因此，艺术对于国民从近代的物质自然状态中摆脱出来，形成理性、自由、道德的普遍国民性格将起到重要的桥梁纽带作用。艺术的作用就是要培育理性、自由、道德的国民性格，而艺术的审美体验不单单是一种心灵的表达和情致外显，更是一个国家和民族进步的核心要素。

第三，美的概念与人性概念的关系。席勒指出，艺术中美的概念不是一般意义上的审美体验，它必须上升为人性概念才能被理解。他认为，人身上有两方面的东西：固定不变的人格和变化的状态。人格有一个绝对以自身为根据的观念，即自由。人格和变化状态的关系，实际上就是一和多、不变和变化的关系。人格完全以自身为根据，而变化状态是在时间中依附于一定条件而不断生成的。人只有同时拥有变化和不变，才会存在。人性，是在不断变化中本身永远不变的恒定统一体。因此，对于人性应该有两种要求：一是让趋向无限可能的天赋表现为现象，让可能变为现实，这要求一种变化的实在性；二是让欲求中的东西、变化的东西具有形式，这种形式要求是一种不变的形式。两个要求受两种冲动的驱使和推动。第一种是感性冲动，第二种是形式冲动。感性冲动造成各种变化情况，形式冲动提供认识中的判断法则和行动中的意志法则。感性冲动把人放在时间中，使人成为质料，它要求变化，要让事情在时间中有一定内容。形式冲动来自人的理性本性，它竭力在变化中保持人自身的人格，我们之所以是我们，就是因为我们在变化中能够保持人格。两种冲动虽然有区别，但并不矛盾，它们有各自的领域和范围。文化的任务，就是要确定二者各自的界限，前者培养感觉能力，后者培养理性能力。感觉能力使人具有最大灵活性和自身发展的天赋，理性能力则使人能够更加理性地去创造形式。文化就在于将接受能力和多样化在感觉方面推到最高，同时，使规定能力不依赖接受能力，得到最大独立性，让主动性得到最大发挥。

两种冲动共同发挥作用，结果是让最大的丰富性和最大的独立自由有机结合在一起，最后把世界现象的无限性引入自身，使其服从理性的统一体。两种冲动发生的作用是相互的。感性冲动的对象是一切物质形态的感官性东西，是生活，它要求变化；形式冲动的对象是一切思维力的关系，它要求取消时间和变化。使得二者得以协调和结合的则是第三种冲动：游戏冲动。游戏冲动让生成变化和永恒存在得以协调，它能产生生活的形象。只有当人在进行艺术的游戏时，他才是完整的人。美的最高理想，就是实在和形式的完美结合与协调。通过艺术游戏，感性世界中许许多多的美，最终统一为同一个美的不同显现，这正是审美教育的任务。

第四，审美教育主要解决的问题。在席勒看来，关于美的最后问题，就是要解决如何沟通和消除感觉与思维、质料与形式、被动与主动的界限问题。也就是如何将感性引向形式，将思维带回质料的问题。二者的结合不是简单的混合，而是相互的协调一致。在席勒看来，当时哲学界关于美的问题的争论，根源在于没有明确二者的区分，更没有研究二者的结合。学者们要么盲目信任感觉，只看到感觉总体；要么盲目信任知性，只看到割裂开的思维个体。而真正的美却是感性和理性、内容和形式的自由结合。双方的这种结合不是外在强加的统一。

席勒认为，美不是能够帮助思维来沟通质料和形式的外部媒介。美能为思维创造自由，使思维按自己的法则来表现自己。两种冲动在美中都获得了存在，因此同时包含了不变的人格和变化的状态，二者在完整的人性中同时建立起来。自由是人的自然本性不是人创造出来的。只有两种冲动并行不悖、协调发展起来才有自由。一旦其中一方被排除，就一定没有自由。但以往历史经验呈现给我们的，无论是在个人还是在族类身上，生活中往往是两个冲动中的其中一种在单独起作用，因此美的自由仍然没有实现。应该让感性和理性同时活动起来，相互抵消。从感觉到思维，通过中间的心境来过渡，才能不受自然和道德的强制约束，才能达到自由的审美心境。不过，虽然审美的自由心境不受规则制约，摆脱了一切强制，但不意味着它自身完全毫无约束。心灵在审美时遵守法则而不把法则表现出来，因此，我们在进行审美游戏过程中感受不到外部的强制，这强制既包括被需求引导的被动接受对象带来的欲望刺激的强制，也包括抽象概念和法则的内部强制。美育教育的具体体现，就在于培养感性和精神能力的整体以达到尽可能的和谐。

此外，美不但不表现出所受到的外部强制，也不表现为具体结果，甚至它也不关注个别的结果，不注意个别感觉或个别思维的作用，只注意各种力量之间的总和。单纯感到舒服的感觉对任何印象敞开心扉，却容易沉溺其中而不务实；而抽象思维剥夺了感受性，使得精神变得冷酷僵化。二者都必然让自身走向衰竭，因此，质料和形式都不能离开对方。感觉和思维冲突及其抵消才能产生和谐。这要求心灵不再沉溺于不务实的感官享受，我们的思维也应该获得更多自主性。思维不受抽象规则的制约，而是将我们的自主性自然地引向抽象概念，趋向一种严肃的游戏、静止和运动的统一、抽象思维和直观活动的统一，这才是真正美的享受。在这种美的自由心境中，我们同时成为受动力量和主动力量的主宰。

第五，审美教育要达到的效果。在席勒看来，审美教育通过解决感性和理性协调一致问题，最终回归人性的完整性。但人性的完整性并不简单体现为单个具体的结果，它的效果是多方面的。正因如此，美不以实现个别具体的目的为着眼点，而旨在按照人的本性把自由还给人，使人成为他应该是的东西，从而表达出人作为有限个体中具有的永恒无限性。审美教育的效果，就个人而言，追求自由不应是在追求个人的个别活动中寻求快感，而应该在人整体能力的协调中寻求快感；就不同精神生活领域而言，自由的审美状态足以让感性和思维之间的协调扩展到各个领域，而每个领域都会超出自身本来的界限，朝向更广阔的领域。这种打破领域界限的例子有很多，席勒用不同艺术门类消除自身的局限来举例。音乐提升到最高程度必定变成形象；造型艺术达到最完美时必定变成音乐；诗在最完善时会像音乐一样吸引人，又像雕塑一样用宁静的光辉笼罩着我们。艺术形式本身都会趋于消除自身的形式局限，提升为你中有我、我中有你的普遍性。

席勒认为，艺术形式冲破自身局限，从而达到更高的普遍性，这预示着真正美的艺术作品并不是以质料或内容为核心的，因为质料或内容指向个别的具体的对象，也只指向人的个别的天赋能力，而美的艺术应该以形式为核心，它是对人的整体性发生作用。艺术家不仅要克服艺术门类的局限，还要克服特殊质料所具有的局限性，最后只应该让形式起全部作用。只有扬弃物质质料的具体个别性，达到形式的普遍性，才能通达自由的审美心境，而这是感性过渡到理性的必要准备和条件。因为美只给知性和意志提供一种创造自由的能力，而不提供任何具体个别的结果，所以美只给感性提供纯粹的形式。通过作为中间状态的审美心境，理性的自主性会在感性领域展现出来，感觉会在自己界限被打破，自然状态的人可按自由法则成为精神的人。而且，审美心境不受意志控制，反而是意志因审美心境而存在；道德状态也是从审美状态中来的。文化最重要的任务是使人在自然状态中受形式支配，从审美状态中发展出道德状态，而高尚的精神不只满足于自己自由，也要使一切事物都变得自由。如果局限于个别东西，指向物质的、暂时的东西，只会使他无限扩展自己的个体，永远不停地追求质料，无法挣脱个体的束缚。而审美心境能帮助个体离开自然生命，挣脱时间限制，引导他从感性世界上升到观念世界。当意识离开质料世界，进入精神世界，美才真正出现。

因此，人性的进展，是从依赖外部质料的现实需求，进展到对外观的喜爱、对装饰的喜爱，以及对游戏的爱好。人的感官也逐渐从对外部事物进行触碰的触觉，进入用眼睛和耳朵来把握的自我创造形式，逐渐产生以外观为快乐的游戏冲动，模仿的造型冲动也产生了。想象力的升级，是它逐渐不再依靠外在质料，而靠自身运动起来。欣赏外观的人不再以接受的东西为快乐，而以他创造的东西为快乐。席勒举例说明了这种从物质质料转向纯粹形式的审美能力的提升。他认为，喜欢活的美人和喜欢画中的美人，层次完全不同。前者并非纯粹是审美情感的喜欢，后者则比前者文化修养更高，欣赏者甚至能在直观活生生的东西时，摆脱物质欲望刺激，只感觉到纯粹的外观，产生形式外观审美的愉悦性。而追求独立自主的外观，要求有更大的抽象力和心灵自由，以及更强的意志力，我们不需要担心外观对物质现实造成危害，反而需要担心物质现实对外观的危害。我们要让外观从物质现实中解放出来，关注形式，形成独特的个性。因此，审美的心境才能够产生自由。人在这种心境中，只需注意把人和自然的领域划分清楚，明确自己的法则，按自己的法则来处置外观。

综上所述，《审美教育书简》中席勒关于审美自由心境的探讨，是以创造国民性格为切入点，以摆脱人的自然状态，培育理性、自由、道德高尚的人格为宗旨，以协调物质与精神、内容与形式对立关系为理论根本的充分表达。他对审美与人性关系的发挥，对审美教育对塑造人性的理解，对古希腊的自然人性和近现代抽象人性的比较和讨论，为我们深入思考美学、艺术、社会、文化、制度的相互关系，提供了多方面的指引和借鉴。

（叶子犀）

阅读链接

1.《审美教育书简》，弗里德里希·席勒著，冯至、范大灿译，上海人民出版社，2022 年版。

2.《席勒经典美学文论》（注释本），席勒著，范大灿等译，生活·读书·新知三联书店，2015 年版。

3.《阴谋与爱情》，席勒著，张富岁译，上海三联书店，2018 年版。

歌德谈话录

歌　德

歌德（1749—1832），德国伟大的诗人、剧作家、思想家、科学家，1749年8月28日出生于德国美因河畔的法兰克福。他的父亲受过高等教育，获得法学博士学位，知识渊博，在政府与议会任过职，外表严峻而内心善良柔和；母亲是市长的女儿，典型的贤妻良母，善于给孩子讲述故事，激发孩子们的想象力。歌德在语言上的能力得益于父亲，而在诗歌上的启蒙教育则来自母亲的培养。在这样富裕家庭成长起来的歌德，自然受到良好的教育，从童年起就表现出超凡的聪颖与旺盛的求知欲，很早就学会了拉丁文，逐渐学习了法文、英文、意大利文以及希腊文和希伯来文，而且对诗歌、戏剧表现出浓厚的兴趣，对大自然更是非常热爱和陶醉。遵循父亲的意愿，16岁的歌德来到莱比锡大学学习法律，并且不负父亲的厚望，最终获得了法学博士学位，然而他把更多的时间和精力投入到了文学以及自然科学领域。1770年，结识了德国文学界的著名人物赫尔德，使他对莎士比亚有了更深入的理解，并对民歌产生了兴趣。学成回到家乡的歌德成为一名律师，然而枯燥乏味的职业令他痛苦，很快他加入到了德国文学界“狂飙运动”之中：崇尚自然，崇拜天才，推崇民族意识，渴求冲破精神上和物质上的桎梏，疾呼反抗，要求自由。1773 年，他完成了向“一个叛逆者表示哀悼和尊敬”（恩格斯语）的历史剧《铁手骑士葛兹·冯·伯利欣根》，1774 年完成了令万千青年男女痴狂的爱情小说《少年维特之烦恼》，从而蜚声德国文坛，引发欧洲文学界的轰动。此后的歌德，尽管受知于魏玛公国的奥古斯特公爵，投身于政治，先后担任过魏玛公国的枢密顾问、艺术科学事务总监等职，但他还是把精力更多地投入到文学创作中，一直到晚年仍然笔耕不辍，在临终之前终于完成了写作达 60 年之久的宏阔诗篇《浮士德》，成为与荷马、但丁、莎士比亚齐名的欧洲四大文化名人之一。

辑录者爱克曼（1792—1854），德国 19 世纪诗人、散文家，歌德的忠实崇拜者。作为歌德晚年的助手和挚友，他细致而真实地记录并辑成了这部数十万言的被尼采誉为“德国最佳作品”的《歌德谈话录》。

“我观察自然，从来不想到要用它来做诗。但是由于我早年练习过风景素描，后来又进行一些自然科学的研究，我逐渐学会熟悉自然，就连一些最微小的细节也熟记在心里。所以等到我作为诗人要运用自然景物时，它们就随召随到，我不易犯违反事实真相的错误。”这是歌德在与爱克曼谈话时，谈到诗与自然关系时的阐释。无疑，作为德国文学“狂飙运动”的积极参与者，歌德作品中有着极其鲜明的浪漫主义情怀，然而，这种激烈的浪漫主义情怀又有着深厚的古典自然主义作为基蕴。歌德关于自然与艺术的关系感悟，首先得益于欧洲文艺复兴与启蒙运动的倡导。欧洲对于“自然”一词的理解，早在古希腊时期就已经出现，在那时自然是指人类天赋的本能，是人类理性与正义的正确行为准则。这种观念在中世纪时被披上了神的外衣，至文艺复兴和启蒙运动时，重新又回归成为人类社会的客观现实。对于经历了启蒙运动的歌德来说，自然囊括了整个的大自然和人类社会，于他而言，自然就是客观存在的一切，因此，他在寻求、回归及顺应自然的过程中，总是将自己的科学研究特别是艺术创作与自然相结合，并进行深入的探讨。

回归自然，与自然和谐共生，是歌德理想中的自然状态。因此，歌德对于古希腊艺术尤为喜爱。他大为赞赏古希腊艺术家在描摹客观事物时妙肖了自然状态。比如对古希腊悲剧进行分析时，他认为悲剧的关键要素在于有冲突而得不到解决，这种矛盾要有自然的基础，而且要真正是悲剧性的。因此，在分析古希腊悲剧作家索福克勒斯的作品时，他反对从黑格尔的理念出发予以考察，因为“索福克勒斯在写剧本时并不是从一种理念出发，而是抓住在希腊人民中久已流传的某个现成的传说，其中已有一个很好的理念或思想，他就从这个传说构思，想把它描绘得尽可能地美好有力，搬到舞台上演出”。也就是说，索氏的创作来源并不是黑格尔式的抽象理念，而是来源于古希腊人民中流传已久的传说，这一客观历史现实就成为索氏的创作理念，索氏将其艺术性地呈现在舞台上，进而引发观众的共鸣，产生悲剧性的艺术效果。

正如歌德自己所说，他关于自然与艺术观念的第二个来源，是他的风景素描和自然科学研究。作为一个伟大诗人和剧作家，歌德为世人所熟知，然而作为一个杰出画家和自然科学家，歌德却知者寥寥。歌德的父亲是一个美术鉴赏家与收藏家，歌德从童年起就耳濡目染，对绘画十分着迷，把描绘大自然作为表现自己思想的一种方法，他把少年时期在家乡的画作汇编成一个画册，以唤起对童年时光的回忆。在魏玛公国公务繁忙之余，他仍然不废画事，还创办了一所绘画学校。而他对于绘画的系统练习，则是在他于意大利的两次居留期间。在罗马，他化名为约翰·梅勒，以画家身份，拜访画界名流，浪迹于青年画家之间，足迹遍及于古迹、废墟、景物、山村、河流之间，月夜、星空、市集、人物、狂欢节，以及西西里岛的内湖、维苏威的火山，等等，都成了他入画的广泛题材，他画了上千幅绘画作品。正是在对自然景观与名画进行观察、欣赏与体味的过程中，歌德增进了对自然与艺术关系的理解。歌德与爱克曼在欣赏荷兰画家鲁本斯的一幅风景画时，爱克曼认为整幅画安排得融贯，画得很真实，在细节处也画得惟妙惟肖，因此说这幅画是完全临摹自然的。歌德对此表示反对，认为这么完美的画作在自然中是从来见不到的，这么完美的构图得益于画家的诗的精神。歌德接着分析道："不过吕邦斯（鲁本斯）具有非凡的记忆力，他脑里装着整个自然，自然总是任他驱使，包括个别细节在内。所以无论在整体还是在细节方面，他都显得这样真实，使人觉得他只是在临摹自然。"也就是说，鲁本斯画作的完美不是对自然的简单临摹，但是其基础来自对自然的深入理解与把握。在另一次谈话中，两人继续这一话题，歌德对这幅画"诗的精神"做出细致分析。歌德让爱克曼观察这幅画作，绘画对象从两个相反的方向受到光照，这在现实生活中是违反自然规律的，但歌德认为鲁本斯的过人之处即在于此，赞赏鲁本斯这种高于自然的天才画师的大胆手笔："艺术并不完全服从自然界的必然之理，而是有它自己的规律。"他接着说："艺术家在个别细节上当然要忠实于自然，要恭顺地摹仿自然，他画一个动物，当然不能任意改变骨骼构造和筋络的部位。如果任意改变，就会破坏那种动物的特性。这就无异于消灭自然。但是，在艺术创造的较高境界里，一幅画要真正是一幅画，艺术家就可以挥洒自如，可以求助于虚构。"他一方面强调艺术必须要来源于自然，遵循自然真相，符合自然要求；另一方面他认为艺术家要凭借自由大胆的想象力进行艺术虚构，以达到超越自然的艺术创造的较高境界，使艺术作品表达出自己的志愿或理想。

无论文学还是艺术，都来源于自然的客观真实，而对这种客观真实的理解与把握，最为直接的则是对自然的研究，因此，歌德自始至终对于自然科学都有着深深的眷恋。少年时代的歌德就对大自然十分的热爱与好奇，他在自传《诗与真》中曾描写道："我记起我在孩提时代就掰碎花朵，以便观察叶子是怎样长在花托上面；或拔掉鸟身上的羽毛，以便观察羽毛是怎样长在翅膀上。"对大自然中各种现象去寻求解释，对动植物的观察，对物理学、对人体构造的探求……这一切贯穿了他的一生，他把这种探求看作是一种幸福。他成年后利用公务之便，更是随时随地对自然进行观察与研究。在掌管森林事务时，他热心地研究树木的种类，观察庭园中的树木花草，不仅观察花卉的外形，而且注重研究它的内部构造；在负责矿山事务时，地质学又使他入迷，他在旅行和视察时，每次都带回许多岩石，探讨岩石的构造与形成，称“把我的身心和灵肉渗入到岩石和群山之中”；他在骨骼学方面更是如醉如痴，到大学里听解剖学课，搜集各式各样的人体骨骼，而且还发现了人的颚间骨，这成为科学研究上的一项成就。晚年的歌德在与爱克曼漫谈时，多次谈到他的自然科学研究。他在谈到自己的颜色学研究时，认为颜色学的关键在于严格区分客观与主观，称在一切知觉中可以分清哪种颜色是真正属于客观存在的，哪种颜色只是由于眼睛本身所产生的主观的颜色，而眼睛要求颜色不断变化的规律则特别突出。歌德由此引申出一切事物都是互相依存的，颜色规律也可以用来研究希腊悲剧。不过，他马上强调：“要当心的只是不能把这样一条规律勉强推得太广，把它看成许多其他事物的基础。比较稳妥的办法也许是只用它作为一种类比或例证。”同时，他还谈到了他的植物变形学研究，他是凭着观察的经验进入这个领域的，进入后发现这个领域牵涉的问题太多，自己没有能力全部掌握，因此就用自己的方法来进行研究，寻求适用于一切植物的普遍规律，因此他发现了植物变形规律。他还谈到自己研究矿物学的理由，一是因为这个研究有重大的实际利益，二是因为他想在矿物中找出实证来说明原型世界是如何形成的。其实，歌德之所以对自然科学研究用了这么多的时间与精力，除了前面谈到的因素外，还有着自己更为深层次的原因。他在一次与爱克曼的谈话中，就谈到了这种因素：“如果我没有在自然科学方面的辛勤努力，我就不会学会认识人的本来面目。”他认为，在自然科学领域之外的任何一个领域里，都不能像在自然科学里那样仔细观察与思考，那样洞察感觉和认知的错误以及人物性格的弱点和优点。因为自然从来不开玩笑，总是严肃认真的，并且总是正确的；而缺点和错误总是属于人的。“自然对无能的人是鄙视的；她对有能力的、真实的、纯粹的人才屈服，才泄露她的秘密。”不是吗？歌德正是通过对自然科学的仔细观察与思考，进而才会认识人的本来面目，洞悉人性的优点与缺点，然后再创作人类历史上不朽的诗篇，高扬真实的、纯粹的人性之光。

从前面的介绍中我们看到，歌德在艺术与自然的关系方面，一再强调艺术要来源于现实生活，艺术创作必须要从现实生活中汲取素材，从客观世界出发。但是，同时他也认为，从自然出发的艺术，并不是对自然的简单模仿，而是从自然出发的一种创造性活动，艺术不但要揭示事物的本质，而且还要显现艺术家的独特心灵。只有这样，才能"熔铸成一个优美的、生气灌注的整体"，一种既来源于自然而又超越于自然的"第二自然"，即艺术作品。这其实在上述分析鲁本斯的画作时，即提到了鲁本斯已经达到了超越自然的艺术创造的较高境界。而在接下来的分析中，他提到鲁本斯用双重光线的艺术虚构的大胆手笔，同样在文学中也是适用的，进而发表了自己关于自然与艺术关系的著名论断："艺术家对于自然有着双重关系：他既是自然的主宰，又是自然的奴隶。他是自然的奴隶，因为他必须用人世间的材料来进行工作，才能使人理解；同时他又是自然的主宰，因为他使这种人世间的材料服从他的较高的意旨，并且为这较高的意旨服务。"那么，艺术的"较高意旨"是什么呢？他在谈古希腊艺术时，提到了这个问题。在诸多的古希腊艺术杰作中，歌德提到古希腊艺术家在刻画动物时，不仅妙肖自然而且超越了自然。他以古希腊的两个马头雕像为例，认为艺术家不是完全按照自然马的形状雕成的，而是经过了艺术的虚构而比现实中的任何一种马都更完美。他说："随着时代和艺术的进展，艺术家们自己的人格已陶冶得很伟大，他们是凭着自己的伟大人格去对待自然的。"艺术家的较高意旨就是他们的伟大人格，他们凭借真实而纯粹的人格来塑造艺术作品。因此，他提出要想创作伟大的作品，就必须提高自己的文化教养，"才可以像希腊人一样，把猥琐的实际自然提高到他自己的精神的高度，把自然现象中由于内在弱点或外力阻碍而仅有某种趋向的东西实现出来"。作为一名德国人，歌德并不讳言"德国人摆脱不掉庸俗市民习气"，因此他以及席勒等德国伟大作家就通过自己的作品，描绘并揭示这种庸俗的市民习气，并在文学作品中熔铸优美、纯粹、伟大的人格力量来启蒙、感召民众。这就要求作家必须具备较高的文化教养，歌德以自己为例，认为自己的文化教养来自古往今来广大世界中众多的卓越人物，来自古希腊人和法国人，来自柏拉图、莎士比亚、达·芬奇、斯泰恩等优秀的天才人物，而更加关键的则是“要有一颗爱真理的心灵，随时随地碰见真理，就把它吸收进来”，如此才可能在这个混乱的世界中，再开辟一条到达真理的路径。

正是基于对艺术家文化教养以及高尚人格的高度重视，歌德对于当时一些作家和批评家缺乏高尚的人格表示深恶痛绝。他认为当时德国的文学界，对伟大的目标、对真理和德行的爱好及宣扬，已经成为普遍罕有的现象。整个文学界形成互相吹捧的恶劣习气，尽管有些人有着卓越的才能和渊博的学识，但只把此作为谋生的饭碗，而远离高尚的人格，因此并不能博得国民的崇敬。因此，他大声疾呼德国的文学界：“我们只能把对世界有益的那些高尚原则说出来，把其他原则藏在心里，它们会像潜藏的太阳，把柔和的光辉照射到我们的一切行动上。”作为一名力求通过文学作品把高尚的原则表现出来以博得国民崇敬的伟大作家，他的好友泽尔特在来信中却说他不是“人民之友”，歌德感到非常的委屈和郁闷。通过前面的介绍，我们深知歌德毕生都献身于人民和对人民的教化，所以看到泽尔特的来信后，他一再地表示不理解：“奇怪，真奇怪，一个人的地位在舆论中竟弄到这样是非颠倒！我想不起我曾做过什么得罪人民的事，可是现在竟有人对我下了定论，说我不是人民的朋友。”歌德一生都在力求通过作品来影响人民大众，他认为一个伟大作家在具有天才的创造才能的同时，必须具备内在的强烈而高尚的道德情感，进而将之渗透到作品中，可以使作品中所表现的灵魂转变为民族的灵魂，这是值得终生为之辛苦经营的事业。对于高尚的道德情感，歌德在与爱克曼的谈话中提出了自己独到的理解。他认为，高尚的道德情感像一切美好的事物一样，是人内在的美好品格，在大多数人那里都是生来就具有的，但是只有在具有卓越才能的少数人那里才能得到完美的呈现，而道德方面的美与善通过艺术的表现，成为一种促进和巩固个人和集体幸福的教义，在整个民族中传播开来，推动人民纯真人性的广泛觉醒与显现。

从上述的介绍中可以看出，歌德主张艺术创作的现实主义风格，但亦不排斥浪漫主义，他否定的是消极的反动的浪漫主义，他把这种浪漫主义叫作病态的、不健康的浪漫主义。在谈话录中，歌德与爱克曼两次谈到古典与浪漫的区别。歌德所称的古典作品，即是现实主义作品，认为这样的作品是新的、健康的作品。他说，关于古典与浪漫概念的分歧与争执，已经传遍了全世界，而这些则缘起于他与席勒。他主张文学作品应该采取从客观世界出发的原则，认为只有这种创作方法才可取。但是席勒却用完全主观的方法去写作，认为只有他的这种创作方法才是正确的。而在此前的一次谈论中，歌德直接把古典的作品称作健康的，而把浪漫的作品称作病态的，接着他进行举例和延伸说明：“《尼伯龙根之歌》就和荷马史诗一样是古典的，因为这两部诗都是健康的、有生命力的。最近一些作品之所以是浪漫的，并不是因为新，而是因为病态、软弱；古代作品之所以是古典的，也并不是因为古老，而是因为强壮、新鲜、愉快、健康。”歌德早年还对两者赋予了更多的属性，古典的方面有淳朴、现实、必然与职责，浪漫的方面有感伤、理想、自由与意愿。他还指出，古代诗突出职责与完成职责之间的不协调，近代诗突出意愿与满足意愿之间的不协调，而莎士比亚的剧本表达了意愿与职责的斗争，因此莎士比亚的剧本既是近代的，也是古典的。也就是说，表达必然的古典主义与向往自由的浪漫主义并非对立，两者结合则更为理想。其实，歌德晚年反对浪漫主义，原因在于它是一种消极的浪漫主义，与他的艺术要从客观现实出发的原则背道而驰，因此他提出了强壮的、新鲜的、欢乐的、健康的古典主义主张。歌德与席勒都是由浪漫主义转到古典主义的先驱，两大文豪的合作与友谊为后世留下了有趣的文坛佳话，更为德国文学乃至世界文学带来了丰硕的成果。歌德在谈话录中多次赞美席勒，称他是一个有卓越创作才能的人，是一个伟大的艺术家，“在德国或外国文学界很少有人能比得上他”，然而却极为反感席勒对康德哲学的追随。他认为席勒作品中的哲学倾向过于明显，因此其理念常常凌驾于自然状态之上，这种高于自然甚至消灭自然的理念，使得席勒的创作并不尽如人意，这对于尊奉自然为“伟大母亲”的歌德来说是无法接受的。但是，两人经过一次坦诚的交谈，就各自的创作、理论以及德国文学的状况交流了意见，他们的见解竟然十分一致，从而消解了相互间的分歧。此后两人开始了长达十年的合作，共同办刊物，共同撰写讽刺和鞭挞时代黑暗及丑恶的二行诗《赠辞》，又各自撰写韵文故事的谣曲，歌德在席勒的支持下创办了魏玛剧院。两个人的互相帮助特别体现在各自的创作上，席勒在歌德这个“顽固的”现实主义者的影响下，对他的耽于空想遁入康德哲学的倾向有所克服，创作力极为旺盛，完成了他人生最后十年的一系列重要剧作，而歌德也在席勒的督促和催逼下，把更多的时间用来创作，在这期间完成了长篇小说《威廉·迈斯特的学习时代》、叙事长诗《赫尔曼和窦绿苔》和《浮士德》第一部。1805 年 5 月 9 日，积劳成疾、身患肺病的席勒去世了，听到这个消息的歌德泣不成声，称“失去了我生命中的另一半”。在 8 月份纪念席勒的一场演出中，歌德写了一首收场诗，倾述了他对席勒的怀念与尊敬。我们也以此诗来收尾，以缅怀并弘扬两位文学巨匠的艺术精神：

他是我们的！让这骄傲的字眼
发出的声音盖住那揪心的悲痛。
猛烈的风暴过后，在我们这里
在安全的港湾里，他寻求着永久的安身。
但他的精神威武地继续
向真、善、美的永恒迈进。

（付金柱）

阅读链接

1.《歌德谈话录》，爱克曼辑录，朱光潜译，人民文学出版社，1978

年版（2000年重印）。

2.《歌德自传：诗与真》，歌德著，刘思慕译，人民文学出版社，1983年版。

3.《歌德传》，汉斯–尤尔根·格尔茨著，伊德等译，商务印书馆，1982年版。

4.《〈歌德谈话录〉与歌德文艺美学》，贺骥著，中国社会科学出版社，2014年版。

悲剧的诞生

尼 采

弗里德里希·尼采（1844—1900），德国著名哲学家、诗人、古典语言学家，西方现代哲学中人本主义思潮的杰出代表。他早年在德国波恩大学古典语文学专业学习，24岁就任瑞士巴塞尔大学古典语文学教授，在该领域声名鹊起，被当时学界视为前途无量的青年才俊。就职不久，尼采在几乎脱离古典文献的学术考订和诠释的情况下，逾越本专业领域，以古希腊悲剧研究为切入点，深入探索造型艺术与音乐、真理与意志的关联性，形成其早期独具一格的艺术形而上学思想。尼采早年受叔本华影响较大，伴随着瓦格纳音乐的引领，逐渐形成以音乐性为核心的唯意志论艺术形而上学思想。主要著作有《悲剧的诞生》《偶像的黄昏》《查拉图斯特拉如是说》《善恶之彼岸》《论道德的谱系》《权力意志》等。

西方哲学诞生于公元前600多年的古希腊民族。从词源上看，哲学的原初含义为“爱智慧”，字面意思即是“对智慧的热爱”。这种热爱是朴素的、热忱的。在那个缺乏必要科学方法和实验手段作为根本保障的年代，古代先哲们探索万事万物的奥秘，主要依赖肉眼的观察、简单的比较分析，以及以神话为依托的想象。随着雅典城邦日渐成为古希腊地区最繁盛的政治、经济、文化中心，越来越多的文化名流和知识才俊向这里汇集。在知识与文化的交流碰撞下，诞生了一批又一批以学术研究为志趣的哲学家。经过苏格拉底、柏拉图、亚里士多德三代哲学家的理论总结和升华，西方哲学确立起以理性主义为核心，追求普遍性、必然性、确定性、永恒性知识的科学方向。从此，朴素思想之种，最终结出了科学果实。哲学的含义，渐渐从原初“爱智慧”的求知热情，固化为“智慧之学”的科学体系。

从“爱智慧”到“智慧之学”的过渡，不仅是字面意思的变更，更是一整套哲学视野、理论基础、研究方法、论证方式的全面革新。这一过渡，是科学对迷误的超越，是理性对感性的胜利。理性，成为度量哲学与非哲学、科学与非科学的唯一标尺。此后，西方虽遭受了上千年黑暗的中世纪宗教压迫和文化禁锢，西方理性主义精神日渐式微，但在经历了文艺复兴、宗教改革、启蒙运动等一系列政治、科学、文化、制度的深刻变革之后，以理性主义为核心的科学、民主、自由精神得以重见天日。近代哲学吸收了当时欧洲科学和文化的最新成果，最终在德国古典哲学那里形成了蔚为大观的理性主义哲学体系。理性主义的最强音，在黑格尔那里得到了全面而彻底的实现。

黑格尔之后，再无一人能以传统理性主义的方式前进一步。因此现代哲学家们有相当一部分人，开始寻求新的思路和视角，试图诠释真、善、美的新内涵。一种拒斥理性、高扬个性和非理性的哲学思潮开始从幕后走向前台，这样的思潮，其基本特征是把每个人当成完全独立自由的个体，他们重视每一个个体的生命体验、内在情感、个人意志，并将其作为人生最高的意义和真理去诠释和追求。于是，现代哲学呈现出两种基本思潮的对立，一方仍是坚持理性至上的科学主义，另一方则坚持以非理性为主导的人本主义，二者各持己见、相持不下。其中，坚持人本主义思潮的代表人物有：崇尚个人存在意义的丹麦哲学家克尔凯郭尔，崇尚意志哲学的德国哲学家叔本华、尼采，法国生命哲学家柏格森，存在主义代表萨特，以及生存论现象学的突出代表海德格尔等。

尼采哲学，就是在人本主义思潮推动下应运而生的一种新兴的哲学思想。

《悲剧的诞生》是尼采的第一部著作。这部著作并非从文学艺术的角度解读悲剧产生的历史，也并非严格意义上的学术著作。从古典文学角度来看，它似乎缺乏学术考订和广博的文献支撑。它实质上是一部与众不同的哲学著作，它的主旨是提出一种不同于传统理性主义的审美视角，借助于对古希腊悲剧的解读，诠释出真正的艺术本质。他认为，从苏格拉底—柏拉图以来西方理性主义哲学对美学、艺术的理解，只把艺术看成对自然和现实的模仿，因而降低了艺术的价值。而真正的艺术并非单纯模仿的技术操作，而是真正体现一个民族精神和民族气质的最高活动。艺术本身具有超越世俗生活、直面矛盾痛苦、摆脱命运束缚、高扬永恒生命的勇气和魅力。

在尼采看来，从某种意义上讲，艺术比真理更有价值，崇尚生命比认识世界更有价值。尼采受叔本华哲学思想的影响，认为世界是永恒生成变化的过程，这一过程本身没有什么绝对的意义，而这种无意义会令人产生恐慌的意识。而艺术的本质，不在于追求永恒真理，也不是模仿现实，而是维护和彰显我们的生命意志。真正的审美态度，能加强我们每个个体人生的力度，将对个体生命力的审美体验，上升为对世界整体生命力的体验。因此世界本身即是普遍的意志，只有在普遍的世界意志洪流中感受到生命的脉搏，才能体会到艺术伟大风格所带来的生命力的丰盈，才能超越个体化的感受和短暂激情，才不会陷入生命的贫乏和衰退。

《悲剧的诞生》分为前言和主体两部分内容。前言揭示了该书旨在探讨最严肃的德国问题，它提出的艺术问题绝非可供娱乐消遣的闲事，而是德国希望的中心，其研究的是生命的最高使命和形而上学活动。主体内容分为二十五个小节。

第一小节至第六小节，尼采提出对审美和艺术的基本理解。他认为，艺术的持续发展和古希腊神话中的日神和酒神的二元性直接相关。日神和酒神在尼采这里实际上代表两种不同的艺术冲动：日神代表了造型艺术的冲动，酒神代表了音乐艺术的冲动，二者相互对立、相互激发，艺术只是对二者斗争进行不断调和。为了更好地解释两种艺术冲动，尼采将二者比喻为梦和醉两种审美状态。

首先，日神冲动支配着内心梦幻世界的美丽外观，包括柔和的轮廓、适度的克制、庄严的肃穆等。日神的艺术冲动是当人置身苦难中时，对生命个体壮丽形象的坚定信心。古希腊艺术中日神冲动的产生，与该民族的历史文化背景息息相关。在尼采看来，古希腊人在与自然、与其他民族的斗争中，不断经历生存的恐怖危机，为了能活下去并使内心安宁，古希腊人借助奥林匹斯神话的梦幻艺术，发展出快乐的秩序体系。古希腊人通过创造神话的艺术世界，用美的观照来抗拒痛苦。在日神文化中，有一种个体化的因素，即它只承认个人的法则，保持个体之间行为界限的适度。因为古希腊神话故事，主要以不同的神灵个体的形象来表现生存的意志和能力。以这些个体形象为参照的现实生活中的个人，也更多地强调个体的快乐、优美和适度。然而，在这种个体的壮丽形象之内，还有更基础的冲动，即酒神冲动。

其次，酒神冲动是一种忘我的激情和陶醉。个体的优美、适度就建立在这一基础上。只有酒神冲动能揭示日神冲动的根基。日神冲动与酒神冲动并非对立的两极，而是层次由浅入深的阶段。尼采用诗歌创作来举例，他认为，诗歌创作活动的预备状态并非有了清晰的思维条理，而是有了一种音乐情绪。具有酒神冲动的艺术家，在作品中呈现痛苦和冲突，这是诗歌的内核。而表现对立统一的痛苦，则需通过日神冲动使得外观更为显明。但诗人与悲剧的差距在于，诗人的自我把这种痛苦主观化了，因此日神的外显造成了一种主观化、个体化的错觉。雕塑艺术家则进一步完全把诗人赋予的形象固定化、静止化了。因此，诗人和雕塑家只是愉快地活在形象中，诗人仿佛只根据自己来抒情，是自我世界的形象化，世界凝聚为个人，个人成为移动的中心点。而这种艺术的认知，并没有把个体与世界合为一体。此外，尼采认为，在民歌中，旋律是第一位的。旋律中自会产生诗歌。语词、形象、概念都折服于音乐的威力。一般认为，音乐与意志无关，审美也与意志无关。但音乐却表现意志，因为诗人需要调动全部情感，用形象来解释音乐。诗歌依赖于音乐精神，而音乐则不需要形象和概念。因此，在尼采的观念中，艺术作品的音乐因素才是表达意志的关键。

第七小节至第十小节，尼采以古希腊悲剧为切入点，详述了酒神冲动和日神冲动在其中的具体表现。尼采通过对悲剧的解读，宣告了自己对艺术和美的全新理解。他认为，古希腊悲剧的歌队，可视为一座活的城墙，其与现实世界完全隔绝，只保存理想的天地和自由。每一部悲剧都用脱离尘世喧嚣的形而上的慰藉使人解脱。这种陶醉，将日常现实和醉中的现实进行隔离。希腊剧场的观众大厅，是依同心弧升高的阶梯结构，它能使人忽视周围世界，觉得自己只是歌队中的一员。相比之下，现代艺术则把审美现象复杂化和抽象化了，糟糕的诗人都抽象地谈论诗歌。而尼采认为，审美现象应是单纯的，真正的诗人能持续观看生动的游戏；真正的戏剧家，能感觉到自我变化的冲动，并渴望凭借演员向外表达这一冲动。二者都有酒神冲动的作用。悲剧是酒神歌队向着日神形象世界的迸发。悲剧原本只是合唱，后来为了使这一幻象更有目共睹，才发展成为戏剧。

这就有了悲剧中两种侧重的风格，一种风格突出合唱中情感的原动力，另一种风格则突出进入个体形象的舞台梦境。其中单纯、透明、美丽的对白，真正要表现的却是超越个人命运的生命的最高积极性，反抗灾难、为苦海倒映出灿烂的幻景。尼采认为，后期的希腊悲剧之所以衰落，是因为其执着于个体的形象和命运，因为希腊人放弃了对不朽的信仰，不再相信理想的过去和未来，而执迷于当下的命运制约。他们完全排除了艺术作品中的酒神因素。

第十一小节至第二十二小节，尼采分析了希腊悲剧的衰落原因。在他看来，古希腊文化整体由盛而衰，是因为苏格拉底之后，日神精神的异军突起完全掩盖了酒神精神的原生动力。而希腊悲剧就毁于这种精神。这里已经没有了酒神精神，而只有戏剧化的史诗，这是完全日神化的艺术境界。诗人只是静观形象，而演员只是吟诵者。演员的最高技艺只有对形象外观的喜悦，再也没有对这外观的深入陶醉。在古希腊末期，苏格拉底认为艺术只是幻觉。整个艺术只是应该被否定的神秘主义，而艺术的技巧也只是对现实的模仿而已。继苏格拉底之后，柏拉图也谴责悲剧和一般艺术，认为艺术比事实层次低，只是对影像的模仿。这样的苏格拉底—柏拉图主义，使得悲剧最终融入过多市民乐观主义而毙命。而这种乐观主义也把音乐逐出了悲剧，直接破坏了酒神陶醉的梦境，酒神状态的形象化也消失了，悲剧也伴随着音乐因素的消失而灭亡了。自柏拉图以后，理性逐渐取代了神秘主义，科学逐渐取代了艺术。

在尼采看来，音乐和其他一切艺术性质及起源不同，音乐是生命意志的直接写照，而不是意志的客观化。它不体现世界物理性质，而是体现形而上性质。尼采认为这是美学最重要的见解。音乐使诗成为歌，使直观表演成为剧，使二者成为歌剧。而科学或哲学概念只包含从直观中抽象出的形式，相反音乐却提供先于一切形象的最深内核。作曲家知道用音乐的普遍语言表达事物之核心的意志冲动，这样歌剧的音乐就富于表现力。不能仅从外观，而应从音乐精神出发，才能理解超越于个体毁灭所产生的普遍性快感。这种慰藉是真正的形而上的慰藉，它使我们感受到不可遏制的生存欲望和快乐。在酒神冲动的陶醉中，我们期待这样的喜悦常驻不衰，不单作为个体，众生一体才有这样的欢乐。而诗人甚至哲学家未透彻理解希腊悲剧艺术的音乐精神，只对剧情结构、直观形象、台词和概念进行把握。哲学和科学理论家喜欢揭开神秘的面纱，认为思想能认识并修正现实存在。这就抹杀了悲剧，抹杀了音乐因素和生命意志的原动力。

第二十三小节至第二十五小节，尼采阐述了近代以来理性主义文化的走向和德国民族精神的未来。他认为，近代的启蒙运动并未深入希腊精神核心。人们谈论的还只是希腊的和谐、美和乐天主义。就德国本土而言，德国宗教改革从对文化生活和教会的斗争中等待觉醒。甚至歌德和席勒这样伟大的思想家、艺术家，尚不能完全打开通向希腊的大门。要复活希腊精神，必须用音乐的圣火更新和净化德国精神。直到尼采的时代，德国音乐已经从德国精神中兴起，巴赫、贝多芬、瓦格纳音乐方兴未艾。音乐是唯一纯粹的精神净化之火。与音乐同行的，在哲学领域，近代从康德和叔本华开始，尝试对科学工具、认识的界限进行限制，否认科学的绝对普遍有效性。他们证明了苏格拉底主义的局限，引出了无限深刻的伦理观和艺术观，德国音乐和德国哲学在精神上得到统一。

除了音乐的兴起和哲学上对人类理性的限制外，尼采还强调神话的重要意义。他认为，从前古希腊人把一切经历与神话联系，国家及艺术都能超凡脱俗。拆除了神话的屏障，希腊文化进入罗马时代导致了可怕的世俗倾向，进入精神上的无家可归状态。为了正确评估一个民族的酒神能力，不能单考虑该民族的音乐，还必须把它的神话当作酒神能力的重要参考。音乐和悲剧神话都是一个民族酒神能力的表现。只有赢得了酒神因素的原初动力，日神因素那生气勃勃的个体美化的外观才能有活力。

综上所述，《悲剧的诞生》探讨的不仅仅是作为一种特殊形式的艺术表现方式，而是借由对古希腊悲剧的分析，阐明悲剧中存在的精神动力，即代表美好个体形象外观的日神冲动和代表世界意志的酒神冲动的二元表现方式。通过对这两种因素的阐释，尼采深入批判了以纯粹日神冲动为代表的抽象、概念化的理性主义对人类整体生命意志的摧残和抑制，而人本主义情怀终将以酒神因素为原生动力，才能使日神的个体化外观更显突出和绚丽。

（叶子犀）

阅读链接

1.《悲剧的诞生》，弗里德里希·尼采著，周国平译，译林出版社，2011年版。

2.《偶像的黄昏：如何用锤子哲思》，弗里德里希·尼采著，卫茂平译，上海人民出版社，2020年版。

3.《查拉图斯特拉如是说》，尼采著，杨恒达译，译林出版社，2007年版。

在通向语言的途中

海德格尔

马丁·海德格尔（1889—1976），德国著名哲学家，现代西方哲学、现象学哲学、哲学解释学代表人物。他早年师从德国现象学哲学家胡塞尔，以“回到事情本身”为己任，主张把一切自然科学、社会科学知识的前提和结论悬置起来，通过如其所是地让事情和现象向人显现来理解真理的本质，由此避免了以假设为前提的谬误和以思辨推理为特征的独断论。海德格尔以求索“存在的意义”为终生目标，主张克服西方传统哲学对“真理”“本质”“语言”等重大问题的迷误。与传统哲学不同，海德格尔的思想风格不在于建立庞大的真理体系，而是让真理自行显现。其思想辐射范围极广，对现当代哲学、科学、艺术、历史均有深远影响。其现象学中的解释方法在还原古代历史经验图景、促进东西方思想交流对话等方面发挥了重要作用。主要著作有《存在与时间》《论真理的本质》《荷尔德林诗的阐释》《林中路》《形而上学导论》《什么叫思想?》等。

从历史上看，科学与哲学有诸多差异。科学以假定的经验事实为前提，在此基础上建立起稳固可靠的原理体系；而哲学则要深入科学的前提，质疑全部科学的基础，再建立起一整套观念体系作为科学的奠基。简单来讲，各门科学是关于具体事物和现象的本质之学，它要透过现象看本质。而哲学则是更进一步深入这些科学本质之基础，探索本质内部更深层之本质。因此，哲学是研究本质之本质、基础之基础的学问。科学以有条件的假设为前提，而哲学则以无条件的内容为根据。科学意义上的真理表现为科学知识的正确性，它要求科学规律要符合客观事实；而哲学意义上的真理是绝对本质的普遍有效性，它要求能对一切科学规律和现象提供全面、统一、合理的解释。

不同时代有不同时代的哲学，因此对世界终极真理的理解和解释千差万别。在古希腊时期，哲学家们理解的真理是存在或本体。存在（本体）是超越感性的东西，只有超感官的理性思维才能把握它。古希腊时期理解的存在（本体），主要是事物的存在或本质，而并未涉及人的存在或本质。简言之，真理被当作脱离人依然存在和有效的本质之本质、基础之基础。

随着近代科学和哲学的兴起，以 16 世纪笛卡尔为发端，直至 19 世纪德国古典哲学终结，这一时期西方哲学发生了深刻转向，人类从对外部对象真理的直接把握，转为对人的思维和认识能力的反思。这种反思一方面使得人们对客观世界真理的理解转向了对主观世界真理的理解，另一方面也造成了思维和对象、主体和客体、意识与物质之间的分裂。思维与存在、意识与物质被视为截然不同、彼此割裂的东西。思维、意识仿佛是人的世界、此岸的世界，对象、物质仿佛是人之外的世界、彼岸的世界。两个世界之间存在难以逾越的鸿沟。于是人类开始思考如何沟通主体和客体、内部世界和外部世界的问题，即：人类思维有没有能力认识外部的对象世界？我们是否有一种认识工具来沟通此岸世界和彼岸世界？如果有这样的工具，那么我们如何对这样的认识工具做可靠的考察？这些问题归根结底就是一个基本的哲学问题——“思维与存在的关系”问题。最终，德国古典哲学集大成者黑格尔用“绝对精神”的辩证发展历程统一了“思维和存在”的二元对立，完成了古希腊存在论（本体论）和近代认识论的统一。

自黑格尔之后，现代哲学的研究对象发生了新的转向。现代哲学不再纠结于是以“存在”（本体）为着眼点，还是以“思维”（认识）为着眼点，而是转向了对哲学思想之表达媒介的思考，即对“语言”的思考。海德格尔哲学，就是在整个现代西方哲学的语言学转向过程中应运而生的。

在海德格尔看来，西方传统哲学，是用定义和陈述来表达哲学命题的。如：天是蓝的。在这一命题中，被陈述的对象是“天”，“蓝”则是相关的属性，哲学命题用一个系词“是”将对象和属性联系在一起。海德格尔认为，这种定义和陈述的言语方式，恰恰没有表达出事情本身，它把“天”和“蓝”当成现成的东西，“是”在二者之间只充当具有联结作用的系词。在他看来，人们恰恰忽略了这个“是”的真正内涵。在《存在与时间》中，他提出要重新回到“是”的本真含义当中，追问“是”的意义。“是”在古希腊语中，其原始含义即“存在”。“存在”不是事物，不是具体的东西和属性，也不仅仅用来表示作为联结作用的系词“是”。在他看来，西方哲学家几乎都犯了同样的错误，即把“存在”等同于“存在者”，把“存在方式”等同于“存在物”。因此，无论“思维”还是“存在”，“主体”还是“客体”，都被当成一个现成的事物和东西了，也就是当成了存在者。所谓基础之基础、本质之本质，也只是抽象化了的“存在者”而已。一言以蔽之，传统哲学在一个根本问题上陷入了误区，即认为：存在=存在者。出现这样的误区，究其原因在于，“存在”不能用定义和陈述的方式来表达。历经两千多年的西方哲学思想史，都遗忘了对“存在”本身的意义的追问，因此在他看来，整个西方哲学史并非进步、超越的发展史，而是不断遗忘“存在”意义的历史。任何哲学思想，只要没有意识到“存在”和“存在者”的区别，整个哲学的基础——作为本质之本质的原理体系就是无根的，“存在的意义”问题就需要重新被提起。海德格尔此论一出，立即掀起整个哲学界的轩然大波。

海德格尔思想大致分为前期和后期，前期以《存在与时间》为标志，其旨在重提“存在的意义问题”，目标是要追问“存在”的本真意义。在他看来，以往的哲学家之所以会将“存在”理解为“存在者”，是因为他们以一种流俗的时间观来把握“存在”。以往的哲学家用“现在”的眼光看事情，把过去理解为“已经完成的现在”，把将来理解为“尚未到来的现在”。可以说，以往的传统哲学，完全是以“现在”视角来认识和利用事物，一切事物都被当成可以计划、可以规定、可以限制、可以制造的“存在者”。整个世界的真理，就是作为主体的“存在者”与作为客体的“存在者”的同一关系。而他认为，本真的时间维度并非现在，而是将来。只有不确定、不可规定、不可计划的未知的可能性，才是通达存在者本真的存在方式。人之所以存在，是因为一切都是可能的，人在可能性中展现自己、绽放自己，人与人的关系并非事物与事物之间的关系、性质和性质之间的关系，而是在有所定向、有所操心、有所筹划、不断敞开自身可能性的过程中结成的关联脉络。只有按照可能性去绽放和展现，才是人的存在方式。人与其他“存在者”的不同在于，他在思考本质之本质、基础之基础之前，已经活在将来视野中，以将来为视野先行敞开了整个可能的世界。只有站在将来视野去理解“过去”，“过去”才不会被视为已经完成的东西，而被当成历来已然存在着的开放处境，这一处境始终在人面向“将来”的可能存在中不断展开和绽放；也只有站在将来视野去理解“现在”，“现在”才不会被当成现成的东西，而是被理解为“让历来曾经存在的处境”和“面向将来的可能存在”得以会聚的当下。

从根本上讲，海德格尔哲学与传统哲学的根本区别，就在于前者是以“将来”的本真时间观为基础的，后者是以“现在”的非本真时间观为基础的。本真的时间观以“将来”为视野，认为存在的意义在于可能性、敞开性、不确定性；非本真的时间观以“现在”为视野，认为存在的最高本质是现实性、必然性、确定性、永恒性、主客同一性。按照海德格尔的理解，传统哲学观把“存在”理解为“存在者”，把本质当成最高的“存在者”，世界万物是由从低级到高级的不同的“存在者”的层级序列构成的：从具体到抽象，再到概念化的最高具体，只是“存在者”的不断抽象化的总体概括罢了。

但应该指出，《存在与时间》仍保留了传统哲学的思想残余。因为，当人这一“存在者”对存在意义进行追问的时候，仍然局限于人的有限性。人总是在自己的生存方式中追问存在的意义，因而无法真正通达超越人的存在方式的“存在本身”。当“存在的意义”被当成追问的目标的时候，它依然被设定为遥不可及的“彼岸世界”：通过“主体的存在者”设定出来“客体的存在者”。主体和客体之间、思维和存在之间依然存在不可逾越的鸿沟。

海德格尔很快意识到这一问题，于是他转换了理解“存在”的方式，即不是人去追问存在的意义，而是“存在”本身向着人来说话：存在发声，它的话语被人用语词倾听，因而才有不同“存在者”不同的存在方式。人在“存在”本身的发声中居留，才能有所追问和有所行动。这来自“存在”本身的话语，就是语言的本质。语言，即存在的真理自行发声，向人去公开自身。真理不再是一个追求的目标，而是自身能够发声、有所澄明，同时对倾听不到它发声的人有所遮蔽的运行机制。

在《在通向语言的途中》一书中，海德格尔试图通过对诗歌中“语言本质”的探讨，以新的方式对“存在”作全新理解。真理不再是人去追问的“存在的意义”，而变成自身向着人去发声的“存在的真理”。既然以人为起点去追问存在的意义，最终仍会局限在人的有限领域中，而在“人的存在”与“存在本身”之间仍有不可逾越的鸿沟，那么对于“存在本身”的理解，就不能仅仅从人着眼，否则会陷入把“存在”理解为“存在者”的误区。因此，从存在本身来思考存在，既不能完全只通过人来理解和领会，也不能越过人的存在方式直达最后的终点；而是要紧紧抓住一点：存在已经向人发声，而人只有通过纯粹的语言去聆听它的声音。人与存在相互通达的交汇点，就在于“语言”。因为“语言”是最切近人之本质的。理解“存在”的根本着眼点，就在于如何把握“语言”的本质。要把握“语言”，首先要从“话语”开始，日常理解的“话语”，是表达、语词。而真正的表达不能依赖陈述和命题。海德格尔尝试借助对诗歌的解释，对诗歌中“话语”的阐释，获得通达“语言”本质的经验，进而发现“存在的真理”如何向着人去发声，去显现。

首先，需要区分流俗的“说话”和本真的“说话”。一般流俗的看法认为，说话是发声和听觉器官活动，这里有如下意思：一是认为说话是人的一种活动；二是认为这种人的活动是要把内在活动通过语词和对象的联结，作为外部表达来实现；三是认为这种人的内心活动的外部表达，是一种情景再现。这种对“说话”的流俗看法，都是站在“主体”和“客体”，“思维”和“存在”相互区分、相互对立的前提来看问题的。也就是说，把语言表达涉及的“存在”，当成了某种“存在者”。表达的主体为一方“存在者”，表达出的内容为另一方“存在者”。在这种对“说话”的流俗理解中，恰恰掩盖了语言中的“存在”。要把握语言中本真的“存在”，不能将语言仅看成一种表达主体内部活动的、用语词拼凑出的存在者整体，而应该从“说话”中留意纯粹之“说”的显现过程。海德格尔认为，诗歌就是呈现这种纯粹的“说”的表达的。诗歌并非把想象的对象、事件贴上标签，这里活跃着“存在”的召唤，把被召唤者带入在场，把在场状态安置在诗意中。

其次，诗歌的诗意表达，不是用陈述或命题去摆出一个事实，不是直接把对象拿来摆在眼前，而是把远处不在场的被召唤者召唤到切近处，是把被语词命名之物关联到的“存在”带到近前，使“存在”从不在场状态进入在场状态，同时让原先处于在场状态之“存在”入于不在场。而且这里需要注意的是，被命名之物带入在场的，并非现成的对象，并非“存在者”，而是被命名之物关联到的“天空、大地、神明、有限的人”这四重整体联结成的“世界”。通过诗歌语词的命名，“存在”从不在场状态入于在场，实现“天空、大地、神明、有限的人”相互通达的世界，也实现了诗歌命名之物于在场状态下成为持留于在场状态中的物（存在者）。因为“世界”在诗中入于在场，栖留于在场状态，因此才有“物（存在者）”的表达和存在。但当诗中的“物”仅被当作“存在者”凝视和固化之后，同时就遮蔽和掩盖了“世界”四重整体的相互通达，“世界”立即从在场状态入于不在场。

海德格尔通过解读诗人格奥尔格·特拉克尔的一首诗《冬夜》来表现这一点：

雪花在窗外轻轻拂扬，
晚祷的钟声悠悠鸣响，
屋子已准备完好
餐桌上为众人摆下了盛筵。

只有少量漫游者，
从幽暗路径走向大门。
金光闪烁的恩惠之树
吮吸着大地中的寒露。

漫游者静静地跨进；
痛苦已把门槛化成石头。
在清澄光华的照映中
是桌上的面包和美酒。

第一节诗召唤物到来。召唤是通过显现物的“世界”，让“世界”从不在场入于在场。因此在第一节中，雪花、钟声、屋子、餐桌、盛筵这些被命名的物，首先召唤入于在场的，是“世界”中的“人”这一维度。

第二节诗从“人”开始，通过路径、大门、树等命名之物，从树指引出滋养它的“大地”。树深深扎根于大地，大地中树的迟缓生长和天空的恩惠馈赠相互辉映。在金光闪亮的树中，开始凝聚起“天空、大地、神明、人”的四重整体——世界。正是通过对“树”的命名，让“世界”进入眼帘，使其从不在场入于在场状态。这种命名让“世界”出场，而

“世界”的出场反而道出了被命名之物之所以能存在，正是在与“世界”的亲密性中，获得了“存在”的意义。也就是说，被命名之物指引出“世界”，“世界”使被命名之物成为物。因此前两节诗的言说，是让物走向世界，同时也让世界走向物。世界与物不是并存的两个“存在者”，它们是共属一体的。

如果说前两节道出了物与世界的亲密性，那么第三节就突出了亲密性中的区分。漫游者跨入门槛，门槛是内外之间的守卫者，在门槛中痛苦现身，痛苦是一种分离却并非撕破成碎片，而是有所聚集着的分离，痛苦却又有所吸引。在门槛痛苦之分离中，这种区分的嵌合，让清澄光华入于在场，“世界”的明亮最终在面包和美酒这两个被命名之物中归隐，入于不在场。“世界”四重整体的恩赐，在面包和美酒中得以完成。因此第三节诗中，既召唤了“世界”与“物”的亲密中的区分，也让“世界”在“物”中得以完成。诗歌中这种让“世界”与“物”的亲密区分得以显现，同时使物通过“世界”而成为物，也使“世界”通过物而成为“世界”，才是诗歌本真的话语，是诗歌语言呈现的语言的本质。

通过对该诗歌的解读，海德格尔并非提出一种新的语言观，而是要克服早期思想中追问“存在的意义”带来的困境，即人的追问最终仍然局限在人的范围，无法通达人之外的存在。在海德格尔思想早期，人的存在意义不等同于存在本身的意义。这样的思维方式依然不能摆脱“主体”和“客体”二元对立的矛盾，依然是一种把“存在”当成“存在者”去追求的“意识—对象”的思维方式。而他在后期对诗歌语言的解读中，把握到一种本质的语言，即不是人去说话，而是语言自行言说，诗歌命名之物，不是去陈述对象和事实，而是让“物”指引出“天空、大地、神明、有限的人”之世界的四重整体，使“世界”入于在场，并揭示出“物”与“世界”（实际上就是“存在者”与“世界”）之间的既亲密又区分的特性，只有这样，“存在的真理”才作为一种言说显现自身。而诗歌就是倾听这种存在的言说的倾听者。这里并没有一种追问，而是让“存在的真理”在“世界”出场、完成，让“物”出场、完成，让“物”与“世界”亲密的区分性得以呈现，并在最终的“物”使“世界”归隐中，“存在的真理”又重新归于寂静。

在更深入的层面，海德格尔后期不再把将来这一单独的视野当作唯一本真的视野，而是把过去、现在、将来的相互通达当作存在的基础视野。“存在”不再作为一个目标去追求，它不只是在追问中不断从不在场入于在场、从遮蔽走向澄明，而是同时也能够从在场入于不在场，从澄明自行遮蔽和隐匿。“存在的真理”自行对我们进行发声和召唤，它向有所思、有所倾听的人去表达自身。而这种表达也不是一种陈述，不是摆在面前的端呈，而是对有所思、有所倾听的人的既澄明又遮蔽的暗示，在诗歌语言中暗示，在“物”与“世界”的亲密区分中或入于在场，或入于不在场状态，而人在倾听“存在的真理”之言说时，便是对“存在”有所倾听，有所应答。

综上所述，《在通向语言的途中》这本书给予我们的不是科学或传统哲学意义上对真理的理解，它的意义在于，给我们提供了一种新的视角和思路去理解真理。以往的科学和哲学，把正确性当成真理，把思维与对象的统一当成目标。而在海德格尔这里，真理是一种既显现又遮蔽的“存在”的发生机制，是“存在者”自身“存在方式”的在场状态和不在场状态的亲密区分，是这种区分中一方指引出另一方、一方入于在场另一方入于不在场的真理自由发生的“游戏”。

（叶子犀）

阅读链接

1.《在通向语言的途中》，海德格尔著，孙周兴译，商务印书馆，

2004 年版。

2.《存在与时间》（修订译本），海德格尔著，陈嘉映、王庆节译，生活·读书·新知三联书店，2006 年版。

3.《林中路》，海德格尔著，孙周兴译，商务印书馆，2020 年版。

4.《路标》，海德格尔著，孙周兴译，商务印书馆，2009 年版。

美　感

乔治·桑塔耶纳

乔治·桑塔耶纳（1863—1952，又译为桑塔亚纳），以哲学家、美学家、诗人、小说家或文学批评家著称于世。他于1863年出生在西班牙马德里，儿童时期的8年在西班牙度过，而后的80年中前40年在美国的波士顿，后40年优游于法国、西班牙、英国、意大利等欧洲国家，最后终老于“永恒之城”罗马。桑塔耶纳虽然长期居于美国，后又游历于欧洲各国，但是终其一生，从未改变自己的国籍。1889年，桑塔耶纳在哈佛获得博士学位，并留校任教，在二十几年的哈佛教学生涯中，桑塔耶纳成为广受尊敬的教授。桑塔耶纳由衷喜爱英国文化，一直用英文写作，在哈佛执教时他发表了大量文学和美学作品，包括《美感》《理性的生活》《诗与哲学：三位哲学诗人卢克莱修、但丁及歌德》等。桑塔耶纳游历英国时，撰述了文笔优美的《英伦独语》，流露出对英国文化与传统的敬意。桑塔耶纳晚年居于罗马时，写下了陈述自然主义哲学主张的《怀疑主义与动物信仰：一个哲学体系的导论》、遐想自己与苏格拉底对话的《地狱边缘对话录》、小说《最后一个清教徒》。1952年，桑塔耶纳病逝于罗马。桑塔耶纳去世后，美国

《时代》杂志将其与伯特兰·罗素和克罗齐并称为“西方三位最具智慧的老人”。

“毫无疑问，我们的本性中有一种最原始和最普遍的观察美和珍视美的倾向。”[①] 这可能就是美感。乔治·桑塔耶纳认为，美学在哲学中有很重要的地位，但是美感在生活中的地位远比美学要高。从文明的角度来看，人类审美趣味吸引了数不清的天才，人们为此投入的精力绝不比人们在工业、战争和宗教中的投入与奉献逊色。最纯粹的美的艺术绝非人类表达美感的唯一领域，在人类生活中我们会发现眼睛等器官对各种外在表现形式的敏感性，即使在最粗俗的制品与居所、衣服等其他生活用品中，人们无不考虑这些事物对自己产生的审美效果。美感也许一直藏匿于人们的生活中。

桑塔耶纳的《美感》会把生活中的美阐释出来，引领我们去探究人类的审美趣味。《美感》一书中包含了桑塔耶纳从 1892 年到 1895 年间在哈佛讲授美学理论和美学史期间总结出来的主要观点。桑塔耶纳认为也许是受自然主义心理学的启发，把片断式的评论归纳成了一个体系，其研究的是真正永恒的东西而非转瞬即逝的新潮的东西。桑塔耶纳说：“我自始至终想努力把那些最基本的审美情感重新纳入有序的活动范畴，从而使判断能够切中要害，品位超凡脱俗。”（前言）在《美感》这本书中，桑塔耶纳的研究范围主要限于美学领域，他强调既无意把各种特定的欣赏活动强加于人，也不想研究艺术和批评的历史。桑塔耶纳认为他的探讨仅限于审美判断的性质和要素，是一种理论研究，没有直接指导的性质。桑塔耶纳谦逊地说：“对我们的偏好基础的探察如果能有所收获的话，必将对这些偏好产生某种良好的净化作用。”[②] 如果《美感》一书能够激发那些强烈的和丰富多样的审美享受的偏好和习惯，那么我们或许能够拥有良好的“美感”。

---

① 乔治·桑塔耶纳：《美感》，杨向荣译，人民出版社 2013 年版，第 1 页。
② 乔治·桑塔耶纳：《美感》，杨向荣译，人民出版社 2013 年版，第 5 页。

桑塔耶纳的《美感》一书除了导论外，还有四个部分，分别是美的本质、美的构成、形式和表现。这四个部分中又包含若干个小标题，每个小标题以观点的方式呈现自己的理解与思考，看似形散，但又紧扣核心问题。桑塔耶纳在写作的过程中受到的影响非常广泛，但是他又不想以引经据典的方式逐条详述观点之来源，以免使人产生争论的感觉。在桑塔耶纳看来，这便于读者更直接地把他的观点与自己的实际经验进行比较，从而更有助于理解。

《美感》的第一部分是“美的本质”。美的本质是什么？桑塔耶纳并不认为简单用几句话给出个定义就可以了，这样做可能让我们一时痛快，但却很难带来永久的启迪。“一个真正到位的定义必须视美为人类经验的对象，最起码要揭示出美的来源、地位和要素。”① 桑塔耶纳指出，要最大可能地让人们明白：美为什么？什么时候以及如何显现？需要满足什么条件才是美的？这样来看，价值的意义和条件是首先应该思考的问题。美——不仅需要意识活动，而且需要有感情的意识活动，并且“纯粹的观察是不够的，还必须有欣赏”②。我们欣赏美时，可能都会有一些偏好，而偏好最终是非理性的。桑塔耶纳认为：“没有对价值的欣赏就不存在价值；没有对善的颂扬或者对恶的排斥，善与恶也将不存在。一切美妙性的根源和本质存在于欣赏和偏好之中。”③ 对于美的价值来说，可能书面判断是很有用的思想工具，也就是需要有理论指导我们欣赏美，但是美的价值的最终确定却可能不是语言判断能说了算的。在探讨美的本质时，我们可能还会考虑到善——道德问题，但二者并非等同的。丑可能未必有善恶，尤其当其无害时，“丑本身反而是一种乐趣的源泉”④。但是如果产生丑的联想让人反感，那么我们就应该采取一种实用和道德的态度。由此，桑塔耶纳认为，快乐并不是一种真正的道德禁令的对象。一切价值在某种意义上都是审美价值。“不仅道德刻意追求的各种满足归根结底是审美的满足，而且

① 乔治·桑塔耶纳：《美感》，杨向荣译，人民出版社 2013 年版，第 11 页。
② 乔治·桑塔耶纳：《美感》，杨向荣译，人民出版社 2013 年版，第 14 页。
③ 乔治·桑塔耶纳：《美感》，杨向荣译，人民出版社 2013 年版，第 14 页。
④ 乔治·桑塔耶纳：《美感》，杨向荣译，人民出版社 2013 年版，第 19 页。

在初具良知观念、正确原则获得直接的权威性后，我们对这些原则的态度也逐渐演化为一种审美态度。自重、诚实、清廉就是明显例证。”① 所以，探讨美的本质，也离不开德，没有了德，美德也就不存在了，审美的敏感从某种角度来看，也可以称为道德的敏感，因为它是良知教化的结果。正如桑塔耶纳所说：“它就是‘美善’，是对道德的善的审美要求，也许是人性中所能结出的最美丽的花朵。”②

关于美的本质，桑塔耶纳还从审美快感的角度进一步予以解释。桑塔耶纳把审美快感与生理快感、功利观念和普遍性进行了区分。一切快感都具有内在和积极的价值，但并非所有的快感都是对美的感知。生理快感是与美感最少相似的快感。生理快感与审美快感有着明显的区别，审美快感的感官是很透明的，应该直接作用到外在对象上。生理快感是比较低级的快感，可能通过某种感官获得身体某个部分的快感，获得感更多体现在生理器官上，很少是身心的、内在的。那种令人心旷神怡的感觉，是生理快感所不具有的。孔子听乐后，三月不知肉味，这种感觉是很难通过吃肉的生理感官体会得到的。桑塔耶纳进一步分析，审美快感的特征不在于没有功利观念。我们需要知道欣赏一幅画可能会有购买或占有的欲望，但这个条件是次要因素。“这种理论试图更倾向于揭示这样一个真理：我们之所以寻求审美快感，是因为那一刻头脑中没有其他快感；我们并不把虚荣心和占有欲的满足与沉思的愉悦混为一谈。”③ 审美快感可能并不能完全脱离功利观念，但功利观念并不是其主要观念。桑塔耶纳认为，我们对美的热爱的无功利性转变，同样经常被认为是审美快感具有普遍性。但是普遍性要求是一种自然的错误，在审美问题上是很难找到共识的。“认为某个事物在这个人看来很美，那么对其他人而言也应该很美，这样说是没有意义的。”④ 桑塔耶纳并不是完全否定普遍性，而是说，普遍性并不是审美快感的特征。审美快感的本质在于客观化，“快感就会与客观化的感觉一样，

① 乔治·桑塔耶纳：《美感》，杨向荣译，人民出版社 2013 年版，第 23-24 页。
② 乔治·桑塔耶纳：《美感》，杨向荣译，人民出版社 2013 年版，第 24 页。
③ 乔治·桑塔耶纳：《美感》，杨向荣译，人民出版社 2013 年版，第 29 页。
④ 乔治·桑塔耶纳：《美感》，杨向荣译，人民出版社 2013 年版，第 31 页。

变成这一客观对象的属性，我们可以从与事物结合不是很密切的知觉中区分出这种属性来，并把它称为美”①。

经过一系列的分析，桑塔耶纳认为已经接近美的定义了，“可以说美是一种积极的、固有的、客观化的价值”②。再进一步地理解，我们也许可以借用桑塔耶纳引用的莎士比亚第五十四首十四行诗中的一段来达成：

啊，美如果用真来装饰，
它就会显得更美，更美！
玫瑰是那么绚丽夺目，可我们认为
让它更美的是蕴含其中的清香，
蔷薇同样色彩斑斓，
不比玫瑰逊色，
当夏季的和风吹开她的蓓蕾，
她在枝头迷醉地摇曳，
但她的美完全体现在容颜上，
在盛开的季节等人来怜爱，
来不及欣赏就惆怅地凋谢，
玫瑰却永远不会这样，
即使甜蜜地凋谢了也会酝出甘美的清香。

《美感》的第二部分是“美的构成”。桑塔耶纳从人体全部机能、爱欲和社会本能来阐释美的构成，另外还单独说明了低等感觉、声音、色彩和材料，是为了强调这些构成的特殊性。美是需要人全身心投入，各种感官和机能都融入其中才可能体会到的。爱欲和社会本能在某种程度上会影响到美的构成。声音、色彩和感觉可能就更为具体了，而这些是需要在材料之美的基础上才能体现的高级美。桑塔耶纳借用济慈的诗来描述这种从低

① 乔治·桑塔耶纳：《美感》，杨向荣译，人民出版社 2013 年版，第 36-37 页。
② 乔治·桑塔耶纳：《美感》，杨向荣译，人民出版社 2013 年版，第 37 页。

级到高级的变化：

> 她还闭着蓝色的眼睑沉浸在梦乡，
> 雪白的床单光滑如镜，散发出淡淡的香气，
> 这时他从壁柜中取出一堆食物，
> 有带蜜饯的苹果、榅桲、李子、葫芦，
> 软滑的果酱胜似凝结的牛乳，
> 透明的糖果带着肉桂的色泽，
> 还有商船从费兹运来的椰枣和柑橘，
> 芬芳的美味，每一样都来自远方，
> 从盛产丝绸的萨马坎到香椿之国黎巴嫩。

《美感》的第三部分是“形式”。桑塔耶纳把各种美的形式说得很细，还举许多例子来予以说明。“美学中最著名而且最为本质的问题就是形式美。”① 把形式美归因于表现这种说法也许更有道理。桑塔耶纳在形式美基本界定的基础上，进行形式美的具体阐释，如形式的多样与统一，并以繁星为例。“星空的设计是那么令人赏心悦目，它可以强化人的感觉，星空的迷人必须依赖这种感觉。”什么样的感觉呢？连续的空间使人联想到无限，幽深黑暗的背景下，星光闪烁不定，崇高与渺小，无限与遐想，幽深与明亮，使人对美的联想可以无穷无尽。美的形式十分丰富，桑塔耶纳仅用各种细微的洞察和平实的语言就把一些美的形式呈现于读者面前。“每一种新的环境都必然会向我们打开美的形式的新宝藏，如果我们允许它熏陶我们的知觉的话。”②

《美感》的第四部分是“表现”。我们从材料中感受到了美，形式美源于某些快感的客观化，但我们的思想并不是固定不变的。我们要通过变动的思想再次领略美，就需要考虑到美的表现。桑塔耶纳指出：“客观对象

① 乔治·桑塔耶纳：《美感》，杨向荣译，人民出版社 2013 年版，第 61 页。
② 乔治·桑塔耶纳：《美感》，杨向荣译，人民出版社 2013 年版，第 95 页。

通过联想具备的性质就是我们所谓的表现。形式或材料中只有一种事物及其情感效果，而表现中则有两种事物，而感情效果属于第二种事物或者被暗示的事物的特征。所以，表现可以通过暗示的方法让原本平淡无奇的事物显得美丽异常，或者让事物已有的美获得升华。”① 探究美的表现，能够使美的感受得到升华，升华就需要联想过程。桑塔耶纳认为：“表现性价值产生的最纯粹的情形是：两相本身都平淡无奇，令人感到愉悦的是把它们联系起来的活动。”② 美学的表现可能混合着道德权威，也可能混合着消极价值，“美的基本特权就是整合自我的各种冲动，把它凝聚在一点上，让它停留在某个单一的形象上，然后让伟大的和平降临在那个骚乱的王国”③。无论是通过滑稽或是机智、幽默或是怪诞，或许都可以达到有限完美的可能性。

无论我们怎样探讨美，美都是难以形容的。桑塔耶纳最后在文中指出：“美是什么及其意味着什么是无法言说的。”但是经过一系列的分析，加上人的本性和经验的协调，我们的理性上的部分满足已经实现了，对于“美感”，借助于桑塔耶纳的优美语言，也许我们已经有了某种体验。

桑塔耶纳的《美感》一书，并不是什么宏大的理论著作，但其独特的美感分析和透彻的领悟，使其在美学领域有着重要的地位。语言优美而平实，寓美学理论于谈话之中，形式不拘一格，而又自成一体。我们既可以整体来阅读与欣赏，也可以时不时地看上一小部分，对某一个小点细加品味。每次读桑塔耶纳的《美感》，总能感觉自己美的情趣与对美的思考又多了一些，有时也能于平实中见高雅。对于美的那种不可言说，也许在于《美感》中，也许更寓于桑塔耶纳那种超脱的性情之中。我国著名学者萧公权 1968 年结束西雅图执教生涯时，曾引述一幕：“当五十六年前一个春天，名哲学家兼诗人的珊达雅纳（即桑塔耶纳）正在哈佛大学授课的时候，一只知更鸟飞来站在教室的窗槛上。他注视这鸟一下，回过头来对他

---

① 乔治·桑塔耶纳：《美感》，杨向荣译，人民出版社 2013 年版，第 145 页。
② 乔治·桑塔耶纳：《美感》，杨向荣译，人民出版社 2013 年版，第 148 页。
③ 乔治·桑塔耶纳：《美感》，杨向荣译，人民出版社 2013 年版，第 176 页。

的学生说，‘我与阳春有约’（I have a date with spring），于是宣布下课，跟着向学校辞职，退隐著书。他那时年纪还不满五十，竟已从心所欲，悠然而逝。”[①] 也许，桑塔耶纳的“美感”就体现于“我和春天有个约会”之中。

（胡国利）

阅读链接

1. 《美感》，乔治·桑塔耶纳著，杨向荣译，人民出版社，2013 年版。

2. 《艺术中的理性》，乔治·桑塔亚纳著，张旭春译，北京大学出版社，2014 年版。

3. 《英伦独语》，桑塔耶纳著，邱艺鸿、萧萍译，生活·读书·新知三联书店，2003 年版。

① 萧公权：《问学谏往录》，传记文学出版社 1972 年版，第 221 页。

通过身体来思考：身体美学文集

理查德·舒斯特曼

理查德·舒斯特曼（1949—　），著名实用主义哲学家、美学家、人文学者。1949年，舒斯特曼出生在美国费城一个犹太人家庭，并在此度过了童年时期。1965年，因家庭原因舒斯特曼被送到了以色列接受教育，在耶路撒冷希伯来大学学习哲学和英语，分别获得了哲学和英语的学士学位，后来又获得了哲学的硕士学位。1973—1976年，在以色列军队服役，担任文职中尉。1976—1979年，到牛津大学圣约翰学院攻读博士学位。1980—1986年，舒斯特曼先后在耶路撒冷比撒列艺术学院、内盖夫本-古里安大学哲学和比较文学系、耶路撒冷希伯来大学等担任助教、讲师和高级讲师等职。1987年，舒斯特曼回到美国，担任美国天普大学哲学系副教授，1992年，晋升为教授，并担任法国哲学学院通讯员，其研究从分析主义转向了实用主义，发表了代表性著作《实用主义美学：生活之美，艺术之思》。1997年，舒斯特曼在《哲学实践：实用主义和哲学生活》一书中，最早提到建立一门“身体美学”学科的设想。1999年，舒斯特曼发表了享誉国际的《身体美学：一个学科提议》一文，正式倡导建立一门作为哲学分支的“身体美学”学科。2007年，舒斯特曼开始担任佛罗里达亚特兰大大学“身体、思想与文化研究中心”主任及《身体美学》杂志的主编。舒斯特曼从事美国哲学、美学、伦理学与政治理论、身体美学、文化哲学、心灵与语言哲学、艺术哲学、当代法国和德国哲学等多个领域的研究，在哲学、美学以及身体美学方面著作颇丰。著有《文学批评的对象与实践》《实用主义美学：生活之美，艺术之思》《哲学实践：实用主义和哲学生活》《身体意识与身体美学》《生活即审美：审美经验和生活艺术》《通过身体来思考：身体美学文集》《金衣人历险记——徘徊在艺术与生活之间的哲学故事》《情感与行动：实用主义之道》（此书是舒斯特曼应邀在复旦大学中文系开设课程的讲稿集）等。其中《实用主义美学：生活之美，艺术之思》已被译成14国文字。

《通过身体来思考：身体美学文集》是舒斯特曼“身体美学”整体思想的集大成之作。虽说是论文集，但是从框架结构与思想来看，反映出了舒斯特曼身体美学思想的要点和最新取向。《通过身体来思考：身体美学文集》延续了舒斯特曼在《实用主义美学：生活之美，艺术之思》及《身体意识与身体美学》中对身体美学的哲学阐释，但也开辟了新的方向，利用身体美学对艺术做了具体的分析。我们会发现，此书对建筑、摄影、戏剧、舞蹈等日常生活艺术进行了探讨，甚至还有一章专门谈到了性爱艺术。舒斯特曼在中译版序言中谈到中国古典思想启发其哲学思考，其早前的著作绝大多数得益于儒家文本，而《通过身体来思考：身体美学文集》多论及道家思想，并探究了自然与反思之间的身体感受辩证法。舒斯特曼认为其童年时期就对身体美有兴趣，直到写作《实用主义美学：生活之美，艺术之思》最后几章的时候，才形成了一个明确的主题——身体美学，这也是由于舒斯特曼向身体、经验维度、实用主义的哲学转向，使其有了一个充分而清醒的认识。对身体美学进行研究，是舒斯特曼实用主义美学及哲学生活的必然结果。

身体美学（Somaesthetics）是舒斯特曼创造的一个词，是由“Soma”

（古希腊语的“身体”一词）和“esthetics”（美学）一词组合而成。舒斯特曼选择“身体”（Soma）一词，表示其研究关心的是有感知能力、有生命的身体，而不只是一具肉体（Body）。“身体美学”还有“具身化哲学”的意味，“在身体美学看来，具身化哲学不仅仅从理论上认可并说明了身体在整个知觉、行为及思想中的决定性作用；也不仅仅用读、写、讨论文章时为人熟知的思辨方式，详尽阐述了身体主题。具身化哲学同时也意味着通过身体风格和身体行为，真正实现思想的具身，意味着以一个人自己身体实例，演示他的哲学，以一个人的生活方式，表现他的哲学”①。简单来说，也就是真正做到言出必行。舒斯特曼认为，身体美学是一个具有开放性、跨学科、跨文化的研究领域，从艺术、产品设计、政治到时装、健康、体育、武术等皆有涉猎。“作为一般性的研究领域，身体美学从事的是身体知觉、身体功能及身体自我风格塑造方面的理论研究，此外还包括分析、比较批评以及促进我们身体体验与身体行为（performance）的身体训练实践。”②

舒斯特曼将其关于身体美学的文章分成三个组成部分：第一部分“身体存在、身体认识与身体教育”，共有五章，考察了身体的综合性存在，深入探究了不同的身体认识以及如何通过身体意识教育使身体认识变得更加有效，该组文章将身体美学与本体论、认识论、伦理学及精神与行为哲学等结合起来，以说明身体美学的研究范围；第二部分“身体美学、美学与文化”，共有四章，探讨的是身体美学的跨学科属性、跨文化特点，从实用主义与文化政治学角度研究身体意义与身体行为，分析了身体美学的相关性与实用性；第三部分“艺术与生活艺术”，共有五章，探讨了身体美学的具体体现与运用，从建筑、摄影以及性美学角度探究身体风格，从理论与实践的结合上来分析身体美学的表现形式。

第一，身体存在、身体认识与身体教育。

---

① 理查德·舒斯特曼：《通过身体来思考：身体美学文集》，张宝贵译，北京大学出版社2020年版，第4页。

② 理查德·舒斯特曼：《通过身体来思考：身体美学文集》，张宝贵译，北京大学出版社2020年版，第14页。

舒斯特曼认为由于身体是人性必不可少的一个重要维度，它理应成为人文学科与经验学习的核心主题，但是由于我们太过于痴迷精神生活，痴迷于表现人文精神的创造性艺术，人文知识分子常常想当然地理解身体。实际上，我们需要完备的身体知识来改善我们对艺术和人文学科的理解和参与，我们需要通过身体进行思考、修养自身，身体、心灵及文化要充分协调起来。由此，舒斯特曼认为身体美学不仅能纠正我们抽象、理论方面的身体知识，而且还能提高我们生活中的身体体验及行为质量，增进我们各种活动的判断力和美，正是认识到身体、心灵与文化的共生关系，身体美学才有必要。“提倡人文研究应当关注身体和修身，并将身体当作我们最为基本和不可或缺的工具之时，我们也不该忘记，身体——作为意向性的主体——同时也是自己这个工具的使用者。”① 身体不仅是完善我们人性的重要工具，也是完善人性这个尊贵目的的一部分，通过身体来思考，“我们不仅改善着人类文化的物质手段，也在强化着我们作为主体享受这种手段的能力”②。

既然身体的存在是一个必要的维度，舒斯特曼认为“身体（Soma）”是指活生生、能感觉、有活力、有洞察力、有目的性的身体。“作为背景的身体”对精神生活起到决定性作用，因此，必须承认心灵中重要的身体维度。但是，身体也需要走进前景，以促进我们对背景功能的认识。只要对身体自我的细致探究尚须训练及努力，就需要对自我进行再认识。这种自我再认识，舒斯特曼通过从苏格拉底到身体美学的解释，表达了这种自我认识及不满。在对自我进行再认识的过程中，自我反省就成了一个必要环节，而强化身体意识能力，就可能让我们更有力量和信心，获得更好的自我认识。舒斯特曼正是在第二章、第三章通过论述阐明了这些问题。

身体由于某些习惯造成了不必要的痛苦、低效、错误，从而伤害着我们的体验与行为质量，这些不良习惯由内隐记忆构成，可称为“肌肉记忆”。

---

① 理查德·舒斯特曼：《通过身体来思考：身体美学文集》，张宝贵译，北京大学出版社2020年版，第47页。

② 理查德·舒斯特曼：《通过身体来思考：身体美学文集》，张宝贵译，北京大学出版社2020年版，第48页。

舒斯特曼在第四章“肌肉记忆与日常生活中的身体感觉病症”中，对这些问题进行了分析，他认为借助较好的身体感觉，可将内隐的身体记忆外显于意识，从而治愈病症。身体的健康正是身体美学的基础。在第五章，舒斯特曼阐释的就是如何通过身体美学训练加强身体意识，“哲学课堂上的身体美学：一种实践方式”。“哲学，尤其作为一种生活方式的实践哲学，是某种综合性的活动，需要多种多样的工具。我想，哲学教育也该当如此。”①

第二，身体美学、美学与文化。

身体美学与美学的疆界如何？舒斯特曼认为这是美学领域时常发生的一种探讨，其本人从艺术分析哲学到身体美学的哲学经历，可以很好地说明美学领域的结构与疆界。舒斯特曼从近三十年哲学美学的经历中认识到，大部分时间他都在挑战种种限制。舒斯特曼提出一个综合性的假说：西方美学领域最重要的特点就是疆界穿越，如果是这样的话，那么他探索的身体美学就不再是一个心灵孤独的思想游弋。从舒斯特曼的论述来看，身体美学是其实用主义美学研究的自然延伸，舒斯特曼认识到：“为了把美学拉向生活实践领域，必须要置身体于审美关注的中心，因为所有的生活实践——所有的知觉、认识与行为——主要都是通过身体来进行的。”② 身体美学可以看作是实用主义美学研究的补充，“它详细描述了对身体经验、方法、话语及行为予以训练有素、分门别类和跨学科的关注，何以能丰富我们审美经验与实践的方式，不管是美的艺术还是多种多样的生活艺术”③。

舒斯特曼认为身体因素有助于强化我们的审美反应，改善过的身体认识及身体行为，是强化我们审美反应的重要手段。这样我们就需要承认美学的生理维度，而承认这点是十分重要的。其一，我们身体器官的结构、状态及功能是构成审美经验、艺术创造与艺术欣赏过程的感性知觉所必需的条件；其二，多数情况下审美经验需要强烈的情感或激情特质，而这与

---

① 理查德·舒斯特曼：《通过身体来思考：身体美学文集》，张宝贵译，北京大学出版社2020年版，第123页。

② 理查德·舒斯特曼：《通过身体来思考：身体美学文集》，张宝贵译，北京大学出版社2020年版，第142页。

③ 理查德·舒斯特曼：《通过身体来思考：身体美学文集》，张宝贵译，北京大学出版社2020年版，第142页。

身体反应和认知内容有着本质的联系；其三，审美经验的身体维度有助于解释艺术独特的认知价值观。也就是说，身体美学有助于改善审美经验，对身体感觉的掌控可以促进欣赏力。

舒斯特曼进一步将身体美学作为某种实用主义文化政治学的表达加以考察，回应了实用主义思想家理查德·罗蒂对身体美学研究提出的挑战。舒斯特曼强调："身体美学的核心目的，并不是想成为某种定义非话语性经验真正原生性本质的话语理论，恰恰相反，其话语目的专注于清楚表达出某些架构和改进方法，以其为手段，改进我们的非话语性经验和众多的话语实践，因为正是这些实践构成了我们和其他人看待和使用身体的方式。"① 也就是说身体美学并不想简单停留在文本主义层面，而是想改进非话语性经验和话语实践，重新构成看待和使用身体的方式。

"强化一个人的身体意识以获得更好的自我意识与自我运用，是身体美学的核心课题，也有助于促进认知、自我认识、美德、幸福与正义等哲学传统目标的实现。"② 舒斯特曼不但从西方的角度解释了身体美学的核心课题，也考察了东方的思想，他认为中国的《论语》中"吾日三省吾身"，孟子倡导的"养吾浩然之气"，荀子认为君子需掌握的"治气养心之术"，都包含了修养身体意识的问题。舒斯特曼谈到《庄子》鼓励人成为"忘己之人"，因为"忘己之人，是之谓入于天"，"在己无居，形物自著"，认为这是道家传统在调理身体方面非常强调身体专注的作用。舒斯特曼还谈到日本能剧大师世阿弥·元清关于专注力可以训练的想法，元清认为经训练的专注力可以同时覆盖不同甚至相反的方向，元清在著作《花镜》中详细描述了"五种舞蹈技巧"。舒斯特曼对东方身体美学的考察，进一步解释了身体意识与身体行为的关系，说明了身体美学的世界性。

第三，艺术与生活艺术。

舒斯特曼在第三部分用五章的篇幅阐释了身体美学在艺术方面的应

① 理查德·舒斯特曼：《通过身体来思考：身体美学文集》，张宝贵译，北京大学出版社2020年版，第198页。

② 理查德·舒斯特曼：《通过身体来思考：身体美学文集》，张宝贵译，北京大学出版社2020年版，第199页。

用，指出部分文章所关注的生活艺术已经走出了传统美术所规定的边界，极富审美潜能与力量。首先，舒斯特曼从身体美学与建筑的关系方面，解释了身体美学何以有助于理清并处理两个核心要素：自律与环境问题。舒斯特曼认为除了象征性的关联外，身体还从根本上构成了某些最具基础性的建筑设计概念，如生存体现、居住问题和体验目的等。其次，舒斯特曼认为“作为行为过程的摄影”运用了身体美学的观点，修正了将摄影艺术简化为照片的看法。他认为摄影美学是一门综合性的艺术，我们对其应当采取审美多元化的态度。再次，舒斯特曼还论述了亚洲情色艺术与性美学的问题。这已经超出了传统艺术的范围，舒斯特曼力图证明性爱丰富的审美潜能及作为生活艺术的重要价值。从次，舒斯特曼从美国先验论与日本禅修中的日常生活美学角度，阐释了“身体感知的觉醒与生活艺术”。舒斯特曼考察了爱默生和梭罗的清醒生活理论，认为身体训练和强化的身体意识占有重要地位。最后，舒斯特曼对“身体风格”进行了集中探讨，认为这是美的艺术和生活艺术最重要的特征。舒斯特曼引用了梭罗在《瓦尔登湖》中的一段话：“每个人都是神殿的建造者，神殿即是他的身体，在里面，他完全按自己的风格来膜拜他的神灵，哪怕他转过身来雕琢大理石，也离不开这种崇拜。我们都是雕塑家，都是画家，材料就是我们自己的血、肉、骨骼。任何高贵，一开始就会改善一个人的外观，任何卑琐或淫欲，也会马上让人沦为禽兽。”

舒斯特曼提出了身体美学的概念，并致力于身体美学的研究，其著作《通过身体来思考：身体美学文集》体现了他的身体美学研究成果，对美学发展来说有着重要贡献。这部著作使我们看到一个美学研究的新领域，使我们对自己的身体有了新的认识，我们的身体不仅是肉体，它还承载着某种文化。身体美学通过突出艺术及其他审美经验对象的创造、知觉和欣赏当中的身体维度，极大地拓展了美学的研究领域。可以说，阅读《通过身体来思考：身体美学文集》，就是阅读我们自己。

（胡国利）

阅读链接

1.《通过身体来思考：身体美学文集》，理查德·舒斯特曼著，张宝贵译，北京大学出版社，2020年版。

2.《情感与行动：实用主义之道》，理查德·舒斯特曼著，高砚平译，商务印书馆，2018年版。

3.《身体意识与身体美学》，理查德·舒斯特曼著，程相占译，商务印书馆，2011年版。

4.《“具身化”：理查德·舒斯特曼美学思想研究》，王亚芹著，中国社会科学出版社，2020年版。

文学编

诗　经

佚　名

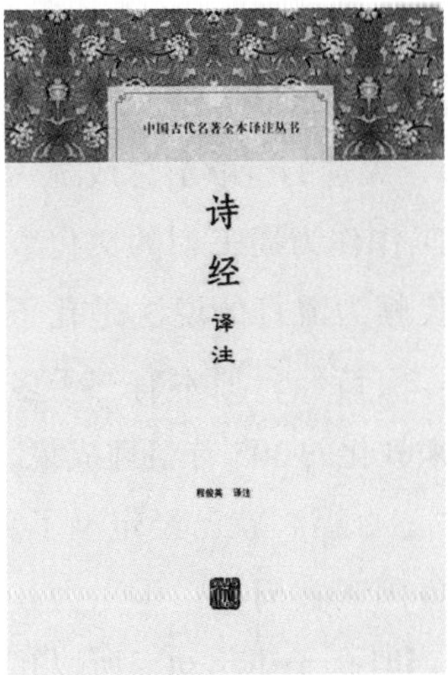

“关关雎鸠，在河之洲；窈窕淑女，君子好逑”“执子之手，与子偕老”“一日不见，如隔三秋”……这些耳熟能详的诗句也许您并不陌生，它们就出自我国第一部诗歌总集《诗经》。纵然远隔数千年，这些古老的文字并没有在岁月风尘里发黄，其所表达的情感在我们今天的生活中依然历久弥新，散发着动人的活力。《诗经》中的很多词句已经成为我们现代生活中的常用语，如“投桃报李”“信誓旦旦”等。如果把中国文学史比作奔流不息的黄河之水的话，那么《诗经》就是巴颜喀拉山上那最清澈、甘美的源头，受到历代读书人的尊崇。我们不妨跨越时间的阻隔，游于《诗经》的山涧水湄，去细细品味《诗经》的独特魅力。

我们首先介绍一下《诗经》的形成过程。《诗经》在先秦被称为“诗”或“诗三百”。秦火以后，许多典籍失传，而《诗经》因其口耳相传、易于记诵的特点得以保存，在汉代广为流传，地位进一步提高，被尊为儒家经典，并确定了《诗经》这一名称沿用至今。《诗经》收集了西周初期（公元前11世纪）至春秋中叶（公元前6世纪）500多年间的诗歌作品，产自周王朝所属的十五个诸侯国和地区，约在现今的陕西、山西、河南、河北、山东和湖北北部一带。可见《诗经》并不是一个人的创作，更不是一时的创作，它是五百年间人们的集体创作。因其创作年代久远，大部分诗篇的作者已不可考，我们只能根据诗的内容推测作者的身份、地位，大致涵盖了公卿列士、贵族文人及普通民众等广泛的创作群体。

《诗经》中的诗歌涉及时代如此之长，地域如此之广，作者如此复杂，是谁，又是怎样把它们搜集、编订成为一本诗集的呢？关于这个问题，《诗经》本身和先秦典籍中都没有明确的记载。汉代以后主要有两种说法，一为“采诗说”。周代设置叫作“行人”或“酋人”的采诗官，他们常到民间采风，将采集的歌谣献给乐官太师，太师对其进行筛选整理、加工改造，配好音律后呈给周天子欣赏，目的在于“王者所以观风俗，知得失，自考正也”（《汉书·艺文志》）。经周太师删节、编选的诗歌汇总成统一的集子后分发到诸侯各国，以供学习使用。此项工作作为周王朝的文化事业之一，持续了五百余年。二为“删诗说”。古代颇为流行的说法是孔子是《诗经》的整理者和编订者。据《史记》记载，《诗经》原本有三千多首，经过孔子的筛选，只留下符合礼仪、可以用来教化的305首整理成集。然而据后代学者考证，早在孔子之前，《诗经》“三百篇”就已经定型了。《左传·襄公二十九年》记载，吴国公子季札在鲁国观赏周乐，乐工为其演唱的篇目和次序与今本《诗经》基本相同，而当时孔子还年幼，所以孔子“删诗说”并不可靠。孔子应是出于教学的需要，对《诗经》进行了一些乐调和文辞上的整理校正，对《诗经》的完善、传播和保存做出了巨大贡献。我们现在看到的《诗经》，是自汉代以后传下来的定本。汉时研究传授《诗经》的有四家。其中齐国人辕固的《齐诗》、鲁国人申培的《鲁诗》、燕国人韩婴的《韩诗》，合称“三家诗”，今“三家诗”，唯《韩诗》尚存外传，《齐诗》《鲁诗》均已失传。我们现在所读的《诗经》是鲁国人毛亨和赵国人毛苌所传，又称“毛诗”，共311篇，其中6篇仅有篇目没有内容。

《诗经》中的“六义”是什么意思呢？在我们今天看来，《诗经》不过是一部可供阅读欣赏的古代文学作品，但在周代，诗的用途却很广，是周代礼乐文化的重要组成部分，除了用于典礼、讽谏和娱乐，在当时的政治、外交等场合中还作为表情达意、美化辞令的工具。所以《周礼·春官》中有“太师教六诗”之说，即当时的乐官太师有用诗教授贵族子弟的任务。“六诗”按《周礼》中所指即风、雅、颂、赋、比、兴，掌握“六诗”是全面理解《诗经》的关键。汉代《毛诗序》根据《周礼》的说法提出了“六义”说，“故诗有六义焉，一曰风，二曰赋，三曰比，四曰兴，五曰雅，六曰颂”，也就是我们所说的“诗经六义”。关于“六义”的含义，唐代孔颖达做了明确的解说：“风、雅、颂者，《诗》篇之异体；赋、比、兴者，《诗》文之异辞耳。大小不同，而得并为六义者。”风、雅、颂是《诗经》在内容形式上的分类，赋、比、兴是其表达形式上的特点。

在周代，《诗经》中的诗并不是读出来的，而是唱出来的，是为了配乐颂唱而创作的唱词，所以诗也叫乐歌。《诗经》根据其音乐上的特色分为风、雅、颂三大类，这三种乐歌因为所使用的场合不同，各自所涵盖的内容也不尽相同。由于年代久远，古乐已经失传，后人已经无法了解风、雅、颂各自在音乐上的特色，只能通过研究内容来探索风、雅、颂曲调的不同风格。风，是当时各地的流行音乐，非常具有地域风情，音乐风格应该是清新活泼的。因采集于当时周朝下属的十五个诸侯国及地区的地方土乐和民间歌谣，故又称为“国风”，共160篇。《诗经》中最有价值、最为人们津津乐道的就是《国风》，它反映了当时人们的精神风貌、情感世界乃至道德风尚。雅，即正，也就是正统的朝廷乐歌，按照音乐曲调的不同又分为《大雅》和《小雅》，在音乐风格上应该是优雅、悠扬的。《大雅》一共31篇，用于宫廷宴飨或朝会，反映上层社会的欢乐和谐，诗歌内容表现出浓厚的宗法和亲族观念。《小雅》一共74篇，多是个人抒情之作。颂，是宗庙祭祀之乐，也就是王室宗庙祭祀时用的乐歌，许多都是舞曲，音乐上可能比较舒缓、肃穆、庄重，分为《周颂》、《鲁颂》、《商颂》，共40篇。颂产生于周王朝的政治中心，多是歌功颂德之作，歌颂文治武功、国家昌盛、先王功业，叙述部族发展历史等。

赋、比、兴又是什么？在《诗经》中又起到了哪些作用呢？朱熹在《诗集传》中对赋、比、兴三种手法，结合诗意进行了阐释，为后人广泛运用。“赋者，敷也，敷陈其事而直言之者也”“比者，以彼物比此物也”“兴者，先言他物以引起所咏之词也”。概言之，赋、比、兴就是诗歌创作的文学技巧或者说表现手法。赋，即铺陈直叙，直接叙述和描写具体的事件、人物或感情。如《卫风·氓》叙述了一个古代女子从恋爱、婚变到决绝的过程。“氓之蚩蚩，抱布贸丝。匪来贸丝，来即我谋。”用赋的手法写出男子一脸憨笑，假装换丝，向女孩求婚的过程。这一句描写既突出了男子的狡黠面孔，又为下文两人婚姻失败埋下了伏笔。再如《豳风·七月》描写了农民在一年十二个月中的辛苦劳作，议论和抒情虽少，但农民被剥削的事实却一目了然，无须多言。《诗经》中用赋的例子不胜枚举，赋是《诗经》最基本也是最灵活的创作手法，它可以描写、叙事、议论、抒情，用简洁的语言表情达意，给读者留下深刻印象。比，用形象的事物打比方，再现异彩纷呈的物象，《诗经》中用“比”之处也比比皆是。有整首都以拟物手法表达感情的《魏风·硕鼠》，用硕鼠来比喻贪得无厌的剥削者，精当贴切，寓意直白，感情强烈。还有以具体的动作和事物来比拟难言的情感和独具特征的事物的。《卫风·硕人》中形容美人用了一连串比喻，“手如柔荑，肤如凝脂。领如蝤蛴，齿如瓠犀。螓首蛾眉，巧笑倩兮，美目盼兮”，将美人的手指、肌肤、脖颈、牙齿、额头、眉毛比作柔荑、凝脂、蝤蛴、瓠犀、螓和蛾，鲜活具体，形象细致，刻画出一幅栩栩如生的美人图。再如“巧言如簧”（《小雅·巧言》），将“巧言”这样不易描摹的情态，表现为形象具体的“簧”；“中心如醉”（《王风·黍离》），以“醉”比喻难以形容的忧思。比的运用展现了诗人丰富多彩的想象力，开启了后世广泛运用比喻描摹状物的先河。兴，发端起兴之意，所以也叫起兴，客观事物触发情感引发诗人歌唱，一般出现在诗歌的开头。兴句与所咏之词通过艺术联想前后相承，是一种象征暗示的关系。如《周南·关雎》开篇：“关关雎鸠，在河之洲；窈窕淑女，君子好逑。”由雎鸠鸟音声相和的鸣叫引发诗人对君子淑女和谐相配的赞颂。还有我们较为熟悉的“蒹葭苍苍，白露为霜。所谓伊人，在水一方”（《秦风·蒹葭》）也运用了起兴的手法，“蒹葭苍苍，白露为霜”描绘了一幅河滨芦苇上的露水凝结为霜的凄凉秋景，渲染烘托了诗人思念“伊人”却寻觅不得的失望心情：“所谓伊人，在水一方”。兴是《诗经》乃至中国诗歌中比较独特的表现手法，如果没有兴，《诗经》就失去了它的美学价值和艺术感染力。赋、比、兴三种手法在诗歌创作中往往交相辉映，它们共同创造了《诗经》的艺术形象，营造出言有尽而意无穷的优美意境。

《诗经》“六义”对后世诗歌影响深远，极大地丰富了诗歌的表现艺术，是我国诗歌独有的文化传统，为后世文学创作注入了永不衰竭的动力。

《诗经》包括的内容非常广泛，为我们全方位地呈现了周朝先民生活，涵盖了政治、经济、军事、文化以及世态人情、风俗习惯等诸多方面，被誉为古代社会的人生百科全书。反映婚姻爱情生活的诗作在《诗经》中占有很大比重，《诗经》305 首诗歌中，有近 90 首与婚姻恋爱有关，这样的诗歌不仅数量多，而且内容十分丰富。既有反映男女相思相爱的自由浪漫的情歌，如表达情人间思念之情的“青青子衿，悠悠我心”（《郑风·子衿》），表现一见钟情的“有美一人，清扬婉兮。邂逅相遇，适我愿兮”（《郑风·野有蔓草》），互赠信物表达爱意的“投我以木瓜，报之以琼琚”（《卫风·木瓜》）。还有反映婚嫁场面、家庭生活的婚姻家庭诗，如表达婚礼祝福的“桃之夭夭，灼灼其华。之子于归，宜其室家”（《周南·桃夭》），期盼多子多孙的“螽斯羽，诜诜兮。宜尔子孙，振振兮”（《周南·螽斯》）。也有礼制渗透下的婚姻爱情诗，“伐柯如何？匪斧不克。取妻如何？匪媒不得”（《豳风·伐柯》），强调媒人的重要性，“畏我父母。仲可怀也，父母之言，亦可畏也”（《郑风·将仲子》），则凸显了在家长干预下畏惧、矛盾的恋爱心理。以上这些诗的基调大多是快乐和甜蜜的，与之相反的是表现不幸婚姻给妇女带来痛苦的弃妇诗，诗中渗透着忧伤、难过甚至是愤怒和痛恨的情绪。具有代表性的作品是《卫风·氓》：“女也不爽，士贰其行。士也罔极，二三其德。”反映了在当时的社会制度下，女性在婚姻中得不到保障的事实。抒写婚恋的作品主要集中在《国风》之中，广泛反映了那个时代男女爱情婚姻生活的幸福快乐与挫折痛苦，是《诗经》的重要组成部分，也是最精彩动人的篇章。

周朝以农立本，上古至周代社会的政治、经济、文化生活都和关系国计民生的农事活动有关，农业文明的早熟与发达正是《诗经》产生的文化根源之一，所以反映农业生产的诗歌也占据了《诗经》的很大篇幅。有记录辛勤劳动的劳动诗《豳风·七月》，是我们认识和研究西周农业生产的可贵资料；有基调欢快的采集诗《周南·芣苢》，表现了古代妇女采摘的进程和赞美劳动的主题；还有悠扬婉转的放牧诗《小雅·无羊》，描绘出一幅畜牧繁盛的喜人景象。《诗经》中的农事诗既反映了古代劳动人民的农业生产状况，也蕴含着人们在劳动生活中的喜怒哀乐，真实可感。大大小小的战争成了周王朝中后期的主题，这部分内容在《诗经》中也有充分体现。《大雅》及《颂》中的一些篇目表达了对统治阶级、上层将领征伐武功的赞美，如《大雅·大明》中描绘了历史上著名的牧野之战，“牧野洋洋，檀车煌煌”叙述了武王伐纣整装待发的情景。《小雅》中有关于下层兵卒对战争进行描述的诗歌，比较著名的是《小雅·采薇》，“昔我往矣，杨柳依依；今我来思，雨雪霏霏”，写出守卫边疆战士的戍役之苦。《国风》中的篇目一般叙述了普通将士奋勇作战、艰苦行军、戍卫守边等内容，往往表现出忧愁思念的情绪。我们较为熟悉的这句“死生契阔，与子成说。执子之手，与子偕老”就出自《国风》中的战争诗《邶风·击鼓》，反映了一个久戍不归的征夫对战争的怨恨和对家人的思念。《诗经》中的战争诗可以说是周代生活的一面镜子，我们不但能够从中看到历史和社会生活的真实片段，更能感受到广大人民对战争的厌恶和无奈。

除了对婚恋嫁娶、劳动生产、征战劳役等社会现象进行描述的诗歌外，《诗经》中还有反映王道兴衰、政教得失的政治诗，歌颂民族发祥、创业胜利的史诗，揭露统治者丑行的讽刺诗，深系礼乐文明、德治教化的宴饮诗，以及具有时代和民族特点的祭祀诗，等等，可谓包罗万象、精彩纷呈，向我们传递出了那个时代特有的气息。

《诗经》所体现的价值也非常丰富。第一，《诗经》的文化价值。在中国文学史乃至世界文学史上，《诗经》都是一部特别的诗集。两千多年来，人们从来没有把这部书仅仅当作诗集来看待，而是将之列入经典的行列，使其成为一种文化基因，融入华夏文明的血脉。何为经典呢？《诗经》的“经”就是取其经典之义。经的本义指织布时的竖线，只有先把竖线排好，才能织上横着的纬线，经线和纬线定下来，一块布也就织好了，所以经线起到定纲的作用。经的关键点就在于确定最基本的东西，古人由此引申认为，经典著作所宣扬的思想是社会秩序得以稳定的根本，它在潜移默化中影响着我们的思想观念、伦理道德乃至行为方式等诸多方面。《诗经》流传数千年，历久不衰，究其原因，正是其蕴含着对中国人产生重要影响的“风雅精神”。“风雅精神”是从《诗经》中提取的诗学概念，逐渐推及士人典雅审美习惯的培养和道德情操的培育，与古代中国的伦理道德建设广泛关联，关乎家国天下的风尚再造。简单来说，“风雅”从个体上表现为一个人高尚的道德品质、气质风度，从整个社会来看表现为一种积极向上的社会风气。孔子曾评价：“《诗》三百，一言以蔽之，曰‘思无邪’。”指的就是《诗经》中的风雅精神是以心灵的纯正为底色的。孔子十分强调《诗经》的伦理道德教化功能，把其视为体现仁、礼原则的载体，作为教育弟子的教材。孔子说：“不能《诗》，于礼缪；不能乐，于礼素；薄于德，于礼虚”（《礼记·仲尼燕居》）。孔子认为只有学好《诗经》，才能更好地提升道德修养，才能知“礼”。《诗经》中所反映出的重德崇祖、尚礼重和、尚情重义、敦亲睦友、恋故土、重邦国、尚实际、美自然等民族文化传统，所传达的政治思想、伦理道德、社会生产、风土礼俗及天文历法等深厚的文化底蕴无不源远流长，深深地影响着后世万代。

第二，毫无疑义，《诗经》的文学价值极为丰富。翻开中国文学史，《诗经》当之无愧拔得头筹。《诗经》是我国文学的光辉起点，是一批富于首创性的杰作，其丰富的思想、高尚的审美情操和精湛的艺术手法，哺育了历代作家和诗人，影响甚为巨大和深远。《诗经》立足于社会现实生活，没有虚妄与怪诞，蕴含着对现实生活的热情关注、对社会文明的深切追求和直面人生苦乐的伟大的现实主义精神。征人之苦、劳人之怨、国难之悲、故土之思，以及亲朋契阔、男女哀乐之情，这些在后世诗文中屡见而富于民族特色的主题，在《诗经》中均发其端、导其源，开创了我国诗歌的现实主义优良传统，启发和推动了后世文人密切关注现实生活、国家命运和民生疾苦。如“感于哀乐，缘事而发”的汉乐府民歌，以乐府旧题写时事的建安诗歌，倡导“风雅兴寄”的陈子昂的《感遇诗》，即事名篇的杜甫诗歌，白居易的“讽喻诗”等，都是对这种创作精神的直接继承。《诗经》的文学价值还表现为“为情造文”，《文心雕龙·情采》曰：“何以明其然？盖风雅之兴，志思蓄愤，而吟咏情性，以讽其上，此为情而造文也。”浪漫的邂逅、快乐的聚会、忧伤的别离、缠绵的思念、悲苦的嗟叹、愤怒的反抗都用文字通过一唱三叹的吟咏表达出来了，将“为情造文”淋漓尽致地体现在对生活中各种思想感情的抒发上，既贴近生活，又深藏高超的艺术魅力。《诗经》中赋、比、兴艺术手法的运用更为后世的文学创作提供了成功的艺术借鉴。赋体文学由其直接发展而来，其对诗歌、词、戏曲、小说等都产生了深远的影响。此外，屈原以香草美人寄情言志、表达爱憎的手法，汉乐府民歌中的寓言拟物诗，以及唐诗、元曲中的美刺讽喻作品，无不是对《诗经》比兴手法的继承和发展，从而形成了我国文学韵味悠长、含蓄蕴藉的民族特色。

第三，《诗经》极具史学价值。《诗经》的史料性非常强，先秦时期的历史典籍流传甚少，《诗经》为我们提供了有力的史料佐证。关于诗和史的关系，梁启超在《要籍解题及其读法》中指出：“现存先秦古籍，真赝杂糅，几乎无一书无问题；其精金美玉、字字可信可宝者，《诗经》其首也。”钱钟书在《谈艺录》中也谈道：“诗者，文之一体，而其用则不胜数。先民草昧，词章未有专门。于是声歌雅颂，施之于祭祀、军旅、昏媾、宴会，以收兴观群怨之效。记事传人，特其一端，且成文每在抒情言志之后……然诗体而具纪事作用，谓古史即诗，史之本质即是诗，亦何不可。”由此可见《诗经》中史料的真实性。《诗经》记载了春秋以前的周朝礼仪制度、贵族生活和社会风貌。在《雅》《颂》中收录了一系列关于周民族建功立业的史诗，例如《大雅》中的《生民》记录了周民族的起源，《公刘》讲述了周先人的创业史，《文王》歌颂了周文王的丰功伟绩，《大明》记载了周王朝的开国历史等。《诗经》中的诗歌还保留了许多对周王朝的政治制度、生产生活、社会风俗的记录，例如《秦风・黄鸟》记载了先秦时期残酷的殉葬制度，《豳风・七月》叙述了西周农民一整年无休止地从事农业劳动，反映了贵族和农民阶级生活水平的悬殊，《鄘风・载驰》《郑风・清人》等是对诸侯国之间征战史实的印证和补充，《小雅・十月之交》《大雅・云汉》等记录了当时发生的自然灾害的情况，《郑风・溱洧》《卫风・木瓜》《豳风・伐柯》《周南・桃夭》等形象地展示了周代青年男女的婚恋习俗。《诗经》不仅是一部反映周代社会的百科全书，还是一幅展现周代文明的历史画卷，弥补了典章制度、礼仪、风俗、家庭等诸多方面相关历史典籍的空白。

以上仅是一隅之见，今天的我们应该怎样来阅读《诗经》呢？不同的人有不同的体会、不同的解读，我们不妨抱着一颗最朴素的虔诚之心去接纳它、走近它，也许会有意想不到的收获。

（钟　黎）

阅读链接

1. 《诗经译注》，程俊英译注，上海古籍出版社，2016 年版。
2. 《十三经说略》，王宁、褚斌杰等著，中华书局，2015 年版。
3. 《诗经八堂课》，刘冬颖著，中华书局，2018 年版。

道 德 经

老 子

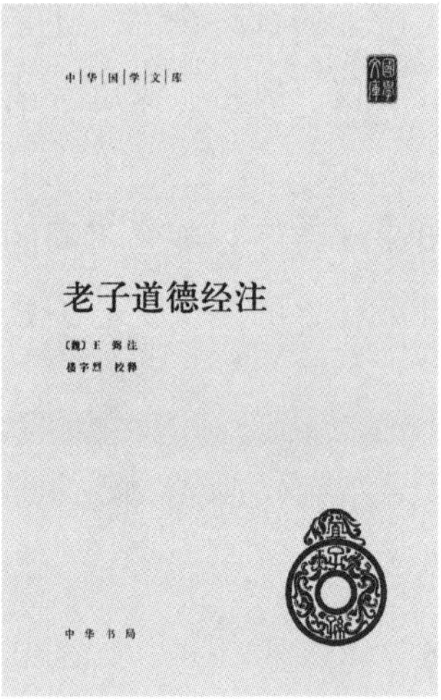

老子（春秋时期生人，具体生卒年不详），中国古代著名的哲学家、思想家，道家的创始人。据史料记载，老子姓李名耳，字聃，世人称为老聃。老子曾担任周朝末期守藏室之史，与孔子处于同一时代。老子比孔子年长几十岁，孔子曾向老子求教。老子主张自然无为、回归淳朴天性，与孔子代表的儒家仁义之学有较大区别。老子的主张，对于个人来说，具体呈现出“无为、不争、处下、尚柔”的处世特征；在形而上层面则表现为“道与德的学问、有与无一体”的朴素辩证法思想。老子的思想是中华民族传统思想文化的重要组成部分，对世界许多民族和国家具有广泛而深远的影响。从审美的角度看，老子的《道德经》文风自然、语言简洁，既有内容的深邃之美，也有形式上的韵律之美，虽仅有短短五千言，却是我们中华民族的智慧之源、无价之宝，它的内容广泛辐射到我们民族的哲学、政治、文学、艺术、伦理、军事等各个领域之中，它超越了时空限制，直至今天仍是人们取之不尽、用之不竭的思想宝库。

说起道家学派，几乎所有人都能想到老子和庄子。因此，对于老子其人其事，我们大多耳熟能详。老子的许多经典语录，直至今日仍广为流传。我们日常生活中最常见的一些成语，如“上善若水”“大器晚成”“天长地久”“受宠若惊”“天网恢恢”等，都来自老子的《道德经》。据统计，从《道德经》中产生的成语总共有50多个。

目前世上流传的老子《道德经》版本有数十种，其中最常见的是市面上的通行本，总共五千多字。而其他版本中，最重要的有长沙马王堆汉墓出土的帛书版《道德经》甲本和乙本，以及湖北省荆门市郭店村出土的、目前所能见到的最早版本的楚简本《老子》。为什么这本书会有这么多版本？这些版本之间存在怎样的差异？究竟哪一个版本的《道德经》才是老子本人的著述或原话？这些问题，至今仍然没有统一的解答。甚至老子其人究竟是谁，也没有明确的定论。于是在老子身上，从始至终存在着诸多待解的谜团。他的人、他的语言、他的学说、他的思想，处处彰显着智慧，又处处弥漫着某种不可捉摸的神秘。我们只能根据现有的史料，结合学术界已有的统一论断，对他的人和事做一些粗浅的描摹。

目前已出土的最早版本的老子著述，不叫《道德经》，也没有名字。这一著述是关于老子个人语录的选辑，我们将其称为《老子》，其中虽有关于“道”“德”的文意，但并不叫作《道德经》。而马王堆汉墓出土的帛书版《道德经》甲本和乙本，里面综合了从各种渠道得来的关于老子的重要言论，其中有老子本人的语录，也可能掺杂了庄子及其信徒的言论。这些语录和言论被按照不同主题编排在一起，把关于“德”的主题放在前，关于“道”的主题放在后，因此叫作《德道经》。我们今天广为流传的通行本与马王堆汉墓出土的帛书相比，除了个别词意表达存在差异外，还把关于“道”的主题放在了前面，把关于“德”的主题放在了后面。从总体上看，虽然版本不同，但老子思想大致是统一的，只是在对具体问题的论述上有差别，尤其在对儒家学派的态度上，似有温和和激进对立的不同。但这并不影响我们对老子思想的总体把握。

《道德经》是一本综合了哲学、政治、军事、伦理、社会、艺术等多种意识形态的著作。今天我们一般将其视为中国哲学的经典，因此它是一部代表中华民族思想深度和广度的哲学著作。应该说，它并非一部以美学为核心主题的著述，而更像是在“天人合一”的宇宙观基础上，对自然、社会、人生进行总体把握的语录汇集。其中的核心哲学观点是——“一阴一阳之谓道”。在老子看来，万事万物都有“阴”和“阳”两种表现于外的性状，这两种性状之间又是不可分割的，阴性和阳性同时存在，有阴就有阳，有阳就有阴，阴中有阳，阳中有阴。老子用具体事物的形态来说明这种“阴”和“阳”高度统一的情形，如有和无、长和短、高和低、前和后、困难和容易，在任何一组关系中的每一方都不是可以独立存在的，每一方的存在都以另一方的存在为前提。更重要的是，这些对立面的统一体不是一个静止的事物或静止的关系，而是每一方和另一方都是在运动变化中互相转化的。因此，并非有两个事物作为对立的双方，一个叫作阳的事物，另一个叫作阴的事物；也没有一个事物是纯粹的阳，而另一个事物则是纯粹的阴。双方都只是或者显现为暂时性的阳性的一面，或者显现为暂时性的阴性的一面。事物存在的真实状况是，在两种暂时性状态的对立和平衡中不断变化着的同一性，那就是变化本身，这种对立面相互转化着的运动，老子称它为“道”。“道”并不是西方意义上的作为万事万物之上统摄万物的最高本质、绝对静止的实体，而是阴性和阳性两种性状之间相互渗透、相互区别、相互依存、相互转化的运动过程。

老子所有的言论和智慧，就是围绕着这种对立面相互转化的运动来展开的。因此“一阴一阳之谓道”是所有事物和现象的内在本质，包括对“美”的理解。老子在《道德经》第二章开篇说道：“天下皆知美之为美，斯恶已；皆知善之为善，斯不善已。”意思是，所有人都知道一个事物是美的，有了美的普遍标准之后，同时丑的普遍标准也就产生了，丑的事物也就被划分出来了，从此我们才有了对美的认识。同样地，大家都知道一个事物好的标准，那么坏的标准也就同时产生了。正因为“一阴一阳之谓道”，美与丑可以看作对立的双方，美代表阳性，而丑代表阴性。没有阴，就没有阳；没有丑作为对立面，就不可能有美的存在。

在常识看来，一件事物、一种声音、一个人、一种艺术形式之所以美，之所以能够引起人们的审美愉悦，是因为它本身就是美的，不是丑的。这就把美和丑孤立起来了，似乎美和丑之间有绝对不可逾越的鸿沟，美作为阳性的东西独立存在，而丑作为阴性的东西也独立存在，二者属于两个不同的世界、不同的领域。似乎有些事物天生就是美的，而其他事物则天生就是丑的。但根据老子“一阴一阳之谓道”的思想，当一件事物表现为阳的时候，阴就潜伏在其中了；当它显现为“美”的时候，“丑”也就蕴含其中了。因此当我们看到美的事物的时候，丑就在它里面，而不是在它外面。并不是某类事物天生就是美的，而其他事物天生就是丑的。我们用一个司空见惯的词汇就能清楚地认识这一点，即“审美疲劳”。当一件事物、一个人或一件艺术作品长期出现在我们眼前时，我们的感官对它的兴奋减弱，不再产生兴趣，直至感觉乏味。一旦这件美好的事物再不能引起我们审美上的欲求和期待，再不能对我们视觉、听觉、味觉等感官造成强烈而兴奋的冲击，再不能作为我们情感表达的丰富形式，再不能引起我们心灵的共鸣，那么无论是美人、美食、美景、美的作品，都会由美而变得平常，甚至变丑。原先看起来“美”的人和物，在岁月的流变中，也许会逐渐显露出它内部隐藏着的“丑”。

因此，美或丑都不是事物的固定属性，而只是事物暂时性的表现。美不是事物的本质，丑也不是事物的本质，只有美与丑动态变化中的对立统一，以及二者相互间的转化，才是事物的本质，因为万事万物无不有“道”在其中作为变化的本质。《道德经》的奥妙，就在于对阴阳一体、阴阳互变的“道”有着深刻的体悟和把握。老子教会我们，要用对立统一的辩证思维去把握万事万物，这样才能真正理解人生百态、世间万象。

对于老子而言，《道德经》中关于“美”与“丑”、“善”与“恶”的分析，只是通往理解天道、地道、人道等“道”的各种表现的媒介和桥梁。而我们关于“美”的本质的认知，也将是深入理解天理人心的一个契机和中介。在对“美”的本质——“一阴一阳之谓道”有了深层次理解的基础上，老子在《道德经》最后一章中说道：“信言不美，美言不信；善者不辩，辩者不善；知者不博，博者不知。”意思是：可信的话往往不动听，动听的话往往不可信；好人往往不巧辩，巧辩的人往往动机不纯；聪明的人不表现出博学，表现出博学的人未必真正聪明。如果说，前述关于“美”与“丑”的探讨，主要是就单个具体事物的视觉外观作分析，那么这里老子关于美言、善行、智慧的探讨，就是对常见的社会现象作分析。其内在核心依然是那句话：“一阴一阳之谓道。”也就是说，“阳”代表对人表现出来的样子和性状，“阴”代表它隐藏着的、不为人知的样子和性状。可信的言论，通常质朴无华，它外在表现出来的是淡而无味；相反，那些外在表现得美好动听、亲切而有感染力的言论，内里往往是缺乏可信度的。因此老子才说“信言不美，美言不信”。但这句话不能教条地理解为：动听的话一定完全不可信，而难听的话一定是绝对可信的。这就违背了老子的原意了。一个言论是否可信，不在于外在的美或不美、动听还是不动听，而在于它能否在实际情况中得到验证。只有名实相符的言论才是真正可信的。那么老子所说的“信言不美，美言不信”应该作何理解呢？应该理解成：可信的话往往不动听，因为可信与否，不以动听与否为标准。我们不应只看到作为“阳性”的外在表达，而应该同时看到言论中隐藏的一面，即不曾表现出来的、作为“阴性”的实际行动，实际行动通常是不发出声音、不进行表达的。用实际行动来验证可信度，往往不需作过多的言说和修饰，所以看起来是如此的淡而无味。因此，老子在这里想强调的是，我们应培养一种思维能力，能够透过现象看本质，从表面的语言修饰的掩盖下，深入内里，去透视深藏在实际行动中的无声之言。只有透过显现为“阳性”的外表，抓住深藏不露的“阴性”特征，才能学会全面地看问题，才能真正理解什么是“一阴一阳”，什么是现象背后作为本质的“道”。“道”并非一成不变的、孤立的、静止的，而是在实际行动中不断展现的“阴”“阳”转化过程。我们的思维，需要跟随世间万象的这种普遍转化，而跟随这种转化，就能实现我们自身思维的转化和认知方式的转化。

老子的“一阴一阳”，从来不是把“阴”和“阳”看作事物和现象当中绝对不变的两极。“一阴一阳之谓道”，我们通常容易教条地理解为一个事物具有一体两面，事物和事情都有阳面也有阴面，有美也有丑，有好也有坏，有福也有祸，实际上这么理解，只是一分为二地从不同角度看问题，本质上还是把事情分开了。对道的理解，不能陷于僵化，它不是一个实体、一个事物，而是永恒的运动。阴和阳也不是两种一成不变的性状，而是阴中有阳、阳中有阴的运动中的同一。“一阴一阳之谓道”，应该理解为：作为自身否定性运动的一，显现为“阳性”和“阴性”这样暂时性的差别，而事物本身又排斥这种两极的差别，二者相互转化，显现为不断运动着的单纯同一。所以道不是别的，就是这种自身否定、不断转化的运动。而真正把握了这种运动的思维，就是超出日常思维的辩证思维。

我们也应该看到，老子的思想虽然耐人寻味，但这种思想从来不主张一成不变、墨守成规。所以，我们关于“道”的理解、关于“一阴一阳”变化的体悟，不能将其看成“施诸四海而皆准、推之百世而不悖”的理论模板，认为它足以套用到任何时代、任何民族、任何国家、任何社会、任何具体的人和事中去。“道”的“阴阳”之变，只是世间万象内在的总原则，但何物显现为“阳”，何人表现出“阴”，“阳”与“阴”怎么定性、怎么转化，甚至能不能转化，都得结合具体条件、具体情境来把握。因此，“阴阳”变化，是因时而异、因事而异、因人而异的，“道”的显现和隐蔽，是可以通过体悟认知，却又不可明确规定的。老子在《道德经》第八十一章中提到的“信言不美，美言不信”，如果我们做僵化的理解，就会认为老子一定赞成这样的观点：人要想表现出质朴、真诚的一面，就一定要少说话，多做事，坚决不能说好听的话，甚至最好是不说话、只做事，只有这样才能达到令人信服的效果。实际上，这样认死理的做法反而容易走向事情的另一个极端。

之前老子批评的做法是：只看到“阳”而不能透过表面现象透视到内部的“阴”，也就是不能抗拒漂亮语言粉饰下的外表，因被表象迷惑而忽略了以行动去验证真相的“阴”。如果我们教条地理解这句话，就会把它理解为一个刻板的行为准则——无论何时何地，都只注重默默无闻的行动，完全忽略语言表达的作用，这就变成只看到了“阴”而忽视了“阳”。这和之前老子反对的“只看到‘阳’而忽视了‘阴’”的做法正相反，于是陷入了另一个极端。而只要走向思维的极端，就同样背离了“一阴一阳之谓道”的本质。因此无论是只看到“阴”而看不到“阳”的思维，还是只看到“阳”而看不到“阴”的思维，都是片面理解事情的错误方式，在辩证思维看来，这种思维方式，就是典型的“形而上学”思维。

老子在《道德经》第六十二章说道：“道者万物之奥，善人之宝，不善人之所保。美言可以市，尊行可以加人。人之不善，何弃之有!”意思是：道，是万事万物的本质和奥妙。好人把道作为安身立命的法宝，而坏人也可以遵循道的规律以求自保。因为美好的言辞能换取别人的尊重，美好的行为可以促进自己的社会交往。道有这样的功效，即便是坏人，又怎会把这样的好处扔掉呢?

从老子这段话我们可以知道，老子并不认为“美言”就一定是坏事，美好的文辞就一定不能提倡。甚至无论好人或者坏人，都可以把道作为为人处世的标杆，用“美言”来促进沟通交流，用“美行”来构建社会关系。认识的关键不在于对人作好与坏的价值判断，不在于孤立地看要不要“美言”，而在于这种“言”和“行”是否体现出道的规律，是否让“阴”与“阳”、让外在的“美”与内在的“行”达到和谐的统一。只有不单单在静态的感性表象中显示出外在的“美”的、“阳”的性状，同时还让内在的“行动”、“阴”的性状在动态的发展过程中得到验证和显现，达到言行合一、阴阳和谐，才是真正把握了“道”之变化发展的规律。而紧紧跟随“道”的这种动态变化的规律，才是真正超出日常思维和极端化思维的辩证思维。反之，如果只注重外在的“阳”的表现而看不到“阴”的一面，以及只重视“阴”的性质而完全忽略“阳”的功用，抽象、孤立地理解“道”，并以此作为看问题、办事情、衡量人的标准，就一定会导致事情走向极端。只要带着这种眼光去谋事，就会出现如老子说的“揣而棁之，不可长保。金玉满堂，莫之能守”“企者不立，跨者不行，自见者不明，自是者不彰，自伐者无功，自矜者不长”的负面效果。这两句话是说：打磨器物使它越来越锋利，无法使它长久锐利。金银财宝越堆越满，终将守不住。踮起脚想站得高，却站不了多久；大跨步想走得快，反而走不了多远；自我用力表现自己，反而没什么影响力；自我用力肯定自己，反而不会被大家认可；自我用力夸耀自己，反而会埋没他的功绩；自高自大的人，做不了众人的首领。这两段话的意思归根结底在于，它揭示出人们日常生活中容易陷入的思想误区：用孤立、片面的观点看问题、办事情，只看到了“阴”与“阳”两极中的一面。简单来讲，这种思维方式都是一心想把可见的工具、钱财、能力、功绩做到极致，把可见的“有”做到最完美的地步，而恰恰忽略了藏在不可见处的“无”的效用。这必然会导致老子所说的“反者道之动”的后果。也就是说，道的本性是“阴”和“阳”的共生变化，人们把“阳”突显出来发展到极致，一定会引起“阴”的负面反弹，因此“有”会向“无”急剧转化，“阳”会立即折返为“阴”。而这种“有”与“无”、“阳”与“阴”的剧烈激荡变化，会对个人、社会、国家造成极大的损失。

相反地，对于处在弱势、卑下、不利状况下的人和事来说，又可以通过道的这种反向作用，来为自己争取积极的因素和效果。所以，老子在“反者，道之动”的基础上，还提出了“弱者，道之用”的重要思想。具体表现为：“曲则全，枉则直，洼则盈，敝则新，少则得，多则惑。”“天下之至柔，驰骋天下之至坚，无有入无间，吾是以知无为之有益。”“大成若缺，其用不弊：大盈若冲，其用不穷。大直若屈，大巧若拙，大辩若讷。”意思是：委曲则保全，委屈则能伸直。低洼就有充盈的可能，陈旧了就会有更新的可能。少拿才能获得，多取就会陷入迷惑。天下最柔软的东西，能自由穿行于天下最坚固的东西中，因为无形的力量进到了看上去没有空隙的空隙。最美好的状态是保持一定的缺陷，这样道的作用才不会衰竭。最富足的状态是保持承载物不断地在消耗，这样道的作用才不会终止。最直接顺当的常表现得弯弯曲曲的，最聪明灵巧的常表现出呆板笨拙，最有说服力的常表现为谨慎迂讷。总之，“弱”的性状只是暂时的，它虽暂时居于“弱”的位置，具有“弱”的性状，但根据道的反向转化规律，只要满足一定的条件，就一定会向反面转化，由弱变强；同样地，所谓的“强”也只是暂时的性状，因此发展到极致，就会变成表面上的“强弩之末”，终归会走向自己的反面而变“弱”。

以上我们对老子《道德经》中美的标准、美言、美行三方面作了分析，了解到“道”的奥秘无非一言以蔽之，即“一阴一阳之谓道”。“阴”和“阳”既是对立的两面，也是共属一体、不可分割、相互渗透的两种暂时的性状，二者在对立中保持和谐统一，又在激荡变化中朝向相反的方向转化。要真正理解和参悟到“道”的玄机，须同时把握道的这两个方面，并且不能将二者抽象、孤立、截然分离开来看待，而是要时时事事处处都能看出“阴”中有“阳”、“阳”中有“阴”、“阴”“阳”共生互变，且处在永恒地动态变化过程当中。老子的《道德经》思想深邃、包罗万象，它代表着中华民族的智慧，值得我们反复学习、体悟和践行。

（叶子犀）

阅读链接

1. 《老子道德经注》，王弼注，楼宇烈校释，中华书局，2011 年版。
2. 《郭店楚简〈老子〉研究》，聂中庆著，中华书局，2004 年版。

论　语

孔　子

孔子（公元前551—公元前479年），名丘，字仲尼，春秋时期鲁国陬邑（今山东省曲阜市）人，祖籍宋国栗邑（今河南省夏邑县）。中国古代思想家、教育家、政治家，儒家学派创始人。孔子为殷贵族后裔，其父叔梁纥为鲁国陬邑大夫。孔子三岁时父亲亡故，十七岁时丧母，少小时很孤苦，如自己所说“吾少也贱，故多能鄙事”。然而孔子小时候就与众不同，喜欢模仿祭祀，玩行礼游戏，“常陈俎豆，设礼容”。十五岁时起即“志于学”，对于当时的“六艺”礼、乐、射、御、书、数均有广泛涉猎和深入探究，最终成为一个博学之士。孔子一度致力于仕进，然而并不得志。曾出仕鲁国中都宰、司空、大司寇，取得一些内政与外交上的成功。终因与执政者政见不合而离国出走周游列国，先后到过卫、宋、曹、郑、陈、蔡等国，均无功而返，最终返回并终老于鲁国。孔子作为政治家并不成功，然而却成了著名的教育家和思想家。他是民间办学的创始人，提倡有教无类，根据学生的特点因材施教，史称门下弟子三千、通六艺者七十二人，形成儒家学派。晚年修《诗》《书》《礼》《乐》，序《周易》，撰《春秋》，后人将孔子整理的这六部先秦古籍合称为“六经”。《论语》为孔子去世后，其弟子和再传弟子整理的孔子与弟子的对话录，成为儒家经典。

“学而时习之，不亦说乎？有朋自远方来，不亦乐乎？人不知，而不愠，不亦君子乎？”（《学而》）这是《论语》开篇记录的孔子说的话。“说”通“悦”，是愉悦的意思；“乐”，即快乐；“不愠”，也可以是愉悦或快乐的意思。因此，这一节的关键词就是快乐。其中，第一乐是个人的快乐，学习新知识而不断复习，乐在其中；第二乐是与朋友共同快乐，与远方慕名而来的朋友一起学习切磋，其乐融融；第三乐是指别人可能不了解你，不知道你的学识，但也不生气怨恼，照样快乐，这才是真正的君子。《论语》开篇的这三句话，其实是中国乐感文化的具体体现。悦与乐是儒家君子不离人世、不离感性而又有所超越的此世间的快乐，世俗中有高远，平凡中见伟大，是一种即世间又超世间，以情感为根源、为基础的审美境界。因此，《论语》开篇就体现了孔子以情感为本位的审美追求。

据统计，《论语》中“美”字凡 14 见，如“礼之用，和为贵。先王之道，斯为美”（《学而》）；“子谓《韶》，‘尽美矣，又尽善也’。谓《武》，‘尽美矣，未尽善也’”（《八佾》）；“里仁为美。择不处仁，焉得知”（《里仁》）；“君子成人之美，不成人之恶”（《颜渊》）；“尊五美，屏四恶，斯可以从政矣”（《尧曰》）；等等。可以看出，孔子对美的界定，既有外观的形式美，同时又有内在的品性美，然而孔子更为注重形式美与品性美的统一，即“尽美矣，又尽善也”。在孔子看来，如果在外观的形式美基础上，更具有内在的品性之仁善，这才是真正意义的美。孔子与弟子子夏有一个著名的对话：“子夏问曰：‘巧笑倩兮，美目盼兮，素以为绚兮。何谓也？’子曰：‘绘事后素。’曰：‘礼后乎？’子曰：‘起予者商也！始可与言《诗》已矣。’”（《八佾》）子夏善诗，他引用的诗出自《卫风・硕人》，描写卫庄公夫人庄姜的笑容与眼神都很美，犹如洁白的纸上绘以绚烂的色彩。子夏问孔子这句诗是什么意思，孔子回答说：先有洁白的底子，然后才可以绘画。子夏又问：那么礼在其后了？孔子赞美子夏对这句诗的理解很好，对自己都有所启发。第一句问答表面的意思是，庄姜外表呈现出的“倩”“盼”姿态的美貌，是以内在的纯粹情感“素”为基础的。第二句则是对第一句表面语义的引申与拓展，即体现外在规范的礼，是以内在情感的仁为基础的。礼可以表示、传达情感，同时又赋予情感以确定的形式，从而成为仪文典式，即“礼后乎”，亦即仁先礼后、仁内礼外。礼乃文饰，仁乃情感，两者不可分割且先后并进，礼之仪文需以情感之融入，仁之情感需以仪式之呈现。在这个意义上，可以说仁乃是艺术，而且是注入仁之情感的艺术，此即孔子美善统一的审美观。因此，孔子说：“人而不仁，如礼何？人而不仁，如乐何？”（《八佾》）如果没有仁爱的内在情感，礼乐制度均是虚饰，没有任何实际的价值。

礼与仁的统一，即是美与善的统一，乃孔子审美观之要义。下面对孔子关于礼、仁的讨论分别予以解读。先说礼。孔子非常重视礼，说过“不学礼，无以立也”（《季氏》）；“不知礼，无以立也”（《尧曰》）；“非礼勿视，非礼勿听，非礼勿言，非礼勿动”（《颜渊》）……即作为士人君子，必须学礼、知礼，一切行为必须合乎礼的规范。然而在孔子生活的春秋时代已经礼坏乐崩，礼乐征伐自诸侯出，陪臣执国命，维系贵族等级秩序的礼乐制度已经垮掉了。以孔子所在的鲁国为例，主持鲁国朝政的三桓（孟孙、叔孙、季孙）祭祖时的歌本属于周天子主祭时的《雍》诗，孔子讥之“奚取于三家之堂”（《八佾》），三桓之一的季氏用周天子才能用的《八佾》在庭院中奏乐舞蹈，孔子发出“是可忍也，孰不可忍也”（《八佾》）的愤慨。面对这种局面，孔子提出“克己复礼”的主张，在《论语》中多处可以看到孔子对于礼的讨论。

第一，孔子不仅把礼作为士人君子立身之本的基础，更把礼作为治国理政的纲领。孔子说：“道之以政，齐之以刑，民免而无耻；道之以德，齐之以礼，有耻且格。”（《为政》）认为德、礼是治国理政之大纲，反对专任刑法以行政手段、法律手段治理国家。原因在于，行政手段和法律手段虽然能够制止犯罪，却不能从内心解决问题，百姓会变得无羞耻之心而钻行政和法律的空子；而用德、礼治国，百姓就会有羞耻之心而自觉地服从制度规范。关于礼的规范，《乡党》篇中列举出了很多诸如言谈举止、衣食住行等方面的规范，而核心在于要遵守周礼所确定的等级规范，即“君君，臣臣，父父，子子”（《颜渊》）、“君使臣以礼，臣事君以忠”（《八佾》）等，各司其职，各尽其本，上下长幼有序，不可僭越。

第二，在纷繁复杂的周礼中，孔子倡导简单与俭朴。儒家隆礼，导致礼必烦冗，孔子尽管从小就习礼，然而烦冗的礼节他也不可能全都做到。因此，他反对烦琐的礼数，“博学于文，约之以礼”这句话孔子在《论语》中讲过三次，分别见于《雍也》《子罕》《颜渊》。在他看来，学习礼时要面面俱到，但在用礼时要力求俭约。那么，如何俭约呢？依周礼，冠婚丧祭，朝聘会享，都要有神器和礼物，如钟鼓、玉帛、牲牷，等等，耗用极为奢侈。孔子认为这样是不对的，“礼云礼云，玉帛云乎哉？乐云乐云，钟鼓云乎哉？”（《阳货》）礼呀乐呀，就是贡献玉帛、敲打钟鼓吗？这是反问的语式，孔子不认同这种单纯形式化的礼乐。在《八佾》篇中，孔子也做出了类似的表述：“子贡欲去告朔之饩羊。子曰：‘赐也！尔爱其羊，我爱其礼。’”依周礼，每年秋冬之时，周天子要把次年的历书颁发给诸侯，诸侯把历书藏于祖庙，每月初一要杀一只羊作为牺牲祭于祖庙，然后回朝听政。但此时的鲁国国君久已不到祖庙祭祀，只杀一只羊供于祖庙以虚应故事。因此，子贡说既然告朔之礼久已不行，不如把这只祭祀用的羊也撤掉，以免浪费。孔子回答说，你心疼的是这只羊，我心疼的是被免掉的礼呀！孔子要表达的是，告朔之礼不在于“饩羊”这种物态化的形式，而在于通过典礼仪式本身所凝聚和呈现的神圣不可违反的思想观念和情感体验，通过对此种仪式的不断实践和反复巩固，使仪式本身成为审美的对象。所以，孔子多次谈到礼不在于繁复的排场与奢华的祭品，“礼，与其奢也，宁俭；丧，与其易也，宁戚”（《八佾》），即是说礼与其铺陈奢华，不如俭朴，丧事与其仪式隆重，不如发自内心的悲伤。再如，“麻冕，礼也；今也纯，俭，吾从众。拜下，礼也；今拜乎上，泰也。虽违众，吾从下”（《子罕》）。冕，即帽子。在戴帽子的问题上，孔子宁肯跟从大众，戴俭朴的纯冕，也不尊崇礼制，戴奢华的麻冕。拜是跪拜，拜下，是古礼，在堂下拜；拜上，是今礼，在堂上拜。前者俭，后者奢，因此孔子不跟从大众时尚，而循古礼主张拜下。孔子以戴帽子与跪拜为例，说明遵守礼制的宁俭勿奢原则。

第三，孔子更崇尚礼的中和精神。孔子说过："君子和而不同，小人同而不和"（《子路》）。"和"与"同"是春秋时常用的两个术语，出自《国语·郑语》中记载的史伯的话，"和实生物，同则不继"。这里的"和"是指中和、和谐，是指不同事物之间的调和；"同"则是指同一、一致、一律的意思。孔子认同、赞成有不同观点存在，然后协调各种观点，达到和谐统一以求发展。在强调礼制的中和精神方面，孔子的弟子有若有一段非常有名的论述，是对孔子思想的阐释和发挥："礼之用，和为贵。先王之道，斯为美；小大由之。有所不行，知和而和，不以礼节之，亦不可行也。"（《学而》）这句话开篇名义，即礼的主要功用就在于其中和的精神。历代先王遵循此精神来治理国家，以和谐为美，大大小小的政策制度都遵循此精神落实执行。下面的一句话则是转折，不能为了调和而调和，这是不负责任、不守原则的"和稀泥"，是"同"。这个时候就得以礼的原则来约束和限定，即"以礼节之"。

再说仁。对于孔子来说，首先仁与礼具有互释性。孔子与颜渊有一个关于仁的对话，颜渊问孔子什么是仁，孔子回答："克己复礼为仁。一日克己复礼，天下归仁焉。"（《颜渊》）约束自己以达到礼的要求，就是仁。如果天下人都这样做了，那么就都达到仁的境界了。颜渊接着问达到仁的境界的具体途径是什么，孔子则回答："非礼勿视，非礼勿听，非礼勿言，非礼勿动。"由此可以看出，"克己"的内在修养非常重要，孔子认为约束自己的视、听、言、动等行为，以达到礼的规范，这就是仁。这是孔子将外在的礼制化为内心的欲求，融礼与欲为一体而成为仁的情感的具体过程。那么，如何实现仁的"克己"的内在约束？孔子给出了两个字"爱人"，这是樊迟问什么是仁时，孔子给出的答案。但是，孔子的"爱人"不同于墨子的"兼爱"，不是"天下兼相爱，爱人若爱其身"（《墨子·兼爱上》），而是有亲疏远近的爱。孔子认为，子之于父、弟之于兄的道德义务是个人道德品质的起点，孝悌是仁的根本，所以他说："弟子，入则孝，出则悌，谨而信，泛爱众，而亲仁。"（《学而》）孔子教育弟子，先在家里孝顺父母、在外面尊重兄长，具备了恭谨与诚信的品质，然后再博爱众人，尤为亲近有仁德的人。孔子的弟子有若再次阐释、引申孔子的思想，说："其为人也孝弟，而好犯上者，鲜矣；不好犯上，而好作乱者，未之有也。君子务本，本立而道生。孝弟也者，其为仁之本与！"（《学而》）认为孝悌是仁之根本，为人孝悌则不会犯上、作乱，也即仁者爱人是沿着亲亲、尊尊的路径而展开的，在孝敬父母、尊重兄长的基础上，才可以忠君、爱民。

在孔子看来，仁作为个人最重要的内在道德品质，其主要特征则是厚重敦朴。孔子多次提到仁的这个特点，如正面的表述，"刚、毅、木、讷近仁"（《子路》），"君子欲讷于言而敏于行"（《里仁》），"知者乐水，仁者乐山。知者动，仁者静。知者乐，仁者寿"（《雍也》）……可以看出孔子喜欢说话少而性格刚毅厚朴的人，具有这种沉稳恬静性格的人，勇于任事。司马牛向孔子请教什么是仁，孔子直接回答："仁者，其言也讱。"讱，是指说话迟钝缓慢。司马牛不理解，问难道说话慢就是仁吗？孔子回答："为之难，言之得无讱乎？"（《颜渊》）这是根据司马牛"多言而躁"的性格特点，孔子告诫他做事情都很难，说话怎能不慢，亦即说话、做事之前必须审慎思考。再看孔子从反面的表述，他在《学而》《阳货》篇中均说过"巧言令色，鲜矣仁"，从否定的方面说花言巧语、虚言假色不是仁。还有，孔子的弟子说冉雍这个人有仁德，但就是不会说话。孔子回答："焉用佞？御人以口给，屡憎于人。不知其仁，焉用佞？"（《公冶长》）为什么要会说话呢？强言善辩，大话空话连篇，多么令人讨厌呀！孔门弟子分为德行、言语、政事、文学四科，孔子尤为喜欢德行科的弟子。这一科的弟子如颜渊、闵子骞、冉伯牛、仲弓，都是品德好，勤奋好学，安贫乐道，但是寡言少语，埋头苦干的人。孔子喜欢这样的学生。

最后，仁有什么用呢？孔子认为，仁能起到"修己以敬""修己以安人""修己以安百姓"（《宪问》）的三重作用。首先，"修己以敬"。这是仁的基础和起点。因此孔子说“己欲立而立人，己欲达而达人”（《雍也》），“己所不欲，勿施于人”（《颜渊》），从正反两方面来说明，自己想做并做到了、达到了，才能以此来要求以及影响别人。那么，自己做到了什么才能达到仁的要求呢？孔子在两处谈到这个问题。一处是在《子路》篇，樊迟问仁，孔子把仁分为三种品德：“居处恭，执事敬，与人忠。”分别从生活起居、处理事务、与人交往三种情况，说明应按照仁的标准来处理；另一处是在《阳货》篇，把仁分为五种品德：“恭、宽、信、敏、惠”，即恭敬、宽厚、诚实、勤敏、慈惠。孔子认为，能够达到这五种品德，就可以“天下为仁矣”。其次，在个人达到仁的基础上，才可以由己及人以至于百姓，即“安人”“安百姓”。在达到仁的这一目标层面上，其实孔子针对的是当时的士人君子，而不是大众百姓。因此，他说：“志士仁人，无求生以害仁，有杀身以成仁。”（《卫灵公》）杀身成仁是对志士仁人的必然要求，而不一定要求百姓必须达到。他说：“民之于仁也，甚于水火。水火，吾见蹈而死者矣，未见蹈仁而死者也。”（《卫灵公》）尽管仁对百姓的重要程度，要甚于水火。然而，曾经见到百姓（趋利）蹈入水火而死，却没有见到因为仁而死了的。因此，可以看出孔子对于百姓“杀身成仁”是一种企盼，是一种期之于未来的良好愿望。

“子路、曾皙、冉有、公西华侍坐。子曰：‘以吾一日长乎尔，毋吾以也。居则曰：不吾知也！如或知尔，则何以哉？’”这是《先进》篇中的记载，描述了孔子师生率而论学的场景。四名弟子围着孔子而坐，孔子说，我不过大你们几岁，你们不要以为我是老师，而不敢畅所欲言。如果有当政者想任用你们，你们都要做什么呢？子路年龄最大，先说，他志在治理千乘之国的大国，“夫子哂之”。然后，冉有、公西华分别说了自己的志向，前者只想治理方圆五六十里的小国，后者则要做国家祭祀时的司仪，孔子未置可否。最后，轮到曾皙，孔子问道：“点！尔何如？”曾皙正在弹琴，“鼓瑟希，铿尔，舍瑟而作，对曰：‘异乎三子者之撰’”。曾皙渐渐放慢弹琴的节奏，铿锵一声停了下来，放下琴站起来回答：我和他们三人的志向不一样。孔子说，没关系，各自谈自己的志向而已，你说吧。

曾皙回答："莫春者，春服既成，冠者五六人，童子六七人，浴乎沂，风乎舞雩，咏而归。"在春暖花开的暮春时节，穿上薄薄的衣服，约上二十岁的小伙子五六人，十几岁的少年六七人，一块儿到城外的沂水中洗个澡，再到城中的舞雩台上吹吹风，然后在和煦的春风中唱着欢快的歌曲，尽兴而归。孔子深以为然，喟然而叹曰："吾与点也！"这才是孔子最为欣赏的人生审美境界！这是对外在礼之仪文与内在仁之情感的超越，真正地实现了礼与仁、美与善的统一，更是人与自然充分和谐的最高审美境界。

（付金柱）

阅读链接

1.《论语译注》，杨伯峻译注，中华书局，2019 年版。

2.《论语注疏》，何晏集解，陆德明音义，邢昺疏，广西师范大学出版社，2019 年版。

3.《新编诸子集成：论语集释》，程树德撰，程俊英、蒋见元点校，中华书局，2014 年版。

4.《论语新解》（新校本），钱穆著，九州出版社，2011 年版。

5.《丧家狗：我读〈论语〉》，李零著，山西人民出版社，2007 年版。

庄　子

庄　子

庄子（约公元前 369 年—约公元前 286 年），名周，战国时期宋国蒙（今河南商丘）人。战国中期思想家、哲学家、文学家，庄学创立者，道家学派代表人物，与老子并称为“老庄”。庄子生在兵荒马乱的战国时期，生活一贫如洗却甘之如饴，仅担任过宋国地方的漆园吏，史称“漆园傲吏”，被誉为地方官吏之楷模。庄子洞悉易理，崇尚天人合一，他指出“《易》以道阴阳”，其自然哲学与美学思想与《易经》三才之道相合。庄子不仅是思想深邃的哲学家，也是才华横溢的诗人、文学家，其文想象丰富奇特，语言运用自如，灵活多变，能把微妙难言的哲理讲得引人入胜。《庄子》被称为“文学的哲学，哲学的文学”。叶朗先生认为《庄子》“充满了一种诗的意味”“是哲学与诗的统一，智慧与深情的统一”。这种诗性的、审美的、情感的文化是中国文化传统对个人价值与精神自由最初的也是最彻底的追寻。庄子集诗人与哲学家的特质于一身，这种特质是他的《庄子》一书与其个体生命实践的灵魂所在。

在先秦诸子中，庄子是另类。《史记·太史公自序》中说："夫阴阳、儒、墨、名、法、道德，此务为治者也，直所从言之异路，有省不省耳。"这段话就是说以上六家的学问都是"为治"之学，事实上，六家之外的"百家之学"甚至道家的创始人老子也在这个范畴之内，只是各自"为治"的方式大相径庭而已，只有庄子建构的才是与其相对的"无用"之学。庄子思考的是一些在统治阶级看来"无用"的问题，但这些问题却是哲学的根本问题：生从何处来？死到何处去？世界由什么构成？如何处于人世间？这些问题对于解决人生困惑却是有"大用"的，是提升人类精神境界必须面对的问题。尼采说："哲学是一种自由的退隐到冰区和山峰——是对于存在上一切陌生而可疑东西的寻求，是对于一向为道德所严禁的任何东西的寻求。"（《瞧！这个人》）庄子所追寻的正是这些"东西"。因此，庄子最大的意义不是传承道家哲学，而是他吸收了老子以及其他道家学说的营养，并更加深刻、详尽地论述了人与自然的关系，人的智慧、认识能力等问题。在学术意义上我们应该对老庄哲学分别予以阐释。

庄子思想体系的形成具有广阔的人文环境与多元的理论渊源，先秦诸子百家争鸣的思想氛围为庄子思想体系的形成提供了良好土壤，庄子追求个人生命自由的意识为其思想体系的建构创造了根本条件，其思想体系充溢着高蹈的人生理想与遁世的现实际遇之间的矛盾与思辨色彩。他在天道自然的命题基础上，提出了从人的自我修养到整个社会国家的处世之道，《庄子》一书就是他从本体论到认识论及至语言学的整个思想体系的体现。《庄子》原有《内篇》7 篇、《外篇》28 篇、《杂篇》14 篇、《解说》3 篇，共计 52 篇，10 余万言。郭象对全书进行了删减，现有《内篇》7 篇、《外篇》15 篇、《杂篇》11 篇，共计 33 篇，大小寓言 200 多个，6 万余字，涵盖了哲学、美学、自然、政治、社会、艺术、养生、人性等各方面的思想内容，包罗万象，对宇宙生成论、人与自然的关系、生命价值等都有详尽的论述。学界一般认为《内篇》7 篇文字是庄子写的，《外篇》15 篇文字是庄子的弟子们写的，或者说是庄子与他的弟子一起合作写成的，《杂篇》11 篇应是庄子学派或者后来的学者写的，有一些篇幅不是庄子学派所有的思想，如《盗跖》《说剑》等。

《内篇》7篇是《庄子》的代表篇目。分别是《逍遥游》《齐物论》《养生主》《人间世》《德充符》《大宗师》《应帝王》，篇目都是用三个字标明题旨，是最集中表现庄子哲学思想的部分。作为首篇，《逍遥游》开篇气势磅礴，想象瑰丽奇绝，语言纵横捭阖，奠定了全书的基调。“逍遥游”是庄子思想的最高境界，也是庄子最高的人生理想。“游”是指存在方式，“逍遥”是指精神境界。“逍遥游”是指无所依赖、绝对自由地遨游永恒的精神世界。全篇通过描绘一系列具体的自然事物，引入对“至人”“神人”“圣人”三种不同层次人物的论述。先借鲲、鹏与蜩、学鸠的对比破除一般人见小不见大的观念，指出无论大小生物其飞行均有所待，而“游无穷者”才是逍遥。由此以自然寓人世，借“尧让天下于许由”“肩吾问于连叔”“惠子谓庄子”指出唯有“无己”“无功”“无名”的人才能做到逍遥游。接着塑造了一个“神人”的形象，使逍遥游的“至人”具体化。庄子赋予了这个“神人”最美的外表和最好的品质，是庄子逍遥理想的完美体现者。然后生动幽默地描述了庄子与惠子论辩有用与无用、小用与大用的场景，指出小用不如大用，无用就是大用，只有“无所可用”，才能“物无害（之）者”，在“无何有之乡，广莫之野”永作逍遥游。

紧承之后的《齐物论》包含齐物与齐论两个方面。世间万物看起来千差万别，归根结底却又是齐一的，这就是“齐物”。人们的各种感受和观点看起来也是千差万别的，但世间万物既是齐一的，言论归根结底也是齐一的，这就是“齐论”。全文大体分成七个部分，层次之间以递进逻辑进行论述。首先从大自然的不同声响即天籁写起，推进到社会各种现象和人的各种不同心态，再言明由于万物对立并且不断转化，是非之争并无价值，进而指出大道并不曾有过区分，是非本就容藏于一体，那么也就是说认识事物并没有什么绝对客观的尺度，人的言论也没有确定是非区别的必要，在这样的基础上，人方能忘掉死生、忘掉是非，遨游于无穷的境域。最后用两个寓言故事扣回“无所凭依”的逍遥之义和物我交合、物我俱化的主旨。“齐物”“齐论”与“逍遥游”一并构成庄子哲学思想体系的主体。

《养生主》其字面之义就是养生的要领，全文围绕忘却外物、顺乎自然的养生之道展开，分为总论、详论、收论三个部分，经典段落是用庖丁善于解牛的寓言故事论述“依乎天理”的养生要领，指出要取其中虚“有间”，避开是非和矛盾的纠缠，方能做到“游刃有余”。《养生主》实际与庄子无所依凭、自由自在的哲学思想是一致的。《人间世》的中心是讨论处世与自处之道。全文可分为前后两大部分，前一部分假借孔子及其弟子探讨仕途中所遇到的问题，引出“心斋”“虚而待物”“知其不可奈何而安之若命”等观点，最后归到“无己”。后一部分用树木不成材却终享天年和支离疏形体不全却避除了许多灾祸来比喻说明“人皆知有用之用，而莫知无用之用”。两个部分相互补充呼应，强调“无用之用”与“虚而待物”的辩证统一。《德充符》的中心是探索人的精神世界，这里的“德”指的是一种心态，“充”指充实，“符”则是证验的意思。从哲学上说是探讨宇宙万物的本原和统一性问题。文章用一系列形体不全或外貌有缺陷的人物征服圣贤君王的故事，与庄子眼中的反证惠子对照，强调宇宙万物源于“道”，万事万物虽千差万别，但归根到底又是浑然为一的，体现在人的观念形态上就应是“忘形”与“忘情”，物我同一，荣辱皆空，这种精神状态就是庄子笔下的“德”。《大宗师》讲的是师之道，历史文献里没有记载庄子与弟子的相处的，但从本篇可以看出庄子对师承之事格外重视。全文分九个部分论述了要成为值得敬仰、尊崇的老师，须遵循“道”的规律，清心寂神，离形去智，顺应自然。能达到这样境界的就是“天”“人”不分的“真人”，其精神境界就是“道”的形象化。然后从描写“真人”逐步转为述说“道”，只有“真人”才能体察“无为无形”的“道”。随后论述体察“道”的方法和进程、死生存亡的必然规律，指出只有“安时而处顺”“相忘以生，无所终穷”，才会超脱物外，安于自然，忘却死亡。最后还指出儒家观念对人的精神摧残，使人远离了“离形去知，同于大通”的境界。《应帝王》是《庄子》内篇中的最后一篇，表达了庄子以不治为治的政治思想。什么样的人“应”成为“帝王”呢？庄子的观点与其哲学要义一脉相承，强调顺应自然、顺乎民情，减少人为因素。全篇大致从七个部分展开论述：一是借蒲衣子之口说明理想的为政者从不堕入物我两分的困境；二是指出各种行为规范的欺骗性；三是提出“顺物自然而无容私焉”的主张；四是论述“明王”之治即“使物自喜”“化贷万物”的无为之治；五是以神巫看相的故事说明为政须得虚己而顺应；六是强调为政清明应如镜子那样，来则自照，去则不留；最后通过浑沌受人为伤害而死去的故事，寓指有为之政祸害无穷。

作为反映庄子哲学思想的核心篇目，《庄子》的《内篇》7篇集中表达了其逍遥超脱、物我两忘、虚静无为、顺应自然的美学精神。《外篇》15篇分别是《骈拇》《马蹄》《胠箧》《在宥》《天地》《天道》《天运》《刻意》《缮性》《秋水》《至乐》《达生》《山木》《田子方》《知北游》，多以篇首二三字为其篇名，所论观点与《内篇》相呼应，均是由其哲学思想内核衍生而来，只是论述角度更加专一，所论之事更为具体，人物和寓言也更加丰富。如姊妹篇《骈拇》《马蹄》从生命躯体角度论述了合乎自然、顺应天性的思想；《胠箧》从盗贼利用圣智仁义扰乱天下的角度主张绝圣弃智，讽刺“窃钩者诛，窃国者为诸侯”；《在宥》从人性自然论出发强调无为政治论；《天地》《天道》《天运》主要谈论为君、为人之道，重点论及无为而治；《刻意》《缮性》主要谈人如何提升修为与人性、人道的问题；《秋水》讨论人应如何去认识外部世界和周围的事物；《至乐》围绕人生最大的快乐这一问题展开论述；《达生》从人生的快乐谈到生命的通达，说的是修身养性的重要性和方法；《山木》以树木生存的不易讨论处世的艰辛，从而归结到虚己、无为之道；《田子方》以人名起首，主要谈的还是虚怀无为、顺应自然的思想。《知北游》强调“天地有大美而不言”，道即是对宇宙本原与自然属性的基本认识，不可知亦不可言，《外篇》15篇所论之道最后归于此篇。《杂篇》11篇分别是《庚桑楚》《徐无鬼》《则阳》《外物》《寓言》《让王》《盗跖》《说剑》《渔父》《列御寇》《天下》，因其观点与《内篇》所表达的思想多有冲突，此处不再多加介绍。

庄子是一位伟大的哲学家，更是一位伟大的文学艺术家。庄子的思想与人生能够超然物外，根本上因为他对现实有着深刻的认识，从而远离了世俗的价值尺度。庄子热爱并善于观察大自然中的一切，蝴蝶、蜩、鱼、龟、菌等自然界微小的生物，乃至风、云、雷、电都是他托物言意的载体；他对下层劳动者十分熟悉，与渔人、船夫、工匠、屠夫、农民之间的交往甚多，这些人物成为庄子文字中的主角；钓鱼、捕鸟、打草鞋是他获得生活收入的主要来源，这些技能亦成为他论述客观规律的重要佐证；与故友惠施、儒墨学人之间的论辩及与闲游隐者之间的神交，是其思想密集输出的方式。有关宇宙、人生、生死的重大问题，鲲鹏展翅、列子驾长风絮语等神话奇观，老子、孔子、杨朱、惠施等人的思想争论，影子与罔两以及人与髑髅的对话场景，在其中一一描绘。

庄子的卓越成就与其所创建的独特言说方式直接相关。庄子充分认识到“可说”与“不可说”的矛盾，在庄子看来，审美体验是不可言传的，人要真正体道、把握道，就必须达到物我同一、物我两忘的境界，而这样的境界恰恰是一种审美的境界，是一种超理性、超政治、超功利的境界，也是艺术创造所必须达到的境界。庄子认识到概念、推理、判断等逻辑阐述方式有碍于超验事物的传达，于是开创了一种与其自由精神谐和的诗意言说方式。林经德评价庄子说：“自立于一家而不可拘以字义，虽纵怀于幽眇，而不遣于世事，非不知圣贤之可尊，而耻于尚同，非不知诡谲之为过，而主于抗俗。”闻一多先生说：“到他手里，辞令正式蜕化成文学了。他的文字不仅是表现思想的工具，似乎也是一种目的。”《庄子》正是以独特的言说方式和表意手法，突破了抽象与具体、情感与理智、哲学与艺术、内容与形式之间的隔膜，消解了诗、言与思，哲学、文学与美学之间的界限，从而使其文本实现了言说与思想、生命的完美融合，从而建立起一个形而上的思想体系。

庄子认为“天下为沉浊，不可与庄语”，他不喜欢正襟危坐地讲道理。在说“不可说”时，他从“立”的角度消解常规，大量采用“谬悠之说，荒唐之言，无端崖之辞”，“以卮言为曼衍，以重言为真，以寓言为广”，建立了“三言”的言说方式，实现了审美意义上的自由言说。从数量上看，“寓言十九，重言十七，卮言日出，和以天倪”。《庄子》全书大小寓言共计二百多则，在先秦诸子作品中也算数量比较大的。从含义上看，“寓言”“重言”“卮言”不是同一个层面上的三种言说方式。“寓言”“重言”都强调言外之意、味外之旨，“卮言”则是“味在言内”。“卮，酒器也。人皆可饮，饮之有味，故曰卮言。”“卮言”指代一种言说原则，就是不守成见之言，“无心”之言、随意之言。“日出”是“卮言”的客观规律，说明“卮言”普遍存在。孙以楷称：“‘重言’、‘寓言’皆无‘卮言’那样精妙的哲学意蕴。‘卮言’是化解‘齐与言不齐，言与齐不齐’的悖论，并赋予‘言无言’以切实内容、结果的充满了矛盾的语言。”王夫之在解释《寓言》篇的题旨时说：“寓言重言与非寓非重者，一也，皆卮言也，皆天倪也……则寓亦重也，重亦寓也。即有非重非寓者，莫非重寓也。无不然，无不可，则参万岁而通于一。”为什么三者“通于一”呢？因为“和以天倪”是根本。“三言”既是庄子对人们日常言说方式的解构，也是对他自己独特言说方式的建构。庄子找到了这样一条审美实现之路，使其哲学通向了无限的、生动的诗与艺术的境界，让“不可说”的一切由被动的言说对象变成了言说的主体，而庄子本人却退隐到了“不可说”的背后，使其“不可说”的一切得到了畅快的表达，呼之欲出，跃然纸上，获得了鲜活的生命力。鲁迅评价说：“文辞之美富者，实惟道家……著书十余万言，大抵寓言，人物土地，皆空言无事实，而其文则汪洋辟阖，仪态万方，晚周诸子之作，莫能先也。”《庄子》创造出一个自由无为、汪洋恣肆、奇幻诡谲的审美世界。

庄子自然旷达的理想人格为世人解除精神桎梏提供了出路，庄子崇尚自然本色之美的审美标准对中国古典艺术产生了重要影响。“竹林七贤”代表嵇康、阮籍主张的“名教”与“自然”，便是以庄子思想为根基的。运用到文学艺术上，庄子美学就是追求一种含蓄冲淡、自然悠远的审美情趣和一种只可意会、不可言传的艺术境界。后世诗歌创作中不事雕琢、见素抱朴、含蓄清淡的作品多受庄子美学的影响。陶渊明是一个典型代表，

"此中有真意，欲辩已忘言"直接化用了庄子的"言者所以在意，得意而忘言"。诗仙李白从典故引用到浪漫风格，均从《庄子》中受益颇多。从诗歌到绘画，司空图所追求的"味外之旨"、陆机的"遗味"、钟嵘的"滋味"、严羽的"趣味"、王士祯的"神韵"等主张，都发扬了庄子提倡的"味外之味""弦外之音""象外之象"思想，使其成为中华美学精神的重要基因。近代学者龚自珍的美学思想受庄子影响最大，及至当代诗歌，我们从海子的很多作品中都能看到庄子的思想印迹。

（杨艳秋）

阅读链接

1.《庄子浅注》（修订重排本），曹础基著，中华书局，2007 年版。
2.《庄子评传》，颜世安著，南京大学出版社，1999 年版。
3.《庄学研究》，崔大华著，人民出版社，1992 年版。
4.《庄子学史》，方勇著，人民出版社，2008 年版。
5.《庄子与中国美学》，刘绍瑾著，岳麓书社，2007 年版。

艺　概

刘熙载

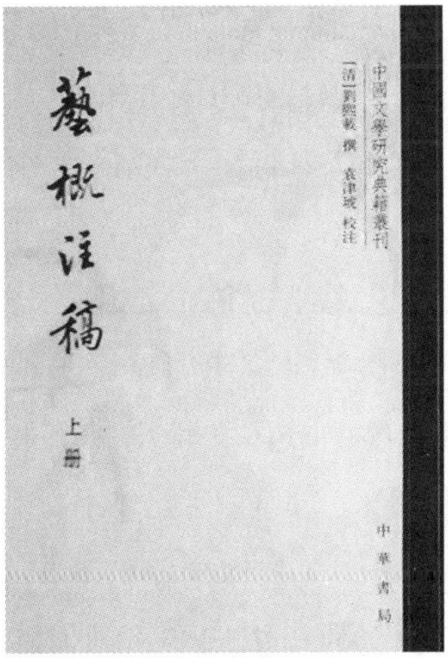

刘熙载（1813—1881），字伯简，号融斋，晚号寤崖子，江苏兴化人。晚清著名学者、文艺理论家、书法家、语言学家、教育家，被称为“东方黑格尔”，世人多以“融斋先生”称之。刘熙载一生大致可分为早年求学、中年宦游与晚年讲学三个阶段。他10岁丧父，几年后丧母，16岁到粮行做学徒，因手不释卷被辞退。道光十九年（1839年）在南京乡试中举。道光二十四年（1844年）春参加会试并顺利考中进士，被选到翰林院任庶吉士，第二年改授翰林院编修。道光二十九年（1849年）与魏源同修《兴化县志》。咸丰三年（1853年）入值上书房。咸丰帝闻刘熙载以“闭户读书”应之，手书“性静情逸”四个字予以赞赏。咸丰六年（1856年）底以生病为由躲开地方官吏任职，到山东开馆授徒为生。同治三年（1864年）秋官至左春坊左中允、广东学政，这是刘熙载在官场写下的最后一笔。同治六年至光绪六年（1867—1880年）任上海龙门书院山长十四年，被赞为“以正学教弟子，有胡安定风”。光绪七年（1881年）3月2日卒于古桐书屋，享年69岁。刘熙载一生著述颇丰，有文学理论著作《艺概》

《游艺约言》《读书札记》等，诗文作品集《昨非集》，语言学著作《四音定切》《说文双声》《说文叠韵》等，教育随笔《持志塾言》《古桐书屋六种》等。

刘熙载是中国古典美学思想的总结者，也是一位坚守治学传统的学者。出身耕读传家的刘熙载，深受兴化地方文化的浸染，这里人文荟萃、贤士辈出，既有以屈原为代表的楚文化滋养，也有范文正公等文化名流的遗风传承，使其感慨“顾吾邑之伟人，流声余思，足以兴起后来者自在”（《昨非集·卷二·答问海子池》）。同时也养成了其恬静清逸的性情，一生为学治经而不好考据，躬行实践而致知穷理，继承扬州学派“通学”之传统，无汉、宋门户之见，兼及诸子百家。虽然有一段在朝为官的经历，但不热心政治，不攀附权贵，品学纯粹，率性求真，以儒道互补的审美意识形成其美学思想体系。《艺概》正是在这样的学术视野下形成的美学成果。

《艺概》成书于刘熙载晚年，是其长期论文谈艺总结提炼的汇编。与中国古典美学的谈艺之作比较起来，广综约取，发微阐妙，不芜杂，不琐碎，不玄虚，不抽象，精简切实，堪称一部以时为序的分体文学史。全书采用传统诗话的写法，由《文概》《诗概》《赋概》《词曲概》《书概》《经义概》六卷组成，刘熙载以史学家的气度和眼光、文艺理论家的学识、语言学家的文辞，对古典诗文、词赋、书法及八股文的历史流变、创作理论和鉴赏方法，作出“举此以概乎彼，举少以概乎多”的论述。他深入探讨了艺术的本体问题、艺术作品的审美品格问题、艺术家的美学修养问题等，涉及艺术创作的主体与客体等诸多方面，揭示了中国古代文学发展的基本风貌和历史嬗变，从而构成了一个比较完善的有关文学艺术的美学体系，达到了理论建构的效果。黄霖在《近代文学批评史》中认为《艺概》“大致可以看作是中国古代艺术美学的总结”，它的出现使中国古典文论得到了最充分的发展，也使中国文论由古代向近代文学思想和学理规范转化。

“概”是刘熙载的创造，有现代哲学方法论的意义。在《艺概·叙》中，刘熙载明确说明，这里的“概”具有多层次含义。第一，他把文学、书法、绘画等都看作是“道”的具体显现。“次则文章名类，各举一端，莫不为艺，即莫不当根极于道。”以“道”为所有艺术的根本，与刘勰的原道观念一脉相承。第二，他用的是一言以蔽之的“概”，他知道以一己之力难以对各种艺术逐一作出分析，因此，他学习庄子和太史公撰文之法，“‘闻’、‘见’皆以‘概’为言，非限于一曲也”。第三，“概”的对象是什么呢？一是概括规律，二是概括各种文艺样式，即由“大意”而后“触类引伸”，举一而反三，触类而引申，以“此”“少”推及到“彼”“多”，亦即通过具体分析某一种文学艺术样式，概括出其理论特征，然后以此去概括其他样式。第四，“概”要建立在博与析的基础上，所谓“真约必博”“非限于一曲”，又须将详析与抽象结合，即秉持着“通道必简”的精神。越是复杂的问题，越要用简单的方式表达，这是认识世界、反映本质的最佳途径。

在《艺概》六卷的文字表达中，刘熙载始终坚持“明本源释要义—举例证做评述—谈技巧论特色”的模式，偶尔也涉及一些理论问题。在论述每一具体的文体时，开始先点明宗旨，如《文概》作为《艺概》的首卷共有340条，开篇即说：“《六经》，文之范围也。圣人之旨，于经观其大备；其深博无涯涘，乃《文心雕龙》所谓‘百家腾跃，终入环内’者也。”“九流皆托始于《六经》，观《汉书·艺文志》可知其概。”可见刘熙载极力推崇《六经》，并把它作为写文章的基本指导思想。接下来按照历史发展的脉络，选取有鲜明特征的作家和作品来进行论述，如在写到西汉的文章时，将文章划分为“言大道”“该百家”“叙事”“论事”“辞章”等几类，后又将古文按照作者的身份与文章质量划分为儒、史、玄、文四类。刘熙载的归纳较为符合古代散文的发展历程，准确简明，古代散文的基本面貌可见于眼前。最后谈论艺术创作的手法和技巧，结合自身的实践经验，提出了“有道理之家，有义理之家，有事理之家，有情理之家”等创新性观点，见解深刻，具有精简性和实用性。史以论为依据，论以史为内容，两者都是以对有代表性的作家和作品深入而又准确地分析为基础，充分体现了文学理论批评与文学创作实践紧密联系的特点。谈到艺术经验时，刘熙载在前人的基础上加入了自己的切身体会，从中提取本质性的东西，从文与德、用古与变古、言与意等方面对先秦至唐宋时期的散文理论进行了广泛的综合考虑，客观地论述了各家散文创作经验，给予了相当中肯的评价。

《艺概》其余几卷写法均是如此。《诗概》共有 285 条，开篇就引用“《诗纬含神雾》曰：‘诗者，天地之心。’文中子曰：‘诗者，民之性情也。’此可见诗为天人之合。”第二句又分别讲到“诗言志”“思无邪”。前两条奠定全卷的基调。随后从《诗经》开始点评历代诗歌、诗人和诗话观点。后又谈及“诗品出于人品”，主张作品内容充实，风格多样，有独创性。《赋概》共 137 条，《词曲概》共 159 条，《书概》246 条论书札记，《经义概》95 条，均以此为模板进行论述，论述中深入探讨每种艺术形式的规律与具体问题，并通过对大量作家作品的分析品评把握艺术的本质，思想性与艺术性均得到充分显现。因受“言不尽意”和“得意忘言”的影响，《艺概》在写作上化繁杂为简练，以有限把握无限，这种写法比长篇大论更易于理解、传播和发展，体现出刘熙载的艺术史观和语言哲学观。

作为儒道互补的学者，刘熙载把文之道分为“尚正”和“尚真”两种方式，前者为儒家的标准，后者为道家的风格，而“真”则是建立在“正”之上的，并辩证地说：“正而伪，不如变而真。”“文之自然无若《檀弓》，刻画无若《考工》《公》《穀》。《檀弓》诚悫颀至，《考工》朴属微至。”“夫文章书画，亦欲其真而已矣。”“盖文惟其是，惟其真。舍是与真，而于形模求古，所贵于古者，果如是乎？”“正”重的是齐家治国平天下的入世思想；而“真”突出的是道德、人性与自然、天地和谐相融的人文精神。这种观点和方法得益于他对道家美学标准的吸纳。“诗为天人之合”，其意就是指“诗”即“天之心”与“人之心”融合作用的产物。以此推论，文学艺术作为审美的对象，也是审美客体与审美主体的辩证统一。这是刘熙载文艺美学思想的核心，也集中体现了中国古典美学的本质特征。

刘熙载将“真”作为鉴别作品高下的最高审美准则，指出“白贲占于贲之上爻，乃知品居极上之文，只是本色”，而贲即是无色。宗白华先生把“白贲”之美解释为玉之美，是绚烂之极又复归于平淡，达到自然、朴素的白贲的美才是最高的境界。他这里包含着一个重要的美学思想：质朴无华、质地本身发光，才是真正的美，过于雕饰反而会失去原先的美，其要义便是“自然”。“自然”一词在刘熙载的《艺概》中出现10余次，其另一部美学思想著作《游艺约言》也对自然本色进一步做出论述：“文之不饰者，乃饰之极。盖人饰不如天饰也，是故《易》言‘白贲’。”“极上”之品便是“本色”，此“本色”之意并非没有丝毫创造的原始之物的质与色，而是一种经过高妙审美创造的特殊审美形态，是艺术美的最高理想状态。在论述“自然本色”风格说时，不自觉地将李白、苏东坡、陶渊明作为重要例证。他赞叹李白诗“言在口头，想出天外，殆亦如是”，“机会与造化争衡，非人工可到”；赞陶渊明诗“言在八荒之表，而情甚亲切，尤诗之深致也”，强调指出陶渊明诗作最难得的过人之处便是“真率”。他将李白、苏轼合并评论，“太白诗，东坡文，俱有‘空山无人，水流花开’之意”，“具神仙出世之姿”。指出要“学太白者，常曰‘天然去雕饰’足矣。余曰：此得手处，非下手处也。必取太白句意以为祈向，盍云‘猎微穷至精’乎？”他认为所谓“神品”即是“与天为徒”“神仙出世”的作品，这样的作品与庄子“充实不可以已”的寓意相契。

刘熙载论及各种艺术创作之时都提到真色、本色之说。“词之为物，色香味宜无所不具。以色论之，有借色、有真色。借色每为俗情所艳，不知必先将借色洗尽，而后真色见也。”“古乐府中至语，本只是常语，一经道出，便成独得。词得此意，则极炼如不炼，出色而本色，人籁悉归天籁矣。”在人为雕琢之作与自然浑成之作之间，要经过长期实践磨炼才可能实现这样的飞跃。能从人力归于天籁，就是道家“无为”的哲学辩证思想应用在文艺美学领域，“有为，法之所以不贵者，人也，非天也”，他依据文章书画品位的高低将作品分成神品、逸品，“神，无方无体；逸，无思无为”，对照无为，又说“所谓‘为者败之，执者失之’也”，“东坡、放翁两家诗，皆有豪有旷。但放翁是有意要做诗人，东坡虽为诗而仍有夷然不屑之意，所以尤高”，所以刘熙载对苏轼的诗作评价更高一些。对书法创作，他的观点也是一样的，“无为之境，书家最不易到，如到，便是达天”。所谓的“达天”，就是无饰，就是本色，不饰，乃饰之极致，就是天饰；那么无为，也就是为之极致，就是造化，其不易得，在于创作者必须要有“无思无为”的创作心理，最后才能呈现出达到化境的神逸之作。

刘熙载认为文学是“心学”，是作家情志即“我”与“物”相摩相荡的产物。他关注作诗作文者的品格与修养，提出“诗品出于人品，人品悃款朴忠者最上，超然高举，诛茅力耕者次之，送往劳来、从俗富贵者无讥焉”，从修养品格的角度明确地把作文者分为“悃款朴忠”“超然高举，诛茅力耕”“送往劳来，从俗富贵”等层次。他强调作文要先做人，盛赞词人苏轼、辛弃疾是“至情至性人”，强调“东坡文有与天为徒之意。前此，则庄子、渊明、太白也”，只有寡欲，才能做到如此。说王安石“语语自肺腑中流出”，“谢玄晖诗以情韵胜，虽才力不及明远，而语皆自然流出，同时亦未有其比”。他还指出“陶渊明为文不多，且若未尝经意”，“语气真率，亦不夸，亦不让，亦令人想见其为人”，也就是说陶诗多为自然流露，这种自然实乃天籁自鸣之音，无意求工而机趣环生。诗文的品位与诗人的品格互为表里，密不可分，本真的性情直接决定着作品的高低。不论诗词文赋、戏曲书画，刘熙载都强调要以“无欲而静为主”，这是由道家的虚静、齐物、忘我而来，“真者，精诚之至也。不精不诚，不能动人”，只有做到真与诚，其文之意、画之境才能让人心感神契，深切体会。

刘熙载重视文学艺术和审美鉴赏，《艺概》之中包含了为数不少的文学接受思想，反映出中国古代文论接受思想的流变特征。他指出“文之道，时为大”，文学“与时为消息”，重视反映现实、作用于现实的所谓“有关系”的作品。他按照中国古代传统的方式对作家作品作宏观把握和全面评论，重直觉、重感悟、重品味，充满了整体主义的印象式的观点，例如对杜诗，他用“高大深”三字准确概括其特点。即使谈到抽象的理论，刘熙载也尽力运用形象思维和语言进行表达，如对诗的审美意象进行分类时他就采用比喻手法："花鸟缠绵，云雷奋发，弦泉幽咽，雪月空明。诗不出此四境。"中国文学史优秀作品汗牛充栋，刘熙载通过对比，把不同艺术家及其作品的特点揭示得淋漓尽致，"屈子辞，雷填风飒之音；陶公辞，木荣泉流之趣。虽有一激一平之别，其为独往独来则一也"，"余谓大苏文一泻千里，小苏文一波三折"，表达上言简意赅，内涵却精准丰富。

1946年，李长之先生撰文介绍刘熙载："在包世臣等已经年老，而王国维严复林纾等已经出世的时代，中国有一个以教书为业的批评家，这就是刘熙载。"中国古典美学的诸家观点均于这一时期碰撞汇聚，为传统美学理论的总结提供了丰富的思想支撑，刘熙载恰逢其时，既有传承总结，又有创造发展，是中国美学由古典向近代转型的重要推动者。时至今日，我们从中国美学史和文艺美学研究中看到，刘熙载较好地发扬了中国古典美学特别是道家美学的优秀传统，"探源本，析流派，窥大指，阐幽微，明技法，以简赅之笔，发'微中'之谈"，把文、诗、词、赋、曲、书等综合为艺术门类之中，进行总体规律探讨，作出个性特点分析，无异于把"艺"又提升了一个高度，在一定程度上构建了我国文艺美学学科概念的雏形，这就是刘熙载文艺美学思想的开创性意义。

（杨艳秋）

阅读链接

1.《艺概注稿》，刘熙载著，袁津琥校注，中华书局，2009年版。

2.《刘熙载论艺六种》，刘熙载著，徐中玉、萧华荣校点，巴蜀书社，1990年版。

3.《刘熙载〈艺概〉研究》，韩烈文著，江苏古籍出版社，2002年版。

诗映大唐春：唐诗与唐人生活

尚永亮

尚永亮（1956— ），武汉大学教授，博士生导师，教育部长江学者特聘教授，兼任中国唐代文学学会副会长、中国柳宗元研究会会长、中华诗教学会副会长等。主要从事汉唐文学、中国文学批评史等课程的教学和研究。已出版《贬谪文化与贬谪文学》《唐代诗学》《唐代诗歌的多元观照》《唐五代逐臣与贬谪文学研究》《中唐元和诗歌传播接受史的文化学考察》《庄骚传播接受史综论》《人与自然的对话》《经典解读与文史综论》等著作二十余部，主编教材及丛书多种，发表学术论文、译文二百余篇。

要了解唐朝的诗，就要知晓诗的唐朝。文学创作与文化思潮联系紧密，审美文化与唐诗是一个重要选题，《诗映大唐春：唐诗与唐人生活》便是唐代审美文化背景下的产物。《诗映大唐春：唐诗与唐人生活》按照内容的相关度可以分为唐诗概观、读书漫游、科举入慕、党争与贬谪、艺术与诗、风俗与唐诗、诗与人生等七个部分，每个部分内容含量多、覆盖面广，构成了审美活动的全息图像。

《诗映大唐春：唐诗与唐人生活》一书体现了尚永亮的唐诗总体观，即“四段七诗群”。唐代文化与唐诗的彼此关联性构成了本书的主体内容，全书五十五讲堪称唐诗文化的全景展示，而前两讲的“四段七诗群”是著者的唐诗总体观。所谓“四段”是指初唐、盛唐、中唐、晚唐，所谓“七诗群”则指第一代群，即活动在太宗贞观到高宗龙朔年间（627—663 年）的一批诗人，其代表人物有王绩、李世民、上官仪等；第二代群，即高宗乾封到中宗景龙年间（666—710 年）的一批诗人，其代表人物有“初唐四杰”、杜审言、沈佺期、宋之问、陈子昂等；第三代群，即玄宗先天到代宗永泰年间（712—766 年）的一批诗人，其代表人物有王维、李白、杜甫、孟浩然、高适、岑参、王昌龄、李颀等；第四代群，即代宗大历年间（766—779 年）的一批诗人，其代表人物有刘长卿、顾况、韦应物、戴叔伦、钱起、李益、司空曙等；第五代群，即德宗贞元到穆宗长庆年间（785—824 年）的一批诗人，其代表人物有孟郊、韩愈、张籍、王建、刘禹锡、柳宗元、白居易、元稹、李贺等；第六代群，即敬宗宝历到宣宗大中年间（825—859 年）的一批诗人，其代表人物有杜牧、李商隐、温庭筠、赵嘏、许浑等；第七代群，即唐懿宗大中到哀帝天祐年间（859—907 年）的一批诗人，其代表有贯休、罗隐、皮日休、陆龟蒙、杜荀鹤、郑谷、韩偓、司空图、韦庄等。通过比较，著者认为创作量与诗国高潮有一定关系，代群之间诗人间隔 20 岁左右，而且唐诗史上每隔 40—50 年就会出现一次代群变化。尚永亮将七个代群进行分类：第三、第五代群是强势代群；第二、第六代群是次强势代群；第一、第四、第七代群是过渡性代群。唐诗发展的基本历程就此成型。

上述对于唐诗演进规律的归纳是著者长期从事唐诗研究的成果汇集，尤其关于两个高峰期规律的探寻富有新意，如认为 90 年的积淀形成盛唐诗人群，而元和中唐诗人群是在盛唐的基础上积淀而成，故而周期长短不同，体现的发展完整性不同，发展的特征也不一样。

《诗映大唐春：唐诗与唐人生活》是一部断代的文学文化史，非常关注唐代诗人的成长过程，描述了从读书漫游到仕隐选择的唐代诗人的青春奋斗场。唐诗的演进与文化环境密不可分，生活在漫游之风炽盛、科举制度完备的时代，诗人们自然要一面苦读诗书，一面吟赏烟霞；一面干谒求仕，一面寻找捷径。富有幸福感的读书则是持书于山水之间，虽“兴来每独往”，内心却是惬意无比的。如刘昚虚《阙题》：“道由白云尽，春与青溪长。时有落花至，远随流水香。闲门向山路，深柳读书堂。幽映每白日，清辉照衣裳。”没有书声琅琅，却可以想象此中读书的清趣。薛令之《灵岩寺》：“草堂栖在灵山谷，勤苦诗书向灯烛。柴门半掩寂无人，惟有白云相伴宿。”李嘉祐《送王正字山寺读书》：“欲究先儒教，还过支遁居。山阶闲听法，竹径独看书。向日荷新卷，迎秋柳半疏。风流有佳句，不似带经锄。”与白云为伴，与松竹为友，持书一卷，文学的世界，自然的世界，思想的世界，融为一体。

按照尚永亮的研究，唐人读书的地方主要是家中、学校和山林寺观。在家读书往往需要家学渊源，还要能够坐拥书城。士族子弟居多，如杜兼常、韦处厚、柳仲郢、薛播等，均为关中士族。当然也有不得已而为之的，元稹便是其中一个，少孤，在母家读书。郑氏家族乃是山东大族，元稹与表兄弟一起读书。白居易、柳宗元也是受母教而长大的。学校则分为中央学校和地方学校。想进中央学校读书可不容易。国子监有国子学、太学、四门学、律学、书学、算学等。其中，律学、书学、算学属专门学校，录取人数极少。律学只招收 50 人，书学、算学只招收 30 人。这些学校不是想进就进的，需按照官品等级来，国子学 300 人，要求为三品以上文武官员的子孙。太学 500 人，要求为五品以上文武官员的子孙。四门学 1300 人，勋官三品以上和七品以上官员的子孙占 500 人，“庶人之俊异者” 800 人。地方学校有州学、乡学，当然也有村学。村学的条件较差，家境贫寒上村学者也不少，窦易直便是如此。村学并没有确定的内容去教授，甚至取时人的作品教之。如元稹《白氏长庆集序》就写自己在浙东看到村学的孩子歌咏，问他们学什么，皆对曰：“先生教我乐天、微之诗。”或有自夸的成分，也可说明村学教学的随意性。

家庭、学校以外，读书于山林寺观者为数不少。武则天时期，学官日衰，士子读书山林蔚为一时风气。后来，官学大振，读书山林也并未消歇。据《唐摭言》所载：徐商读书中条山万固寺，随僧洗钵；王播少孤贫，寓居扬州惠昭寺木兰院；颜真卿未仕时，读书讲学常在福山。那么，哪些地方是读书之佳处？根据严耕望《唐人习业山林寺院之风尚》，主要有以下区域：终南山、华山及长安郊区，如卢藏用、薛据、阎防读书在终南山，李绅读书在华山；嵩山及其近区诸山，读书者有卢鸿、孟郊、刘长卿、崔曙、张谓、张諲等；中条山、太行山区，读书者有徐彦伯、柳镇、张镐、徐商等；泰山及其附近，读书者有苏源明、孔巢父、李白等；庐山及其附近，读书者有杨收、李端、窦群、温庭筠、杜牧等；衡山，读书者有李泌、吕恭等；蜀中山寺，以青城山、峨眉山、龙华山为主，读书者有符载、段文昌等；扬州寺院，读书者王播就是典型的例子。王定保《唐摭言》："王播少孤贫，尝客扬州惠昭寺木兰院，随僧斋餐，诸僧厌怠，播至已饭矣。后二纪，播自重位出镇是邦，因访旧游，向之题已皆碧纱幕其上。播继以二绝句曰：二十年前此院游，木兰花发院新修。而今再到经行处，树老无花僧白头。上堂已了各西东，惭愧阇黎饭后钟。二十年来尘扑面，如今始得碧纱笼。"唐代的一些士人，在入仕之前，或隐居山林，或寄宿寺庙、道观以读书。陈子昂曾读书于金华山的玉京观；李白出夔门之前，隐于大匡山读书，后到终南山、嵩山、徂徕山；岑参十五隐于嵩阳；刘长卿少曾读书嵩山，曾读书嵩山者，还有孟郊、崔曙、张谓、张諲等，李端、杜牧、温庭筠、杜荀鹤、李中都曾读书于庐山；阎防、薛据、许稷曾读书于终南山；符载等曾读书于青城山；元德秀、元结、房琯曾读书于陆浑山等。唐代寒门士人得以应举，他们读书的一条途径，就是寺庙、道观。北方以嵩山、终南山、中条山为盛，华山次之。南方以庐山为最盛，衡山、罗浮山、九华山次之。唐代寺庙经济发达，可为贫寒的士人提供免费的膳食与住宿，且又藏书丰富，为士人读书提供了方便。读书山中，不仅读经史，也作诗赋。山林的清幽环境，对于陶冶士人情趣，培养其审美趣味，都有益处。读书山林往往在青年时期，这种影响常常随其终身，并且在他们的诗中有所反映。唐诗中那种清幽明秀的格调多与此有关。总结起来，中晚唐读书山林盛，以名山为主，通常都是一时人物。那么，读书的意义何在？《诗映大唐春：唐诗与唐人生活》一书的著者给出三条：一是丰富学识，做好考前准备；二是养成热爱自然的心性；三是养成自由品格。①

读书山林还能培养隐者气质。著者以孟浩然为例引出这个主题，叙述了孟浩然隐居襄阳时的诗歌创作风貌，诗如其人，这位向往仕宦却从未踏入官场的诗人以淡笔写隐逸之风。借助孟浩然的出场，著者追踪隐逸风尚的由来，居于山水与田园之中，王维、孟浩然隐逸情趣的区别，再由人到诗继续比较，观心与逐物不同，精工与疏淡不同，意境幽深与闲远不同，委婉含蓄与率真直露不同，王孟诗风异同的背后是山水与田园的景象不同。著者最终将隐逸生活与“终南捷径”放在一起，讲述了隐逸是如何通向仕宦生涯的。

读书山林也是漫游过程的一个时段。读书而后漫游诚然可以让书中文字活起来，边读书边漫游亦是无比惬意的事情。《诗映大唐春：唐诗与唐人生活》以孟浩然引出归隐的话题，以李白引出漫游的话题，著者道出漫游要具备的条件后，将目光聚焦于李白。在他看来，李白的漫游出于天性，更与他的理想志向有关，“从仙游到壮游，从得意游到失意游，李白就是一个行进在人生不同驿站的旅人。他的一生，是对唐代漫游文化的最好诠释”②。到哪里漫游呢？巴蜀之地、燕赵之地、浙东之地、扬州、长安等，都留下了诗人的身影。漫游如何与诗歌审美结合呢？题壁诗是一个较好的体现。唐人游到哪里往往在墙壁题诗，在著者看来，有的是出自自觉的传播意识，有的是被人求索不得不题，有的则是有情要抒。崔颢、顾况、元稹都有作品题壁，题壁还因本人书法好坏而采取不同方式，即自题或代题。漫游促进文学传播的另一个要素是干谒。员半千的《陈情表》、李白的《与韩荆州书》、孟浩然的《望洞庭湖赠张丞相》、朱庆馀的《近试上张水部》都是名作。漫游还有一个特别的地方就是边塞，“由于在从

① 尚永亮：《诗映大唐春：唐诗与唐人生活》，北京大学出版社 2017 年版，第 36–37 页。
② 尚永亮：《诗映大唐春：唐诗与唐人生活》，北京大学出版社 2017 年版，第 81 页。

初唐到盛唐这段时间里，人们的价值观念发生了这样一些变化，整个时代兴起了一种对从军边塞的期待和向往，所以不能不对大批文人发生影响，使得他们在写诗的时候，往往都要关注有关边塞的题材”①。杨炯、骆宾王、陈子昂、王维、王昌龄、王翰、李益均有经典之作。著者将视点放在高适和岑参的身上，关注高适与哥舒翰、岑参与高仙芝、岑参与封常清的交往对诗歌创作的影响。实际上，高适、岑参等奔向边塞已经是奔向仕宦之路了，只是每个人的经历不同，所去之地不同，见到的风景不同，再加上个性气质的差异，形成的风格亦不同而已。高适的传统写法被岑参的语奇意奇所取代。春风一吹，梨花盛开的景象会永久地留在阅读者的记忆中。

与此同时，《诗映大唐春：唐诗与唐人生活》也体现了唐代诗人从科场沉浮到谪居僻地的精神锤炼场。读书、漫游长了见识，接着就该登场了。什么场？考场。漫漫应举路，步步不简单。《诗映大唐春：唐诗与唐人生活》花了很大篇幅叙述唐代诗人干谒及科考之路，这是一条苦路，也是一条幸福路。据王定保《唐摭言》：“进士科始于隋大业中，盛于贞观、永徽之际；缙绅虽位极人臣，不由进士者，终不为美，以至岁贡常不减八九百人。其推重谓之‘白衣公卿’，又曰‘一品白衫’；其艰难谓之‘三十老明经，五十少进士’……其有老死于文场者，亦所无恨。故有诗云：‘太宗皇帝真长策，赚得英雄尽白头。’”② 有唐一代，进士科渐次消融门第之间的差异，举子竞登科场，及盛唐以诗赋取士，则对文学之影响更加直接。赵彦卫《云麓漫钞》云：“唐之举人，先籍当世显人，以姓名达之主司，然后以所业投献，逾数日又投，谓之温卷，如《幽怪录》、《传奇》等皆是也。盖此等文备众体，可以见史才、诗笔、议论。”③ 此段话虽然是针对以传奇行卷而言，却对士人品格之涵养深有影响，他们步入仕途，多经波折，因“史才”“诗笔”“议论”而展现才能并得以擢升。

---

① 尚永亮：《诗映大唐春：唐诗与唐人生活》，北京大学出版社 2017 年版，第 108 页。

② 王定保：《唐摭言》，上海古籍出版社 2012 年版，第 3 页。

③ 赵彦卫：《云麓漫钞》，载《全宋笔记》（第六编第四册），大象出版社 2013 年版，第 192 页。

《诗映大唐春：唐诗与唐人生活》关于科举分为十一节，从门类到放榜无不及之。唐代科举门类主要有进士、明经、制举。最受重视的自然是进士科。唐代进士试需三场：前期是先帖经，次杂文，后试策；后期是先诗赋，次帖经，后策文。诗赋列在首场意味着文才不济便会落第，黄滔《下第》云："辞家从早岁，落第在初场。"考试的赋是律赋，诗是五言律诗，限定在十二句。内容上多是关于节令、景物、器物、典故的。对于诗赋的声韵要求可谓严苛。进士及第分为甲、乙两等，早期经、策全通为甲等，通四以上为乙等。颜真卿、崔元翰、王质、权德舆等均为甲等。进士亦有名次之分，状元、榜眼、探花正是对前三名的美称。值得注意的是进士、明经无论登第高下、名次先后，及第后仅仅是获得出身，并不能立即授官，还要经吏部试，方可释褐，即脱去麻布衣。及第固然可喜，"犹著褐衣"，却也会有些郁闷。及第并通过吏部试，所授官大致有三种情况：一是秘书省正字，秘书省校书郎、著作郎等清职，如果仕途顺利，便可进入监察御史、拾遗、中书舍人、知制诰、翰林学士之序列；二是京畿县尉，白居易就是从周至尉而入京，从集贤校理为翰林学士的；三是外地州县的佐官，韩愈、孟郊、杨於陵等即是如此。举子们的出身也是多样化的，有的是县里的小吏，如邵谒；有的出于僧道，如贾岛、刘柯；有的出于藩镇，如韩愈、李商隐等。进士的荣耀是无与伦比的。进士放榜有两种情况：张榜和榜帖。通常是前一年底到京考试，第二年一月至三月放榜。放榜日会击鼓打钟，有人高呼及第者姓名，悲喜立现。大概及第的前夜就会有各种消息传播开来，举子自不得安眠。及第后还要拜谢座主和参谒宰相，至于参谒宰相，又称过堂，此后则为宴集，雁塔题名、曲江流饮、杏园赏花等。在这些活动中不免要吟诗作赋，如刘沧《及第后宴曲江》："及第新春选胜游，杏园初宴曲江头。紫毫粉壁题仙籍，柳色箫声拂御楼。霁景露光明远岸，晚空山翠坠芳洲。归时不省花间醉，绮陌香车似水流。"欧阳詹《曲江池记》、王棨《曲江池赋》均有可观之处。新进士在曲江春景中游宴，有歌手为之助兴，得意而风光。还有杏园探花，"所谓探花，就是在同科进士中选择两个年纪较轻所谓俊少者，使之骑马遍游曲江附近或长安各处的名园，去采摘名花”①。

唐代进士科以诗赋取士是渐次形成的，《通典》“选举”说：“其初止试策，贞观八年，诏加进士试读经史一部。至调露二年，考功员外郎刘思立始奏二科，并加帖经，其后又加《老子》《孝经》，使兼通之。”《唐会要》载：“调露二年四月，刘思立除考功员外郎。先时，进士但试策而已。思立以其庸浅。奏请帖经。及试杂文。自后因以为常式。”又“永隆二年八月敕：如闻明经射策，不读正经，抄撮义条，才有数卷；进士不寻史籍，惟诵文策，铨综艺能，遂无优劣。自今已后，明经每经帖十得六已上者，进士试杂文两首，识文律者，然后令试策。其明法并书算举人，亦准此例，即为常式。”《新唐书·选举志》：“永隆二年，考功员外郎刘思立建言，明经多抄义条，进士唯诵旧策，皆亡实才，而有司以人数充第。乃诏自今明经试帖，粗十得六以上，进士试杂文二篇，通文律者，然后试策。”从调露二年（680 年）到永隆二年（681 年）可见刘思立上奏的时效性。《唐摭言》：“至神龙元年方行三场试，故常列诗赋题目于榜中矣。”徐松《登科记考》永隆二年条：“按杂文两首，谓箴铭论表之类，开元间始以赋居其一，或以诗居其一，亦有全用诗赋者，非定制也。杂文之专用诗赋，当在天宝之季。”根据傅璇琮结合上述材料的考论，最早以赋入试在唐玄宗先天二年即开元元年（713 年），以诗取士则在开元十二年（724 年）②祖咏《终南山望余雪》即是此次考试的作品。

考试是有竞争的，千人中仅有几十人能中，自然要在考场内外活动一番。如著者所述，走向长安的过程本就无比艰难，到了长安更要加倍努力。赶考备考的同时，还要请托和行卷。以行卷而干谒，目的还在及第。何谓行卷？“所谓行卷，就是应试的举子将自己的文学创作加以编辑，写成卷轴，在考试以前送呈当时在社会上、政治上和文坛上有地位的人，请求他们向主司即主持考试的礼部侍郎推荐，从而增加自己及第的希望的一

① 傅璇琮：《唐代科举与文学》，陕西人民出版社 2007 年版，第 312 页。
② 傅璇琮：《唐代科举与文学》，陕西人民出版社 2007 年版，第 170 页。

种手段。"[①] 简单说来，就是举子把自己的作品献给有一定地位的文人，渴求得到他们的荐举或者赞赏，从而被主司认可，获得及第的资本。第一次行卷没有反响，就会有第二次、第三次，称为"温卷"。《容斋随笔》"韩文公荐士"云："唐世科举之柄，专付之主司，仍不糊名。又有交朋之厚者为之助，谓之通榜。故其取人也，畏于讥议，多公而审。亦有胁于权势，或挠于亲故，或累于子弟，皆常情所不能免者。若贤者临之则不然，未引试之前，其去取高下，固已定于胸中矣。"行卷正是起到抛砖引玉的媒介作用，做起来既为雅事又能呈现才智，何乐而不为呢？

唐人究竟以哪些文体行卷？大抵有诗、赋、小说、杂文等。永隆二年加试杂文以后，诗赋成为考量举子的重要标准。韩愈《与陈给事书》、李商隐《与陶进士书》都对行卷的纸张、字体及行卷的款式有所述及，提及赋、诗等问题。以诗行卷最普遍。《南部新书》："裴说应举，只行五言诗一卷。至来年秋，复行旧卷。人有讥者，裴曰：'只此十九首苦吟，尚未有人见知，何暇别行卷哉。'咸谓知言。"行卷的诗作以五言律诗居多，钱起、祖咏所作皆是。关于以诗行卷，以崔颢、白居易最有名，行卷的效果却截然相反。《国史补》："崔颢有美名，李邕欲一见，开馆待之。及颢至献文，首章曰：'十五嫁王昌。'邕叱起曰：'小子无礼！'乃不接之。"故事中提到的"十五嫁王昌"出自崔颢诗《古意》（又名《王家少妇》）："十五嫁王昌，盈盈入画堂。自矜年最少，复倚婿为郎。舞爱前溪绿，歌怜子夜长。闲来斗百草，度日不成妆。"为何李邕会发怒？只因提及"王昌"，王昌在南朝乐府及唐诗中多有见到，常用来代指女子的意中人，此人身居高位，且是一位美男子，家住城东，城东乃是爱情多发之地。清高士奇《天禄识余》卷下云："其人始末已无可考。"李商隐《代应》诗云："谁与王昌报消息，尽知三十六鸳鸯。"宋王灼《清平乐》词云："纵使东墙隔断，莫愁应念王昌。"乔知之、上官仪、王维、陆龟蒙等均有诗句及之。以情爱浮薄之主题行卷，无论如何，在李邕眼里，起句不雅是必然

---

① 程千帆：《程千帆全集》（第八卷），河北教育出版社 2000 年版，第 5 页。

的，行卷之效果自然可想而知。白居易则是一个反例，顾况开始以其名字玩笑，读其诗后态度发生转折性的变化。

行卷是干谒的一种，干谒与文学的关系从两个层面展开：举子之干谒称为行卷，其他身份之干谒称为投贽。行卷有省卷与私下行卷之区别，上面举的例子均为私下行卷的。干谒的效果对于举子的心态影响极大，胸怀自矜与狂傲、压抑与自饰、愤懑与悔恨均有之，干谒达官贵人、文坛大佬、社会名流、皇亲国戚、道家高人，因身份之不同或有不同之处。同道中人尚存了解之同情，非此道中人则会任意凌辱而无情面，文士之面皮本就薄如蝉翼，一旦被撕开则耻辱感横溢于心，盘桓不去。《金华子》卷下有许棠所言："往者年渐衰暮，行卷达官门下，身疲且重，上马极难。自喜一第以来，筋骨轻健，揽辔升降，愈于少年时。则知一名能疗身心之疾，真人世孤进之还丹也。"杜甫《奉赠韦左丞丈二十二韵》有云："纨绔不饿死，儒冠多误身。丈人试静听，贱子请具陈。甫昔少年日，早充观国宾。读书破万卷，下笔如有神。赋料扬雄敌，诗看子建亲。李邕求识面，王翰愿卜邻。自谓颇挺出，立登要路津。致君尧舜上，再使风俗淳。此意竟萧条，行歌非隐沦。骑驴十三载，旅食京华春。朝扣富儿门，暮随肥马尘。残杯与冷炙，到处潜悲辛。"此诗作于天宝七载（748 年），亦有人认为是天宝九载（750 年），杜甫 37 岁（或 39 岁）。少年时代得人赏识，成年后苦于无媒而登龙门，非杜甫一人如此，乃是举子共同吟唱之主题。

放榜后有悲有欢，这在唐人诗作中多有体现。钱起《长安落第作》："始愿今如此，前途复若何？无媒献词赋，生事日蹉跎。不遇张华识，空悲宁戚歌。故山归梦远，新岁客愁多。刷羽思乔木，登龙恨失波。散才非世用，回首谢云萝。"白居易《见尹公亮新诗偶赠绝句》："袖里新诗十首余，吟看句句是琼琚。如何持此将干谒，不及公卿一字书？"韦庄《下第题青龙寺僧房》："千蹄万毂一枝芳，要路无媒果自伤。题柱未期归蜀国，曳裾何处谒吴王？马嘶春陌金羁闹，鸟睡花林绣羽香。酒薄恨浓消不得，却将惆怅问支郎。"如此可见，"君怀良不开"，举子们还是没有出路的，他们"彷徨于无地"，以空空落落的心情走上考场，盼望张榜而后绝望地离开，这是何等悲哀啊！

《诗映大唐春：唐诗与唐人生活》讲述了行卷的故事。中唐诗人张籍和朱庆馀之间有一次一问一答的唱和，两人身份并不对等，张籍已经是社会名流，朱庆馀乃是文坛新人。朱庆馀所呈《近试上张水部》："洞房昨夜停红烛，待晓堂前拜舅姑。妆罢低声问夫婿，画眉深浅入时无？"张籍读后有《酬朱庆馀》："越女新妆出镜心，自知明艳更沉吟。齐纨未是人间贵，一曲菱歌敌万金。"于是，"由是朱之诗名流于海内矣"。行卷是考前的活动，虽然对于及第会有助力，但具体的过程却是相对复杂的。从青年到老年，有入场者，有出场者，出出入入间，大唐气象备矣。当然，也有如孟郊、贾岛这样的长期在场者。

唐代科举与文学最为直接的关联自然是形成科场内外的科举之文本。考场之作因有题目、时间之限定难出佳作，有唐一代，仅出两首名诗，即开元十二年（724 年），祖咏的《终南望余雪》和钱起的《省试湘灵鼓瑟》，前一首是未写完已"意尽"，后一首以"曲终人不见，江上数峰青"为名句。

科场之外，座主与门生、门生与门生之间多有唱和。除宴集唱和之外，举子们也因落第、及第而赋诗，举子间以诗文相交往，举子与社会名流、文坛名家之文学活动均是唐代的文学风景，如曹邺的《杏园即席上同年》、温庭筠的《春日将欲东归寄新及第苗绅先辈》、杜荀鹤的《遣怀》等。张说、韩愈、柳宗元、元稹、白居易、张籍等都与举子有交往，贺其及第，慰其落第，亦常常指导，元白之作更为举子之范本。

唐代科举与文学的第二层关联是科举把读书人从四面八方聚拢于京城之中，形成士人流动的格局，从而对文学活动产生影响。虽然举子们入京之后多为遵循规矩参加考试，他们身上的地域化的异质性因素还是能够在文学活动中体现出来的。唐代文学宏阔之气象由此生成并以进士文化影响文学的方方面面，如文学运动、文学活动、文人交往等。

唐代科举与文学的第三层关联是唐代科举制度的运行促进了文学崇拜社会的形成。"以文章选士"是士人重文章的一个缘由，但也并不仅仅因此。

唐代科举与文学的第四层关联是科举制度促进了唐代文学的繁荣。虽然不能说科举制度单独促进了唐代文学的繁荣，却也是一个重要的因素。中晚唐科举制度的运行使得律诗创作成为必备的写作能力，否则出场便会落第，在残酷的现实面前，举子们只能下苦功夫熟习格律之法。严羽《沧浪诗话》：“唐以诗取士，故多专门之学，我朝之诗所以不及也。”对此，杨慎《升庵诗话》云：“诗之兴衰，系于人之才与学，不因上之所取也。唐人所取，五言八韵之律，今所传省题诗多不工，今传世者，非省题诗也。”两人所论之出发点不同，包括之内涵亦不同也。

科举、门荫以外，入幕也是建功立业的一个路径。《诗映大唐春：唐诗与唐人生活》用了四节讲述文人入幕情况、府主与文人的双向选择、幕府中的文人状况。流落不偶的布衣才子、已经及第未授官的进士均在其中。除了把高适、岑参、李德裕、李商隐融入其中，著者专辟一节以韩愈为个案分析其两次入幕的经历。

接下来就是仕宦人生了，《诗映大唐春：唐诗与唐人生活》有十一节讲述这个话题。这部分内容又可以分为两个方面：官僚生活和贬谪生活。官僚生活主要介绍文人进入官场的情况。“从文人到官僚”部分里，清望官、京官是两个关键词，主要讲述升迁路径和上朝议事情况，贾至《早朝大明宫》的唱和、武元衡和裴度遇刺的凄惨一幕均入著者的笔下。“仕宦追求与林下情趣”主要讲述工作与娱乐状况，禁中当值的宴会唱和、俸禄与服色变化、壶中天地的园林之趣、退休后的唱和优游均有所呈现。“文人的党派之争”则转换视角，有座主门生、有唱和群体，人们就会聚在一起，自然就有党有派了。当强烈的参政愿望遇上冰冷的现实处境，随之而来的是理想快速破灭后的不适应过程。在著者看来，党争是唐代政治的一个重要特征，贯穿于唐朝的整个发展进程中。最为典型的是长达半个世纪的牛李党争，牵扯面大且影响极深，让元稹、白居易、杜牧、李商隐等面临选择而举步维艰。永贞革新、甘露事变是两个重大事件，一旦卷入宫廷内部派系之争，便难以脱身。尤其宦官当政，导致一批士人遭厄。这就涉及士人操守，有许敬宗、沈佺期、宋之问、杜审言这样无行的文人，也有韩愈、元稹、白居易这样直正的文人。而坚守直正是要付出代价的，严重的会有生命危险，一般情况下，遭贬是不可避免的。

尚永亮从事贬谪文学研究多年，这部分内容自然写得得心应手。“贬谪生涯与逐臣之诗”部分认为贬谪生涯刺激了诗人的审美心理，地域迁徙、身份认同无一不改变着诗人对生活方式的理解。生命的沉沦包含由高到低的跌落和跌落过程的磨难。神龙逐臣的宋之问、沈佺期，元和逐臣的白居易、元稹，都是鲜明的例子。“初踏贬途”介绍了唐代对贬官处置的规定，出发时间、沿途停留皆有规定，“踏上贬途之后面对的是一个未知的、危险的、陌生的世界”。贬官从长安出发，要么走两都驿道，要么走蓝武驿道。上路之后，身心磨难便开始了，直至贬所方才告一段落。“谪居磨难”是下一个单元讲述的，这部分内容以元和五大贬谪诗人为中心展开论述，恶劣的自然环境导致瘴病缠身，落后的文化环境令他们向往帝京，遭受的歧视只能小心翼翼面对，上司的压迫和社会舆论更是不得不承受。于是，“逐臣的三大悲感”纷纷袭来，被抛弃感、被拘囚感和生命荒废感挥之不去，落在笔端反复申诉。“逆境中的柳诗艺术”以柳宗元为例呈现出贬谪诗人在逆境中的生存状态及其诗作的艺术风格。

从走进考场到融入官场，诗人经历了身份变化，也经历了跌宕起伏的仕宦生涯，依偎于波峰与波谷之间，他们的审美心理发生了极大的变化。诗歌风格、审美样态均因之走向成熟，不平则鸣，穷而后工，说的就是这个变化带来的审美效应。

《诗映大唐春：唐诗与唐人生活》最后一部分讲述的是诗人的艺术生活，一方面是呈现诗人在宴饮、歌舞、书画等活动中的生活风貌，另一方面是呈现节俗生活赓续的文化传统，体现了唐代诗人从乐舞精神到礼乐文明的审美体验过程。“宴集唱和活动”部分叙述诗人参与的宴集活动，突出群体活动对诗人的影响。初唐杨师道安德山池宴集、高正臣的林亭会堪称盛大，盛唐则以权贵之家宴集为主，杜甫、高适、王维等均厕身其中，中晚唐园林别业宴集渐多，宴集便要赋诗，裴度、白居易的诗宴不可忽略，七老会、九老会乃是洛阳城的文化记忆。“胡舞与剑舞”则关注胡旋舞和剑器舞。关于胡旋女的记载，《新唐书》卷二二一记载康国、米国、史国、俱密等自开元初至开元中向唐朝献“胡旋女子”（“胡旋女”“胡旋舞女”），所谓上有所好，下必甚焉，这些献上的胡旋女子以高超的技艺构成了京都长安宫廷中独特的景观。敦煌壁画存有胡旋舞的场面，如《新唐书·礼乐志》所言：“胡旋舞，舞者立毬上，旋转如风。”如段安节《乐府杂录》所言：“胡旋舞居一小圆球上舞，纵横腾掷，两足终不离球上，其妙如此。”到底是立于毯上还是球上，学界的看法并不一致。不过，以敦煌壁画来印证的话，当是立于毯上。韩香以昭陵附近出土的唐舞人玉带板和宁夏发现的粟特人、唐代墓葬墓门所刻男性舞者之形象为例，说明了胡旋舞盛行之状况。“安史之乱”以前，胡旋舞是流行长安的一种舞蹈，《通典》《乐府杂录》《册府元龟》《新唐书》对此均有所叙述。自初唐以来，人们自西域各国进入大唐的国都长安，成为民族文化融合的一道风景。从撒马尔罕到长安，胡旋舞、祆教陆续进入大唐的核心区域，并在河北广泛传播，胡音传布中谁也没有意识到一场风暴正随之而来。胡腾舞、柘枝舞、胡旋舞只是乐舞之一部分，胡旋舞并非仅仅女子为之。元、白《胡旋女》并不过多地留意舞蹈本身，而是寓讽喻之意于其中，并将其聚焦于“胡旋女”的身上。《胡旋女》讽喻之意或来自李绅原作，此乃唱和活动之通例。不过，结合元、白两人关于“安史之乱”的诗文，因思世乱而抗拒胡音之用意始终未变。元白的文学世界是丰富多彩的，既在创造的文本中关注个体当下的生活，又将政事与文学结合而落笔。剑器舞主要以杜甫的《观公孙大娘弟子舞剑器行》探讨舞蹈对诗歌、书法、绘画的影响。“观舞与听乐”则分析诗人通过“观”和“听”形成的创作体验，这是情感生活与艺术生活交融后的创作突破。“帝王书法及其影响”“文人的书法好尚”“文人画与题画诗”“诗酒情怀”“文人的茶趣”“围棋天地”等六个部分简明扼要地介绍了文人闲适生活的审美价值。

胡汉文化融合成为盛唐气象精神文明的组成部分，而节俗文化则是礼乐文明的征象。“过节情状”介绍唐代的四大节日，即元宵节、中和节、上巳节、重阳节。“世俗风习与生财之道”则聚焦社会好尚与文人的关系。“文人的婚恋”重在阐明门第观念和女性观的变化。最后则以“诗的国度”“诗化人生”收尾，还原了上至帝王、下至庶民喜爱诗的盛况。

概而言之，这是一部阐释唐代文化全景与唐诗关系的重要著作。读了这部著作，唐代诗人生活的方方面面均有涉及，为我们品鉴诗美提供了一把钥匙。有了这把钥匙，打开一扇文化之门，唐代诗人的审美视界一览无余。

（田恩铭）

阅读链接

1.《诗映大唐春：唐诗与唐人生活》，尚永亮著，北京大学出版社，2017 年版。

2.《唐诗艺术讲演录》，尚永亮著，广西师范大学出版社，2008 年版。

3.《唐代文士的生活心态与文学》，吴在庆著，黄山书社，2006 年版。

唐诗美学精读

李　浩

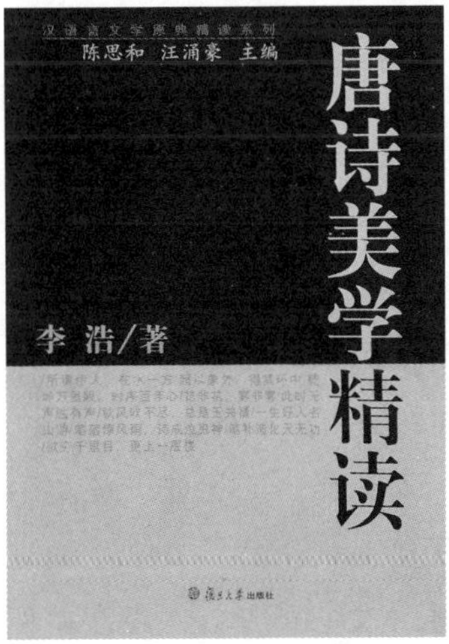

李浩（1960—　　），陕西靖边人。西北大学教授，博士生导师。享受政府特殊津贴专家、教育部高等学校教学指导委员会中文专业教学指导委员会委员、教育部新世纪优秀人才支持计划资助专家、陕西省有突出贡献专家、中国唐代文学学会会长兼《唐代文学研究》主编、陕西省诗词学会副会长。主要从事中国古代文学与文化研究，著有《唐代关中士族与文学》《唐代三大地域文学士族研究》《唐代园林别业考录》《唐诗美学精读》等。2007年获“全国优秀教师”荣誉称号，入选教育部长江学者特聘教授，国家“万人计划”教学名师。

唐朝三百年的发展历程是伴着唐音歌唱的。大唐风度中少不了诗人的影像，少不了乐师的吟唱，哪怕是“渔阳鼙鼓动地来”，仍然有《霓裳羽衣曲》的回响。唐诗美在何处？尽管古人诗话类著述中一再论断，却仍然需要细细思量。李浩的《唐诗美学精读》就进行了很好的尝试，这部著作的主体内容包括引论、八章和结语三个部分，论述了唐诗美学体系的建构过程。

李浩在《唐诗美学精读》一书中揭示了美在意境的唐诗意境说。“引论”以洛阳龙门石窟的卢舍那起笔，揭示唐代审美精神，南北文化交融、中西文化交流、自由宽松的舆论环境滋养了“以丰神情韵擅长”的唐诗气象。在著者看来，诗就是诗，并不以科学逻辑为准，而是注重直觉、直观和顿悟，引述海德格尔、庄子、禅宗语录进行比较突出了中国智慧的根本特征；唐诗还体现了诗人人生境界的追求和企慕，从李白的《长相思》向上追溯至《蒹葭》，唐诗正是那“所谓伊人”，如著者所说，“我们只能‘溯游从之’，移形换步，上下求索，从不同的方位和视角，来想象她的冰清玉洁、花容月貌，捕捉她骚动的灵魂”①。

审美离不开意境的营构。按照章节设计，前四章可以归为一个单元，围绕艺术手法分为“唐诗的意境呈示”“唐诗的时空意识”“唐诗的模糊思维”“唐诗的空白艺术”等四个方面内容。唐诗意境的形成是理论与实践相结合的产物。“唐人不仅在理论上对意境的构成、特点、类型做了大量开创性的研究，奠定了关于意境学说的基本原理；更重要的是，他们还创作出许多意境浑融、气象高妙、神韵悠然的杰作，成为后世作家不可企及的范本。”② 著者首先分析了“象外之象”，即意境与意象的关系。于是，一场意象理论的求索开始了。《周易·系辞上》就有相关的论述，注重言与意的关系。王弼对此进行解释的过程中形成了“言”“意”“象”的进一步揭示，三者之间具有思辨的关系。直至刘勰《文心雕龙》“窥意象而运斤”的提出将意象与文学创作建立了联系，外在之物象与内在的情感得以融合。直至唐代王昌龄、殷璠、司空图等，“意象”成为文学意境的重要概念。不过，著者认为意象并不能够品第出唐诗与汉魏或宋元诗的差别，更无法品鉴优秀作品与一般作品的差别。真正能够体现出差别的是“意境”。著者从先秦两汉典籍中掘发意境之源，拈出儒、道、佛中的意境、境界提法，辨析王昌龄“三境说”、皎然“境象说”，而后刘禹锡、戴

① 李浩：《唐诗美学精读》，复旦大学出版社 2009 年版，第 10 页。
② 李浩：《唐诗美学精读》，复旦大学出版社 2009 年版，第 12 页。

叔伦、司空图各有深化，尤其是司空图的《二十四诗品》。著者通过文本分析提出意境的完成要具备四个超越：要在空白中超越、在简化中超越、在模糊中超越、在欣赏中超越。“现量情景”则聚焦审美观照层面，“现量”一词源出佛教，王夫之《姜斋诗话》用以论诗，著者借鉴萧驰的观点概括出“现量”的三层意蕴：“第一层是现在义，也就是说现量是由当前的直接感知而获得的印象；第二层是现成义，即瞬间的直觉、刹那间的感悟所呈现的画面；第三层是显现真实义，即这种认识可对事物的‘本等实相’进行呈现，超越名理逻辑，直摄语言指义前活泼灵动的自然图景”①。以王维的《辛夷坞》为例分析了瞬间捕捉本等实相的意境呈示。而要做到这一点需要“多观察生活，在现实与自然之中培养诗思、诱发诗兴”。第三节“妙造自然”则重在探讨追求自然真朴的审美趣味。著者从老庄崇尚朴素自然之美出发，从魏晋风度到盛唐气象，追踪审美嬗变的轨迹。在以《过故人庄》和《峨眉山月歌》为例的分析中，依托对自然的体认，崇尚人与自然的交互融合，进而实现审美意境的过程。

诗人的创作活动离不开时空限定。第二章“乾坤万里眼，时序百年心”主要探讨唐诗的时空意识。唐诗中的神话叙事在一定程度上能够呈现时空意识，而核心还是诗人的主体体验。著者以“逝者如斯夫”命题的部分举出唐人诗句后，以孟浩然《与诸子登岘山》为中心，从文本细读中得出结论，云：“但江山胜迹与羊公碑是生命存在的参照系，如没有此参照系，我们可能会怡然自得，为自己的境遇欣欣然。参照系的存在则似乎嘲笑戏弄着个体，引来人们的反思自省，认识到无法超越的命运悲剧，从陈子昂的《登幽州台歌》、崔颢的《黄鹤楼》、杜甫的《咏怀古迹五首》，到韦庄的《台城》，吊古诗的发达与感人肺腑，都与诗人对时间的悲慨凄怆的体验有关。”唐诗表现时间意识的手法多种多样，著者从“今昔对比”“古今相形”“物我反照”“时差的设置”“时值的变形”等五个方面细细道来，落脚到中西美感心态的比较上。“拟太虚之体”则分析唐诗的空间

① 李浩：《唐诗美学精读》，复旦大学出版社2009年版，第26页。

意识，依然以中西比较为前提，集中于人与自然的关系。著者以唐诗文本探寻诗人俯仰自得、游心太玄的过程，《江南春绝句》《梦天》《终南山》是示范文本。关于《终南山》的文本阐释极有特色，疏解诗意之后，云："全诗四联八句，每联一个视点、一个角度，因物赋形，随景换步，勾画出了终南山的高峻，东西长，南北宽，在我们的脑海中形成了一个全整律动的立体的山。这就是采用'散点透视'的方法取景，是一种视点活动的全方位观照。在创作时提神太虚，观照全息的大自然，并在时间中徘徊移动，游目周览，用散点多方位谱成一幅超象虚灵的诗情画境。"① 随之，举出大量唐诗例句说明这种方法的广泛运用，并以王维为例分析形成的审美情境。"变形与转换"部分则对准时空融合意识，以中国文化的时空合一特征为切入口，论及唐诗，云："在唐诗中，我们发现，诗人俯仰流观的并不仅仅是空间形象，同时也还有时间意象，诗人用心灵的眼睛俯仰古今，游心太玄，回环往复，因此，空间中渗透了时间，时间中融合了空间，形成了四维度的空间结构。"《登幽州台歌》《春江花月夜》《终南别业》《旅次朔方》《陇西行》《夜雨寄北》成为分析范本，时空意识构成了唐诗的大容量，诗人借此呈现出诗化的心灵世界。

李浩在《唐诗美学精读》一书中呈现了美在朦胧的唐诗艺术美。唐诗存在一种模糊美，模糊是诗人提供给读者的审美空间。第三章"花非花，雾非雾"侧重于唐诗的模糊思维，这部分内容具有独特的创新意义。将模糊数学的概念引入，"诗无达诂"部分选择了文学史上被多重阐释的唐诗文本，如《锦瑟》，给出了六种解释：悼亡说、题序说、寄托说、自伤身世说、爱情说、赋瑟说。著者结合元好问、王士禛的论断进行阐释。李白的《蜀道难》也是这样的作品，举出七种不同的主题说，认为皆与模糊思维有关。"恍兮惚兮"部分围绕模糊思维带来的不确定性分析模糊现象在唐诗中的特征，如两极游离性、多元性、互克性等。"开凿浑沌"部分则对唐诗的模糊现象进行归类，有向心型、辐射型、平移型、曲线型、垂线

① 李浩：《唐诗美学精读》，复旦大学出版社2009年版，第49页。

型、散点型、色彩型、音响型、耦合型、通感型等10种类型，每种类型都透过唐诗分析基本特征。

唐诗的容量并不大，故而需要含不尽之意见于言外。第四章“此时无声胜有声”分析了唐诗中的空白艺术。艺术上的留白往往引人无限遐思，成为期待视野中的想象性空间。唐诗文本不仅有行进的声音，如著者所说，还有“一个令人回味的休止符”。求真与求美并不矛盾，只是需要寻找味外之味而已。“大音希声”部分从常建的《题破山寺后禅院》引出唐诗表现空灵之境的作品，自中国文化道家追求虚空说起，回到儒道佛合流上来。以王维的诗作为例结合老庄虚静说和禅宗顿悟三境界追寻“时空零点”，阐明了审美视界中无声无形的胸襟气度。“飞笔留白”部分则申说空白的审美价值。“空白在画面上是一种休止符，但在欣赏者的脑海中却形成了审美期待，是美感上韵律性的延伸和振荡。”空白表现在自然意象所呈现的审美画面中，以李白诗作为例，将“白”出现的频次与色彩语出现的频次进行对比，列表申说“白”对于李白创作的影响。以王维诗作为例，阐释了“白”的表现意义。崔颢的《黄鹤楼》则是文本个案。空白表现在“通过富有包孕的片刻寂静来表现各种复杂丰富的、耐人寻味的体验”。白居易《琵琶行》在音乐表演之后，“东船西舫悄无言，唯见江心秋月白”，道出了欣赏的那一刻。“空故纳万境”部分不再局限于特殊意象的直接性论述，而是聚焦动静结合的艺术手段。对贾岛的《寻隐者不遇》进行分析：“作者却用简洁的笔触，勾勒出一幅幽静深远、烟霭杳渺的水墨图，呈示出一个悠远的意境。”① 诗人如何“以动写静，以音衬寂，以实写虚”呢？王维的《鸟鸣涧》《鹿柴》突出了反衬的作用。此外，著者还分析了通过剪辑镜头造成的留白现象。崔颢的《长干曲》、王维的《终南山》成为绝佳的例子。

李浩在《唐诗美学精读》一书中展示了美在情感的唐诗情性美。如果说前四章可以构成意境呈示的整体，后四章则是各有侧重。第五章“秋风

① 李浩：《唐诗美学精读》，复旦大学出版社2009年版，第101页。

吹不尽，总是玉关情”侧重唐诗中的情感体验。“诗缘情”自《尚书》《乐记》《文赋》一路阐发开来，唐诗的情韵美自然形成。“神奇的内宇宙”部分借助提出“内宇宙”命题分析了唐诗与人的精神活动的关联。从《代悲白头翁》《春江花月夜》到高适、王翰、岑参，主观情绪的抒发成为论述的中心。从精神活动到心理内涵又是一个变化，宋之问的《渡汉江》与孙犁的《嘱咐》构成了跨文体、跨时代的古今对比，而后杜甫、王昌龄、李白陆续登场，从绝句到歌行突出了情感描写的冲击力量。“山林与魏阙”部分则以诗人的仕与隐来阐释文本。唐代诗人是追求在政治上有所作为的，一旦遇挫便会陷入矛盾之中。“盛唐的两面性，光明与黑暗混成的复合光投射到文士诗人的心中，于是普遍产生一种极端矛盾的心态。”著者以孟浩然、李白为例，孟浩然的无可奈何、李白的进退维谷均被揭示出来。“抒情方式”部分则是另一个切入点，分析了直抒胸臆、触物起情、借梦泄隐等抒情手法。以借梦泄隐而言，著者认为：“在唐诗中，诗人往往喜欢以梦境为框架，表现人类心理活动的微妙变化。”遂以岑参的《春梦》、杜甫的《梦李白二首》、李白的《梦游天姥吟留别》、元稹的《梦昔时》作为分析文本阐释了梦幻与诗人心理活动及文学表现的关系。

唐诗的审美空间离不开山水清音。有了山水就有了审美精神的律动。第六章“一生好入名山游”，重在解读唐诗的自然表现。从东西方艺术表现自然的差别入手，分析了中国文化背景下书写自然的特色所在。“极视听之娱”部分先是追溯了自先秦至南北朝人与自然关系及其在文学观念中的表现内容。“是中有深趣矣”则论述了唐代自然山水观念的形成及其特点，主要有三点：由满足自然景物的外在形式，到探究山水的内在意蕴和意趣；在人与自然关系上达到物我交融、情景合一；观于山水进而追求怡神悦志。“取神于陶谢之间”则探究自陶谢到王孟的变化，即从模山范水到神韵自然、从雕琢字句到妙于篇法、从描写江左风景到歌颂大好河山。通篇文字的三个部分围绕山水田园诗派的发展史着笔，以陶谢的影响贯穿其中。第七章“笔落惊风雨，诗成泣鬼神”，则分析了唐诗的语言技巧。“超越语法”部分归纳了唐诗的语言特点，认为：“唐诗在继承六朝诗歌追求语言形式美的基础上，进一步从两个角度使语言诗化、纯化，一方面是将生活中的语言提炼加工为富有表现力的艺术语言，另一方面是将散文中的语言变形剪辑改造为一种新的语言，摆脱了散文与生俱来的逻辑性与连续性。”① 从而形成了新的美感效应，如提高了意象的视觉性、独立性，增强了语言的伸缩性、多重意象的叠象与视觉和弦、多重暗示等。著者认为尽管唐诗的语言变化形成的抒情效果与欧美现代派有着暗合之处，但不能忽略文化中心理差异的存在。“词汇张力场”部分分析了唐诗的遣词造句特征，围绕王维、孟浩然、李贺、许浑使用词汇所形成的内在意蕴。“远程交易”部分从修辞学的角度关注比喻手法的使用。在界定比喻成立条件的基础上归纳出唐诗中博喻、曲喻、复喻、谜喻四类并加以例证阐释。“声律谐美”则呈现了唐诗的声律美。唐诗在继承上古以来的基础上形成了自身的特点，即音乐性，既可入乐配唱，又具有美妙的旋律。著者从抑扬和回环两个方面进行分析，聚焦于平仄关系和双声叠韵。

有了总体论述，还要有审美个案，唐诗的美感是由每个诗人创造而来的，不同的诗人有不同的审美体验。第八章“笔补造化天无功”则是从具体的诗人诗派分析诗美，如关于孟浩然山水田园诗的基本特征，以自然本色概括，复从平淡率直、清幽泓澄两方面叙之，认为其形成主要有四个原因：风格即人、时代审美趣味、江山之助、体裁制约。另外四部分分别从思想、创作时间、观照自然角度、抒情方式和体裁等方面比较王孟诗风的异同，分析李白诗文中的鸟类意象、李白作品中的“梦”、李贺诗中的“辞”与“理”。选取的诗文偏爱山水田园中的自然意象，注重依据文本特征进行归纳总结，如对于李贺诗从艺术形式上归纳出“超越现实的时空观”“富于跨度和张力的比喻”“富有感觉印象的词汇”“移情的表现手法”等。著者能够根据诗人个性差异、择取意象偏好等不同角度呈现唐诗之美。“结语”部分阐明了对唐诗进行审美分析的难度和诱惑。

《唐诗美学精读》因诸多新概念的融入而产生了陌生化审美效果。这

① 李浩：《唐诗美学精读》，复旦大学出版社2009年版，第152页。

些新概念从不同的领域溢出，融入唐诗美感的品鉴之中，从中可见跨学科阐释的初衷。著者依据文本细读进行现代诠释往往不落空言而时有新悟；中西比较中注重文化本位意识而发掘中国特色；铺排的文字间有文学理论与创作实践的结合而能持守有度。从一定意义上讲，美在意境、美在自然或可看作著者的一个重要结论。

（田恩铭）

阅读链接

1. 《唐诗美学精读》，李浩著，复旦大学出版社，2009 年版。
2. 《唐代美学思潮》，霍然著，长春出版社，1997 年版。
3. 《唐代美学史》，吴功正著，陕西师范大学出版社，1999 年版。

晚唐钟声：中国文学的原型批评

傅道彬

傅道彬（1960—　　），华中师范大学文献学博士。哈尔滨师范大学中文系教授、博士生导师，黑龙江省文联主席，首都师范大学特聘教授、博士生导师。出版《晚唐钟声：中国文学的原型批评》《〈诗〉外诗论笺——上古诗学的历史批评与阐释》《歌者的乐园》《中国生殖崇拜文化论》《中国文学的文化批评》《诗可以观：礼乐文化与周代诗学精神》《“六经”文学论》等学术著作。他的学术著作视野开阔，资料翔实，深为学术界所称道。《光明日报》《新华文摘》等权威刊物多次报道其学术观点，高度评价其学术成就，称其学术上独张一军，理论上有创造性突破。

如果谛听自然的回响，祖先的思想熠熠发光。对于文化传承的追源溯流让我们在绚烂星空中聆听远古的呼唤。中华优秀传统文化博大精深，其中蕴含的文化基因化作文化记忆的图景通过甲骨文、石刻、抄本、写本最终到印刷出版，如同缕缕青烟绵延不绝。如何追踪历史的陈迹探寻诗性的光亮？《晚唐钟声：中国文学的原型批评》为我们提供了追寻的路径，沿此前往会走进意象世界，找到心灵栖居的家园。

傅道彬在《晚唐钟声：中国文学的原型批评》一书中揭示了中国传统的诗性意象与文化原型。这是一部以诗意的语言破译文化密码的著作，著者从中华文明的源头出发，沿着文学主题的原型意象一路寻踪追迹。从弗洛伊德到荣格、弗莱，文化原型批评逐渐形成一个理论体系。西学东来的20世纪90年代，寻根成为文学创作和文学研究的共同母题。《晚唐钟声：中国文学的原型批评》便是在这样的背景下产生的，“原型批评走进精神的领地，犹如考古学家走进发掘的田野，只不过考古学家寻找的是文物是遗迹，而原型批评寻找的是象征是形式是语词，如同物质文明的碎片有案可稽一样，原型也是可经验可凭借可证实的实体”①。

引出话题之后，《晚唐钟声：中国文学的原型批评》的第一章“兴与象：关于原型的古老诠释”具有概述性质，可分为两个部分：原型与中国文化的兴象，兴象系统与文化密码的破译。原型与中国文化的兴象是如何建立联系的？这源自历史内蕴的丰富性和文化传统的可继承性。本章的第一节中，著者认为“原型”是一部凝缩了的人类文化史，“原型总是自发地显现在神话、童话、民间故事、宗教冥想、艺术想象、精神幻想的状态中”②。原型的第一个特征在于是从悠远的历史出发的，因此“人类不仅仅在血缘上继承着祖先的生命，而且在文化上也继承着祖先的传统和历史”。我们留下的只言片语可能就包含了祖先的遗迹。第二个特征是象征表现形式。只有找到原型，由此出发才会找到历史文化的转化形式。第三个特征是原型负载着无意识内容。弄懂集体无意识的含义才能读懂原型，“由于原型缩短了现代与远古社会的距离，找到了我们同远古历史与文化的联系，这对于现代人那些无家可归的灵魂，是莫大的慰藉”③。原型批评非神话学所能限制，一经诞生便迅速闯入语言学、民俗学、文学、艺术学研究

① 傅道彬：《晚唐钟声：中国文学的原型批评》（修订本），北京大学出版社2007年版，第2页。

② 傅道彬：《晚唐钟声：中国文学的原型批评》（修订本），北京大学出版社2007年版，第6页。

③ 傅道彬：《晚唐钟声：中国文学的原型批评》（修订本），北京大学出版社2007年版，第9页。

领域中。原型研究的意义何在？在傅道彬看来，就在于“帮助人们认识并返回自己灵魂的故乡”。这常常让我们想起王安忆、阿城、韩少功的寻根小说，源于祖先的灵感迸发可能会产生拯救意义。紧接着回到了中国早期文明的历史现场，拈出“兴”和“象”，建构了中国文化的原型系统。著者先是阐发了古代典籍中关于“兴”和“象”的解释，而后引入西方原型理论。“兴与象已构成了中国上古文化的原型系统，兴象正是依据简洁的形式概括最丰富生动的上古人类文化史。”① 为何下这样的论断呢？著者认为：兴象根源于远古文化的传统，某些意象在《诗经》《易经》之中具有文化传统所赋予的象征意味；兴象是深刻的象征，著者以《诗经》中的“白茅”意象为例分析了所蕴含的女性象征意味；兴象与无意味有关联性，一旦形成集体无意识便会带来意味的丧失。

抓住兴象系统就为文化密码的破译提供了一个灵机。《晚唐钟声：中国文学的原型批评》以《周易》《诗经》建构了中国文化的形象系统，从中发掘出“充满了一片蛮荒的自然的生命情趣”。以《易经》的“咸卦”、《诗经》的“周南”“召南”为例还原了“中国文化还呈现出一片生命盎然的世界”。当我们走进上古的兴象世界，如何破译文化密码呢？著者拈出“云与雨”“山与泽”“猪与淫欲”“水——礼的象征意义”，这样四个意象范畴破解各自的文化原型意义。经过一段探寻的历程，著者认为：“兴与象是中国文化最古老的文化原型，它反映着上古文化的隐喻系统，也反映着与这个隐喻系统息息相关的华夏民族的文化心理。”②

自然意象与文化原型，这是傅道彬在书中呈现的又一个主题。兴象系统无疑是在自然的体验中找到并加以诠释而成的。从上古文明到大唐风度，历史的跨度不可谓不大，文化的转型不可谓不迅疾，然而其中所蕴含的原型意义依然相当一致。傅道彬选取了月亮、黄昏、森林、雨等四个意象进行了文化考古和诗意诠释，为我们敞开了通向传统的文化之径。

---

① 傅道彬：《晚唐钟声：中国文学的原型批评》（修订本），北京大学出版社 2007 年版，第 11 页。

② 傅道彬：《晚唐钟声：中国文学的原型批评》（修订本），北京大学出版社 2007 年版，第 33 页。

“中国的月亮及其艺术的象征”这一章是一篇结构严谨而诗意融融的大文章。月亮没有国界，月光没有固定的界域，而中华文化则孕育了中国的月亮。第一节“月亮与女性和母亲世界的原型”追溯了月亮与女性世界的温馨与忧伤，从女娲补天到嫦娥奔月，月亮有了基本的象征意义，其一是“月亮是母亲与女性的化身，反映女性崇拜的生命意味，代表母系社会的静谧与和谐，她反映着女性世界的失意与忧伤”。同时月亮具有永恒的象征。著者进一步探寻其衍生义，象征美、象征孤独与失意，“象征着和谐静谧的中国智慧和超群拔俗潇洒飘逸的士大夫风范”①。第二节“月亮本体与中国哲学及智慧的象征”主要探寻月亮与时间的关系。涵括对永恒存在的神秘思索，这种思索离不开心灵的超脱和愉悦；包含澄明宁静、澡雪精神的心灵体验；含有对人生意趣的活参顿悟。如著者所说“月亮像一个无言的哲学大师，引导人们对超脱、空灵、神秘的智慧品格的思考”。第三节“月亮原型与古典审美意境的创造”回到文学审美层面，通过诗句意象化找到月亮意象使用的规律。一是“月亮意象的出现总伴随着阔大苍凉的宇宙空间、浩渺悲壮的天问意识和雄浑高古的审美境界”。二是“月亮创造了心灵虚静和空间澄净的审美意境”。三是“月亮创造了温馨绰约、淡泊朦胧的审美物象”。四是“月亮以其内涵丰富的原始意象，建立了一种不落言筌，不涉理路的审美象征形式”。上述四点几乎说尽了月亮意象的审美创造属性，启人深思。第四节“月亮与中国文人的心象构成”以归纳月亮意象与文人审美心理的关联性，举头望月，寻找精神家园；冷月无声，寻求慰藉解脱；月影婆娑，企望归于山林。著者用心地梳理了月亮与中国艺术精神之间密切的关系。

“黄昏与中国文学的日暮情思”这一章选取月出之前的黄昏时分，黄昏落日已不是纯粹的自然现象，而上升为艺术上的“有意味的形式”。著者摄取“暝色起愁”以见黄昏意象的时间意义。这里有死亡迫近的忧惧、苍茫的历史意味、虚无的生命体验，“古老的黄昏里记录着我们民族情感

---

① 傅道彬：《晚唐钟声：中国文学的原型批评》（修订本），北京大学出版社 2007 年版，第 40 页。

和心灵的历史”。著者摄取“夕阳如画”以见黄昏意象的空间意义。审美意义分为三层：黄昏美的形式层，黄昏美学的意味层，黄昏美学的意境层。从温馨愉悦的审美感受到静谧温馨的生命体验，再到以青山晚照、古道夕阳、落日余晖构成的群体意象，呈现出“那一刻”审美体验的意趣所在。著者摄取“落日催归”以见日暮人归的正题和反题。黄昏的景象洋溢着回归的意趣，这是田园诗里的常见意象，读读王维、孟浩然的诗作便可领悟。女性的黄昏闺怨、游子的斜阳羁旅、友朋间日暮送别，构成了失意的主题。著者将失意看作反题，其实这是另一种意趣，是日暮时分永驻的风景。著者摄取“寅饯纳日”以见黄昏意象的理论思索。所摄取的四个镜头看似仅仅是“那一刻”，却带来了审美上的立体化效果，涵括了日暮情思的丰富内涵。

与太阳、月亮不同，森林根于大地，是人类实实在在的生存家园。“森林的象征及其文学的意蕴”这一章从树木崇拜与宗教仪式的关系讲起。上古时期，森林是人类的原始栖居地，而后过渡到走向文明的木器时代，直至成为生命郁郁葱葱的象征。第二节“桑林的祭祀与桑园的歌唱”以诗歌引之，著者认为：“桑园文学在中国文学中的特殊地位，一方面缘于中国传统农业生产活动中传统的男耕女织的农业生产方式……而另一方面则应看到在森林崇拜和神话传说中桑树也具有特殊意味。”①殷商时期的桑林祭祀、楚辞时代的扶桑书写，渐渐演变为新的主题，如桑园与文学的爱情主题、桑园与桑女文学主题、桑园与田园文学主题，我们从中能够聆听到农业文明时代古老民族的回声。森林的悲欢与士大夫的林泉之致还是有关联的，只是不再是原始的森林意象，而是进入刻意营构的审美空间。一方面草木零落而悲秋，落叶纷飞叹飘零；另一方面苍翠欲滴见悦心，草木茂盛见隐趣。中国文人的审美心境落入花木丛中不可收拾。那么，森林意境的家园启示是什么？是物我浑融的温馨境界，是苍茫古朴的时间感受，是生机盎然与宁静悠远的审美意象，是一

① 傅道彬：《晚唐钟声：中国文学的原型批评》（修订本），北京大学出版社 2007 年版，第 96 页。

个民族审美心理积淀的重要组成部分。

轻风细雨，狂风暴雨，细雨行吟，骤雨洗心，从天空飘落的不只是凉凉的感觉，还有某种情景下的人生体验。那么，淅淅沥沥的雨是怎样打湿的中国诗坛？“雨：一个古典意象的原型分析”这一章似乎为我们带来了答案。第一节“雨的祭祀及诗与雨之关系”从原始宗教祈雨的仪式中分析情感模式，原始祈雨是宗教活动与艺术活动的结合，而雨师是最早的一批原始歌手，祈雨辞是古老的歌谣。上述分析是依据文本展开的。第二节认为“诗人雨中吟唱存在着喜雨、苦雨、爱恋的三种基本情感模式”，有顺序地分析了祈雨原型与诗的喜雨模式、洪水原型与诗人的苦雨情感、“云雨”的原型意味与诗人的爱恋模式，每种模式均在文本细读中得出论断。第三节先是对准了凝愁的雨，点点滴滴，冷雨成为关键词；接着是清凉的雨，洗尽人间利欲；而后是禅意的雨，充溢顿悟的哲思。第四节摄取“细雨微吟”探求“雨”意象中审美境界的构成。细雨中有迷离婉约的审美形态，有画意声情，创造出变幻的审美情境。总之，雨的意象组合形成了一个内涵丰富的审美空间，进而促进了现代诗的创作，体现了原始意象的现代价值。

文化意象与文化原型是傅道彬在书中对中国文化原型的又一精练归纳。所谓“文化意象”是指不是自然存在的，而是人类文明演进过程中创造的工具，因介入诗而具有特定的象征意味。日月星辰，风风雨雨，这些自然物象被人类赋予象征意义，而人类居于生存空间所创造的“门”“钟”“船”等文明物象同样具有象征意义。

我们找到一片空地，当用物质材料盖上房子，所谓的空旷便不存在了。房子是一个封闭的空间，有门有窗，我们打开门窗才能走进外面的世界。封闭的和敞开的构成了空间上的两个形容词，而且是两个至关重要的形容词。“门：一个语词的诗学批评”这一章考察的是“门”基于实用价值而衍生的诗学意义，借以分析古代诗人的审美心理。第一节侧重厘清词语的意义，从本义、引申义到象征义，“门”从最原始的家园意义到具有社会文化意义，朱门、柴门是物质层面的，也会发生意义的升华，高门、寒门、门第、门阀却是文化社会学层面的。而后兼具艺术层面的象征意义，物意象成为诗人生命体验的化身。第二节干脆就定格在对象征意蕴的探讨上，门的第一个象征意义是象征家园与世界，从特拉克尔到陶渊明，作者认为："门在象征层次里把人类生存空间划分成家园与世界两个部分，人们漂泊于世界之中却无时无刻不向往家园。"① 门的第二个象征意义是象征开启与关闭，寻常意义上的开门与关门具有了敞开与拒绝的含义。门的第三个象征意义是象征有门与无门，门指向路径，只有开门才会有人的流动。等待被邀请成为一种存在的常态，著者摄取三个镜头来阐述：一个是倚门而望，那是等待的呼唤；一个是长门怨，那是爱情的呼唤；一个是空门，那是解脱的呼唤。唐诗文本成为有效的例证。第三节"闭门：一个特殊的诗学意象符号"则追究"闭门"的意义所在。著者沉浸于唐人诗句中，认为第一义乃在隔绝，即逃避世俗与人群；第二义则在追求诗意的闲适；第三义则是敞开的精神世界。闭门可独居，闭门可孤芳自赏，闭门可拥有自由的精神空间。第四节对"门"展开审美分析，先是将"门"与古典诗学古朴素淡的审美形式联系起来，以唐诗中的"柴门"进行印证；再将"门"的时空意象组合与中国感伤美学传统联系起来，唐诗中描写门的意象里有黄昏的门，有秋天的门，有风雪中的门，这些组合被弗莱称为衰败的意象，这正是中国古典感伤美学传统的表现形式；门与清净和宁静的审美感受息息相关，从空间到心灵，一个语词具有多元的文化内涵。

门是行走者渴望找到的出口和入口，视觉文化往往与听觉联系在一起。人类还需要倾听历史的声音。钟声响起，往往留下诗意的回响。"唐诗的钟声"这一章无疑在《晚唐钟声：中国文学的原型批评》这部著作命名过程中发挥了决定性作用，何况"晚唐"仅仅是"唐"的一个部分。"唐诗中的钟声是耐人寻味的艺术意象，钟声悠悠，晨叩暮响，展示着唐代诗人丰富的心灵世界，表现出有唐一代独特的审美风韵。"② 著者首先探

① 傅道彬：《晚唐钟声：中国文学的原型批评》（修订本），北京大学出版社2007年版，第168页。

② 傅道彬：《晚唐钟声：中国文学的原型批评》（修订本），北京大学出版社2007年版，第192页。

寻唐诗钟声的历史意味，与日月星辰等自然物象不同，钟是文明物象之一。从青铜时代到乐舞时代，钟声经历了一个意象化进程，也是内涵历史化、艺术化进程。于是，古典时代的歌唱中便有了历史意味。著者从四个角度加以考察：钟负载着宗教祭祀功能，钟声传达着人类对超自然世界的神秘理解；钟象征着政治的神圣威严，反映着古代礼乐之治的政治追求；钟声具有文化和人生品格的象征意义；钟声代表着时间的区分和苍茫的历史意义。根据上述四个方面，著者认为唐诗里完成了钟声审美化创造过程，这个意象已经成为一个特定的诗歌语词；唐代钟声完成了从儒家的"钟鼓道志"向佛家的"空灵澄明"的转变；在声音效果上，唐代钟声从先秦两汉的浑融高古转向清凉淡远。① 就此定格于唐诗世界，定格于对于梵意禅思的追寻。"在钟与佛的融和中，诗获得了丰富的思想蕴涵，钟声带给人的不是政治象征的高贵尊严，而是超尘脱俗的阵阵清凉。"② 于是，钟声可以清心，可以传达出对于现实世界的否定，进而追寻永恒的意蕴。倾听钟声就是倾听时间，钟声的时间意蕴源于聆听。静夜闻钟、黄昏晚钟、晨钟晓钟呈现出各自不同的意蕴。"在晓、晨、晚、暮、夜几个特定的时刻，唐诗钟声具有特殊的蕴涵。"③ 不仅有时间忧患，还有哲学沉思。最后的部分回到唐诗钟声的修辞意义上来，并透过修辞呈现艺术品格。主要探讨了空间形式上的高远清空特征，这是通过艺术组合实现的。著者举出夕阳晚钟、明月钟声、远山鸣钟，证实了"唐诗钟声的艺术品格是空间的、意境的，也具有时代的特征"④，从而能够涵养一个民族的文化和艺术精神。

"烛光灯影里的中国诗"这一章从"烛与灯"的艺术表现追溯原始意

---

① 傅道彬：《晚唐钟声：中国文学的原型批评》（修订本），北京大学出版社 2007 年版，第 201-202 页。

② 傅道彬：《晚唐钟声：中国文学的原型批评》（修订本），北京大学出版社 2007 年版，第 207 页。

③ 傅道彬：《晚唐钟声：中国文学的原型批评》（修订本），北京大学出版社 2007 年版，第 219 页。

④ 傅道彬：《晚唐钟声：中国文学的原型批评》（修订本），北京大学出版社 2007 年版，第 226 页。

蕴，拈出“心灯”分析哲学与智慧的隐喻意义，《庄子》成为得出结论的例证。著者摄取灯烛的燃烧考察经典意象的构成，从情感形式到时空构成，再到审美形式，精神品格与审美意义结合起来了。最后是分析灯烛意象体现的人格精神，主要集中在照亮功能和悲剧意蕴。

我们在仰望星空寻找月亮的象征意义时，其实也在望月兴叹，我们只能随着月亮的圆缺盈亏生存下去。当我们徘徊于水边，我们可以找到凭依的木头并将其做成船，有了船便有了通向彼岸的工具。人类的水上行进加速了文明的进程。船是一个流动意象，与漂泊连在一起。“船与诗：一种文明的思想与艺术考察”这一章开篇就告诉我们：舟船的发明既是物质创造，也是文化创造和艺术创造。先是考察了舟船的发明及其文化意义，而后探寻了《易经》文本中舟船的象征意义。后面的两节各执一端：一端是孤舟客船与古代诗人的精神世界，另一端是画船桨声里的审美意蕴与艺术表现。孤舟客船关注舟船的诗化和意象化，分为四个方面：方舟意象的希望与获救意义；云帆行棹呈现出诗人的梦想和追求；孤舟客船与诗人漂泊无依的悲凉心态；钓船归舟与逍遥自适的人格精神。画船桨声则关注审美交响效果，分为三个方面：春帆秋船与舟船意象的时间审美构成；夕阳月舟与舟船意象的空间审美境界；桨声画船与舟船意象的视听审美意蕴。无论是从思想上、象征上，还是从艺术上寻找舟船意象，船最终都是属于诗的。如著者所说：“舟船的航行启迪了人类的智慧，更启迪了人类的无限诗情。”① 唐诗里的舟楫客船是说不完的，著者沉浸在诗人寻找的世界里，以富有诗意的文字从文学上阐明了舟船的审美价值。

相传女娲炼石补天剩下一块石头，这块带有灵性的石头穿越远古走进了人类的家园。石头，到底是自然意象还是文化意象呢？石头的构造可能是自然形成的，而其形状却是经历了打磨的过程。何况从石头中还能提炼出金玉来。木石前盟与金玉良缘对于曹雪芹来说应该是情爱的两个世界吧。“石头的言说：《红楼梦》象征世界的原型批评”这一章读来极有吸引

① 傅道彬：《晚唐钟声：中国文学的原型批评》（修订本），北京大学出版社 2007 年版，第 310 页。

力，源自文化原型的呼唤，源自诗性叙事空间的构成。“石头是一种人格，它代表着与世俗抗争的人格风范和情操；石头是一种结构，它是曹雪芹构思《红楼梦》的结构线索；石头是一种传统，石头的精神规定性是从传统文化中获得的；石头是哀婉的，它代表着一代知识分子被弃的命运，反映着出世的清净的理想世界。石头是无言的，但它又是一种最深刻最彻底的哲学和艺术言说。”① 归根结底，如著者所言，在曹雪芹的视野中，石头是《红楼梦》的中心意象，是具有象征意义的。第一节“石头的故事：《红楼梦》的四时结构”将大自然的四时结构与文学的四时结构联系在一起，分析了故事的发生、展开、高潮、结尾。故事之起乃在主人公贾宝玉衔玉而生，故事之承乃在摔玉而痴，故事之转乃在失玉而痴，故事之合乃在还玉而归。一块入世的石头化为宝玉，对玉的追踪中演绎了一个富有神话色彩的人间悲剧。第二节“石与玉：《红楼梦》里的两个世界”则比较了石头与玉的符号象征意义。《红楼梦》里有两个世界，一般来说分成大观园和大观园以外的世界。大观园是贾府里的伊甸园，允许纯情的存在，却也沾染了世俗风尘。在著者看来，自然的石头和打磨后的玉完全不同，原因有三：石头代表的是自然、是原始、是不假雕琢的本真，石头象征着傲岸孤介、独立不群、超凡脱俗的人格精神，石与玉是代表着不同人生体验的哲学语言。第三节“哀婉的石头：贾宝玉的双重角色”则将顽石精神与通灵宝玉并置，这块来自远古神话世界的石头与世俗斗争而又被世俗改造，贾宝玉的人生是充满矛盾的。第四节“石头的来历：顽石意象的文化和文献来源”则从文学文化角度切入主题，厘清了《红楼梦》与中国文化的相关性。《红楼梦》中的石头意象“联系着复杂的敏感的中国古典哲学和艺术的神经，它汇聚了从女娲补天到三生石，从禹贡‘怪石似玉’到苏东坡‘尤物已随清梦断’的丰富历史内容，因此叩响了石头就如同叩响了历史和艺术的钟声，使我们听到了千百万个石头的歌声”②。第五节“石头的言

① 傅道彬：《晚唐钟声：中国文学的原型批评》（修订本），北京大学出版社 2007 年版，第 312 页。

② 傅道彬：《晚唐钟声：中国文学的原型批评》（修订本），北京大学出版社 2007 年版，第 341 页。

说：石头的语言及修辞意义”则从审美维度上加以申说，认为石头高扬了尚奇的审美风范，石头美学是宁静的，具有伟大的艺术震撼力。

巡礼于中西文化的长河中，拈出原型，摄取兴象，再畅游于中国文学的海洋里，寻找太阳和月亮，寻找大森林，寻找黄昏细雨，寻找门，寻找船，寻找烛光灯影，寻找石头的象征意义。其实，著者一直在寻找的是人类的精神家园，捕捉自远古而来的歌声，立足于中华文化的沃土，还原人类惊心动魄的审美历史。历史是无声的，这些自然意象或者文化意象却一直都在。

《晚唐钟声：中国文学的原型批评》这部著作所阐述的既非“晚唐”，亦非“钟声”，而是对中国文学原型批评的全面考察，从中发掘出中国文学的审美价值。这是一次意象史意义上的美的巡礼，著者以所摄取的自然意象和文化意象建构了中华民族早期文化的精神家园，从而为我们提供了新的文化研究方式，具有非比寻常的文化研究意义。

（田恩铭）

阅读链接

1.《晚唐钟声：中国文学的原型批评》（修订本），傅道彬著，北京大学出版社，2007年版。

2.《诗可以观：礼乐文化与周代诗学精神》，傅道彬著，中华书局，2010年版。

3.《中国美学史》（修订本），张法著，四川人民出版社，2020年版。

人间词话

王国维

王国维（1877—1927），字静安，号观堂，浙江海宁人。王国维成长于晚清至近代社会变革时期，早年从事哲学研究，有《〈红楼梦〉评论》等；而后转向文学研究，有《宋元戏曲史》《人间词话》等；再后来从事历史、考古等专门研究，著有《观堂集林》等。张郁乎认为这正反映了王国维悲观主义的三种境界，即否弃人生、深情哀乐、宁静致远。王国维是中国现代学术史上的开山人物，在文学研究、考古学、历史学等方面都有杰出的成就。

可以说，王国维的《红楼梦评论》是其《人间词话》的精神底色。王国维的人生可以分为四个阶段：1877 至 1894 年，18 岁之前的少年时代，接受传统的教育；1894 至 1911 年，从家乡来到上海，接受新学，受到康德、叔本华、尼采等人学说的影响，从事哲学、文学之探研；1911 至 1923 年，分别在日本及上海研究甲骨文、古代史、考古、音韵学，进入学术成熟阶段；1924 至 1927 年，清华园教书时期，一方面为溥仪之南书房行走，一方面为清华园四大导师之一，达到人生之顶峰，戛然而止。我们所要讲的《人间词话》，乃是王氏人生之第二阶段的经典著作。

人生而悲或是王国维对待人生的始终看法，或源于家庭之变故，而后尘世之污浊，时事之险恶，人情之淡薄逐渐加之。如缪钺所论：“此种思想之构成，初或因静安本性即偏于悲观，而推波助澜，使其深信笃守、终身不移者，则叔本华哲学之力为多。”① 缪钺进一步认为，叔本华的悲剧理论为王氏悲观之念提供了理论依据。少年时代向往新学因家贫而罢，二十二岁只身到上海谋生，家境窘迫，这对于一位钟情于学术者，切肤之痛惟有自知。这是他对人生“永抱悲观”的重要缘由。1879 年，母亲去世，王国维才两岁；1887 年，祖父去世；1906 年，父亲去世；1907 年，夫人去世。贫苦之生活，再添分量，如何不悲观。

叔本华以意志为人的本质。意志由本能、冲动、欲望、情感构成。对艺术或自然的审美观照，能使人暂脱意志之网。1902 年，王国维受叔本华的影响，写过《叔本华像赞》《叔本华之哲学及其教育学说》《叔本华与尼采》《书叔本华遗传说后》，并以叔本华的理论为导引写就《红楼梦评论》，于 1904 年发表。王国维的分析从“欲”开始，认为欲望的无止境导致悲观，一欲既终，他欲随之，故而人生往复于痛苦与厌倦之间。摆脱之法在寻找快乐，而寻找快乐又要经受痛苦。于是，王国维的一生在欲望与情感之间苦苦挣扎，现世的种种面相又加剧了痛苦的程度。他想要研究艺术，至少觉得艺术的目的在于描写人生之苦痛及其解脱之道。

《红楼梦》是王国维认为具厌世解脱精神的两部作品之一，另一部是《桃花扇》。他认为有“真解脱者”，唯《红楼梦》也，因其是彻头彻尾的悲剧。王国维的《文学小言》认为苟无敏锐之知识与深邃之情感者，不足与言文学之事。《红楼梦》中贾宝玉和林黛玉庶几近之。人生的欲望无法达到，则寻求解脱之道，死是一种，出家是一种，与红尘相俯仰则具有无边之苦痛，难于解脱了。其实，贾宝玉的童年、少年是快乐幸福的，无男

① 缪钺：《诗词散论》，陕西师范大学出版社 2008 年版，第 85 页。

女之大防，无名利之诱惑，无婚姻之选择，无生存之挤压，可享受来自自由世界的情爱。一旦走到青年，婚、宦皆在目前，婚姻使其损真爱之部分，仕宦使其染红尘之污垢，人生便了然无趣。王国维对《红楼梦》的理解堪称“片面之深刻”，捕捉一点而深究之。人生出处问题是历代文人士大夫困惑之所在，解脱之道唯在酒、隐、死之间，借酒浇愁乃获得一时之麻醉，隐逸一途虽好却寂寞难耐，一死了之则需要下大决心。究竟如何是好，这要看此等选择落到什么人的身上。

这篇文章让王国维深入思考人生的意义，他的结论是悲观的，在悲剧中思考理想消退的过程，实在是让他穿丧的一件事情。不过，自身与外来观念的冲突与融合既让他陷入其中，也使其力求解脱。换言之，王国维接受外来哲学之影响，还在为我所用，当叔本华、尼采等人的思想与之契合，他就会将之融入对传统的发掘活动中，从而焕发出夺目的光彩。

由哲学而文学，是王国维《人间词话》一书中审美境界说提出的学缘背景。王国维分析过自己：“欲为哲学家则感情苦多，而知力苦寡；欲为诗人，则又苦感情寡而理性多。”① 既然对艺术或自然的审美观照，能使人暂脱意志之网，王国维则转向文学研究。《文学小言》《屈子文学之精神》《宋元戏曲史》《词录》《人间词话》都是有代表性的作品。

《人间词话》是无心插柳的产物，它实际上是王国维的读书札记。1906—1908 年间，他一边校勘唐五代词集，一边撰述带有目录学意义上的《词录》，顺便写下了《人间词话》。同时，他在读康德、叔本华、尼采的著作，自然将外来之观念与词家词作结合起来。1908 年 10 月，《人间词话》发表于《国粹学报》；1909 年，《人间词话》64 则发表完成。这是王国维早期最有影响的一部著作，也是将文学与人生结合得最为紧密的一部著作。王国维生活的时代，正是“西学东渐”的文化启蒙时代，西学输入，短暂游学海外的经历让他受到了叔本华、尼采、康德、席勒等人的影

① 王国维：《王国维全集》第十四卷，浙江教育出版社 2010 年版，第 121 页。

响，他的思想找到了皈依的哲学世界，进而不断追寻人生的意义。这在《人间词话》中也有集中的反映。不过，他的出发点还在于对本国文化的理解，王国维先期撰有《唐五代二十一家词辑》《词录》等文献整理的成果，在此基础上才得以提出境界说。

《人间词话》的第一要义是拈出“境界”二字，前 9 则集中于对境界的解说及体悟，再加上第 26 则提出的“三种境界”，其基本观点清晰可见。起笔开明宗义，“词以境界为最上。有境界则自成高格，自有名句。五代北宋之词所以独绝者在此”。话说得很清楚，“境界”是能否被定为好词的最高标准，这也是他偏爱五代北宋词的原因。可是，境界的含义是什么？可能世界通常被分为现实世界和想象世界，王国维论词则从现实世界出发，在想象世界为词确立了一个标准，即有无境界。在王国维看来，至少有三点不可或缺。第一，心境决定书写情境。他说：“境非独谓景物也。喜怒哀乐，亦人心中之一境界。故能写真景物、真感情者，谓之有境界。否则谓之无境界。”这是词家的三昧真言，不了解个中况味的人很难体会得到。写在纸上的文本要在情景相融的过程中体现出词人的真性情，这才算得上是“有境界”。第二，词作者要有发现的眼睛，更要体味出语词的魅力。他举例说：“‘红杏枝头春意闹’，著一‘闹’字，而境界全出。‘云破月来花弄影’，著一‘弄’字，而境界全出矣。”词人心中要先有一幅灵动的图景，落至笔下要景随心动，只有动起来才能以眼前景写心中情，著一字而尽见风流，即俗话说的“写活了”。第三，“我”之存在与否往往形成不同的境界。王国维将境界一分为二，称之为“有我之境”和“无我之境”，有他的独到之处，也引起学界不小的争议。他各举了两个例子：他断定“泪眼问花花不语，乱红飞过秋千去”“可堪孤馆闭春寒，杜鹃声里斜阳暮”，所体现的是“有我之境”，用他的话是“以我观物，故物皆著我之色彩”，因为从句子中直接表现出了“我”的情感体验；他断定“采菊东篱下，悠然见南山”“寒波澹澹起，白鸟悠悠下”，所体现的是“无我之境”，用他的话说“以物观物，故不知何者为我，何者为物”，句子中没有“我”的直接活动，“我”隐含在所写之物象之中了。进而，王国维认为有造境和写境的区别，前者是理想的，后者是现实的。他将诗人分为主观和客观两类，认为“客观之诗人”要多阅世，“主观之诗人”要有性情。隔与不隔的标准就是雕琢和自然的区别。姜夔的《扬州慢》被王氏认为是隔的，刻意寻求意象来表达情感，不若随眼望去，自然写出。如他所言：“语语都在目前，便是不隔。”

《人间词话》的最大亮点在于把文学境界与人生境界结合起来，最有名的就是他的三种境界说。他说：“古今之成大事业、大学问者，必经过三种之境界：‘昨夜西风凋碧树。独上高楼，望尽天涯路’。此第一境也。‘衣带渐宽终不悔，为伊消得人憔悴’。此第二境也。‘众里寻他千百度，蓦然回首，那人却在，灯火阑珊处’。此第三境也。此等语皆非大词人不能道。然遽以此意解释诸词，恐为晏、欧诸公所也。”其实，《文学小言》中的阐述有所不同，云：“古今之成大事业大学问者，不可不历三种之阶级：‘昨夜西风凋碧树，独上高楼，望尽天涯路’（晏同叔《蝶恋花》），此第一阶级也；‘衣带渐宽终不悔，为伊消得人憔悴’（欧阳永叔《蝶恋花》），此第二阶级也；‘众里寻他千百度，回头蓦见，那人正在，灯火阑珊处’（辛幼安《青玉案》），此第三阶级也。未有不阅第一第二阶级，而能遽跻第三阶级者。文学亦然。此有文学上之天才者，所以又需莫大之修养也。”康德有“知力三阶级”之说，知觉、经验、形而上学。后来，1915年重刊于《盛京时报》时则改为“成就一切事，罔不经三种之境界”，所包含的范围再度扩大，具有了普遍的意义。这段话断章取义，将词境与人生之境界结合起来，借以论述人生所能达到的不同阶段，实际上已经超出了传统词话的范畴，将词境与人生的成就结合起来了。徐复观认为第一境是望道未见，起步向前追求的精神状态；第二境指追求中发愤忘食、乐以忘忧的精神状态；第三境是一旦豁然贯通的自得精神状态。叶嘉莹认为第一境是四野寥廓，瞻顾苍茫的怅惘无绪的状态，第二境是度过选择之苦闷，已然选定目标为之奋斗，艰苦地固执追寻之状态，解读第三境时，叶嘉莹说：“如果说第一种境界是写追求理想时的向往的心情，第二种境界是写追求理想时的艰苦的经历，那么第三种境界所写的则是理想得到实现后的满足的喜乐。”[①] 其实，第一种境界是追寻的茫然，第二种境界是追求的苦辛，第三种境界是一种顿悟之恍然。王国维自己也知道这种论法有些不伦不类，曾解释为：“第一境即所谓世无明王，栖栖皇皇者。第二境是知其不可而为之。第三境非‘归与归与’之叹与。”这一解释能够表达出自己的人生见解，也因此与读者产生共鸣而流传至今，成为励志之言。王国维言：“叔本华曰：‘抒情诗，少年之作也。叙事诗及戏曲，壮年之作也。’余谓：抒情诗，国民幼稚时代之作也。叙事诗，国民盛壮时代之作也。”他的文学研究历程大抵如此，对文学与政治之联系亦可关注。

真正有境界的大文学家应该具备哪些条件呢？王国维《文学小言》认为：“三代以下之诗人，无过于屈子、渊明、子美、子瞻者。此四子者苟无文学之天才，其人格亦自足千古。故无高尚伟大之人格，而有高尚伟大之文学者，殆未之有也。”又说：“天才者，或数十年而一出，或数百年而一出，而又须济之以学问，帅之以德性，始能产真正之大文学。此屈子、渊明、子美、子瞻等所以旷世而不一遇也。”文学、学问、德性等三个因素息息相关，与中国传统社会评价人物的“孔门四科”即德行、言语、政事、文学等要素有区别而又有联系。所以，《人间词话》是以论词为对象的，文学乃是更大的评价范围，屈原、陶渊明、杜甫、苏轼代表了中国文学的四种类型。在王国维看来，他们的共同点是能够“感自己之感，言自己之言”。夏中义认为《人间词话》是王国维真正理解叔本华的超越之作，将王国维青春骚动中的思想体验书写出来。[②] 既然超越苦痛的前提是正视苦痛，《人间词话》乃是其正视苦痛而游于艺的精神产品，词人将一缕闲愁，一腔忧愤，皆系于物象之上，从中投射出自家的情感。日暮夕阳，蓦然回首，闲愁最苦。从而寻寻觅觅，于自然中寻求慰藉，戚戚间发现“木犹如此”。

情本体则是王国维《人间词话》中论词的情感基调。中华文化的言情功能值得重视，以文学而言，叙事文本之中亦是以情本体为主线的。王国

① 叶嘉莹：《迦陵谈词》，生活·读书·新知三联书店 2015 年版，第 8 页。
② 夏中义：《王国维：世纪苦魂》，北京大学出版社 2006 年版，第 68 页。

维的境界说自是阅读经典词人及词作得出，在一定程度上，是从李后主其人其词中渐悟而出的。

《人间词话》体现出了王国维的文学卓识，他的认识与情本体密切关联。王国维说："境非独谓景物也。喜怒哀乐，亦人心中之一境界。故能写真景物、真感情者，谓之有境界，否则谓之无境界。"从言情来说，可作别解。毫无疑问，他最推崇的是唐五代北宋词人，认为他们的作品有境界。李后主从个人得失写及家国兴亡，从家国兴亡思及普遍的人生体验，这体现了超越自我之过程。可以说，促使王国维提出境界说的正是阅读李后主词的强烈感受，让他明白从写一个人的心事到写家国之思，从写家国之思到写出对普遍人生的体悟。这些王国维读出来了，让他想到超越的要义立足文本，知人论世，然后溢出个人之世界，写出公共之情怀。从温、韦、李的比较，到李煜的词史意义，再到李后主词作特质的形成，最后阐释超越的价值所在。王国维从词人到词句，亦试图超越词体之限制，三种境界遂呼之欲出。《人间词话》关于李后主共有五条，展现了从词人风格的比较研究到将李后主词上升到哲学的境界过程。他的论断颇为形象准确，如他说："温飞卿之词，句秀也。韦端己之词，骨秀也。李重光之词，神秀也。"这也是词家所能达到的三种境界了。又说："词至李后主而眼界始大，感慨遂深，遂变伶工之词而为士大夫之词。"将李后主放在整个词史之中加以论述。他分析诗词对诗人之"忧生""忧世"自有见解，由其人论其词，叔本华认为："天才者，不失其赤子之心者也。"孟子认为："大人者，不失其赤子之心者也。"袁枚云："诗人者，不失其赤子之心者也。"故而王国维说："词人者，不失其赤子之心者也。故生于深宫之中，长于妇人之手，是后主为人君所短处，亦即为词人所长处。"于是，他对姜白石的评价就不高了，认为他"有格而无情"，王国维说："古今词人格调之高，无如白石。惜不于意境上用力，故觉无言外之味，弦外之响，终不能与于第一流之作者也。"在王国维的眼里，胸襟之大小与词境很有关系，他认为："东坡之词旷，稼轩之词豪。无二人之胸襟而学其词，犹东施之效捧心也。"无大胸怀不可解也。

可是，“多情却被无情恼”亦是人生之常态。词中有情语，有景语，一切景语皆情语也。“流水落花春去也，天上人间”“问君能有几多愁，恰似一江春水向东流”等正是理想的情语也。王国维将诗人分为主观和客观两类，曰：“客观之诗人，不可不多阅世。阅世愈深，则材料愈丰富，愈变化，《水浒传》《红楼梦》之作者是也。主观之诗人，不必多阅世。阅世愈浅，则性情愈真，李后主是也。”故而再言及小说人物，则有自家尺度。“读《会真记》者，恶张生之薄幸，而恕其奸非。读《水浒传》者，恕宋江之横暴，而责其深险。此人人之所同也。”有情与无情，皆在阅世之深浅而其人之行径中了。阅世愈深，则更多虚伪，阅世愈浅，则更多天真，这或是静安之出发点。王国维引尼采的话进而发挥说：“‘一切文学，余爱以血书者。’后主之词，真所谓以血书者也。”其实，对于叙事文学，王国维联系康德等人之学说，尚有发挥。《文学小言》云：“《三国演义》无纯文学之资格，然其叙关壮缪之释曹操，则非大文学家不办。《水浒传》之写鲁智深，《桃花扇》之写柳敬亭、苏昆生，彼其所为固毫无意义，然以其不顾一己之利害，故犹使吾人生无限之兴味，发无限之尊敬，况于观壮缪之矫矫者乎？若此者，岂真如汗德所云，实践理性为宇宙人生之根本欤？抑与现在利己之世界相比较，而益使吾人兴无涯之感也？则选择戏曲、小说之题目者，亦可以知所去取矣。”这里对人物的好恶取舍，能看出王国维对利己与利他中实践理性的思考。

再如“词之为体，要眇宜修。能言诗之所不能言，而不能尽言诗之所能言。诗之境阔，词之言长”，将诗词进行文体的比较而别有会心。王勃《送杜少府之任蜀州》，诗云：“城阙辅三秦，风烟望五津。与君离别意，同是宦游人。海内存知己，天涯若比邻。无为在歧路，儿女共沾巾。”王观《卜算子·送鲍浩然之浙东》：“水是眼波横，山是眉峰聚。欲问行人去那边？眉眼盈盈处。才始送春归，又送君归去。若到江南赶上春，千万和春住。”从细处言情，柳永的《雨霖铃》《八声甘州》等均写离别，而细节处更见深情。

“东海西海，此心此理”，民族本位，中西融合，是《人间词话》独有之特色。读《人间词话》，手中当有一部《词选》，最好还要备一部《唐宋词史》，将作品与词史结合起来，再与王国维的评论结合起来，这样理解起来就会更通透一些。“居高声自远”说的大概就是这个道理。总而言之，《人间词话》首先是一部得风气之先的论词著作，而后溢出文学范围，被经典化而成为一部人生宝典，影响深远。

王国维认为：“诗人对宇宙人生，须入乎其内，又须出乎其外。入乎其内，故能写之。出乎其外，故能观之。入乎其内，故有生气。出乎其外，故有高致。”可惜他自己并不能出乎其外。王国维人生的第三个阶段造就了一代学人的光辉时代。而后进入清华园教书，好景不长，世变带来的乃是文化观念的重构，这让他早早地告别人间。以“回避红尘是所长”遂“了却人间是与非”。总之，王国维一生纠缠于文化与时序之间，世变与人生出处的选择密切相关，令他欲罢不能。只是这已经溢出本文之范围，乃是值得探讨的另一个话题了。

总而言之，中西诗学比较背景下的《人间词话》以境界说取胜，为中国文学研究创立了西学东渐时代的审美范式，这一审美范式对于研究古代诗人审美心理多有助益。

（田恩铭）

阅读链接

1. 《人间词话疏证》，彭玉平疏证，中华书局，2014 年版。
2. 《人间词话七讲》，叶嘉莹著，北京大学出版社，2014 年版。

中国之美文及其历史

梁启超

梁启超（1873—1929），字卓如，一字任甫，号任公，别号饮冰子、饮冰室主人。中国近代著名的启蒙思想家、政治活动家、教育家、史学家和文学家。梁启超出身于广东新会世代清贫的农家，因早慧被邻里赞为“神童”。12岁中秀才，17岁中举人，此后拜师康有为。戊戌变法失败后，他逃亡日本。在古今交替、中外碰撞的动荡时代里，梁启超深感“今日之中国，过渡时代之中国也”。逃亡日本的梁启超通过创办报刊向民众传播其新民思想，《清议报》《新民丛报》《新小说报》一时间成为新派学人向传统文化和社会生活宣战的战场。自1923年开始，积劳成疾的梁启超健康状况每况愈下，1929年1月19日在北京协和医院去世。

梁启超一生亦官亦学，由一个从旧式科举走出来的秀才举人，到发动戊戌变法、创办诸多报刊的新式学者，他的人生经历十分丰富，为官是中国政坛的传奇人物，为学是一位百科全书式的大家，以《饮冰室合集》为主体的学术著作几乎囊括了社会科学各领域，并旁及生物、天文、物理、化学等自然科学领域，共计1400多万字。

《中国之美文及其历史》是梁启超尚未完成的一部著作，初稿写于1924年。1936年该书由中华书局以单行本出版，同年被收入该局出版的《饮冰室合集》（由林志钧整理）之专集七十四。目前所刊行的版本中包含序论及主体内容四章，各章内容均依照梁启超原稿而定。全书采用实证研究和历史研究相结合的方法，搜集秦以前的歌谣，辨其真伪；分析两汉歌谣及汉魏乐府的写作背景、诗赋风格、诗品价值；做《诗经》成书渊源考，重新释义“南”“风”“雅”“颂”四种诗体的异同；勘定了古代文学史中的一些悬案，辨别“建安以前汉诗”作者的真伪，详考五言、七言诗的起源；辑录“建安黄初间有作者主名之乐府”，并择其优异若干首加以品评。这些论述展现出梁启超对中国“美文”研究的开创性贡献，其思想和学术价值皆见卓识。在文中可以明显看出有诸多未完成的篇目，如第二章《周秦时代之美文》中第二节《〈诗经〉的年代》仅写数语，第四章《唐宋时代之美文》仅有第一节《词之起源》，之后还未展开详论，戛然而止的书稿给学术界留下诸多遗憾和猜想。未尽之作在新时期出版刊行，其意义也在于启发后代学人承袭其研究思路，开展进一步探索。

身处于近代中国风云的旋涡之中，具有游历欧美、逃亡日本经历的梁启超，透过中西方社会发展的规律寻觅着民族独立与解放的可行路径。由于这一独有的深刻洞察，他从中国文学入手，先后提出了“诗界革命”“文界革命”“小说界革命”等一系列革新主张，给处于19世纪与20世纪之交沉寂迷茫的文坛和读者带来一股新生力量。他也将这种热忱融入其教育新民的思想中，提出了“情感教育”“趣味教育”的观点，而这些观点本身均与其对中国美文、韵文以及对屈原、陶渊明、杜甫等诗人和诗作的研究直接相关。梁启超按照中西思想文化融合的思路，设计了以文学和教育为主阵地，以新史学、报刊学等为辅助的一套改造国民性、塑造新国魂的方法。

“美文”的现代概念最早由周作人从西方引入，在《法汉词典》中译为“纯文学”，定义是：“文学、修辞、诗歌艺术的总体。”周作人在1921

年6月8日《晨报》上发表《美文》一文，提出“记述的”“艺术性的”叙事与抒情散文，应与“批评的”“学术性的”论文区别开来，并指出“中国古文里的序、记与说等”就是美文中的一类。周作人的论述引起了学人的共识，王统照、梁启超、胡适等曾陆续撰文响应，朱自清、郁达夫、徐志摩等一批作家也用创作实践确立了用白话文撰写美文的书写形式。美文逐渐确立其作为文体的独立地位。作为独立文体的美文，其实质是散文的一种。与实用文相比，美文没有直接的功利目的，更感性，更重抒情，其写作题材十分广泛，可满足读者更多的阅读需求。

梁启超所谈的“美文”应是受周作人相关论述的启发，依据其个人对中国文学史的理解，对“韵文”提出的一个专用称谓。韵文是比诗边界更广、更具包容性的概念，而美文则是与时俱进的名词，更贴近近代中西文化融合的新特征。这个称谓兼具了西方文学中“美文”的含义，也融入了中国古典文学的词汇特质。在古汉语中，人们比较普遍地认同“美”是从羊从大的词源，但在羊部所有字中，“美”既不从声也未从义。从古字形学的角度看，美字并非羊、大的合体字，它本身应该是一个独体字，既表形也表音，其形是一个头戴羽饰的人形，或者说其本义来自以羽毛为装饰的舞蹈。而“文”字的起源则有较明确的共识，“文”的甲骨文、金文造字构形初义即为“象正立之人形，胸部有刻画之文饰”。可以说两字都是形义兼备的字，且有着十分相近甚至相通的语意。从这个角度看，“美”“文”与“人（大象人形）”相关，是汉语造字中十分典型的范例，主要关注的是其强调与“美丽的人”相关的意义。“文”后引申发展为文体的称谓，具有了名词属性，而“美文”也在译介后成为一个偏正结构的学术词语。

《中国之美文及其历史》“序论”体现出梁启超论述展开的脉络。“序论”从韵文、诗和歌谣的起源及各自的特征说起，梁启超十分重视民谣，认为民谣是整个“美文”产生和发展的先导。他说：“韵文之兴，当以民间歌谣为最先。歌谣是不会做诗的人（最少也不是专门诗家的人）将自己一瞬间的情感，用极简短极自然的音节表现出来，并无意要他流传。因为这种天籁与人类好美性最相契合，所以好的歌谣，能令人人传诵，历几千年不废。其感人之深，有时还驾专门诗家的诗而上之。”后论及乐府诗歌，并分成两类进行分析：“其一，《郊祀》、《房中》诸歌，歌词与乐谱同时并制，性质和《诗经》的三《颂》略同；其二，即乐府所采之民谣，其中大半是‘徒歌’，而乐官被之以音乐。《铙歌鼓吹曲》之《朱鹭》、《思悲翁》等十八调，《横吹曲》之《陇头》《折杨柳》等，《相和歌辞》之《鸡鸣》、《乌生八九子》、《陌上桑》等皆是也，性质和《诗经》的十五《国风》略同。”自后梳理汉至南北朝的发展历程。结尾强调所论主要“以汉乐府为中坚，而上溯古歌谣以穷其源，下附南北朝短调杂曲以竟其委”，对魏晋之后作，则归诸各时代的诗作之中，不作乐府论。

《中国之美文及其历史》第一章分为三节，主要考论古代歌谣从秦之前、两汉歌谣到汉魏乐府的演变过程，系统地梳理了这条古典“美文”的发展线索。从开篇便指出这些“含有美术性的歌谣”起源甚早，传留却甚难。随后他从经书所见之古歌谣论起，从《皋陶谟》到《击壤歌》梳理了战国之前的歌谣。对殷代歌诗，录《史记》所载《商颂》为例。西周至春秋，则以《三百篇》为主，也谈及《左传》中具有文学成分的歌诗。对周代除《左传》之外的歌谣，如《白云谣》《百里奚妻之歌》，梁启超多有论述，对年代及真伪问题他存有疑问，但总体上梳理出秦至春秋时期中国古代歌谣萌发过程及不同风格的传续，并指出了南北方歌谣在数量及题材上的差异：“自殷末周初，始有流传作品。就此少数传品而论，周代八百年中，也很看出变迁痕迹。前期的格调，和《三百篇》有点相近；后期便和《楚辞》有点相近；到《易水》《垓下》两歌，已纯然汉风了。”在第一章第二节中，梁启超留下了一个著述中的疑点：“本章所录，一除却有曲调的正式乐府，二除却句律严整的五言诗，所以范围甚窄，但此三种界限，原很难画分。不过为全书组织之便，姑别立此章以便于叙述。读者须与本卷第三章及第四卷第一章合参，方能见出历史全影。”现作中找不到与此相呼应的篇章，学者也据此推断现行版本或有排序上的错讹，或有原作文字的散佚。

第三节“汉魏乐府”是第一章的重点，也是本书论述深入、观点鲜明的重要章节。梁启超从乐府之名谈起，对记载乐府歌辞及其沿革的书籍二三十种逐一加以列举和点评。他以郑樵《乐略》、郭茂倩《乐府诗集》所做分类为主要参考，先是将郑樵所列52类889曲合并为12类，又从年代归属、有无入乐、曲辞是否兼具等角度对郭茂倩《乐府诗集》中“近代曲辞”“新乐府辞”“杂歌谣”“舞曲”“琴曲”等五种进行甄别，明确以汉魏为分水岭，确立狭义乐府范畴下的七种分类。在此基础上，梁启超首先对郊庙乐章进行了考证和详论。以《房中歌》为例，明确指出“此歌为秦汉以来最古之乐章，格韵高严，规模简古，胎息出于《三百篇》，而词藻稍趋华泽，音节亦加舒曼，周汉诗歌嬗变之迹，最可考见”。梁启超认为，由于《房中歌》作者为高祖唐山夫人，“房”字后有专指“闺房”之意，所以导致历史上出现郑樵“妇人祷祠于房中”的错解。强调“此为汉诗第一篇，而成于一夫人之手，足为中国妇女文学增重”，其视角十分独到。谈到《郊祀歌》时，梁启超评价甚高，“十九章中，三言、四言、五言、七言皆有，又或一章中诸言长短并用，开后世作家无限法门”，认为其熔铸“三颂”“九歌”而别成自己的艺术特色。其次，梁启超对“郊庙乐章以外之汉乐府在魏晋间辞谱流传者”展开探讨，以《铙歌》中的《艾如张》一章在汉、魏、晋、宋4个朝代的变迁比较为例，对其调谱、歌词等都做了十分详尽的比较，指出《铙歌》虽为军乐，但与每个时代的特征也直接相关，如《战城南》篇，虽然也有马革裹尸的雄音，亦有明显的厌战心理。梁启超将郑樵对乐府舞曲的分类列目予以梳理，在此基础上，把自己对乐府的分类详列出来，指出如《郊祀》一类多由著名文学家所作，而《铙歌》以下诸篇多采自“街陌谣讴”，成为平民文学的渊源。在这部分中，梁启超十分愉快地讨论了《江南曲》《陌上桑》《长歌行》等乐歌的美学意味，是其论述中最具审美价值的部分。

再次，在“建安黄初间有作者主名之乐府”部分论及建安七子，主要以曹氏父子兄弟三人为例做出详论，并对三操做出比较性的评价。称曹操“虽以功业显，然学问极博，文翰尤长”，对其四言诗评价更高；称曹丕的《善哉行》“笔力不让乃翁”，且称其《燕歌行》“尤为唐人七古不祧之祖”；称曹植“五言虽独步一时，至其四言……实远出乃翁下也”。梁启超录入曹氏父母多篇作品，对曹操的《短歌行》《垄西行》等篇评价极高，“以当时五言的风韵入四言，遂觉生气远出，能于《三百篇》外别树一壁垒”。他从《观沧海》《龟虽寿》等文字中看到曹操的人格特征，曹操也想“秋夏读书冬春射猎”，以自己喜欢的方式过一生，然而生逢乱世，无奈只能穿上铠甲，征战南北。以其五言诗《苦寒行》为代表描述征战艰辛的诗歌，不及其四言诗的气度，大抵是因为非心之所向往才发出“悲彼东山诗，悠悠使我哀”的感叹。在这一部分中，梁启超对三言、四言、五言、七言的产生与鼎盛时期，以及相互之间的演变与影响也略做分析，便于后代学人开展系统性研究。

第三章“汉魏时代之美文”，主要论述了建安以前的汉诗，把其他均归为汉魏乐府及其类似之作品。在这部分中，梁启超对西汉的散文赞赏有加，认为纯粹的诗在西汉并不多见。梁启超重点梳理七言、五言的产生与发展过程，并提出自战国到西汉，七言的历史远于五言，七言以《大风歌》为祖，而五言最早出现于《戚夫人歌》中。在详论《古诗十九首》时，梁启超主要依据萧统所编的《文选》，用自己先进的理论、独特的方法，全面系统地研究《古诗十九首》诸问题，提出了一系列很有说服力的观点，如他运用社会历史批评的方法分析《古诗十九首》的内容，提出其中“厌世思想之浓厚——现世享乐主义之讴歌，最为其特色”，也论到佛教思想的渗入影响。他还对《文选》所录的苏武、李陵的诗进行了辨证，以汉武帝时无此种诗体、赠答诗起于建安七子、苏李无他诗传世难见其诗风这三点理由，粗论这两人的诗作应为建安七子的手笔。在本章中梁启超运用图表形式，整理《全汉诗种类篇数及其作者年代真伪》一表，包括诗、歌谣及谚语、乐府三类表格，表中对成诗年代、体制真伪、作者主名等做出详尽归类。这一章的内容集中体现了梁启超研究方法多样化、学术思想多元化的鲜明学术个性，展现出他作为近代学术研究的重要开创者和代表人物的学者风范。在第三章第二节中，梁启超对汉魏乐府及其类似的作品进行分析，录入多篇梁启超本人喜爱之作，并且其论述表达也多从情感体验、美学韵味、艺术特色上展开，展现出他的艺术直觉与领悟力。如论浑良夫的“噪”，似诗非诗，却饶有诗趣；对《武帝故事》中汉武帝的诗作既有怀疑，也有喜爱之意，举武帝与群臣联句诗《伯梁诗》，称其“极别致”；还对戚夫人、华容夫人、细君公主等女性的诗作，合以论为妇女文学中的佳品，不过其中有较多内容与第一章重复，这也是研究者对现版中章节整理产生疑问的重要一处。

著作的第二章、第四章均是未完篇章。第二章“周秦时代之美文”中，现存“《诗经》之篇数及其结集”“《诗经》的年代”两节，第一节从南、风、雅、颂四类对《诗经》的篇数和结集进行梳理分析，这一观点是梁启超对《诗经》四体的独到见解，其异同主要从音乐节奏上进行区分：风是民谣，南、雅是乐府歌辞，颂是跳舞乐或剧本。第二节讲到《诗经》的“年代”问题，本属于考证的重要部分，但并未完成。第四章谈及“唐宋时代之美文”，仅留存一节“词之起源”，在此不做展开介绍。

梁启超在书中留下一些研究存疑之处，例如对孔子手选删定《诗经》提出疑问，梁启超认为三百篇之定本在春秋时已盛行，删诗之说，实出汉儒附会，对《诗经》由三千余首到三百篇出自何人定自何时，因缺少有力的证据而未下定论。除考证版本、年代外，他还看到文字中的细节问题，如曹操《步出夏门行》每首结尾处出现的“幸甚至哉，歌以咏志”，是曹操创作的原文还是入乐时用来凑音节未做进一步探讨，因此也对《宋书·乐志》中所录各篇是否有入乐时添字添句的问题提出疑问。凡是对古籍记录可能有错讹的地方，梁启超均做出标注，对佚散无法辨字的则用方框代替，体现出其严谨的学术品格，也给后世读者和学者留下不少待考证和阐发的课题。对梁启超《中国之美文及其历史》的出版整理问题，彭树欣在论文中做出辩证分析，提出了卷、章、节排序的矛盾之处，并依据分析做出还原。当然由于本书是未竟之作，有此待解之谜也属必然。其门人葛天民叙曰：“发蒙启覆，开导后学。”“世有达者，理而董之。”这也应是梁启超对后人的期待。

除《中国之美文及其历史》外，梁启超在《屈原研究》《陶渊明》

《情圣杜甫》《中国韵文里所表现的情感》等著述中，对中国古代具有代表性的伟大诗人及其创作特征做出较深入的研究。透过这些著述，能够看到梁启超尤为强调情感表现的意义，这与他提倡“情感教育”“趣味教育”是直接联系在一起的。他认为歌谣与诗是开展情感教育、趣味教育最有益的途径，展现着自然美、人性美。梁启超对教育的期待是希望通过知育、情育、意育，教人做到不惑、不忧、不惧，做一个顶天立地的人，这是其“新民”思想的内核。梁启超还按照中西思想文化融合的思路，设计了以教育为主阵地，以传播新史学、新小说为辅助的一套改造国民性、塑造新国魂的方法。他认为单纯地用知识和道理引导人，只能教人理解那件事应该做和怎样做，至于被引导的人做与不做，却与知识、道理没有什么关系。有时候知道得愈多，反而做得愈少。而用情感激发人就不同了，情感对于人的行为，“好像磁力吸铁一般，有多大分量的磁，便引多大分量的铁，丝毫容不得躲闪”。他把情感看作人类一切行为的源动力：“古来大宗教家、大教育家，都最注意情感的陶养，老实说，是把情感教育放在第一位。情感教育的目的，不外将情感善的美的方面尽量发挥，把那恶的、丑的方面渐渐压伏淘汰下去。这种功夫做得一分，便是人类一分的进步。”有热烈的情感才能热切地投入现实生活，有丰富的想象力才能建构起高远的理想世界，这样的人生才能算活得有趣味、有兴致。

（杨艳秋）

阅读链接

1. 《中国之美文及其历史》，梁启超著，东方出版社，2012 年版。
2. 《梁启超论中国文学》，梁启超著，商务印书馆，2012 年版。
3. 《新民说》，梁启超著，商务印书馆，2016 年版。

中国小说美学

叶　朗

叶朗（1938—　　），浙江衢州人，中国当代著名的美学家、文艺理论家，国家级有突出贡献专家。1955 年考入北京大学哲学系哲学专业，1960 年毕业留校工作，进入刚刚成立的美学教研室，陆续接触到邓以蛰、朱光潜、宗白华等学术大家，走上中国美学研究之路。现为北京大学哲学社会科学教授，博士生导师，兼任北京大学艺术学院名誉院长、北京大学文化产业研究院院长、北京大学美学与美育研究中心名誉主任，曾任国务院学位委员会哲学学科评议组召集人、教育部艺术教育委员会主任委员，北京市哲学会会长、北京市社科联副主席。第九、十届全国政协常委委员。主要著作有《中国小说美学》《中国美学史大纲》《意象照亮人生》《胸中之竹》《欲罢不能》等。进入学术成熟期后，除开展美学研究外，叶朗还十分关注文化产业发展。同时，为了弘扬北大传统和蔡元培先生倡导的美育思想，在青少年人文素质教育方面投入较大精力，主编多部文学、文化、美学读物，如《中国文化读本》《中华优秀传统文化》《现代美学体系》《中国历代美学文库》《文章选读》《观・物：哲学与艺术中的视觉问题》等。

叶朗对“中国小说美学”的研究肇始于1977年前后，他在北京大学善本阅读室里集中几个月时间进行古籍研读和抄录，系统开展明清小说评点研究，于1981年为北京大学哲学、中文、西语三个系高年级大学生开设了名为“中国小说美学”的选修课程，受到学生们热烈欢迎，后来他又应邀为北京师范大学中文系学生上课，通过不断深入的教学总结与研究，于1982年12月由北京大学出版社出版《中国小说美学》一书，两次印刷8万册，很快售空。《中国小说美学》是叶朗在中国美学和文艺学研究上的重要著作之一，也是他的学术代表作，正是在这部著作的基础上，叶朗向中国美学史发力，用短短三年时间完成了《中国美学史大纲》这部重量级著作。从中国美学史的角度看，《中国小说美学》是第一部从美学角度系统整理和研究中国古典小说理论的专著，具有填补学术研究空白的重要意义，同时这部专著对当代美学界具有“开先河”的性质。在其问世后，有关诗歌美学、散文美学等专题性研究陆续展开，各种论著相继问世，极大地促进了中国文艺理论的繁荣，为我国文学理论与创作实践做出了重大贡献。

《中国小说美学》是我国新时期以来美学和文艺理论界的重要收获。全书共分八章，另附有一篇考证文章。在导论部分主要论述小说美学的概念等一般理论问题，阐述对中国小说美学研究的历史、现状、前景、意义等方面的见解。结束语概括总结了中国小说美学的十六个重要特点，对全书加以总结。除去导论和结束语，主体部分共六章，分别对李贽、叶昼、冯梦龙、金圣叹、毛宗岗、张竹坡、脂砚斋、梁启超等著名小说理论家的美学思想逐一进行了分析探讨，其中涉及小说创作的真实性和倾向性，人物性格和典型塑造，小说家与社会人生的关系，小说创作的虚构和想象，人物和环境的关系，小说的情节、结构、叙事观点和形式美的规律等许多重大小说美学理论问题。论著材料丰富，见解独到，在中国古典小说研究界具有较大的学术影响。

由前所述，叶朗在《中国小说美学》的导论部分重点阐明了研究的立足点，通过四个部分系统地解答了中国小说美学研究的对象、范围和意义等问题，其研究虽叫“中国小说美学”，实际关注的却是中国古典的小说美学和近代的小说美学，而不包括中国现代和当代的小说美学。该研究致力于拓展中国小说美学的学术视野，运用哲学、心理学、社会学等理论和方法对小说艺术的本质、小说艺术和其他艺术的异同，以及影响小说创作和欣赏的因素等进行系统研究。作者列举了小说是什么、小说写什么、小说真实性、小说创作学、小说灵感学、小说结构美学、小说主题美学等学术问题，并对中国小说美学在内容和形式上的独特性进行梳理，重点总结了小说评点这一体例的优点，指出中国古典美学对小说美学领域的梳理，引出小说美学研究，尤其是明清小说评点分析的主题，强调了中国小说美学研究的重要意义。

叶朗在第二章到第七章中，展开了对中国小说美学的深入论述。第二章主要介绍了古典小说美学的发端及李贽、叶昼、冯梦龙三位代表人物，抛出中国古典小说美学在明万历年间前后才真正开始发展的学术观点，认为李贽、叶昼、冯梦龙三位理论家在发端时期贡献最大，特别是肯定李贽是中国小说评点的开创者，对其童心说的哲学思想进行了深入的介绍。对这三位理论家的成果主要概括为小说生命力的源泉、真实性的内涵、对塑造典型性格的早期认识、艺术形式美与意境、典型的关系以及小说通俗化的市场发展要求。论述中还引用庄子、谢肇淛、王国维等中国思想家、罗丹等西方艺术家的观点进行互证和比照分析。

从第三章开始，是叶朗研究中国小说美学家及其观点的核心内容。第三章金圣叹评点《水浒传》的小说美学分析是全书中笔墨最多的部分，占到约百分之二十的比重，并且其内容分析精深细致，举证详尽，例论严谨，三十个分论部分中每一部分都有一个或多个重要的学术观点。金圣叹评点《水浒传》本身就是广大读者阅读小说的重要指导，叶朗重新评价金圣叹的美学地位与其具有民主倾向的哲学思想，指出了小说艺术的批判性，然后系统地解析了金圣叹在评点《水浒传》中对艺术创作的灵感，典型性格与小说的美感、净化、升华作用，人物语言、肖像、行为的塑造，情节与人物性格的辩证关系，并从读者审美体验的角度，对评点中涉及的小说语言的准确性、表现力、形式美、壮美与优美的转换等方面进行了集中梳理，充分挖掘金圣叹小说理论见解的丰富性、深刻性和审美性，指出到了金圣叹这里，中国古典小说美学才真正建立起来，充分肯定了金圣叹在中国美学史上划时代的贡献，以及他对清代小说评点家的引领和影响作用。第四章集中对毛宗岗评点《三国演义》的小说美学进行分析，指出其主要贡献是发挥了金圣叹有关叙事的方法理论，使之在条分缕析后得到扩散推广，比较明显的是毛宗岗对《三国演义》十二条叙事方法的详尽总结，如“同树异枝，同枝异叶”“隔年下种，先时伏着”“横云断岭，横桥锁溪”“笙箫夹鼓，琴瑟间钟”等，通过艺术性语言对小说创作的辩证法、小说结构的“文势”、读者审美心理体验等做出形象表达。毛宗岗本人在小说美学方面的创造性观点并不多，主要由于其多从历史学的视角出发，缺少艺术家的审美眼光。第五章集中分析了张竹坡对《金瓶梅》的评点，与前两章不同的是，《水浒传》《三国演义》的读者群比较普遍，《金瓶梅》的读者有限，所以叶朗用 4 个小节来介绍这篇小说的背景、作者、故事及历史评价，认为其是中国文学史上一部十分重要的作品，标志着中国古典小说发展的重大转折，为明代社会政治、经济和文化研究提供了生动材料，随后针对张竹坡对《金瓶梅》的评点系统分析其美学价值。叶朗在分析中关注到张竹坡的《金瓶梅》评点与金圣叹、毛宗岗的不同之处，通过“市井文字”对西门庆家庭破落进行记叙，把丑作为审美对象，反映以一大批恶人、狂人、非人的人为中心，冷热无常、真假颠倒的市井生活，在“泄愤”的过程中促使人们面对生活中的丑陋，推动现实主义创作潮流的发展。叶朗对张竹坡所关注的《金瓶梅》小说创作中审美描写的作用尤为重视，引用大量例证解说“白描”“闲笔”“精确化描写”，指出张竹坡所论的审美描写与非审美描写的差别，点明张竹坡小说评点比金圣叹、毛宗岗等人的进步之处，其小说美学更接近于近代美学的概念，并对《红楼梦》等传统小说创作与欣赏产生了重要影响。

叶朗在对脂砚斋小说美学进行分析的过程中，抓住了《脂砚斋重评石头记》八十回的重点内容，指出其评点不只是提供了《红楼梦》研究的资料和线索，本身也有自己的美学思想价值，涉及《红楼梦》的创作方法、主题思想、人物塑造、艺术意境、情节结构、语言表达和细节描写等诸多方面，也对其思想中的消极之处进行了辩证分析，在脂砚斋评点中对“情”这一主题的把握持肯定与赞同的观点，指出此“情”非抽象的“情感”或“爱情”，并通过对汤显祖创作中的“情”之内蕴的分析，强调这里的“情”是同封建政治法律制度、封建伦理规范相对立的范畴，包含着人性解放与人生理想的内容，具有民主主义、人文主义、理想主义的倾向。在这样的审美思想之下，脂砚斋对《红楼梦》的评点使小说原有的悲剧性加深，其艺术真实性凸显，他肯定了曹雪芹对典型人物的摹写，以及贾宝玉作为曹雪芹审美理想人物的设定，实为“今古未有之一人”，同时也强调红楼梦的审美价值还在于，通过主次分明、线索清晰的叙事展现出各色人物性格的复杂性、性格与命运的关联性、人物形象的缺陷美。脂砚斋在小说评点的过程中，也对读者的审美欣赏反应做出引导和推断。

在近代小说美学家中，叶朗重点关注梁启超“小说界革命”的美学观点，作为一种小说美学思潮，它的重要背景是大批西方小说被翻译介绍，西方哲学与美学理论、方法东渐之风盛行，以论文形式阐述小说美学的论点逐渐流行，从梁启超、夏曾佑、王钟麒、狄平子到林纾、王国维等人，均在美学表达形式上实现了这一转变。在这些小说美学家中，梁启超因其广阔而丰富的思想体系成为重要代表人物，在其中西合璧的美学观点中，既有对中国古典美学“境界”等范畴的传承发扬，也有对西方美学逻辑关系的学习与借鉴。叶朗对梁启超从心理学的角度提出小说支配人心的四种力——“熏”“浸”“刺”“提”，既有充分的肯定，也指出这四种力实质不同，在逻辑上并列不够严密。本章中还列举了夏曾佑、王钟麒、林纾等人对梁启超小说革命观点的呼应和补充，分析了近代美学家对于小说创作的规律、小说的社会作用的观点。同时也指出，梁启超因倡导小说界革命而全盘否定中国古典小说的片面性，并援引与梁启超持不同观点的王钟麒的重要主张，提出了小说的民族化要求，强调写“新小说”的人必须研究中国古典小说的民族传统。王钟麒的提醒是近代小说美学中的一声警钟，虽然没有发挥力挽狂澜的作用，但在一定程度上弥补了近代小说美学家过于强调小说政治价值的硬伤。

叶朗在结束语中，简明直接地总结了对中国小说美学研究所得到的十六点认识，并概括为三个方面。一是文本论，即小说美学的唯物论传统，艺术真实性，艺术形象典型性、复杂性和个性化，人物语言与人物性格的合理性，小说的诗意韵味，情节的故事性，小说语言的美学本性及小说的审美描写等。二是创作论，即小说创作者本人生活经历与知识面、个人的感情与爱憎的关注对创作的美学实践价值。三是艺术欣赏论，小说要“谐于里耳”，符合读者的审美要求，读者在欣赏中是情感、理解、想象、品位等多种心理因素和心理功能的交融和统一。

从附录《叶昼评点〈水浒传〉考证》可以看出叶朗学术研究的扎实功底，从文献考证、义理阐释到学理建构，他一丝不苟，精准分析，用当代美学的话语对古典美学思想进行了再表达、再阐释，从而让其精美的理论内核放射出耀眼的光彩。通过叶朗的论述介绍，众多中国古典小说美学家的学术贡献得到重视，历史地位得以确立。同时叶朗在中国美学史研究中开辟了中国小说美学研究的学术领地。

《中国小说美学》运用微观剖析与宏观把握相结合的思辨方法，强调古典美学和当代美学的贯通，中西方美学思想的融合，对我国古典小说美学的理论精华进行了微观、细致的条分缕析，不仅使读者对这些美学家的面貌有了比较清晰的认识，而且对其理论代表的政治思想、美学观念以及在中国美学史上的地位等进行了宏观的把握，从而使我们对中国古典小说美学的理论发展轨迹有了整体的认识。在古人的漫谈式议论中抽出最有美学价值的内核，多处引用黑格尔、恩格斯的观点和西方小说片断进行论述和对照，有助于读者站在更高、更宽的角度审视东西方美学的价值，对提高我们的理论与创作水平有极大的帮助。

如前所述，叶朗在求学与治学的过程中，深受朱自清、叶圣陶、丰子恺、朱光潜、夏丏尊等学者的熏陶，始终关注造就具有完全人格的人。叶朗在学术研究之余，从 2009 年开始每年不定期地在燕南园举办“美学散步”文化沙龙。杨振宁、李政道、吴良镛、沈鹏、欧阳中石、潘公凯等著名学者和艺术家，都曾应邀参加沙龙并发表演讲。沙龙规模虽小，但影响越来越大。从学术研究的角度，叶朗通过对美学、艺术学、人文学的研究和教学，力求建立一个立足于中国文化的、有中国色彩的美学体系，贡献了《中国小说美学》《中国美学史大纲》《美在意象》等多部原创性的学术著作。从师者及文化学者的角度，他力倡开展中国文化教育、艺术教育，主持出版的《中国历代美学文库》《中国文化读本》《更高的精神追求——中国文化与中国美学的传承》等，都是学习中国传统文化和艺术理论的宝贵资料库。

（杨艳秋）

阅读链接

1.《中国小说美学》，叶朗著，北京大学出版社，1982 年版。

2.《中国美学史大纲》，叶朗著，上海人民出版社，2014 年版。

3.《美在意象》，叶朗著，北京大学出版社，2010 年版。

4.《红了樱桃绿了芭蕉——情系燕园六十年》，叶朗著，安徽教育出版社，2020 年版。

5.《中国文化读本》，叶朗、朱良志著，外语教学与研究出版社，2008 年版。

6.《中国历代美学文库》，叶朗主编，高等教育出版社，2003 年版。

音乐戏剧编

人民音乐家：冼星海

郭冰茹

郭冰茹（1974—　　），文学博士，现为中山大学中文系教授、博士生导师。广东省作家协会理事，中国现代文学馆客座研究员。研究领域为20世纪中国小说史、中国当代文学与文化。曾荣获“广东省哲学社会科学优秀成果奖”“第四届中国女性文学研究优秀成果表彰奖”“第六界唐弢青年文学研究奖”等奖项。出版《中国当代小说叙事演变史》（第二作者）、《人民音乐家：冼星海》等专著，在《文学评论》《中国现代文学研究丛刊》《当代作家评论》《文艺争鸣》等学术刊物上发表多篇论文。

“风在吼，马在叫，黄河在咆哮，黄河在咆哮……”这段激昂澎湃的旋律响彻了几代中国人的耳畔，激荡着一代又一代中国人的爱国情怀。这首传世名曲《黄河大合唱》的作者，正是中国现代音乐史上里程碑式的人物——冼星海。冼星海是中国现代音乐史上杰出的作曲家、音乐理论家、音乐教育家，为中国的新音乐运动做出了突出的贡献。在其一生中，创作了《黄河大合唱》《太行山上》《二月里来》等500多首脍炙人口的群众歌曲，四部大合唱、两部歌剧、两部交响乐、四部交响组曲、一部交响诗、一部大型管弦乐曲，以及许多室内性的器乐独奏、重奏和声乐独唱曲，为中华民族和世界音乐殿堂留下了宝贵的精神遗产。他的音乐作品以鲜明的时代特色和民族特性成为中国人民抵抗侵略、争取自由的重要精神力量。毛泽东赞誉他为“人民的音乐家”，周恩来为其题词“为抗战发出怒吼，为大众谱出呼声”。

《人民音乐家：冼星海》是广东省历史文化名人丛书之一。本书取材宏富，考据精详，结合冼星海的书信、日记以及他的学生、友人的追忆评述，以精炼晓畅的文字、图文并茂的形式，呈现了冼星海执着于音乐和革命理想的一生。本书将冼星海个人的学术道路和学术思想的发展，置于近现代中国特殊的社会历史背景下进行考察研究，系统梳理和总结了冼星海卓越的艺术成就，有助于读者理解、把握冼星海的思想和创作历程，增进对中国新音乐和学术历史的认识和了解。本书在内容安排上，按照时间顺序，选取了冼星海重要的人生节点进行介绍，将其生平与音乐发展穿插叙述，把冼星海的生活故事与其创作之路整合起来，展示了冼星海为了理想、信念，为了他热爱的音乐、祖国、人民和中国共产党倾尽所有在所不辞的激情、勇气和魄力。正书一共分为六章。第一章讲述了冼星海的青少年时代。他家境贫寒，但自幼对音乐充满热爱，历经岭南、上海、北京，一路北上求学，结交了司徒乔、肖友梅、张曙等一批良师益友，开始思考如何才能让音乐获得更广泛的传播以培养国人的情操。第二章介绍了冼星海在巴黎的求学历程。他刻苦勤学，尽一切可能汲取音乐知识，但国难当头，怀揣着为祖国服务之心，经历七年苦学之后选择了学成归国。第三章介绍了冼星海回国后的初期创作。这一时期他创作出了《夜半歌声》《战歌》《救国军歌》《壮志凌云》等一大批优秀的音乐，之后投身于新音乐运动中，推广救亡歌咏。第四章介绍了冼星海到达延安之后的创作。这一时期，他的创作日益成熟，内心的革命激情与对祖国的热爱在音乐中不断积累迸发，创作了《黄河大合唱》《生产运动大合唱》《九一八大合唱》《军民进行曲》等大量优秀的革命音乐和数百首展现中国民间生活的民谣小调。第五章讲述了冼星海的莫斯科之行。受党中央的委托，他远赴苏联，积极参加苏联音乐界活动，创作了一批共产主义国际音乐，但由于长期的营养不良和繁重的工作，他最终病逝在异国，年仅40岁。最后一章阐述了冼星海在音乐大众化与民族形式上的理论探索，以及在民歌、歌剧与交响乐方面的创作实践，总结概括了他对中国现代音乐史的贡献和影响。

冼星海出生于一个贫苦船工的家庭，出生时他的父亲已经离世，孤儿寡母的艰辛程度可想而知。为了生计，冼星海7岁时便开启了一生漂泊的日子。母亲经常哼唱一首广东地方的小曲《顶硬上》来教育儿子要坚韧不屈、坚持到底，它成了冼星海童稚心灵上不可磨灭的启蒙乐章。后来无论求学过程如何艰辛，他总能咬紧牙关、克服困难坚持下去，“顶硬上”也成了冼星海毕生的信念。冼星海从小便显示出了对音乐的热爱，跟外祖父学会了吹笛子，上中学时凭借单簧管的吹奏技艺，经常出现在大大小小的演出上。贫困的生活自然无法供给冼星海接受正规的音乐教育，他自学了小提琴，并兼任学校管乐队指挥，由此拉开了他音乐人生的序幕。他求学巴黎时，没有一分钱的官费资助，每天为了三餐一宿，为了不至于饿死街头而疲于奔命，做过各种体力劳动：餐馆跑堂，咖啡店侍者，理发店和澡堂小工……然而只要有时间有力气就会锲而不舍地练琴、学音乐。他租住的“蜂窝房”矮到伸个懒腰都绝无可能，房间只有一面向着天空的“牛眼”窗，每到练琴时他就站在桌子上，上半身伸出屋顶，对着天空练习音阶。就是在这样恶劣的环境下，一个寒风刺骨的晚上，冼星海创作了他人生的第一首作品《风》，悲愤的旋律中饱含了对祖国命运的担忧和个人命运的慨叹，作品一经问世就获得了巴黎音乐界的好评。马思聪曾说冼星海什么都不怕，连学不好都不怕，有了这样的劲头和信念，还有什么能够阻挡他的呢？功夫不负有心人，冼星海终于如愿以偿地考进了巴黎最高音乐学府。七年的学习使他系统地掌握了现代音乐的作曲技巧，艺术视野、音乐修养得到了扩展和提升，终于圆满地完成了学业，为此后音乐事业的成功奠定了坚实的基础。

冼星海一生的轨迹不仅是中国革命的一个注脚，而且是20世纪中国知识分子投身革命的心灵写照。令人难以置信的是，这样一个伟大的音乐家一生都食不果腹，尽管回国后所展现的音乐才华足以让他丰衣足食，但是他不为金钱折腰，选择了一条为祖国和人民鞠躬尽瘁的奋斗之路。1935年，冼星海面对战争频发且灾难深重的祖国毅然归国，将学到的知识用在为祖国而战的斗争中。面对挣扎在生死线上的羸弱国民，他毅然加入宣传抗战的革命队伍中，创作救亡歌曲，并到社会各界的歌咏队中教唱宣传，尤其接近学生、工人和农民，这为他作品的时代风格奠定了基础。1938年，为了实现在贫弱的中国普及音乐的理想而奔赴延安，从此一直为音乐的民族形式和音乐的大众化辛勤地教书育人、研究和创作。在1935年到1945年这生命的最后十年，也是他最辉煌的十年中，这位人民音乐家爆发出蓬勃的创造力，一直站在时代洪流的潮头，冲在抗日救国运动的最前列，这既是他所追求的人生价值的最大体现，也是他十年中伟大创作的力量源泉和动力之所在。他所创作的500多首群众歌曲以及形式多样的音乐作品，绝大多数都取材于现实生活，鲜明地表达了爱国、救亡、抗日的革命主题，其中不少作品传唱至今。一个人历经千难万险始终执着于自己的理想，并最终实现了理想，这足以让人钦佩，更何况这个理想还是建立在为祖国、为人民的基石之上。冼星海走过的路，除了激励我们奋发向上之外，还留给我们更多关于事业、理想和信仰的思考。

冼星海作为一个多产的作曲家，作品数量之丰厚、体裁之多样、题材之广泛，都是同时代中国作曲家所无法比拟的。他的作品对抗日军民起到了极大的鼓舞作用，其中尤以《黄河大合唱》的影响最大，首演即获得空前成功，冼星海也因此一举成名。那么，在那个特殊的时期，是什么因素催生出了《黄河大合唱》这样一部伟大的作品？当时的革命歌曲有着怎样的创作特点？为什么这些作品能如此广泛地传播，直到今天仍然经久不衰？……这些问题值得思考。该书对冼星海一生中的重要事件和创作理念进行了回顾，我们从中或许能一窥那个峥嵘年代革命歌曲的蓬勃活力，获得解答上述问题的灵感。在冼星海的作品中，数量最多的是救亡歌曲。他曾说，这种创作并不被当时的一些音乐家理解，但作为“有良心的音乐工作者”就必须看到祖国和人民的苦难，必须把其传播出去，唤起更大范围的关注。正是这种对祖国同胞受难的悲悯和对祖国未来希望的坚定，激发了他用歌曲唤醒国人的创作意愿，这也是革命歌曲之所以生生不息与广泛传播的根本缘由——它是一个民族在压迫下的怒吼！那么，革命歌曲有哪些特点呢？通过冼星海的创作，可以看出有以下几点。一是内容和形式的民族化、大众化。革命歌曲一定要广泛地从民间音乐中汲取营养，展现人民的日常生活，只有这样的革命歌曲才有群众基础。二是鲜明的政治性和时代性。革命歌曲是为斗争服务的，因此必须具有充分明确的革命主题，同时要紧跟时代，反映出特定时期的社会现实，这样才能具有生命力。三是突出的艺术性和创造性。要准确、生动地运用各种艺术手段，创造耳目一新的艺术形式，才能使革命歌曲被人们喜爱和传唱。《黄河大合唱》创作于 1939 年春，这时抗日战争进入了相持阶段，大片国土沦于日寇的铁蹄之下，华北人民在中国共产党的领导下在敌后广泛开展游击战争，给日寇以沉重的打击。冼星海从诗人光未然那里得到《黄河大合唱》的歌词后，立即投入紧张的创作中。三月的延安，乍暖还寒。冼星海把自己多年来对祖国命运的关注、对民族灾难的忧愤、对革命战争的颂扬、对抗战胜利的信心，全部倾注在这部音乐创作中，仅仅六天忘我的艰苦劳动，用心血铸就了一部传世之作。在内容上，全曲由《黄河船夫曲》《黄河颂》《黄河之水天上来》《怒吼吧！黄河》等一个序曲和八个乐章组成。以黄河为背景，热情地赞颂了中华民族不屈不挠的坚强意志和斗争精神，以及悠久的文化历史，突出地表现了中国人民勤劳朴实、崇尚自由的精神品质，愤怒地控诉了敌寇侵入给黄河两岸人民造成的深重灾难，最后以激昂的旋律奏出人民群众同仇敌忾保卫黄河、保卫祖国的壮烈图景。在艺术形式上，《黄河大合唱》包括了男、女声独唱，朗诵、齐唱、多声部轮唱，借鉴了民歌、民谣、颂歌等多种表现方式，并力图保证整部作品在风格、结构方面的内在统一性，使这个庞大的作品在逐章演出时具有各自的音乐风格，而整合起来演出时又能浑然一体，连贯自然。这部作品正是由于在内容上鲜明的时代性，在形式上大胆的创造性，在中国现代音乐史上留下了无可替代的一页。

冼星海不仅是一位音乐创作丰富、作品风格充盈的音乐家，还是一位具有学术思想的音乐理论家，对于中国新音乐发展中的一系列重大问题具有独到的见解。该书从两个方面对冼星海的理论实践进行了探讨。一是新音乐的理论建设问题。冼星海总结了新音乐的本质并提出了建设方向，回答了“为了谁”“依靠谁”“向何处去”等重要问题，指出新音乐的建设关键在于实现音乐的大众化和建设音乐的“民族形式”，并围绕这两个核心问题展开了一系列研究和探索。这位受过西方印象派音乐教育的作曲家，一直立意以民间音乐为基础，并参考西方音乐的成果来创造新的中国音乐形式。他认为中国的音乐只有朝着大众的、民族的、艺术的方向努力，才能成为好音乐。二是“民族形式”方面的创作实践。不论是理论建设还是创作实践，冼星海都非常重视对民歌的吸收。他在概括了民歌具有现实性、形象化、口语化、地方性的特点之后，详细分析了各地民歌的特色，提出了具体研究民歌的方法，并融入自己的创作，利用老百姓喜闻乐见的旋律，努力使作品成为大众化、民族化和艺术化的统一体。冼星海始终自觉地朝着建设新音乐的“民族形式”的方向努力着。在鲁迅艺术学院任教期间，他认真总结了自己对新音乐“民族形式”问题的思考，编订了教学提纲，也留下了很多探讨该问题的理论文章。他将鲁迅“拿来主义”的态度具体地应用在中国新音乐的创作中来，不仅在教学中详细解说了如何利用中国民间音乐的优良传统，如何借鉴西方现代音乐的表现方式，而且在自己的创作中身体力行，大胆探索，为中国现代新音乐的发展做出了巨大的贡献。除了音乐创作和理论建设，冼星海还将很多精力投入教学中。辗转内地之时，他多次去学校、厂矿、文艺团队教唱歌，教指挥，培养了很多抗日宣传的歌咏干部。担任鲁迅艺术学院音乐系主任期间，培养了一大批热爱革命音乐的优秀学生，包括音乐家马可、作曲指挥家李焕之、指挥家严良堃、表演艺术家陈强、影视作曲家黄准，等等。冼星海作为一名音乐教师，不只是教给学生音乐的技巧，还给予学生许多精神上的鼓励和启迪心智的思想精华。

在生命的最后阶段，病榻上的冼星海仍然创作不辍，对祖国的思念、对亲人的思念，凝成了他的《中国狂想曲》。五年的时间，身处异国的冼星海与祖国遥遥相望，和家人远隔千里，饱受战争蹂躏的祖国还好吗？母亲和妻女平安健康吗？1945 年 10 月 30 日，冼星海终于支撑不住劳瘁的病体，永远地闭上了眼睛，骨灰被安放在了莫斯科。时隔 38 年，这位为了音乐漂泊一生的伟大的人民音乐家终于回到了祖国的怀抱，在他曾经为之奋斗而今已经欣欣向荣的国土上安息。冼星海的生命终止于 40 岁的光景，但他所创作的众多音乐作品，却成了这个世界永恒而宝贵的精神财富。当时光悄然远逝，记忆逐渐变得模糊，能拨动人们心底那根弦的，往往就是那些经久不息的旋律，这也许就是音乐的魅力吧！

（钟　黎）

阅读链接

1. 《人民音乐家：冼星海》，郭冰茹著，广东人民出版社，2009 年版。
2. 《我学习音乐的经过》，冼星海著，人民音乐出版社，1980 年版。
3. 《冼星海传》，马可著，人民文学出版社，1980 年版。

请赴音乐的盛宴

辛丰年

辛丰年（1923—2013），原名严格，江苏南通人。曾为《读书》《音乐爱好者》等诸多知名刊物撰写音乐随笔，其中尤以《读书》杂志音乐专栏“门外读乐”知名。辛丰年先生早年因抗战动乱，未能完成初中学业，后读书自学成癖，并迷上音乐，从此一发不可收拾，遍历乐坛诸家，饱尝古典音乐之妙。跋涉乐海半生之后，他将自己对音乐的热爱和理解写成一篇篇普及音乐的文章，他的文字也因此成为中国乐迷亲近西方古典音乐的桥梁，影响了一代又一代人。著有《乐迷闲话》《如是我闻》《辛丰年音乐笔记》《请赴音乐的盛宴》等书十余部，驰誉书林乐界。

辛丰年不是音乐家，也不是学者、乐评家，但他半个世纪以来嗜爱西方古典音乐，直到退休以后，才化“独乐”为“众乐”，将多年来支撑自己心灵的这些财富竭诚转赠予读者，写下了许多脍炙人口的音乐评论和音乐笔记。1987 年，64 岁的辛丰年出版了第一部音乐随笔《乐迷闲话》，在乐迷中影响深远。从这个意义上说，辛丰年属于大器晚成。多年来，他一直视古典音乐普及为责任，竭尽全力用音乐故事使古典音乐更平易近人。他对古典音乐的介绍和书写具有引领风气之功，其开拓性的工作，使其不仅赢得了包括王蒙这样的著名文化人和作家拥趸，也影响到了《爱乐》杂志的创办人朱伟以及乐评人李皖等人，更使得越来越多的普通音乐爱好者能分享音乐予他的人生馈赠。作家严晓星评价："辛丰年是用自己的真心真诚、自己的经历、自己的信仰来写作。很多人都觉得他是专业音乐院校培养不出来的人，专业音乐院校毕业的不一定有他那样对音乐发自内心的热爱。"一位从未进过"科班"的业余爱乐者，完全出于发自内心的挚爱，硬是通过长期的自学，最终从"门外"跨入"门内"，这不能不说是一个奇迹。要知道，音乐是一门具有很高技术门槛的艺术品种，从某种角度看，在"门外"享受音乐的美并不很难，但要跨入"门内"弄清这种美的内在肌理，却不是一件易事。辛丰年的音乐随笔，不是单纯介绍作曲家，也并不单纯分析乐曲，而是注重音乐的时代背景、民族因素和文化氛围，注重音乐和彼时彼地人的生活与情感经历的关联，文笔精湛，意蕴隽永，不仅可以当作普及古典音乐的通俗读物来看，也可以当作文学作品来读。辛丰年这个名字，也几乎成了音乐文化随笔的代名词。

《请赴音乐的盛宴》是辛丰年写给青少年的音乐随笔，内容深入浅出，既适合深度的古典乐迷阅读，也适合入门级的读者，受到诸多名家的喜爱与推荐。该书收集的音乐笔记涉及范围极广，共分上、中、下三辑，既有对音乐曲目欣赏的漫议，也有对音乐鉴赏手段的总结和分析，还有对音乐人物的品评和回忆，以及对音乐理论的阐述和独特的见解。此书广及西方古典音乐作品、人物与历史、音乐与文化等，下笔从容，学识广博，又有丰富而深切的个人聆听体悟做基点，从而达到了富有韵味而难以为人效仿的境界。辛丰年自谦是音乐的"门外"人，只是个古典音乐的爱好者，一个大乐迷。他开篇就为音乐赏析定下了基调，即以认真严谨的态度来倾听古典音乐，绝非闲得发慌而打发无聊之生。他愿以这本"导游册"助所有爱乐之人一臂之力，共赴音乐这片"乐土"。

乐海无涯，人生有限，面对璀璨如群星的大师、浩渺如烟海的名曲，每一个初涉“乐土”的人都不免心生一丝迷茫。要在有限的时光里欣赏最有价值的作品，就不能漫无目的地选择，于是在第一辑，辛丰年回答了“名曲浩如烟海，怎么选”的问题。以他自己的经验，给期望进入古典音乐海洋而难入其门之人开了一份乐单，列出了“必读之曲”与“可读之曲”。这份乐单的范围是从巴洛克音乐到浪漫派、印象派，更具体到人，便是从巴赫到贝多芬再到德彪西等。顺序是从贝多芬往后，经过整个浪漫主义时代，直到20世纪初的德彪西和年代更后一点的意大利作曲家雷斯皮基，然后，再前溯到莫扎特、巴赫和亨德尔。他分析了上下两百年西方古典音乐的重要作曲家和作品，从作者的风格、特点，作品的类型、内容、意境，欣赏的角度和方法，以及作曲家的艺术手法和作品的艺术价值等方面，进行了全方位的解读和阐释。

在“必读之曲”中，辛丰年首选他钟爱的作曲家贝多芬，既符合贝多芬在音乐史上的地位，也符合大多数人的选择。倾听顺序为以贝多芬的九部交响曲为中心，辐射钢琴、小提琴奏鸣曲、室内音乐及序曲和协奏曲等多种音乐类型中的必读曲目，反复倾听，从总结和反思中体悟其博大深沉的艺术境界，感受他作品中蕴含的复杂而浓烈的气魄与激情。贝多芬之后，辛丰年顺流而下，带领读者一览19世纪的乐海风光，包括浪漫派、后浪漫派、民族乐派和印象派的音乐。舒伯特的音乐如歌似语，自然亲切，在他的567篇作品中辛丰年推荐的必读之作是艺术歌曲，包括众所周知的《魔王》及《玛格丽特纺纱歌》，欣赏艺术歌曲要用心去感受其中诗与美的完美结合。门德尔松是浪漫派的巨子，他的作品与众不同，《仲夏夜之梦》、《e小调小提琴协奏曲》、《芬格尔山洞》和《春之歌》这些作品清新，典雅，富有朝气。与胡亚东的爱好一样，辛丰年也将激情浪漫派乐人柏辽兹放在很重要的位置，他的作品《幻想交响曲》，写实与想象交相为用，诗情与画意水乳交融，是一首独具特色的标题音乐。另外，辛丰年开出的必读曲目有肖邦的《升c小调幻想即兴曲》、《雨点前奏曲》和《d小调前奏曲》，格里格的《培尔·金特》组曲，莫扎特的《唐璜》和《费加罗的婚礼》序曲，柴可夫斯基的《悲怆交响曲》和《神曲》（地狱篇），瓦格纳的歌剧前奏曲《齐格弗里德牧歌》和《浮士德》序曲，等等。而“必读之曲”中所选巴赫，其实只是《十二平均律钢琴曲集》的第一首《C大调前奏曲》和《恰空》这样的小曲。对青少年来说，巴赫、亨德尔也确实只需先窥一斑，再知全貌。宗教音乐辛丰年只认定亨德尔的《弥赛亚》，对青少年而言，只指这部清唱剧第二部分结尾的“哈利路亚”合唱。还有很多必读曲目这里不一一枚举。在辛丰年的笔下，大师们的音容笑貌栩栩如生，音乐情境各异，透过他的文字仿佛能亲闻其声、身临其境。他能把原本寻常的事物或沉重的晦涩话题以轻松巧妙，富有机趣和幽默的方式表达出来，把艰深的理念与读者饶有兴趣的故事和见闻结合起来，使人在枯燥的音乐史人物介绍中获得愉悦感，有一种清新优雅之美，给人以新颖独特、回味无穷的感受。

辛丰年在提到“可读之曲”时，强调可读之作未必不是经典，只是因为爱乐心切而闲暇不多等原因只能各取所需了。在选取可读之作时最好心中有谱，更不能跟在时尚后面“发烧”，大体上仍按照乐史、重要作者来选择，既可以了解音乐文化继承发展的来龙去脉，也可以深化对已读的“必读之作”的理解。辛丰年开出的可读曲目是从巴洛克时期说起再到古典乐派。他在“可读之曲”里先讲巴赫，认为巴赫、亨德尔的许多作品可读而不是必读。巴赫的《d小调小提琴协奏曲》和《d小调双小提琴协奏曲》都值得反复倾听，小提琴的美妙音乐传送了一种诚挚亲切的情感，《G弦上的咏叹调》更是情曲悠扬、雅俗共赏。此外，《勃兰登堡协奏曲》是引人注意的重要之作，那辉煌的艺术效果会在熟听后令人陶醉，还有《b小调弥撒曲》、《马太受难曲》和《约翰受难曲》等可以让我们从中进一步去认识、感受这位音乐大师巴赫的心灵和思想。亨德尔的《水上音乐》、《皇家焰火》和《广板》等也是可听之曲。海顿这位“交响乐之父”给后人留下了大量的交响乐作品，他的交响乐有各式各样的标题，其中，《惊愕》、《告别》、《时钟》和《军队》最为流行，是首选，还有《法国王后》、《晨》、《午》和《暮》等。他的作品在语言和风格上和贝多芬、莫扎特有相近之处，这正是受时代和流派影响的原因。莫扎特留给后人享受不尽的伟大作品太多，可读作品不胜枚举，只能优中选优，不设具体的范围。在他的钢琴曲、交响乐和协奏曲所表达的语言和情绪中，我们能够体会到他的作品内容深刻，形式多样，主题丰富，比他的前辈海顿要成熟得多，正因为如此，莫扎特的作品至今仍保持着坚强的生命力。此外，辛丰年把舒曼的部分作品也列入“可读之曲”，还有罗西尼的序曲以及拉威尔的作品，等等。除了按史选择，作者还提出了另外一种欣赏“可读之曲”的方法，以此来扩大视野，就是分专题来读。作者提出了一些非标准的分类方法，并从小步舞曲与圆舞曲、小夜曲、海洋风雨之类等角度对相关作品进行了推荐和分析，比如，小步舞曲《卡门》，《天鹅湖》《胡桃夹子》中的圆舞曲，《大洋交响曲》等都是值得一听的曲目。辛丰年最后在“可听之作听之不尽”小结中又补充了一些音乐家的作品，提出“可读之曲”的数量也可以没有范围，各从所好，各尽所能，选取更多好的音乐来倾听。

辛丰年为想进入古典音乐的人指引了一条路径，这是辛丰年梳理、普及古典音乐的一大贡献，所以，在古典音乐秘境中，辛丰年确实是引领入门者和爱乐者的一位优秀的向导。

该书的第二辑为《学会倾听》，包含了“做哪一种听众”、“博览与精读”、“借助形象以思维”、“不必唯形象思维”、“弦内之音弦外听”、“审美我为主”和“读书益智，提高听功”七篇通俗易懂的听乐方法论。文章以书信的形式真诚、恳切地敦促、协助爱乐者去倾听，虽然篇幅远远比第一辑《名曲浩如烟海，怎么选?》短，但指导作用却并不低。辛丰年不但引用了无数古今中外著作中对音乐艺术的看法，而且还结合诗歌、绘画、文学以及美学等角度来谈音乐欣赏中的几个重要问题。辛丰年指出不能把听音乐当作“消遣”或“娱乐”，而要“做一个真心的、动感情的听众”，所以要自觉养成“严肃倾听的习惯”。他谈到要把音乐作品分成“博览”和“精读”两种，精读尤为重要。对于应该“精读”的音乐作品，要跟踪主题、辨明曲式、理出头绪、重视细节，不但要反复聆听，还要“横看成岭侧成峰”地听，也就是要不断转换角度来听，使得每次聆听都有不同的体会，从而获得新思维、新感慨。辛丰年谈到听音乐时的“形象思维”问题，古典音乐大致分为标题音乐和纯音乐，与之对应的音乐听法也有两种，即形象思维与非形象思维。他认为听音乐时应该采取一种辩证统一的方法，既要学会在音乐中听出“形象”，理解作品的情绪和主题，又不必用想当然的“形象”去猜，去套，去对号入座，尤其在听无标题的“纯音乐”时。辛丰年还认为，音乐不能用就乐论乐的方式去听，要真正理解音乐的内涵必须扩展视野和听域。既要重视那些同听赏有联系的文化资料，打开倾听思路，深化倾听体验，又要重视音乐史、乐人传的学习，从中把握作者和作品风格，提升鉴赏能力，进而从历史、现实与音乐的联系中获得更深刻的倾听感受。辛丰年还强调不必对大师顶礼膜拜，更不必轻信他人的评论而人云亦云，他提倡“对于理性的问题贵在独立思考……要敢于独立自主地审美，敢于褒贬、抉择，也勇于修正成见、偏见”。最后他强调多听音乐与博览群书要相辅相成，不能只顾倾听音乐而忽略对其他知识的了解学习。选一两部具有代表性的音乐史来读，多看乐人传记，参考一些音乐评论和专业性著作，从历史、社会和文化艺术中多多吸取有利的养料，从而丰富眼界，不断增强音乐的感受力与鉴赏力。

在第三辑《乐人点滴》中，辛丰年分享了音乐家的“朋友圈”里藏着的那些秘密。瓦格纳绝对是这一辑中当之无愧的主角，他的音乐和人生哲学使他成为备受争议的人物。作者谈了他的歌剧、交响曲、死对头、庇护人及崇拜者，展现了一个性格多面的瓦格纳，也恰恰是他的这种神秘、疏离与难以理解的复杂性格，铸就了其音乐令人难以抗拒的巨大魅力。此外，作者还谈到了喜剧大师卓别林的音乐缘分、音乐家海顿的博士论文以及几个比较有意思的名人轶事，帮助读者进一步了解音乐大师之间的交往和喜恶褒贬，从而形成立体化的音乐史概念，欣赏起名作来也可以有更丰富的联想。

《请赴音乐的盛宴》就是这样一本谈音乐的“导游册”，它于小结构中蕴大见识，于文字的行云流水间抒发令人神往的音韵之美和爱乐之乐。辛丰年站在音乐“门外”，却以“内行”的姿态和资质，打破了“门外”和

“门内”的壁垒与阻隔，既能穿透音乐的本质，又能保存音乐的鲜活，自由地穿越生命的时空与历史的城郭，引领人们步入爱乐之门。

（钟　黎）

阅读链接

1. 《请赴音乐的盛宴》，辛丰年著，上海音乐出版社，2018 年版。
2. 《音乐笔记》，辛丰年著，上海音乐出版社，1999 年版。
3. 《如是我闻》，辛丰年著，上海音乐出版社，2018 年版。
4. 《乐迷闲话》，辛丰年著，上海音乐出版社，2018 年版。

我的音乐笔记

肖复兴

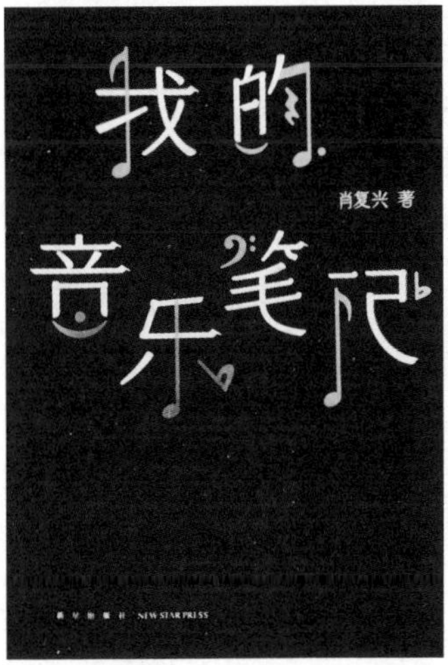

肖复兴（1947— ），著名作家，原籍河北沧州，现居北京。1982 年毕业于中央戏剧学院。曾任《人民文学》杂志社副主编，《小说选刊》副总编，北京市写作学会会长，中国散文学会副会长。已出版长篇小说、中短篇小说集、报告文学集、散文随笔集和理论集百余部。曾获全国及北京、上海地区优秀文学奖，首届冰心散文奖，第三届老舍散文奖等多个奖项，并获得首届“全国中小学生最喜爱的作家”称号。肖复兴的作品朴实无华，向人们讲述着一个个看上去颇为平常的故事，而正是在这一系列似乎谁都可能经历过的故事中，写出了他对生活的独到观感，写出了人的处境、人的精神渴求，写出了社会在其演进发展过程中的细微变化。肖复兴的散文创作涉猎范围很广，涉及风土人情、自然环境及音乐艺术等众多领域。他的文笔细腻，意味隽永，写出了水之灵动、山之精魂、音乐之永恒，引导读者漫游于自由广阔的艺术天地。

肖复兴不仅是一位优秀的作家，也是一位执着的音乐爱好者。假如说他的文学作品是一棵枝繁叶茂的参天大树的话，那么音乐就是树干中流动的养料，滋养着它，陪伴着它。对于肖复兴来说，音乐是一件美丽而独特的礼物，他更愿意将自己珍藏的宝贝送给最需要它们的人。肖复兴不仅有斩获首届冰心散文奖的《音乐笔记》，还有为孩子们激情创作的音乐励志书《音乐漂流瓶》，古典音乐科普书《我的音乐札记》，另外还有《聆听与吟唱》《音乐的隔膜》《肖复兴音乐文集》《肖复兴音乐散文》等多部音乐随笔。其中，《音乐笔记》多年来屡次再版、加印，可见该作品所传达的音乐精髓深入人心。《我的音乐笔记》是在此基础上的全新修订本，增录了《只为聆听而存在》《牧神午后》《春天去看肖邦》等十余种音乐文集里精选出来的文章，同时也收集了作者在后续几年里一些新写而未能集结的文字。《我的音乐笔记》以诗一般绮丽的语言，细说着聆听一个个大师音乐作品时的心灵震撼，谱写了一首首音乐与梦想、现实与人生的激越“交响曲”。能让肖复兴坚持数十年写音乐的原因，也许就是情感、心灵、音乐三位一体呈现出来的奇迹，他在自序中说：“音乐中有世上最美好的一种境界。我始终认为包括文学在内的一切艺术，都应该向往音乐的境界，所有音乐都指向心灵的深处。”

对于音乐，肖复兴谈不上专家。他寻找贝多芬，聆听肖邦，感受莫扎特，梦想格里格，走进威尔第；他也怀念鲍勃·迪伦，理解约翰·列侬……这些都属于他心底的“音乐印象”。在《我的音乐笔记》中，所写的不是那些对古典音乐的说教，而是普通人能够听懂的音乐科普随笔，是肖复兴与“音乐印象”的同喜同悲，诉说着他对音乐所有的情感和痴迷。所以，这本书被读者誉为“诠释音乐的心灵之书”。可见，能激荡作者灵魂深处的文字，同样可以感染着每一个读者，指引着心底对音乐的呼唤。《我的音乐笔记》分为四个貌似不同却又有所联系的篇章。跟随肖复兴的笔触，我们可以读到在他的爱乐之路上那些深刻影响过他的音乐家的传奇故事，读到他独特、细腻的音乐感悟，领略到他追寻古典音乐的经历，还可以欣赏到音乐对他人生的滋养。全书用了大量的排比和比喻将无形的音乐幻化成有形的事物，我们或许能通过这些沁人心脾的文字，一窥肖复兴眼中的音乐。

在第一卷中，作者用一个个音乐家的故事串联起一段西方古典音乐史，其中包含了20多位伟大的音乐家：巴赫、亨德尔、莫扎特、舒曼、李斯特、肖邦、威尔第、瓦格纳、勃拉姆斯、德彪西、布鲁克纳、马勒、柴可夫斯基、西贝柳斯、拉赫玛尼诺夫、施特劳斯、托斯卡尼尼、肖斯塔科维奇……音乐家们的形象在历史的背景中更加立体鲜活，历史在人物的映衬下展现了更加生动的细节，而由此诞生的音乐在人物的故事中也更具鲜明的特色。作者根据音乐风格将世界古典音乐大体分为三类：以贝多芬、瓦格纳为代表，上溯到亨德尔归为激情型；以巴赫、莫扎特为代表，一直延续到门德尔松、肖邦、德沃夏克归为感情型；以勃拉姆斯为代表的归入内省型。肖复兴并非千篇一律地平铺直叙每段音乐史，而是结合自己的听乐经历和读史感受，抒写音乐家们的人物个性和音乐风格。从《那一晚忽然洞开的窗子》《光就是从那儿来的》《疏枝横斜的勃拉姆斯》到《巴托克的启示》《艺术比死亡更有力量》等，每一篇文章篇幅不长但诗意满满，把艺术家近于“天籁”的音乐诠释得天衣无缝，给人以和谐、安宁的感受。他的文字好像插上了天使的翅膀，能够给予你无限的遐想，引发对于艺术本质的思考。对于音乐作品的赏析，作者具有自己一套独立的审美体系，并不完全以音乐史为准，他认为“音乐是属于心灵和感情的艺术，它不适合描写，更不适合理念，人物和情节往往是多长在它身上的赘肉”。肖复兴毫不掩饰自己的好恶，对喜欢的作品不吝溢美之词，对反感的作品也绝不姑息地犀利批判，这或许是他的可爱之处。比如，他称赞“莫扎特的音乐不是做出来的，是真正从心灵深处流淌出来的。他的音乐才能如水一样清澈明亮，是自然而然、情不自禁的流露”；“肖邦的夜曲中单纯明朗的诗意，幽静如同清澈泉水般的思绪，仿佛在月白风清之夜听到夜莺优美如歌的声响，给人以温柔的慰藉”；“布鲁克纳的交响曲让精神宁静而舒展，让心澄净而透明，在他的音符和旋律之间可以发现一种由信仰而超尘脱俗带来的善良的滋润和真诚”。肖复兴特别喜欢拿音乐家来进行比较，以此突出人物的个性和作品的风格，因为每一位艺术家的作品风格无不打上性格的烙印。在巴赫与亨德尔的比较中，他表示，虔诚的宗教的巴赫的音乐是内省式的，面对的是心灵，旋律总是微风细雨般的沉思，要靠乐器演奏，因为他相信音乐本身；高傲的世俗的亨德尔的音乐是外向型的，面对的是全世界，旋律总是跌宕起伏，大多是歌剧和清唱剧，因为他相信人在音乐中的力量。从未谋面的舒曼和舒伯特，一个热情，一个羞涩，没有艺术家之间的剑拔弩张，只有艺术上的惺惺相惜，因为舒曼，舒伯特的遗作C大调第九交响曲才被挖掘问世而被世人熟知和喜欢。敏感而孤独的布鲁克纳与沉默寡言的勃拉姆斯的音乐，分为两派且截然对立，前者一直处于后者的影子之下，所以更渴望被承认、被接纳，但在无力的抗争之下也只能选择无奈的妥协。严谨固执的托斯卡尼尼和折中主义的普契尼，在充满矛盾的友谊中相爱相杀，性格上的巨大差异和政治上的迥然态度，导致了他们在艺术上不可调和的矛盾。肖复兴还分析了一种有意思的音乐现象，为什么多年来柴可夫斯基的音乐深受中国人的欢迎？因为深藏在柴可夫斯基音乐里的俄罗斯气息，与中国知识分子在面对国家与民族命运时奋斗求索的民族性格不谋而合。此外，肖复兴还对马勒、勃拉姆斯、德彪西、瓦格纳等在交响乐、现代音乐、歌剧等方面的开拓与创新，以及国家、政治、时代、社会、爱情等因素对于音乐家的影响，都进行了不同侧面的分析和阐释，有理有据，令人信服。通篇来看，第一卷是作者所花心力最大、所着笔墨最多的，写出了他对音乐的独到观感，写出了人的处境、人的精神渴求，也写出了社会在演进发展过程中的细微变化，值得我们细细体味。

在第二卷中，作者用文学的方式来阐明器乐、弦乐的美，记述有关古典音乐的印象和感悟。他将大提琴、小提琴、单簧管、双簧管、钢琴、竖琴等乐器的音色和特点描写得丝丝入扣，表达了各种乐器所能展现的音乐意境和无法言说的情愫。我们只需侧耳倾听肖复兴用诗一样优美的语言，为我们娓娓讲述这些乐器所体现的音乐魅力。比如：钢琴更像是从山涧里流淌下来的清澈溪水或激荡的瀑布，而弦乐才有一种草坪上毛茸茸、绿茵茵的感觉，夜色中月光融融在白莲花般的云彩中轻轻荡漾的感觉；小提琴如泣如诉的回旋，能让我们想到少女面向日记的倾诉，大提琴更适合心底埋藏已久或伤痛过深的感情，那是经历了沧桑的感情，那是“此情可待成追忆，只是当时已惘然”的感情；单簧管发出的低音像是水滴渗透进地底下，高音如鹤高飞云端，装饰音和琵音如清风吹皱了一池碧波，会撩得你心绪不宁；双簧管仿佛每一个音调都是放出的一条小鱼，在略微翻起的水波中，轻快地划出一道道漂亮的弧线；听竖琴，像是天空的阳光，格外灿烂，到处流淌，特别是拨弹过后在空气中那轻微的回声，虽一瞬即逝，却清纯、明澈，连空气都像初吻一样在微微地抖动，弥漫着久久不散的芬芳。在众多乐器中，作者更偏爱弦乐，因为弦乐渗透性更强，具有抽丝剥茧的细腻。在这一篇章中，作者还谈了音乐与爱情的关系，圣洁的音乐是什么样的，以及他喜爱的轻音乐的代表人物曼托瓦尼，等等。精确的音乐感受如美酒般芬芳醇美，颇具神采，精妙文章里的闪光思想，让人即使对古典音乐一窍不通，也不禁心驰神往。

第三卷主要写了作者实地追寻古典音乐的足迹，让我们在音乐家的背景、故地等描述中，感受彼时彼地古典音乐的宏阔与神秘。正如肖复兴所说：“对于艺术，是需要一些神秘的感觉的。过于实际和实在了，世俗的气味浓厚了，不仅会磨蚀掉孩子的想象力，更会腐蚀掉孩子纯洁的心灵。与世俗近了，与艺术就远了。”肖复兴来到波恩寻找贝多芬，试图解开其浩瀚的音乐财富背后深藏的秘密；探访了肖邦位于华沙的故居，迎风遥想肖邦的往事，一个弱小的病躯可以挺起一个国家的尊严，是何等地了不起；走在布拉格以斯美塔那命名的大街，聆听《沃尔塔瓦河》湿润清新、色彩缤纷的动人旋律。对于捷克，作者最感兴趣的是德沃夏克的故居，在这里获得了理解和认识德沃夏克的两把钥匙：一是深厚的民族情结，植根于他的思想里；二是对祖国和家乡的刻骨铭心的感情，深深渗透进他灵魂的旋律里。作者朝拜了音乐之都维也纳，感受从森林到河流、从教堂到街头、从人们温和的目光到随意的服装……无处不在的音乐中悟出了：艺术只有融化在一个民族、一个国家、一座城市人民的血液和精神里，才永远不会被露出狰狞面容的战争所摧毁，不会被绽开的金钱所诱惑，艺术才能真正成为这个民族、这个国家、这座城市的灵魂。作者还通过听音乐会或听唱片的经历，大海拾遗般细数了一些古典音乐家、演奏家的生活趣事与音乐点滴，有赞赏，有调侃，有肯定，有批判，用艺术换钱的行为使他口诛笔伐，现今古典音乐的式微令他无奈慨叹……肖复兴与这些“音乐印象”同悲共喜，同欢共乐，无关人事，无关今昔，只为那一往情深的对音乐的热爱和痴迷。

最后一卷是肖复兴有关流行音乐和民间音乐方面的理解和感想。作者对摇滚乐情有独钟，特意从芝加哥来到纽约寻找鲍勃·迪伦的足迹，一个历史上唯一获得诺贝尔文学奖的摇滚、民谣歌手，这件事确实很令人惊奇。起码，让我们对于文学与音乐的关系，应该有一个新的认识。没有文学的介入，好音乐难以诞生；同样，没有音乐更早对于文学的启迪，文学不会出现复调和多声部。鲍勃·迪伦的音乐和美国的历史融合在一起，和人民的心声合辙押韵。怀着对战争的愤怒、对人与人之间隔膜的质疑，他用他那嘶哑的嗓音，唱出了对于这个世界理性批判的态度和情怀。另一位摇滚歌手约翰·列侬，实现了摇滚对于艺术和人们的思想思维乃至整个价值观念系统的颠覆和再造。他的歌声中拥有着现在缺乏的发自内心的真诚的紧张感与压迫感，以及对梦想真挚的诉求、对世界不公的反抗和对生命理想的天问。恩雅的出现改变了肖复兴对于电子音乐的偏见，恩雅的音乐不属于古典，但她找到了连接古典与现代的纽带。她的音乐过滤出民谣清纯的一面，摒弃了现代流行音乐的躁动喧嚣，是一种清纯得有些令人悲伤得要落泪的梦境。作者还回顾了《加州旅店》《昔日重现》等那些源远流长的老歌，并从历史和现实的角度分析了现今缺少这种真情自然倾诉的歌声的原因，发人深省。在文章结尾，肖复兴通过对几个音乐场景的描写，引发了对于艺术社会功能的思考：艺术不再只是居庙堂之高，也可以处江湖之远；受惠于民、反哺于民，才是艺术的本分与价值。

肖复兴在《我的音乐笔记》中，用艺术的文学描写来感受音乐境界的精华部分，堪称“言有尽而意无穷”。他用自己的心灵来追随音乐的文学情节，高度提炼了音乐原作的意涵，用对音乐美感的描绘，领悟了旋律在心灵的流淌，他是用文学的心灵理解音乐的心灵，他用十年时间撰写的《我的音乐笔记》，何尝不是一首从心灵走向心灵的诗？希望大家在读这本书的时候，能够领略和享受音乐中蕴含的深意。

（钟　黎）

阅读链接

1.《我的音乐笔记》，肖复兴著，新星出版社，2017 年版。
2.《肖复兴音乐散文》，肖复兴著，人民文学出版社，2013 年版。
3.《聆听与吟唱》，肖复兴著，武汉大学出版社，2015 年版。

京剧谈往录

齐如山

齐如山（1877—1962），名宗康，字如山，河北高阳人。中国近现代京剧史上著名的理论家、剧作家、导演和活动家，与王国维、吴梅并列为“近代三大戏剧学家”。出生于世宦之家，曾祖、父亲都是进士，曾祖为阮元门生，父亲为翁同龢、李鸿藻门生，有着深厚的家学渊源。幼习传统典籍，习作八股文，参加科举考试。1895年，听从李鸿藻劝告放弃科举，入京师同文馆学习德文、法文。同文馆停办后，开始经商。1908年以后，三赴欧洲游学，在巴黎、柏林、伦敦等地观看戏剧，开始介绍西洋戏剧。1913年，第一部戏剧论著《说戏》出版，次年与梅兰芳见面，从此开始了与梅兰芳的合作。齐如山知识渊博，治学严谨，在近40年的时间里，遍访戏剧界名宿，记录下丰富生动的原始资料，并从古代典籍、辞赋、笔记、地方志以及西方心理学、戏剧理论著作中寻找线索和印证，归纳整理为著作，主要有《观剧建言》《编剧浅说》《中国剧之变迁》《中国剧之组织》《国剧脸谱图解》《国剧身段谱》《梅兰芳游美记》《梅兰芳艺术一斑》等30余部。晚年著作《国剧艺术汇考》，更将京剧艺术的种种问题，擘肌分理，予以精审的考证，为其毕生京剧研究之集大成者，提出的“无声不歌，无动不舞”观点，是对中国传统戏剧最精练、最准确的概括。戏剧理论之外，还身体力行进行艺术改革实践，编写了大量新戏，在舞蹈动作、服饰化装、剧本文学性等方面，皆卓有创造，开中国戏剧一代新风，尤其为梅兰芳创建独树一帜的梅派艺术打下了坚实的基础。同时，他还是一位优秀的民俗史家，与社会中的五行八作、农工商艺等各界人士均有广泛接触，对社会中的文化、风俗、工艺、技术、娱乐、饮食等极感兴趣，悉心加以调查研究，著有《北京三百六十行》《故都琐述》《北平怀旧》《北京土话》《北京零食》《烹饪述要》《中国的科名》等。晚年所写的《齐如山回忆录》，内容更是包罗万象，不但括尽个人丰富多彩的一生，而且透视了所经历的天翻地覆变化时代的风谲云诡。

“戏园建筑，则简陋不堪，布置亦苟且了事，传至梆子、二簧，其词曲、音乐去古尤远，真韩子所谓‘其声清以浮，其节数以急，其辞淫以哀，其志驰以肆。’其为言也，乱杂而无章者，文明古国唱歌、音乐固如是耶？”这是齐如山1913年刊行的《说戏》中开篇的几句话。他从小就喜欢听戏，对中国传统戏曲十分熟悉，到欧洲后，又观看了很多西洋戏剧，受到了刺激，觉得中国旧戏同西洋戏剧相比，一切都太简单，不值得一看。因此在他的这个第一部戏曲论著中，对西洋戏剧的服装、布景、灯光、化装等，予以简略的介绍，“略言欧美情形，兼道吾华旧弊”。但是，后来随着对中国戏剧实践与认识的丰富与深入，体察到中国戏曲与西洋戏剧的差异，不能简单地归结为优劣高下，而是不同社会文化语境下所形成的民族艺术特性。他逐渐悔其少作，否定了《说戏》中对中国戏曲的剖析，开始返归民族传统本位，主张保存中国戏曲中的传统与特性。《京剧谈往录》则是从齐如山先生数百万字的京剧表演理论著作中，选录了关于京剧表演、剧目演变、戏界掌故等代表文章40余篇，辑为三个部分，即《国剧概说》《戏界掌故》《名伶往事》。通过阅读，我们可以从齐如山渊博的学识、鲜活的语言中，领略中国传统京剧艺术，窥见旧时京剧界名角大腕的趣闻逸事。

第一辑是《国剧概说》，选录10篇文章，主要谈京剧的特点以及京剧表演艺术。在这辑里，开头就选了齐如山的《国剧的特点》《续讲国剧的特点》两篇演讲稿，这是他为京剧"正名"之作。因为在国人的眼光中，长期认为中国的戏剧粗鄙不堪，"封建思想太深，戏词更是鄙陋不成东西"，这也是他在《说戏》中的观念。他认为之所以对京剧有这样的认识，是因为学界中人没有承担起提倡、整理京剧的责任。他说，戏剧本是一种民歌，古代以来的学者与民间戏剧表演者有很好的合作，孔子删诗时注重国风，两汉文人学士创作了各种辞赋，唐宋元相继创作了诗词曲。凡此种种，都是当时的学者按照一定的腔调创作并供人民歌唱的民歌。因此，历代的学者文人，倘若离开了民间，就不会有相当的创作成就。而现在的中国学者，就应该研究昆腔、皮黄、梆子这些流行的民歌，才会有创造的成就，并带动中国戏曲的大发展。而要研究、创作这些以民歌为基础的戏剧，就应该研究中国戏曲的特点，但在这之前，先要知道中国戏剧的来源及演进。他认为，中国戏剧大致分为两个时期：第一期为小唱时期，又分为一人独唱时代、几人分唱时代、稍加动作时代；第二期才是戏剧时期，又分为扮演时代、写实的时代、美术化的时代。在最后的这个时代，戏剧中加入了舞的姿势，各种动作都有了规矩，唱有唱的韵味，动作、表情也都有了舞式美术的规定，不但动作不许写实，就是表情也不许像真。这就是中国戏剧最为主要的特点，即"无声不歌，无动不舞"。然后，他简略地说明了京剧表演中，诸如发声、动作、衣服、切末、胡须、脸谱、音乐等程式的特点。最后，他说，戏剧已经进化到了美术化时代，就给予了戏剧表演者以更高的要求，如同临碑帖一样，即要有铁杵磨针的勤学苦练，还需要有一定的天分。因此，要想成为一个优秀的表演者，必须具备六个要点。第一，必须要"会唱"；第二，要有生来的"好嗓音"；第三，要能"作身段"；第四，要"身材生的好"；第五，要"会表情"；第六，要"面貌生的美"。可以看出，六个要点分为两个部分：一是需勤练得来的"会唱""作身段""会表情"；二是生来具备的"好嗓音""身材好""面貌美”。齐如山认为，只有这六个要点齐全了，才可能成为一个“名脚”。成为“名脚”的水磨功夫，在后面的各篇中都有详细的说明。

在《中国旧戏中的要素》《论国剧美术化》两篇中，齐如山对京剧的各种程式有详细的介绍。他将京剧表演中的唱白、动作、衣服、盔帽、胡须、脸谱、音乐等，全部作为同样重要的环节，在分析理解其意义的基础上进行重新组织，反复强调每一环节“不要看它虚无一物，而它都有详细的规定，井然不乱”。每一个细节都按照一定的原理，这个规定是前人定的，代表了过去的习俗与传统，但它又重新被理解和阐释，并根据其原理而选择性地重新运用，进而形成一个美术化的“整体的表演”。

第一，说歌唱，这是京剧表演中不可或缺的基本要素。歌唱在戏剧中最主要的作用是它最容易感动观众，教育社会大众，因此古代典籍中多有这方面的阐释，如“诗言志，歌永言，声依永，律和声”（《尚书》）；“歌之为言也，长言之也。说之，故言也；言之不足，故长言之；长言之不足，故嗟叹之”（《礼记》）；“在心为志，发言为诗。情动于中，而形于言。言之不足，故嗟叹之。嗟叹之不足，故永歌之”（《毛诗序》）。因此，自古以来，阳春白雪与下里巴人，人人皆喜欢歌唱，戏剧艺术因之而不断推陈出新。针对当时人认为戏曲中梆子、皮黄太俗而不够高雅的观念，齐如山则认为，这是时代的产物，正如南北曲替代唐诗宋词，梆子、皮黄则是替代南北曲的艺术形式，且亦起源于唐代，流传至今，历史也很悠久。但是，根据时代的需要亦须对这两种艺术形式进行改良，如发音的调门不一致、行腔弯转工尺字太多等，均需要改良，以使其表演时婉转而有韵味。歌唱之外，京剧中的念白也有与普通说话不同的特别韵味腔调，就是哭、笑、咳嗽、叹气等，虽然有音无字，但也有极详细的规定。比如只咳嗽一种，就有上百种的规定：花脸要宽宏，表现他的粗豪；老生要沉练，表现他的静穆；小生要精炼，表现他的不放纵；青衣要清稳，表现她的贞静；花旦要轻清，表现她的活泼；小丑要摇曳，表现他的滑稽；等等，不一而足。而最主要的原则是避去写实，绝对不许像真，以趋向于表演的美化艺术为第一要义。

第二，说音乐。齐如山首先对西洋戏剧与中国戏曲中的音乐进行了区分。他说，西洋的音乐是“看拍”，即指挥者拿一根小杖来指挥；中国的音乐是“听拍”，即司乐者拿一副板来击打。为什么中国的音乐要听拍呢？原因在于古代乐师以瞽者居多，所以非听拍不可，这种方法一直传到现在。因此，中西戏剧中的音乐并无优劣高下之分，而是根据历史遗留的传统而各具特色。同时，京剧中的音乐有文场与武场的区分：“文场”专管吹弹的乐器，如胡琴、笛子之类；“武场”专管击打的乐器，如锣、鼓、铙、钹之类。其实，这个也来源于中国历代庙堂的音乐之分。文场的音乐，专管随唱；武场的音乐，专管节舞。等到京剧中的皮黄、梆子等艺术形式，音乐的特点则发生了更加丰富的变化。西洋戏剧的歌唱，只要一个曲子，男女老幼任何人都可以合唱。京剧则不然，同是一种腔调，男女的唱法各有不同，生、旦、净、末、丑的唱法也各有不同，即使同一角色，嗓音宽窄的唱法也是相区别的。因此，在京剧中，随着腔调、男女、角色唱法的不同，音乐也必须随之发生变化。

第三，说动作。齐如山说，京剧中的动作是从古舞中演化而来的，剧中所有的动作，均需有舞的姿势，行走、跑步、骑马、乘船、登楼、打仗等，均有各自的舞式，都有美术化的规定，一举手、一投足、一回眸，都要有板有眼。他认为，舞式的动作有一定的意义。首先，最初的意义就是锻炼身体，抒发性情。因此在京剧中，把柔软体操中活动筋骨、舒通血脉的动作融入戏中，扭转弯折等动作于骨节血脉有益，舒缓沉稳动作于性情亦有好处。其次，有着形容词句的意义。配合京剧表演中的唱腔变化，辅之以相应的动作，相得益彰，能够平添许多情趣。即使小段的唱功、三言两语的话白，也应该加上一定的身段。但也要注意，不一定句句都要有动作，不能不厌其烦，而要浓淡相间、疏密得宜才可以。再次，动作一定要美观。这是戏剧动作中最主要的要素，旦角动作固然需要美观，花脸、丑角的动作也需要美观，对于戏剧中的一指一看等动作，都要深加研究，务使其达到美观的要求。齐如山对掸扫、上下楼、划船、指点、叉腰、摊手、拍腿、弹汗、扬鞭、勒缰、抖袖等动作，均进行了如何美术化的介绍。仅指点这一种动作，他认为就可以分出四五十种，细分可以分出两百多种，比方说往左边指，生、旦、净、末、丑各有不同，只是旦角就可分出六种。动作无论如何变化，都是用曲线的形式来表现的，应以美观为第一要义。

第四，说装扮。就戏服而言，戏剧不同于电影，不是哪个朝代穿哪个朝代的服装，而是不论哪个朝代，不分地带，不分季节，都要按照京剧的规矩穿戴。京剧中的服装，好像有很多种，其实细分起来，可分为文、武两大类。文人只有三件：圆领大襟的是“蟒”，为大礼服；大领对襟的是“帔”，为半官服；大领大襟的是“褶子”，为便衣。武人的衣服也只有三件，在此不细说了。衣服式样虽然只有这几种，但是在颜色上大有分别，地位、性情不同，分别穿什么颜色的衣服，都有严格的规定。其他装扮如在胡须上，除了颜色外，尚有满髯、三髯、扎髯、二涛髯、关公髯、加嘴髯、丑三髯、一字髯、二字髯、八字髯、四喜髯、虬髯、紫髯等形式。至于脸谱，在京剧中更是极为重视，其形状及其勾脸之笔法，都有严格的规定，不便细说，有兴趣者可参看齐如山的《脸谱》《脸谱图解》。在京剧的化妆上，自然以美观为准则，年轻、富贵之人，扮相美观不在话下，就是病人、穷人的扮相也不能不美。在京剧舞台上，把一个病人打扮得披头散发，面黄肌瘦，则很不得体。因此，京剧特别规定：男子病者，都是系一腰裙，头上扎　黄布或绸子，女子则头上扎蓝绸或戴一风帽，身上披一斗篷。在姿态上则男子总是吐，女子总是腹疼。男子如腹疼则不大方，吐则比较美观，而吐的姿势也有具体的规定。女子吐则不好看，而腹疼则左右揉腹两三次，“哎哟”两三声，声亦娇婉，揉亦婀娜，比吐好看多了。至于穷人，不能在剧中穿上破衣烂裳，一般会穿青、蓝两色比较静穆的服饰。总之，一切装扮亦需按照京剧的规则，时时避免写实，处处都要美化。

另外，齐如山在《旧剧七行七科》一文中，对于京剧的七行，即登场演戏的人员，分为生行、旦行、净行、丑行、武行、流行、上下手七种。七科，即辅佐帮助演戏而不登台的人员，分为音乐科、剧通科、剧装科、盔箱科、容装科、经励科、交通科七种。以上内容文中都有细致的介绍。在《国剧之切末》一文中，对京剧中所用的器物，进行了一番介绍。切末，现在都根据日译为道具，齐如山认为这不准确，又对此词追根溯源了一番，认为其来自梵文的音译，元朝时就已经使用了，此词的涵盖范围要宽于道具。此文中，他把“切末”分为五个部分，即剧中常用之物、剧中偶用之物、班中平常使用的物器、用真物上台的物器以及后来特别添出之物，并进行了分门别类的详细说明。下面介绍一下他的《观剧建言》一文。他首先说，对于观众来说，看戏固然是一种取乐的事情，但还可以予人以更多的益处：“比方演名将的戏，就能引起人的尚武的精神；演节义的戏，就能感动人的义气；至于道德学问，都能动人的观念，且能启发人美观的审察、美术的思想，甚至爱国心、爱种心也都能够由看戏生出来。”他尤其强调观剧需注重道德。齐如山承认，的确存在一些有伤风化的淫词浪态之剧。同时他又强调，固然演出淫词浪态的是演员，但是逼着演员演出淫词浪态的，却是看戏的观众。若按剧本来说，其用意是劝人忠孝节义，虽然带有若干淫荡性质的词句，然而淫荡之人都没有好结果，这是惩戒淫荡的用意。因此，在演出的时候观众应该从这个角度来欣赏，而不是专事助长淫词浪态的风气。同时，他也强调观众在看戏时要细心体味，用科学的眼光来看，琢磨角色演出的各个细节，注重戏的情节，而不是一味地捧名角、分流派，诸如此类的问题，均一一详加解说。

第二辑是《戏界掌故》，选文20余篇，主要谈一些京剧掌故与剧目变迁。齐如山的老家河北高阳在明朝时昆弋腔就很发达，其祖上都能唱上几句，家中南北曲也很多，因此他从小就耳濡目染，对戏剧发蒙很早。后来他又开始研究、编写、导演戏剧，更是有意识地收集、整理戏剧文献资料，基本上包括有关戏剧的笔记、记录，故宫昇平署及内务府等处的档案，以及有清一代北京各戏班墓地上的碑文，等等。同时，中国传统戏剧表演讲究“口传心授”“人走艺丢”，因此，为了探求中国传统戏剧表演的奥妙，他广泛地“访问老脚”。所谓“老脚”，不仅包括名家名角，还包括次要角色，以及包括跑龙套的，甚至包括后台烧开水的。他晚年回忆，在四五十年中，访谈了四五千人，“无论什么时候，什么地点，我是逢人便问，每逢看戏，我在后台，总有人来围着我说话，他们也很愿告诉我，关于衣服、盔帽、勾脸、把子、检场、音乐等等，只要他们不忙，我就坐在旁边问长问短，都是勤勤恳恳地告诉我。好脚家中，我也常去，总是带着本子铅笔，一面问一面写……每天回到家，便把当天所问的话一一记录在本子上，最初是随便写，不知分类，后来便分类记录，我所记录的本子，一尺多高一摞，共有四摞”。通过这样收集文献、访问老角的工作，齐如山获取了大量的一手资料，不但增进了他对京剧表演中歌唱、音乐、动作、舞蹈、化装等方面的研究，而且对于梨园掌故、京剧史变迁等方面，他更是了如指掌。

在梨园掌故方面，比如齐如山通过对京剧角色的钩沉，认为正角与配角的划分，虽然古已有之，但是在光绪初年到十几年，每一角色演戏都很认真，都能发挥各自的长处，只是到后来配角才不上心，认为正角与我无关，就可敷衍了事，使得整出戏表演得精神松懈毫无足观了。在《脚儿的生活》一文中，他介绍了名角的收入变迁史。先是清末同治以后，承平了几十年，宫中演戏的差使多了起来，这时名角的收入，全靠在宫中当差。在宫中当差者，称内廷供奉，月俸三两银子、一石多米，足够全家日用了。每月在宫中演几出戏，每次赏银五六两，再在外面戏园子里演些戏，自然就积蓄可观了。宣统以后以至民国，随着内廷供奉解散、昇平署停办，戏剧界的收入就全靠堂会了。开堂会的以民国军政两界要人为多，其中又以财政界人士最多。名角赴堂会演出的机会多，每周两三次，每出戏得一两百元到六七百元不等，收入也颇为可观。等到南京民国政府成立，北京戏界的这个进项便少了，名角的收入就基本上靠到名码头上海、汉口、青岛等处演戏了。在《谈应节戏》一篇中，齐如山谈了这一剧目种类的起源及其各承应节气的剧本。他考证出这一剧种创始于宋朝，从明朝流传下来，兴盛于清末民初。宫中的应节戏，名曰月令承应；外边营业的应节戏，直接称应节戏。应节戏在清末民初发达的原因，在于光绪末年解除了女子进戏馆看戏的禁令。而一年中的各节令，又多是各家接姑娘的日子，媳妇在婆婆家不用说看戏，就是平常的娱乐都很少。而姑娘回家就不同了，非常随便，而且要看戏娱乐，又不能就姑娘一个人去看戏，要一大家子同去，于是各戏馆为了争夺观众，纷纷编排、上演符合太太小姐们品位的节令戏，以便卖座赚钱，遂使应节戏大兴。自元旦到除夕，十二个月中所有节日，都有应节的戏，不过按照节令，著名的应节戏有：元旦的《上元夫人》、端午节的《混元盒》、七夕节的《天河配》、元宵节的《嫦娥奔月》，这是四个最为有名的应节戏。

在此辑中，齐如山谈剧目变迁的有十余篇。齐如山认为，剧目变迁的因素有很多，如歌唱、情节以及扮演的角色变化，都会使剧目发生相应的改变。但是，主要的因素有两点：一是因嗓音的不同而发生变化。嗓音不但有好坏之分，就是好嗓音，还有口劲、咬字以及气口等的不同，因此就得进行改编。二是因角色的长处不同而发生变化。如角色长于歌唱的，则多加唱词；长于做派的，则多加动作；长于说白的，则多加话白；长于武功的，则多加把子；等等。比如《金钱豹》一戏，原名《红梅山》，本是一出表演猴的戏。后来由俞菊笙主演，他身体壮伟，嗓音太哑，不适合演猴，就改成演金钱豹的戏了，加了许多豹的身段，连剧名也给改了。再如《八大锤》一戏，原名《现铜桥》，或名《车轮战》，是娃娃生的戏，唱式、身段都是娃娃生的腔调、姿势，几员大将，也都不用锤。后来名小生徐小香演此戏，给予了大改动，将官都各用一对大锤，所有打的姿势与身段，都改为小生舞锤的身段，剧名也给改为现名。

第三辑是《名伶往事》，共10篇，主要谈京剧名角的故实逸事。齐如山先谈到的是“戏中三杰”，即程长庚、胡喜禄、徐小香，三人为光绪初年京城角色中叫座能力最大者。其中，程工老生，后来唱老生者无出其右，因徒弟众多，被尊称为大老板，外界人士亦如此称之。胡则工青衣，因其腔调好听，所以执青衣牛耳者十余年，唱青衣者亦无出其右。徐工小生，昆腔，文武兼擅，自创身段甚多，无不美观，唱小生者亦无出其右。

“三杰”之后，对于京剧界的一代宗师谭鑫培，齐如山认为，优秀的戏剧演员具备的六要素，他虽然不能说完全都好，却能够得上优等，尽管身材微觉瘦小一些，但因为他神气充足、动作优美，也能补救过来。更为重要的是，他对于表演肯用心，肯用功，能够成为一代名角绝非偶然。谭氏初习老生，然学徒时因倒嗓之故，专演武生戏，但他不气馁，用功吊嗓，嗓音渐次恢复，后又渐渐归了老生。谭绝顶聪明，又肯用功，在老生戏上，兼学程长庚、卢胜奎、余三胜等名角之长，自己再加锤炼，卓然自成一家。谭鑫培一次与齐如山聊天，谈自己学老生的经过，言自己最初由正生戏入手。研究了几出正生戏，觉得自己身材瘦小，演着不对味儿，就搁下再研究靠背戏，演出来也觉得不合程式。如《昭关》这部戏，前有程长庚，后有孙菊仙，即便晚生后辈汪桂芬，嗓子悲壮，自己都演不过，于是只好自己琢磨了一出《南阳关》，方可以抵过他们演的《昭关》了。可见谭氏有自知之明，又肯琢磨，极用功，因此才取得了艺术上的成就。

陈德霖，一代名青衣，齐如山称其为“划时代的脚色”。原因在于，在陈以前，唱青衣者大多张不开嘴，他之后，则大多数是张开嘴唱青衣，且此后经过他指教者，都成为名角。同谭鑫培一样，陈德霖出名不久，就倒嗓了，六七年都不能唱戏，但他坚持每日清早太阳不出时，就出来喊嗓子，风雨无阻，一日未尝稍懈，后来嗓子慢慢地恢复回来了，兼之勤于钻研，终成一代名师。齐如山在戏剧艺术之外，更为欣赏陈德霖的为人，认为他道德很高，极讲信用，表现之一是，当来手时不赚无理之钱。所谓“来手”，即现在所谓的“中介”，就是居于堂会戏提调与演员之间的联络人。陈迫于情面做“来手”时，绝不赚黑钱。表现之二是不乱收徒弟。民国之后有一个坏风气，有些并不真心学艺者，也要拜名师，挟师父以自重；相反，另有一些名角并不想真教学生，却以徒弟多而自豪。因此，陈氏极少收徒弟，然而如果有倾心向学者，即便不拜师，他也会倾囊相授。比如，梅兰芳并没有拜师，但他对其无一处不尽心传授，而梅兰芳对他，也无处不以师礼待之。因此，陈德霖可以称为真正的“德艺双馨”。

对于名角杨小楼、余叔岩等，齐如山均有生动精彩的介绍，这里不一一赘述了。最后说一下齐如山谈梅兰芳。他说：“我同梅兰芳有五十年的交情，在一间屋中，共同用功工作也有二十几年之久，对于他的性情品行，我知道得相当清楚。”的确如此。1912 年，齐如山观看梅兰芳所演的《汾河湾》，给其写信谈自己的意见，1914 年，在梅兰芳的邀请下，两人始正式结识，从此开始了长达 20 余年的密切合作。其间，齐如山为梅兰芳编写 20 余部戏，为梅兰芳筹划两次访日、一次访美、一次访苏，并与梅兰芳筹组北平国剧学会，在一起共同探讨京剧表演则不计其数，梅兰芳在京剧表演上的突出成就，齐如山大有功焉。正如剧作家罗瘿公诗中所写：“恰借梅郎好颜色，尽将舞态上氍毹。梅郎妙舞人争羡，苦心指授无人见。”其实，后一句应该改为“苦心指授人人见”，因为在当时以及后来，谈到梅兰芳的艺术成就时，无不提到齐如山。此亦得到梅兰芳的肯定，他在为齐如山《国剧身段谱》一书所写的序中，就谈道“昔年与余谈曰，中国剧之精华，全在乎表情、身段及各种动作之姿势。歌舞合一，矩矱森严，此一点实超乎世界任何戏剧组织法之上。余深服其言，二十余年间，余所表演之身段姿势，受先生之匡正处亦不少”。梅氏晚年所著《舞台生活四十年》中，对受齐如山点拨、指导之处，更是有翔实的叙述。而齐如山从 1912 年给梅兰芳写信始，先后写了一百余封探讨京剧艺术的信，并有专文《梅兰芳游美记》《梅兰芳艺术一斑》，1961 年在得知梅兰芳去世消息后，撰写了《我所认识的梅兰芳》一文。在晚年回忆录中，齐如山对两人的交往合作更有细致的描述。

对梅兰芳的京剧表演艺术，齐如山首先揭示外行人的一个误解：“梅兰芳装一个女子，就真像一个女子。”他说这句话是完全错了，这是不懂京剧的人说的话。因为京剧完全避免写实，装女子的要点，在于以美术化的方式来表现女性，因此看梅兰芳的表演，需看其表现方式。梅兰芳的表演妙处在于，其歌唱、表情及各种动作，除动中规矩，深合剧情之外，又有其极动听之腔调、极美观之姿势，这才是其表演精彩之处。下面齐如山从四个方面对梅氏表演艺术进行了分析。一是歌唱。梅兰芳的歌唱不但念字不倒，行腔亦极斟酌，该使腔之处便使腔，该带过之字便带过，该摇曳的摇曳，该急促的急促，且声声使之动听，字字送入人耳。其歌唱专走正路，不尚偏锋，无歪腔，无斜调，气口之讲究、收音之斟酌、喉咙之响亮、腔调之悠扬等，无不达到极致。二是念白。梅氏之念白段落分得清，气势表得出，主要之句能认真，主要之字能重念，无叫嚣之声，亦无平板之病，无过火之处，亦无呆滞之嫌，至于其发音清脆好听，尤为天籁。三是表情。梅兰芳尤擅此道，不但能将女子喜怒哀乐种种心情，曲曲传出，用能于该女子之年龄、性质、身份、境遇种种不同之处，亦能分析得清清楚楚。并且于表情之时，与锣鼓腔调高下疾徐，皆能丝丝入扣，不爽毫厘。四是身段。京剧表演的动作系舞蹈性质，无论行动坐卧，就是一举一动，手一指，腿一抬，眼一看，耳一听等，都有特别规定，不能随便为之。另外，跟随音乐，快板有快板之举动，慢板有慢板之举动，不但需合拍，且需力求美观，一涉像真，便无美术之可言；一经走板，更出规矩之外。梅兰芳的表演身段则无像真之点，无处不合于美术化之要求，尤能处处与音乐腔调之疾徐合拍，不爽毫厘，至于其姿势之美观，更是令观者惊为天人。

以上说的是梅兰芳表演艺术之精湛，至于他的艺德，更为齐如山所钦佩："他之为人不但谦和，且极讲信用而仁慈，又自爱而讲气节。"齐如山从三个方面来谈梅氏之艺德。先谈讲信用。齐如山说，梅兰芳讲信用的地方很多，其中最浅显、最常见的，就是演义务戏。演义务戏本应演员无报酬，但当时戏界形成一个陋习，演员不要报酬，但是场面、跟包、配角等的报酬，比平常加倍还多，暗中自然就把主角的报酬算到里面了，因此义演赚钱有限，有时甚至赔钱。梅兰芳则不这样，不但自己不要报酬，而且自己的跟包人都是他自己给钱，其他配角则由举办方自己联系。次谈他的自爱。民国后，有些地方军阀经常命令名角为其唱戏。遇到这种情况，梅兰芳就应承道：因为我干这行，当然非唱不可，而且要规规矩矩地唱；至于给钱与否，既然不能抵抗，也就不介意；但是，唱戏之外，陪同吃吃喝喝、打麻将等，就是杀头也坚决不干。最后谈他的气节。九一八事变后，日本人以溥仪为傀儡成立伪满洲国，成立之前日本人差一个中国人找梅兰芳，请他在成立日去演几天戏，他当然不去。当差的中国人便对他说："你们梅府上，三辈都受过清朝的恩典……如今又成立新政府……有何不可去呢?"梅兰芳回答："话不应该这样说法，清朝已经让位，溥仪先生不过一个中国国民，倘他以中国国民的资格，庆寿演戏，我当然可以参加。如今他在敌人手下，另成立一国，是与我们的国家，立于敌对的地位，乃我国之仇，我怎么能够给仇人去演戏呢?"南京政府未迁移时，他认为上海是可靠的，就留在了上海。南京政府迁移到重庆后，日本人初到上海，他在租界尚可安居，后来日本势力伸展到租界，他看情形不好，因为日本人已经注意到他，他无法迁移到重庆，才想迁往香港。有人对他说："日本对你向来非常友好，何必迁居呢?"梅兰芳回答说："日本人对我自是很好，但对于我们的国，则太可恨了，有什么理由，不管国家，只管自己呢?"由此，可以看出梅兰芳在大敌当前的民族气节。

"他的名气，固然我帮助的力量不小，但我的名乃是由他带起来。他的名气到什么地方，我的名也就被彼处的人知道了。几十年来，知道梅的人，往往就提到我，由这种地方看，岂非他帮助了我呢?"这是齐如山在回忆录中，对与梅兰芳两人关系的总结。实际上也是如此，正是通过齐如山深厚的戏剧理论与学养，以及梅兰芳对京剧的深刻体悟与精湛表演，才共同创造了一段京剧史上的辉煌。

（付金柱）

阅读链接

1.《京剧谈往录》，齐如山著，首都师范大学出版社，2017 年版。
2.《齐如山国剧论丛》，齐如山著，商务印书馆，2015 年版。
3.《齐如山谈梅兰芳》，齐如山著，文化艺术出版社，2015 年版。
4.《齐如山回忆录》，齐如山著，辽宁教育出版社，2005 年版。
5.《齐如山剧学研究》，梁燕著，学苑出版社，2008 年版。

邓肯自传

伊莎多拉·邓肯

伊莎多拉·邓肯（1877—1927），美国舞蹈艺术家、舞蹈教育家、舞蹈哲学家，现代舞创始人。世界上第一位敢于在舞台上披头赤脚表演的艺术家。邓肯创立的“现代舞”这一舞蹈流派，打破了西方舞坛从19世纪末至20世纪初由古典芭蕾一统天下的局面，为西方舞台带来了异彩纷呈、颇具张力的艺术面貌。她不仅改变了美国舞蹈与世界舞蹈的历史进程，而且对俄罗斯古典芭蕾产生了极大的影响，被奉为“现代舞之母”。与法国现代雕塑家罗丹、西班牙立体派画家毕加索齐名，是20世纪西方最伟大的现代派艺术家之一。她对舞蹈、现代文化、现代社会、教育和婚姻等的批判和认识，以及对艺术化人生的不懈追求，使得她对20世纪西方文化产生了很大影响。邓肯的舞蹈代表作有《伊菲革涅亚在奥里斯》、《前进吧，奴隶》及根据《马赛曲》、贝多芬的《第七交响曲》等改编的舞蹈。著有《邓肯自传》和《邓肯论舞蹈艺术》等。

邓肯不仅是一位划时代的舞蹈家，更是一位罕见的才女。尽管她留存于世的著作不多，但是从《邓肯自传》的不同中译本中，仍然可以窥见她是一位文学素养极高且才华出众的、浪漫而具有诗意的天才舞蹈艺术家。许多年来，邓肯一直计划写一部自传，并最终于1927年初夏完成了自传的写作。自传以其优美流畅的笔触，描绘了她坦诚的人生哲学、返璞归真的艺术境界和追求自然、崇尚自由的舞蹈思想，记录了她毕生都在用灵魂舞蹈，唤醒人们心中对于自由与美的渴望的奋斗历程。这部自传只写到1921年邓肯出发去往俄国前，她去世的时候，手稿还没有打印，所以她没有机会做一些修改。因此，现在呈现给公众的这本自传保持了邓肯手稿的原貌。在这部自传中，邓肯力在写出真实而诚恳的自己。林语堂先生曾评价："她毫不保留地自我剖析，坦率得令人发窘，生动得让我们感觉到一个亮丽生命的耀现。"《邓肯自传》已成为传记文学史上的经典名作，她的舞蹈思想与舞蹈实践通过这部自传传遍了世界各地。仅在中国，自1940年以来，就先后出版过多个不同的译本。这部传记是第一部被录入"世界名人文库"的舞蹈家自传，被视为"一部和卢梭的《忏悔录》水平一样高的杰作""像她的生活一样热情、坦率、正直"。

有人来到这个世界上，仿佛注定就是为了改造这个世界，而不是顺应现存的秩序，伊莎多拉·邓肯就是这样一位天生的反叛者。她的一生如同她的舞蹈艺术一般，蔑视一切陈规，摒弃所有的浮华做作，只听从内心至高无上的指令。《邓肯自传》向我们展示了这样一个不守成规、不落俗套、不走寻常路的伟大女性。她的舞蹈打破了社会对于舞蹈审美的狭隘定义，她反对刻板僵化的古典芭蕾，认为那是在违背自然法则，她主张从自然的节奏中寻找独有的舞蹈观念，她是把解释性舞蹈提升为创造性舞蹈艺术的先驱者。邓肯还是争取女性权益的践行者，追求恋爱自由，反对婚姻的桎梏，倡导女性服装和形象的解放，崇尚对生命与人类理想的自由表达，正如她所说："只要活着，就要反抗婚姻，为女性解放而战，为每个女性争取随个人意愿生儿育女的权利……弘扬女性的美德。"

邓肯创立了全新的舞蹈哲学，"以人为本、和谐自然"是其舞蹈艺术生命精神的核心，追求自然境界、心灵自由以及身心的和谐统一。在舞蹈风格上，一方面，她以“观察自然、研究自然、理解自然、表现自然”作为创作舞蹈的思想法则，把“人”置于最重要的位置，尊重生命、表现生命、高扬生命，达到从自然走向自由的境界，提出了“美即自然”的美学思想，用舞蹈表现自然人体的曲线美。另一方面，她对古希腊艺术怀有深深的眷恋，并从古希腊瓶画和雕刻的造型中启发舞姿的创造；她还善于从音乐中获得舞蹈的创编灵感，用舞动的身体表现音乐中富含的精神和情感。在舞蹈社会功能方面，邓肯反对社会仅仅把舞蹈视为娱乐和消遣来消费。她认为，舞蹈是表现人类精神和内在灵魂的艺术，具有治愈人心的功能：“舞蹈是第一伟大的艺术，必将重新唤醒其他艺术。”在舞蹈美育方面，邓肯把舞蹈作为培育少年儿童强健体魄和美好心灵的美育手段，让儿童在自然的舞蹈中感受生活的幸福与人生的美满。邓肯的舞蹈思想包含了丰富且深刻的艺术创见，许多问题直入艺术本质，非常具有深入研究的价值和意义，为后世提供了可资借鉴和研究的范本。

《邓肯自传》以时间为主线，无拘无束地讲述了邓肯的一生，坦诚地表达着自己的思想与情怀，读来十分感人，令人时时陷入深思。全书共计31章，大体分为四个部分。

第一部分（1—2章）：童年经历对其艺术萌芽和婚姻观念的影响。邓肯的艺术与生活密切相关，家庭的艺术熏陶、无拘无束的生活和对自然的表达，造就了邓肯的创造灵感，为她今后舞蹈哲学的形成奠定了基础。邓肯出生在美国旧金山一个颇有艺术氛围的家庭中，父亲是一名诗人、收藏家，母亲是音乐家，也是文学爱好者。邓肯有两个哥哥和一个姐姐，他们孩提时的生活就弥漫着音乐和诗歌，这造就了兄妹四人的艺术气质。母亲的自由式教育和英勇、冒险精神，培养了邓肯反抗命运、特立独行、蔑视物质的性格特征。她毅然决然地摒弃了压制和普通的学校教育，但从未停止学习，养成了广泛阅读的习惯。由于父母破碎的婚姻影响，12岁的邓肯就决定反抗婚姻，向传统道德观念发出挑战，追求绝对的精神自由。按照邓肯的说法，她天生就是一个舞者，在她母亲的子宫里就开始了“舞蹈艺术”。她的母亲在怀孕时经常对人说：“这肚子里的孩子一定不太正常。”

娃娃时，邓肯就会跟着任何音乐起舞，6 岁时就创办了舞蹈学校教孩子跳舞。在邓肯还是小女孩的时候，曾被送到旧金山的名师那里学习芭蕾舞，她却只上了三次课就离开了，她打心眼里厌恶芭蕾舞，觉得“机械而庸俗”，甚至“不认为它是一门艺术”。因为从小生活在海边，“对于舞蹈动作的最初感悟来自于海浪的节奏”，她很早就意识到真正的舞蹈来源于自然，是人类灵魂世界和追求自由的真实表达，她决定开创属于自己的舞蹈，“用姿态和动作来表现自我的真实存在”。

第二部分（3—14 章）：邓肯抗争坎坷命运的曲折经历以及舞蹈思想的形成与发展。为了实现舞蹈理想，邓肯和全家人满怀憧憬地离开旧金山，开启了职业舞蹈生涯。起初，人们看了她颇具颠覆性的舞蹈之后，要么不置可否，要么直言不讳地告诉她这种舞蹈没有市场。邓肯却屡败屡战、百折不挠、信念坚定，正如她所说：“我也无法理解，直到现在也无法理解，如果一个人真心想做一件事情，有什么能阻止他的呢。因为我从来是想做就做的。虽然这不时地给我带来灾难和不幸，但我至少能够按照自己的方式生活，这让我很满意。”邓肯远离了美国，辗转欧洲追求舞蹈理想，尽管生活窘迫，她坚持不媚俗，也不为金钱所诱惑，无论面对怎样的困难与阻碍，在追求艺术的道路上从未退缩。凭借其对舞蹈的意念，对原创性与自由的追求，邓肯创造了独具一格的舞蹈，她像森林女神一样，身披薄如蝉翼的希腊舞衣，披头赤脚，自由地舞蹈，找到了人体与音乐的最佳结合形式。这样的舞蹈是对传统舞蹈和服饰的挑战，引发了极大的质疑，但这丝毫没有改变邓肯对于艺术理念的坚持。她认为女人是万物之精华，是大地之母，女人身体的精妙应该被赞美，她要“通过舞蹈动作让人们认识到人体的美丽与圣洁”。

在欧洲浓厚艺术氛围的感召下，邓肯沉浸在艺术的海洋中刻苦学习：饿着肚子在大英博物馆读《雅典之旅》，在卢浮宫里翩翩起舞，在法国国家图书馆流连，在波提切利的名画《春》前冥想，在罗丹馆里体会雕塑的深刻内涵……在艺术家朋友那里，邓肯还广泛涉猎了音乐、美术、戏剧、文学、哲学等不同的领域，为她的创作增添了精神动力和艺术启示。在不断地探索与找寻中，邓肯终于找到了她所有舞蹈动作的核心源泉——精神原动力，即将精神的力量“一种内在的自我苏醒”注满身体，指引舞蹈动作自然地展开。这一发现成了邓肯艺术理论的基石，也为其日后创立舞蹈学校奠定了理论基础。

虽然在追求理想的道路上荆棘满布、无比坎坷，但邓肯一直坚持不懈地在欧洲的舞台上优美而狂热地舞蹈着，邓肯的舞蹈终于得到了上流社会的赞赏和认可，并在欧洲艺术界掀起了巨大的反响，被誉为“独创性的艺术”，受到效仿膜拜，邓肯也获得了“女神般神圣的伊莎多拉”的称号。然而，就在此时，邓肯却做出了一个惊人的决定：离开现有的荣誉和舞台，前往梦想中的雅典朝拜最神圣的艺术殿堂，从古希腊的文化中寻找舞蹈的自然境界，丰富发展自己的艺术研究之路。她一天天地面对着雅典卫城湛蓝的大海、天空和环抱的群山，苦思冥想；她曾于月夜的星辉下，在巴特农神庙前，面对上帝虔诚起舞；她沉浸于斯特拉图斯古城的庄严与神圣之中，常常被其浓郁的艺术氛围感动得泪流满面，在历史的遗迹中捕捉希腊艺术的精髓，这是她灵魂的栖息之所。在邓肯看来，希腊时代的舞蹈才真正达到了身心合一的境界，在这样一种时代环境中，人的肉体和心灵结合，物质文化和精神文化互相融合，舞蹈动作里总是包含着深层的含义，总是在表达自己的内心世界。对于古希腊的艺术品，邓肯也花了很长时间研究，去感知创作者及艺术品本身的内在意义和作品下的灵魂。古希腊的文化和艺术在邓肯一生的研究中占据了重要位置，也为她的舞蹈带来了创作灵感和精神之源。

第三部分（15—24 章）：浪漫疯狂的爱情和办学的艰辛历程。正如在艺术上的破旧立新之举，邓肯在女性地位、个人作风方面也常有惊世骇俗的言行。邓肯曾说因为出生在海边受到海浪和风的巨大影响，她的体内蕴藏了无穷无尽的感动和激情，她每时每刻都想将它们释放出来，于是她疯狂地跳舞、疯狂地恋爱。对于邓肯而言，爱情和艺术是人生的两大动力。然而，在她的生命中两者相互依存的同时也有着不可调和的矛盾，因为无论是面对艺术还是爱情，邓肯追求的最高目标始终是独立和自由，这也导致她的爱情最终走向悲剧。

邓肯不只是作为一位舞蹈家而存在，同时也以舞蹈教育家的身份得到了广泛的认可和赞誉。她曾分别于 1904 年在柏林、1914 年在巴黎两次创办舞蹈学校，并取得了一些成绩。但由于种种原因，学校维持得相当艰难，最后均以关门收场。邓肯的教学方式，完全秉承自己的艺术理念，即使面对最小的学生们，她也会说："用你们的心灵去感受音乐。"她为学生们精心布置舞蹈教室，在其中摆放了各个时代艺术家们的雕塑作品、绘画作品，因为她相信，要获得美，首先必须唤醒追求美的意识。她设置了各个阶段的训练项目，通过节奏自然的舞蹈训练，帮助儿童对美、诗歌、哲学及大自然有更完满的理解，使他们得到健康的体魄和自由的心灵。"要身体变得自然，成为传达思维和精神的媒介""从大自然的运动变化里汲取灵感，感应大自然的旋律，与内心情感相融合""每一项训练都不仅仅是达到目标的手段，最终目标是使每天的生活都充实和快乐"……她的这些舞蹈教育理念直到现在仍然历久弥新。邓肯曾梦想在世界各地建立上百个国立舞蹈学校，把她的舞蹈理念传播出去，唤醒沉睡于人们心中对于自由与美的渴望。遗憾的是，她的这一前瞻性梦想，在当时并没有得到重视。但是，她仅凭一己之力曾先后在德国、法国、苏联、美国等国家创办了新型的舞蹈学校。邓肯的一生总是陷于经济困境，其主要原因就在于，她不计回报、无怨无悔地把自己在舞蹈艺术上的所有经济收益，投入到创办舞蹈学校的宏伟事业中去。

第四部分（25—31 章）：邓肯思想和艺术创作的转折。邓肯的下半生，悲痛和灾祸相互交缠，她在追求美、追求艺术、追求梦想的道路上总是伤痕累累。一方面，她的舞蹈艺术被西方世界推崇的同时，又因她蔑视、触犯陈规旧俗而被不断攻击；另一方面，现实对她相当残酷，三个孩子的离世带来的致命性打击，使她无法走出失去骨肉挚爱的痛苦中，她几度绝望又几度重生。爱人相继离她而去，她拼命为之奋斗的舞蹈学校也遭遇夭折。即便如此，她也从未停下舞蹈的脚步。邓肯早期的舞蹈大多表现生之欢乐，抒情题材的作品较多。三个孩子的早殇加之战争的摧残，改变了她的创作轨迹，她的艺术理想得以升华，转而投向悲壮的、英雄的题材创作——将音乐、悲剧和舞蹈艺术以最纯粹的形式结合起来，用舞蹈表现革命，号召压迫者拿起武器抗争。她“要用自己的生命和力量为人民服务，用艺术改变他们的处境，尤其是那些备受压迫的劳苦大众”。在邓肯的艺术生涯中，最吸引人的就是这些表现绝望和反抗的作品，这其中有她创作和表演的最著名的作品《马赛曲》、《美国之舞》、《斯拉夫进行曲》、《国际歌》、《第六交响曲》（柴可夫斯基作曲）等。邓肯的舞蹈中经常出现旋转、跨越和前奔的姿势，无论是早期轻快、活泼的舞蹈，还是后期缓慢、沉着的舞蹈，始终蕴藏着一股向上的、肯定的、追寻的力量，这就是她的精神主旨。她相信，“每个人的人生都有一条精神的线，尽管曲折，却始终向上延展。所有能够依循并巩固这条线的东西都是真正所需”。邓肯的精神之线，就是她为之奋斗一生的艺术事业。

1918 年，战争结束，百废待兴，邓肯的命运也面临选择。此前，俄国的巡演经历，让俄罗斯的艺术界和知识分子认识了邓肯的艺术，引发了广泛讨论和好评，甚至受到俄罗斯芭蕾舞者的效仿。1921 年，受苏维埃政府的邀请，邓肯只身前往莫斯科继续为实现其远大的舞蹈教育普及事业而拼搏奋斗。带着对新生活的憧憬，《邓肯自传》到这里也戛然而止。1927 年 9 月 14 日，邓肯在法国尼斯死于一场交通事故，她的棺木上覆盖了美国国旗和红唐菖蒲花，红色缎带上写着“俄罗斯人民永远悼念你”。她在临死前所说的最后一句话是：“再见了，我的朋友们！我将要走向光荣。”邓肯的一生，充满了传奇和浪漫色彩，也饱含了争议和质疑。无论怎样，还是让我们自己去《邓肯自传》中感受和体会吧。

（钟　黎）

阅读链接

1.《邓肯自传》，伊莎多拉 · 邓肯著，蔡海燕、凌喆译，华东师范大学出版社，2018 年版。

2.《邓肯谈艺录》，伊莎多拉·邓肯著，张本楠译，湖南大学出版社，2009 年版。

3.《世界艺术史·舞蹈卷》，欧建平著，东方出版社，2003 年版。

4.《外国舞坛名人传》，欧建平著，人民音乐出版社，1992 年版。

美术书法编

林泉高致

郭　熙

郭熙（约 1000—约 1090），字淳夫，河南温县人。北宋中期最有代表性的画家、绘画理论家。郭熙出身平民，早年信奉道教，游于方外，以画闻名。熙宁元年被召入画院，官至翰林待诏直长。郭熙一生经历了北宋真宗、仁宗、英宗、神宗、哲宗五朝更替，最辉煌的时期是在神宗年间，主导画院近 20 年之久。郭熙注重深入体察生活，能真实、细致、微妙地表现出不同地区、季节、气候的山水风光特点，以“远近浅深，四时朝暮，风雨明晦之不同”创造出极其丰富的意境。郭熙还长于影塑，在墙壁上用泥堆塑浮雕式的山水，别具情趣。郭熙山水师法北宋三大家之一的李成，画法简练，好用淡墨，画山石状如卷动的云，人称“卷云皴”。历史典籍中对郭熙的生卒年没有明确记载，关于郭熙高寿的记载却不少，如元好问记“元祐以来郭熙、明昌泰和间张公佐，皆年过八十，而以山水擅名”，由此，不少学者推测郭熙享年至少近九十岁。郭熙有《早春图》《关山春雪图》《窠石平远图》《幽谷图》《古木遥山图》等画作传世，其中《早春图》成功地表现出冬去春来、万物复苏、大地回春的细致的季节变化。郭熙在绘画理论上亦有深刻认识和较高建树，其成果主要集中在《林泉高致》一书中。

《林泉高致》是北宋时期郭熙论山水画创作的重要专著，是中国首部山水画创作、鉴赏论著，是中国画论史上具有里程碑意义的传世经典。中国古代山水画发展到北宋中期发生了巨大的变化，比较突出的一点是多数山水画家不再以隐居为生活方式，与此相适应的，隐居思想也不再是山水画唯一的表现主题，山水画家可以“不下堂筵，坐穷泉壑”，较好地解决了“君子”厌烦世俗事务而又留恋功名的矛盾。这种创作理念的转变促进了中国山水画走向成熟，《林泉高致》便产生在这一时期。郭熙作为宫廷御用画家，适应山水画的发展趋势，及时从创作实践和理论方面进行深入总结，对有关自然美与山水画的许多基本问题做出集中论述。

《林泉高致》由郭熙之子郭思将其山水画创作经验和艺术见解编述而成。存世的古版本有北京图书馆藏明抄本、《四库全书》文津阁本和文渊阁本等。全书分为郭思序、许光凝序、山水训、画意、画诀、画题、画格拾遗和画记八个部分，其中山水训、画意、画诀、画题为郭熙经验的总结，“画格拾遗”为其子郭思所写。除此之外，还收录了王维的《山水诀》、荆浩的《山水赋》、李成的《山水诀》和董羽的《画龙辑议》四篇名家画论，内容精编，是山水画论的集大成之作。

作为服务于宫廷的山水画家，郭熙在论述中坚持以儒道相融为思想支点。一方面，他认为取材于自然的山石林泉胜景是“君子”所向往的，这是道家美学之本；另一方面，他也强调“君子”须关注时政，不因渴慕自然风光而远离君亲，如果想实现君子的审美追求，可以通过观画来欣赏山水，陶冶性情，通过感受自然的美提升自身的审美情趣，实现君子的审美向往，这又体现着他身为士大夫的典型思想特征。在这一点上，他与南朝宗炳提出的“卧游”思想有些相似，都是通过观画代替欣赏自然真景，不过宗炳是远离仕途的隐士，自己常常纵情于山水之中，真切体味怡然自得的快意，而郭熙这种对自然美的体味与宗炳存在本质上的不同。

《林泉高致》整体表达使用的是儒家风格，重在谈观点、述要领。郭思与许光凝各作有一篇序文，分别布局在书的前后两处：一为开篇，一为收束；一为启引，一为升华。郭思在《序言》中引遍了《诗》《书》《礼》《易》等典籍，似乎意在构建一条学理与观念承继与发展的脉络，也给郭熙的画论观点增添了思想渊源上的佐证。更为生动的是，郭思在序言中回忆他小时候经常跟随郭熙游历风景，观察泉石，郭熙“每落笔，必曰：‘画山水有法，岂得草草。’思闻一说，旋即笔记。今收拾纂集，殆数十百条，不敢失坠，用贻同好”。政和七年翰林学士许光凝所作序是从后代文士的角度对郭熙做出评价，其中大多沿袭了郭思对其父的溢美之词，譬如“不学而小笔精绝”“一览便令人洒然起物外烟霞之想，真可谓林泉之高致矣”。史书中对许光凝的书画造诣少有记载，其序更多出于两家结于布衣之时的世交情谊。

全书主体有六节内容，《山水训》一节排为首篇，是全书最为重要的部分，集中叙述了郭熙山水画创作经验和主张，内容十分丰富，涉及取山水、画山水、观山水几个阶段，讲到画家的审美心态、自身修养、笔墨技法等，也提炼出各地名山特点、山水形态特征以及石、云、道路、林木等在山水画中的作用，他还对学习绘画提出建议，谈论如何从眼中山水到胸中山水到笔下山水。当然这部分最重要的是提出了“三远说”，这是郭熙对山水画艺术美学的重要创造，其影响深远。

《山水训》首段是郭熙对人与山水的关系、山水画的价值使命、道家隐逸与自然美学的综论，是谈及“以道为先、以儒为补”的山水画道的关键内容。其中有对宗炳等前人提出的“卧游”“畅神”的绘画美学思想的发展，也表现出郭熙囿于自己宫廷画师身份的局限，不能身隐的他无法步许由、巢父等高士隐者的足迹，却可以选择用画作表现真实的山水，以迂回变通的方式寄情于山水画间，不下堂奥而坐穷泉壑之美，身处台阁烦扰中也有机会品味出开阔的胸怀、闲逸的趣味。接着谈画山水与赏山水的要法，点出本书的题旨“林泉之心”，即要以道家虚静之心对待山水画创作和欣赏，实现超功利的审美境界。

郭熙以比较法谈及山水画不同于人物画之处，不仅在于大、远，其绘画方法与欣赏的角度也完全不同。以东南山峰之奇秀与西北山峰之浑厚相比，引出了对嵩山、华山等十几座名山的圈点，并指出画家“欲夺其造化，则莫神于好，莫精于勤，莫大于饱游饫看”。要想悟得山水的精妙，画家不能只盯着一处山水穷尽心力反复绘制，而是需要广泛摄取山水美的“精粹”，然后加以熔铸创造，这和西方绘画中强调实景写生很不相同。“远望之以取其势，近看之以取其质”，这就强调了画家需要深入观察、比较、体验，才能抓取山水的主要特征。

郭熙据此对山水及山水画品进行品级划分，可行、可望是较为普通的，君子所渴慕的是可游、可居之处，让人流连忘返、情愿安居于其中才是山水中的上品。山水画若能让人心归于此处，既是自然山水的美妙，也体现着画家的非凡功力，并观照到欣赏者的心理期待。山水画家应当努力创造一种美的境界，使观者“如真在此山中”，得到精神上的满足，同时，境界的创造与表现山川“意态”的美不能分离，所谓“春山澹冶而如笑”“冬山惨淡而如睡”等说法，表明郭熙看到了山水的“意态”美，同人的感情与自然景物的交流密切相关。龚自珍曾说：“西山有时渺然隔云汉外，有时苍然堕几席前，不关风雨晴晦也!”西山的忽远忽近，不是物理学上的远近，乃是心中意境的远近。所以他又写道：“春山烟云绵联，人欣欣；夏山嘉木繁阴，人坦坦；秋山明净摇落，人肃肃；冬山昏霾翳塞，人寂寂。看此画令人生此意，如真在此山中，此画之景外意也。见青烟白道而思行，见平川落照而思望，见幽人山客而思居，见岩扃泉石而思游，看此画令人起此心，如将真即其处，此画之意外妙也。”这是郭熙论点的精妙所在，也是中国传统绘画美学在接受方面的思想火花。

郭熙在探求山水画艺术美的过程中，还论述了山水画家如何观察大自然、如何汲取素材、如何继承传统和如何表现。他要求画家在创作时要精神高度集中，反复修改。郭思追述郭熙创作时的精神状态：“乘兴得意而作，则万事俱忘。”“凡落笔之日，必明窗净几，焚香左右，笔精墨妙，盥手涤砚，如迓大宾，必神闲意定，然后为之。岂非所谓不敢以轻心掉之乎？已营之，又撤之；已增之，又润之；一之可矣，又再之；再之可矣，又复之。每一图，必重重复复终终始始，如戒严敌，然后竟。此岂非所谓不敢以慢心忽之乎？”这种严肃认真的创作态度，至今仍值得提倡。

郭熙创立了山水画论的“三远”说，即高远、深远、平远：“山有三远，自山下而仰山巅谓之高远，自山前而窥山后谓之深远，自近山而望远山谓之平远。高远之色清明，深远之色重晦，平远之色有明有晦。”这是全书的精华所在，既阐明了中国山水画空间处理的技法，又通过描绘山水在“三远”状态呈现出的不同状态，指出营造山水画意境美的特征。“水色：春绿、夏碧、秋清、冬黑。天色：春晃（明亮）、夏苍（淡青色或草色）、秋淡、冬黯（深黑色）。”“真山水之云气，四时不同：春融冶，夏蓊郁，秋疏薄，冬暗淡。”这些总结对后人创作山水画具有极强的指导价值，是绘画理论史上具有重要传承价值的思想之一。相比于西方画的透视法所营造的三维空间，中国的山水画似乎是多维空间的组合，可卧，可游，可居。作画者时刻关注赏画人的视角，使其在观赏时通过移步换景，探寻到通幽秘境。

《林泉高致》在《山水训》后列有《画意》等 5 个单篇。其中《画意》一篇从庄子说画史“解衣磅礴”的典故开篇，主要强调画家艺术气质的涵养，借前人的观点强调“诗是无形画，画是有形诗”，诗画相宜，佳句生成幽情，而促进心手相应，可以帮助画家纵横中度，左右逢源。篇尾引用 10 余首郭熙经常吟诵入画的唐宋诗句，诠释着诗的画面感和画的诗意性。《画诀》一篇主要论述绘画技术，有“山水画入门指南”的意味。开篇首先强调画家的视野要“全天地”；在构图与落笔时要先从山的主峰与宗老入手，再细论“戴石”“戴土”等不同山形的表现，及山、水、松之间的相互烘托与衍生的关系。而后指出画家掌控工具、技法的主体性作用，以“雪色”“烟色”等比拟形象地论述“笔墨”问题。篇尾又强调画家需精神专注心胸豁达，要以“十日画一水，五日画一石”的耐力久久为功。《画题》一篇顾名思义，主要从春夏秋冬四季、晓、暮、松、石、云、烟、水等各个方面列举了拟取山水画主题的方法，强调既要反映自然景物的本色，也要体现经、史、子、集的文化蕴藉，并就古代绘画的作用发表议论，认为画家应当有所作为。在画题列举中对常见元素排列组合，其表达有汉代文赋的铺陈美感，为中国古典书画的诗意增色不少。《画格拾遗》是郭思记述其父的一些山水画的情况，将《画题》一篇中提到或未提到的部分题目进行了详解，是对《画题》的补充。《画记》主要为郭思对其父郭熙生平的记述。郭熙受委托所作而“内有说者”，或描述屏风画面之精粹，或讲述创作背后之选事，各类“花絮”使郭熙的画论更具趣味。

《林泉高致》收入附录三篇。附录一《四库全书总目提要·林泉高致集》，作为中国山水画史上最重要的理论著作集之一，《林泉高致集》在《四库全书》中占有一席之地是理所当然的。而提要文字对《林泉高致集》的整体介绍，也相对比较客观和翔实。附录二包括《山水诀》2 篇及《山水赋》《画龙辑议》，共 4 篇。所谓“画龙者，得神气之道也”，点出画龙的本质其实就是以神运气，以气运笔，与其说是画龙，不如说画家内心气韵的具象化。附录三《宣和画谱·郭熙传》，《宣和画谱》成书之际，郭熙画作在官廷中已经失势，所余仅三十幅，由此可以推断，当时编纂画谱的人自然对郭熙的艺术评价是有所保留的。郭熙的山水画在其师李成“卷云皴”的基础上，更有笔墨技法和审美意境的重大贡献。他大力促进山水画笔墨技法的完备，特别是对积墨法和用笔法的使用，大大提高了水墨画的表现力，使山水画进入了一个新境界。而这些对山水画的发展都产生了积极的影响。元好问说：“山水家李成、范宽之后，郭熙为高品。”方士庶在《天慵庵随笔》里说：“山川草木，造化自然，此实境也。因心造境，以手运心，此虚境也。虚而为实，是在笔墨有无间……故古人笔墨具此山苍树秀，水活石润，于天地之外，别构一种灵奇。或率意挥洒，亦皆炼金成液，弃滓存精，曲尽蹈虚揖影之妙。”中国绘画的整个精粹在这几句话里。

《林泉高致》从山水画的起源、功能到具体创作时构思、构图、形象塑造、笔墨运用，以及画家的观察方法等都有涉及，还谈到了画家的灵感、艺术修养及创作态度的问题，谈到了笔墨技法传承与创新的问题。概括地说，郭熙对山水画的论述，从景到境，从技到道，体现出较高的理论深度和较浓的人文精神。在谈到绘画技巧时，郭熙既重视师承，第一个系统总结了积墨法等技法，也强调要“不拘于一家”，他认为这两个方面都是帮助画家形成个人风格“自成一家”的重要因素。他十分尊崇北宋画家李成，赞赏其山水画的笔墨画法，褒赞其构图上方圆润下方饱满，如其人的面相，这就接近现代风格论的表达：画如其人，风格即人。在谈到具体的景致时，郭熙关注自然山水的规律，比如“真山水之烟岚，四时不同”，描绘春天的山“澹冶而如笑”“烟云连绵，人欣欣”，其中既写出春山的实景，又写出画家面对春山的情绪体验。与之相适应，便有了后文夏山“苍翠而如清”“嘉木繁阴，人坦坦”，秋山“明净而如妆”“明净摇落，人肃肃”，冬山“惨淡而如睡”“昏霾翳塞，人寂寂”。古代文人寄情山水以排遣不遇之悲、迁客之愁，抒发骚人之绪、青云之志，山水诗与山水画都以描绘刻画山水之境而映照内心之境。作画者有此心，人与景、景与情融合一体，此心便是游心。画家的“游心之所在”与诗人一样，就是他创造的意象、构架的图像、独辟的灵境，是艺术创作的中心之中心。赏画者观出诗意，也须以诗人之心观察自然，观照自然中富有诗意的景色，赋予其诗化的表现，画面必然充满诗意的内涵。

儒道相融是郭熙山水画论的底色。郭熙在《林泉高致》开篇说：“君子之所以爱夫山水者，其旨安在？丘园养素，所常处也；泉石啸傲，所常乐也；渔樵隐逸，所常适也；猿鹤飞鸣，所常亲也。尘嚣缰锁，此人情所常厌也。烟霞仙圣，此人情所常愿而不得见也。”对君子而言，若不能“高蹈远引，为离世绝俗之行”，还可在气象雄浑或淡远的山水画中，以一抹山色、一条溪流、一叶扁舟、一缕云烟、几只飞鸟或几个不经意的山弯，打开一个走进桃花源的入口，开启一段游于天地之间的精神旅行，净化，顿悟，升华，再精神饱满地投入人世之中，以对自然的敬畏之心、对世事的冲淡之心，参透表象，回归本真，品味高致人生。

（杨艳秋）

阅读链接

1.《林泉高致》，郭熙著，郭思编，杨伯编著，中华书局，2010 年版。

2.《郭熙王诜合集》，谢稚柳编，上海人民美术出版社，1993 年版。

3.《中国绘画通史》，王伯敏著，生活·读书·新知三联书店，2000 年版。

4.《中国山水画史》（修订本），陈传席著，天津人民美术出版社，2001 年版。

5.《中国画论研究》，王世襄著，广西师范大学出版社，2010 年版。

艺舟双楫　广艺舟双楫

包世臣　康有为

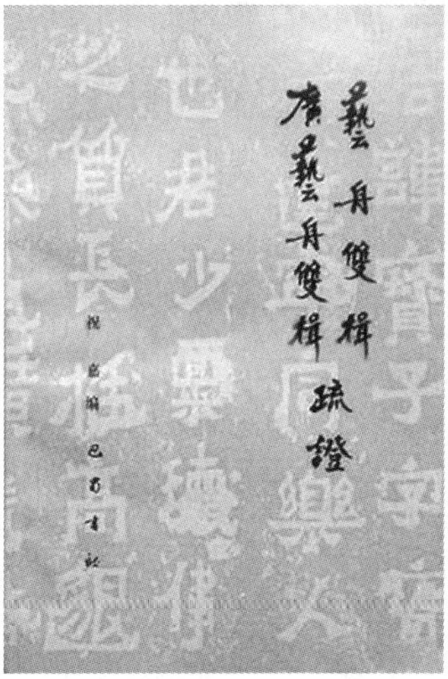

包世臣（1775—1855）字慎伯，号倦翁，又号小倦游阁外史。安徽泾县人。清代嘉道年间著名学者、思想家、书法家、书学理论家。泾县古名“安吴”，故多称其为“包安吴”。包世臣从少年时立志于用世，精研时务，善于吸纳百家之学，而无学派之束缚，一生学识广泛，诗、文、农、兵、盐、漕运等无所不通；针砭时弊，主张改革，怀抱经世之心，穷尽经世之学，强调学以致用，重视调查实践，却屡试不第，一直考到61岁才得中，又遇母丧丁忧三年，64岁时始任江西新喻知县，仅一年便遭陷害去职弃官，归隐之后亦关心时势，对禁烟等问题多次发表意见。包世臣一生勤奋，发言著书，有《安吴四种》、《说储》和《小倦游阁集》等留传于世。其性情耿直，与魏源等相交甚笃。在思想脉络上，他是促进嘉道时期“经世”学风形成、具有承上启下作用并影响阳湖派思想的重要学术人物。《安吴四种》是由《中衢一勺》《艺舟双楫》《管情三义》《齐民四术》合刻而成，文集内容丰富，于经济、政治、文学、艺术等多所创见。

康有为（1858—1927），原名祖诒，字广厦，号长素、更生，广东南海人，人称“康南海”。近代著名思想家、政治家和书法家。康有为是光绪朝中进士，官授工部主事。曾先后七次上书光绪皇帝，请求变法图强，与梁启超等人一起创办《万国公报》，建立强学会，发行《强学报》，为变法制造舆论。1898年与梁启超等人发动戊戌变法运动。变法失败后，流亡国外。其后思想日趋保守，反对革命。辛亥革命后，主编《不忍》杂志，宣扬尊孔思想，反对共和，后半生致力于将儒家学说改造为可以适应现代社会的国教，曾担任孔教会会长。著述留世近千万言，有《新学伪经考》《孔子改制考》《人类公理》《广艺舟双楫》《康子篇》等。

包世臣所著《艺舟双楫》前四卷“论文”，主体是评论古人作法，抒发己见，也收录本人所作的书序、碑版、书信、题词、书跋、诗序、行状等不同体裁文章，体现出包世臣的文思与神采。“论书”二卷（别名《安吴论书》）阐述其学书经验与心得，论述汉代以来书法用笔源流，以及为《书谱》辨误等。《论书》为书法理论著作，上卷分《述书》上、中、下三篇，及《历下笔谈》《国朝书品》《答熙载九问》《答三子问》《自跋草书答问》《与吴熙载书》《记两笔工语》《记两棒师语》《论书绝句》等；下卷有《〈书谱〉辨误》《删定〈书谱〉》《〈十七帖〉疏证》《邓石如传》，以及诸题跋、杂论等，均为包氏书论精华。前后合编，故为“双楫”，抑帖扬碑，对清中叶以后的书风变革颇有影响。

《艺舟双楫》共93篇，其中《论书》占26篇，是其书法美学的主要著述。序言说“五十年来，终始不厌”，可见书成于知天命之年，其书论见解较为丰富，具有体系。包世臣书法理论和核心主张是“尊碑”。明末清初书家便提倡崇尚学碑的观点，包世臣是较早接触顾炎武等“清初诸老”实用之学，并且努力实践的学人。在书论上，他的主张具有同样的特点。《论书》主要包含两部分，“论书一”包括《述书》上、中、下三篇集中论述篇章，及《历下笔谈》《国朝书品》《答熙载九问》等问答和讨论式文章，较多讲述个人学书经过和心得，尤其注重精细地阐明笔墨技法方面的主张；“论书二”包括《〈书谱〉辨误》《邓石如传》等多篇，主要是为书法家撰写的跋、碑文和传。附录中也有一些为官员好友写的墓志铭、碑文和传等。其《小倦游阁集》中也有少量书论。

在《述书》上中下三篇中，包世臣集中记述了个人习书历程和专注于笔法的收获，重点叙述游历江浙时得到阳湖钱伯坰、黄乙生等人的指点，对选笔、执笔、下笔、侧笔等问题一一进行探讨，评述各种执笔用笔方法的差别和书成后的特征。“于是执笔宗小仲（黄乙生），而辅以仲瞿（王良士），运锋用山子（吴育），而兼及青立（朱昂之）；结字宗顽伯（邓石如）以合于小仲。屏去模仿，专求古人逆入平出之势。要以十稔，或有心手相得之境。”“心手相得”即心手合一，书者到如此水平，欣赏者有如此感受，方可谓行家专家。他运用人的体态、骑马的姿势、鸟啄物的形态等生动比喻对“永”字八法一一描述，以人体作比论述字的“小九宫”分布，用“大九宫”来揭示章法安排的规律，并用较大篇幅论述墨法，指出“笔力足以摄墨”，笔法要能够控制墨法，“范之《阿育王碑》，行间茂密；杨之《大仙帖》，画外峭险，并符前哲。自兹以降，宋之东坡、明之香光，亦臻妙悟”。在比较苏东坡和董其昌的观点时，又指出“是故善学者，道苏须知其澜漫，由董须知其凋疏；汰澜漫则雄逸显，避凋疏则简澹真”。在《答熙载九问》中又展开地讲“澜漫、凋疏，见于章法，而源于笔法”。“书之澜漫，由于力弱”“凋疏由于气怯”这两个方面的问题只有通过习练笔法来解决。这一观点与其一贯强调技法的书论观点一致，对后世授学有着重要意义。

包世臣提倡北碑，尊崇古法，历数汉、晋、唐等不同时期的书法演变，强调“欲见古人面目，断不可舍断碑而求‘汇帖’已”。碑拓有何可贵之处呢？包世臣以其文采概括为“六朝碑拓，行处皆留，留处皆行”。又引邓石如、黄乙生之法加以解释：“从左玩至右，则字字相迎；从右看至左，则笔笔相背。”他对邓石如提出的结字、布白、谋篇的观点十分认可，书画创作在疏落的地方可以开阔到行车走马，而紧密之处则无透气之隙，而此种境界能够黑白转换，妙趣横生。他对黄乙生所议的“书法之妙，左右有牝牡相得之致，一字一画之工拙不计也”反复体会十分折服；

还引用东坡所言的“执笔无定法，要使虚而宽”佐证实指虚掌之法。这几处较明显看出包世臣通过二十余年的体悟，载运中国书学的传承之道，将老庄美学融入书学，即老子所谓“知其雄，守其雌”“知其白，守其黑”，从笔法到墨法，讲究丰而不怯，实而不空。他在评价《鹤铭》时强调，其碑文虽然超过千余字，但文字布局虚实相映，恰到好处，其空白与摩崖石坳的态势巧妙融合，故而创造出与自然和谐相契的审美境界。

包世臣一直注重笔法，在此基础上，他也关注到由技法而创造出的不同的美学风格，在《历下笔谈》一篇论述北碑时，他便兼而论之：“落笔峻而结体庄和，行墨涩而取势排宕。”何以“峻”？则需“万豪齐力”。何以“涩”？尚待“五指齐力”。接着他又引东坡所喻如上水撑船，表明对此书法的心悟。后文之中谈及北碑笔法特点，对出入、收放、偃仰、向背、避就、朝揖等笔法评述十分详细，以点为例强调笔法精深，举例指出留笔带来的问题，“界恒苦促，画恒苦短”；又批评书法中相同笔画缺少变化造成的不足，“意恒伤浅，势恒伤薄”。包世臣崇尚峻劲雄强，肯定古人笔法上雄厚恣肆，并论辩了雄与茂、强与密，乃至雄强与茂密之间相生相依的关系，指出“雄”关系书法作品的生气，“强”则影响着字义、情感的表达，而如果能够得“茂密之妙”，就具备了“雄强”之神韵。包世臣善于用对比的手法表达对北碑的褒扬，概括地说：“北碑字有定法，而出之自在，故多变态。”对比之下，“唐人隶无定势，而出之矜持，故形板刻”。“有定法”是指笔法、墨法等技巧，这些技巧却不能过于教条，在书写中要有个性化、区别式的处理。在评述北魏各种名碑时，他概括为“云鹤海鸥之态”“龙威虎震之规”两种类型，均能达到自在抒发的境界，也是对道家美学意识的印证。

包世臣借传统诗学品评之法对清代91名书家进行品级划分，最高品为“神品”，独尊邓石如的隶书和篆书；妙品、能品、逸品、佳品各分上下两等，合而共计九等。强调“形质”与“情性”两者之间相辅相成、密不可分的关系，而且是“书道”不可或缺的两个方面，一曰“妙在性情”，二曰“能在形质”，性情源于内心常常囿于表达，形质明观在目所以有所依凭。可见，包世臣在技法、形势和内心之间的辩证关系上，将文论方面“道”“心”“法”的逻辑一以贯之。

包世臣的书论不仅完善和发展了清代碑学，而且他乐于著书立说，为人写序或跋，其文学和书法观念的传播力强，在书学教育中产生了较大的影响，凝聚形成“包派”书学流派。后世何绍基、杨沂孙、张裕钊、赵之谦等名家多受其理论所影响。

其中《述书》上、中两篇叙述了“始于指法，终于行间”的学书经历，而下篇则论述了侧、勒、努等用笔之法。《历下笔谈》分析了书体的演变，指出：“北朝隶书，虽率导源分篆，然皆极意波发，力求跌宕。凡以中郎既往，锺、梁并起，各矜巧妙，门户益开，踵事增华，穷情尽势。”“北碑体多旁出，《郑文公碑》字独真正，而篆势、分韵、草情，毕具。其中布白本《乙瑛》、措画本《石鼓》，与草同源，故自署曰“草篆”，不言分者，体近易见也。”可见其崇尚碑学的书艺观点。《国朝书品》把清代书家分为神品、妙品、能品、逸品、佳品五类，而妙品以下，各分上下，共为九等。列“神品”一人，为邓石如的隶书和篆书；“妙品”上一人，为邓石如的分书及真书；“妙品”下二人，为刘墉小真书、姚鼐行草书；“能品”上、下共三十人；“逸品”上、下共三十一人；“佳品”上、下共三十二人，合计为九等，共“九十七人，重叠见者六人，实九十一人”。而于《答熙载九问》、《答二子问》、《自跋草书答问》等文，则以问答的形式，详细地阐述了关于真、草、隶、篆等各个方面的问题。

包氏评析汉代以来笔法之源流，提倡碑学，开辟书法的新途径，对后世书风的变革，颇具影响。道、咸之后，北碑盛行，而《艺舟双楫》实具开山之功。它推动了大批有识之士，在艺术实践上取得很大的成就，从而形成了有清一代的书法新貌。但是，包氏所论书派之源流亦有偏激之见，须辩证分析。

康有为的书法理论著作《广艺舟双楫》（又名《书镜》）成书于清光绪十五年，传世有万木草堂本等。晚于包世臣的《艺舟双楫》四十年，却因旨于扩广包世臣所著《艺舟双楫》而命其名。《广艺舟双楫》共 6 卷，分原书、尊碑、购碑、体变、分变、说分、本汉、传卫、宝南、备魏、取隋、卑唐、体系、导源、十家、十六宗、碑品、碑评、余论、执笔、缀法、学叙、述学、榜书、行草、干禄、论书绝句等二十七篇。全书结构严谨，有系统，有理论，虽有片面处，但仍是清代最为重要的一部书法理论著作，此书可与包书一起同时参阅。

康有为自幼跟先祖习临《乐毅论》及欧、赵书，具有较好的书法功底，二十五岁时，他因赴乡试便较长时间在京师访学，因此“得汉、魏、六朝、唐、宋碑版数百本，从容玩索，下笔颇远于俗，于是翻然知帖学之非矣”。康有为在游学之时受到包世臣和邓石如的极大影响，对临碑之法有所深悟。在习书的实践中，他吸收和改造已有的书论思想体系，审时通变，在三十至三十一岁间著成《广艺舟双楫》，属于康有为哲学思想成熟时期的文论结集，其体式宏大，论述详尽，并有较为明显的启蒙意识。“吾学三十岁已成，此后不复有进，亦不心求进。”（《清代学术概论》述康有为语）可以说，《广艺舟双楫》代表着康有为学术贡献的一个高峰，对晚清书学进行了较全面的收束，问世后多次刊印，影响力经久不衰。

康有为的《广艺舟双楫》主体内容大致可分为三大部分：书体变迁、碑版考评和学书体会。康有为从中国文字的起源切入，强调汉字从产生之时便天然地带有超功利的审美属性，在演进过程中，更具有较强的民族文化特征，体现出其厚重的历史意识。从书学理念看，他对接受并发展包世臣“尊碑”的主张，并且向前步提出“卑唐尊魏”，在第十二篇直接用《卑唐》作为篇名彰显主旨。康有为提出了“变者，天也”的观点，“书学与治法，势变略同”。从历代书法的变迁路线上，他指出了周、汉、魏晋三大典型时期，间隔千余年的“变”乃“天理之自然，匪人为之好事”。对于世间万事，也只有掌握变化的规律才能获得前进的法宝，“盖天下世变既成……而书亦其一端也”。可以说，首篇集中体现着康有为变革图新的社会哲学思维，而后文的诸多论述与之相呼应，《体变第四》《分变第五》两节则更为突出。在《备魏第十》一节中，康有为重点通过对比论述，找出魏碑的美感在于“凡后世所有之意态亦无不备矣”“随取一家，皆足成体，尽合诸家，则为具美……故言魏碑，虽无南碑及齐、周、隋碑，亦无不可”。为了强调对魏碑的推崇，他较明确地论述了齐碑、周碑、隋碑等的不足之处，说明为什么有魏碑可无齐碑、周碑、隋碑，并进一步指出名家杰出的唐碑，在他看来也是不能与魏碑相提并论的。

康有为在《广艺舟双楫》中对各种碑版作了较为细致的审美评价，为追根溯源，他在《十六宗第十六》中指出“古今之中，唯南碑与魏碑为可宗”。而“可宗”的缘由呢？也就是他的审美标准，他将书法美的标准细化为魄力、气象、笔法、点画、意态、精神、兴趣、骨法、结构、血肉十个方面，其中“雄强”“浑穆”“奇逸”“峻厚”“丰美”等词颇为相似地指向宏大境界，这十个方面的美感，“唯魏碑、南碑有之”。卢善庆先生指出，在书法美学上，康有为所崇尚的“雄强”之美，对后来中国美学发展具有积极意义。康有为提倡雄强诗境，追求经世价值，与他的尊碑说直接有关，也受到了龚自珍、魏源等人思想的影响。一个人的思想体系不可能是割裂的，康有为的书学思想与其变法革新的主张是一致的，雄强方能致用，奋起而为救国，是他的思想根基。

康有为沿用包世臣的分级品评法，连续在《碑品第十七》《碑评第十八》《余论第十九》3 篇文字中对百余个碑做出九个等级的评定，对其书学观点和影响极为肯定：“以精敏之资，当金石之盛，传完白之法，独得蕴奥，大启秘藏……迄于咸、同，碑学大播。”还称赞刘熙载一些书学主张，对其“八分之辩”较为认同，以汉隶、小篆、大篆、正书之间的变化与关联，强调“真之古今分合转变之由”，肯定刘熙载的书法见解广博精深。以此又对历代书家八分之说进行梳理论述，充分体现着书学传承与乾嘉考据学的遗风。

康有为评论笔法、结构所用的语言极为精彩。有关《广艺舟双楫》中的文字，周睿先生的评价十分中肯，他认为康有为论述碑版高下时，较多以人格品性、内在精神、自然气象为评价标准，其中具有振奋、激荡、豪壮品格的，皆可称为上品，因为这些碑版会让欣赏的人激发出生命激情。这一点极符合康有为作为儒士入世的用意。换成现在的话说，他所推崇的碑版具有宣扬生命正能量的基底特征。而且康有为的行文极尽华丽和铺排之势，其渲染之功是十分明显的。我们从这段评价可以看出，北碑确有独特的美学价值，是一种雄强美、自然美的代表。而康有为的评论文法修辞，则不无溢美之意；并且其独崇魏碑之法脱离兼容并包的学术气象，稍显狭隘。从这一点上看，康有为治学之法，与其强调社会变革、追求治世之用的思想多有相悖，难免让人有华而不实之感。

梳理《艺舟双楫》《广艺舟双楫》的书学理论和美学观念，不难看出两者之间的传承性和差别。以“象”为凭借的中国古典文论风格，在两人的书论文字中均有体现，也可以说中国书论便是从“象”出发，因象而“生”，凭象而“活”，“以大量形象的比喻来描述静态书艺所具有的强烈动感”，使书法在变迁之中始终保持着自然和生命的趣味，从而形成超出实用价值的审美境界，形成了书法的生趣。这种书评方式是中华民族思维特质和表意方式的一种典型反映，两人也概莫能外。但两人之间还有明显的差别：包世臣的书论文字段落较长，表达相对追求逻辑严谨，完全遵守以象评书的书法批评传统；到了康有为，随着西方学术的渐入和白话文风的兴起，康有为本应向前迈一大步，图新求变，迭代发展，但遗憾的是他却把尊碑推向极端，多处有强行审美之嫌，且语言表达过于追求华丽修辞而显语意混杂难辨，教化气息也很浓郁，未能实现书学的现代性转型。

书法理论与评述研究发展到晚清时期，讨论的主要内容围绕着“碑帖之争”展开，其间从包世臣精于技法论述的《艺舟双楫》，到刘熙载书艺合一的《艺概》，及至康有为颇有收束之功的宏作《广艺舟双楫》，均是书法理论的重要代表性著述。在中国古典美学与现代美学转型迭代的学术环境下，这些书论处于易被学人忽略的位置，而这些论述却清晰地反映着“碑帖之争”的轨迹，也体现着中国近代书论演进的脉络。

（杨艳秋）

阅读链接

1.《〈艺舟双楫〉〈广艺舟双楫〉疏证》，包世臣、康有为著，祝嘉编，巴蜀书社，1989 年版。

2.《中国近代思想家文库·包世臣卷》，刘平、郑大华主编，中国人民大学出版社，2013 年版。

3.《中国近代思想家文库·康有为卷》，张荣华编，中国人民大学出版社，2015 年版。

4.《包世臣书学批评》，金丹著，荣宝斋出版社，2007 年版。

5.《康有为书法研究》，梁新颖著，人民出版社，2013 年版。

图说中国绘画史

高居翰

高居翰（James Cahill，1926—2014），艺术史家、策展人和收藏家，中国艺术史学家，美国加州大学伯克利分校荣誉退休教授。1926年出生于美国加利福尼亚州布拉格堡。1943年进入加州大学伯克利分校先后修习英语、日语。1946年至1948年随军驻日本和韩国期间，接触到中国艺术作品并激发浓厚兴趣，开始收藏绘画作品。1948年返回伯克利继续学业。1951年入密歇根大学追随知名学者罗樾修习中国艺术史，先后获得硕士和博士学位。1965年起担任加州大学伯克利分校中国艺术史教授，直至1995年荣誉退休。高居翰还是一个艺术收藏家，与收藏鉴赏家王季迁交好，得到了解中国收藏鉴赏传统和接触原作的机会。高居翰一生致力于中国文人画发展脉络的梳理，尝试将符号学、图像学等西方艺术学的研究方法运用到中国画研究中，推动西方美术史学界对中国文人画的价值认知，也推进了对自宋以来中国画风格特征与发展转变的梳理。研究中国绘画的主要专著有《隔江山色：元代绘画（1279—1368）》《江岸送别：明代初期与中期绘画（1368—1580）》《山外山：晚明绘画（1570—1644）》《气势撼人：十七世纪中国绘画中的自然与风格》《画家生涯：传统中国画家的生活与工作》《不朽的林泉：中国古代园林绘画》《致用与娱情：大清盛世的世俗绘画》等。1973 年后，多次来到中国考察绘画艺术，成为北京故宫博物院古画研究中心的外聘专家，在多所美术学院和综合性大学开设讲座，组织和参加各种研讨会，参观各种展览，与中国艺术学界建立了深厚的友谊。高居翰将自己的 2200 多册藏书捐给中国美术学院，中国美术学院在原有的贡布里希图书馆基础上，建立了新的贡布里希—高居翰图书馆，2015 年 9 月正式对外开放。2017 年 2 月，中央美术学院正式将“高居翰数字图书馆”启动上线，内容包括其著述、视频讲座、图像资料及捐赠的个人藏书等。

高居翰的《图说中国绘画史》出版于 1960 年，此书的出版基于多重的机缘巧合。当时西方最好的美术书籍出版家艾尔伯特·史基拉（Albert Skira）筹划出版一套新的亚洲绘画丛书，邀请著名的中国绘画史学者喜龙仁撰写中国绘画部分。但是，喜龙仁刚刚出版了七卷本中国绘画史，并签了一个若干年内不得再出版同类题材图书的合约，因为高居翰曾作为其助手编辑过中国绘画史的图像部分，喜龙仁便向史基拉推荐了高居翰，于是，当时还名不见经传的高居翰便得到了这次机会。史基拉因以极具创意的方式出版漂亮的美术书籍而在业界享有盛誉，他在书中把图片与叙说文字同步编排，而不是统一放在书末，同时还附有大量的局部细节图片，而且张张图像清晰，彩色印制。史基拉要求高居翰撰写中国绘画史时，也如法炮制，因此我们现在看到的《图说中国绘画史》一书中，有 100 幅精选画作，所有图片从头到尾均与文字同步编排，高居翰形容这如同上幻灯片课一样的写作方法，一边看着幻灯影像，一边听着老师的解说，进而形成了一种新颖的“叙事艺术史”写法。这种“读起来好像读小说”的叙事风格，引领着观看者在观看绘画名作的同时，跟随着作者的叙说赏析，沉浸于画作之中，领略着历久弥新、兴味盎然的韵味。因此，此书 1960 年甫一出版，就受到西方读者的欢迎，一版再版，并被翻译成多种文字，得到了更多读者对中国绘画的了解。

高居翰的《图说中国绘画史》以时间为经，以绘画品类、绘画风格以及绘画流派等为纬，以文释图，具体介绍与赏析中国绘画的发展历程。现把该书的叙述框架以表格的形式呈现如下。

章序	时间	绘画品类、流派与画家
一	汉、六朝及唐（2—9世纪）	早期人物画
二	六朝至宋初（4—11世纪）	早期山水画
三	宋代中期（11—12世纪）	宋代山水画
四	五代至宋（10—13世纪）	五代及宋人物画
五	六朝至宋（4—13世纪）	山水人物及庭园人物画
六	宋（10—13世纪）	宋代的花鸟与畜兽画
七	南宋（12—13世纪）	南宋院派出水画（马远、夏珪、马麟）
八	宋（11—13世纪）	宋代文人画及禅画
九	元初（13世纪末—14世纪）	元初画家（钱选、赵孟頫、高克恭）
十	元末（14世纪）	元末四大家及盛懋
十一	明初（15世纪）	明初画院及浙派（边文进、戴进、吴伟）
十二	明初、中期（15—16世纪）	吴派（沈周、文徵明及其追随者）
十三	明中期（16世纪）	周臣、唐寅及仇英
十四	明晚期（16—17世纪）	董其昌及明末绘画
十五	清初（17—18世纪）	清初正传大家绘画
十六	清初（17—18世纪）	清初独创主义绘画
十七	清中期（18世纪初）	扬州八怪及其他画家

为了叙述的方便，把汉至宋作为一个时段，然后元、明、清各分为一个时段，来进行释读。首先看第一时段的人物画。对中国绘画的介绍，高居翰以汉、六朝及唐的早期人物画开篇。高居翰对中国绘画的认识，是从对中国绘画线条的独特分析开始的。他认为，用毛笔画成的线条一直都是中国绘画的独特要素，欧洲的绘画也是从线条开始的，然而中国画家从来

不像欧洲画家那样，把注意力放到光彩、体积、轮廓等写实方面上，而是努力想要把物体重现得像原物一样。中国画家把线条当作主要的描绘和表现的工具，侧重于表意的造型艺术，讲究以形写神，追求绘画的意象性表达。可以说，高居翰开篇点题，把握到了中国绘画艺术的独特审美情趣。接下来他对长沙出土的公元前 3 世纪两幅帛画，以及 2 至 3 世纪间的汉砖画，进行了具体的分析。在帛画中尽管使用了工整的墨线、染入匀整的颜色，然而表现的则是人类、鬼怪乃至动植物的象征性形象；在汉砖画中通过毛笔或粗或细的线条，不但使画面生动活泼，而且也勾勒出了轮廓的重点，强化了两个人物间的象征性动作："经由眼神的交流，一种相互的觉察意识把人物连贯在一起。"更为难得的是，高居翰从这幅汉砖中注意到，尽管这是一张不太重要的画，不能够代表汉代绘画的最高成就，然而在这幅画中却已经开始超越某种真正观念艺术的局限，即"画中人物不止是象征或典型而已，他们还是自觉自足的个人"。他认为，从这时开始，中国出现了不同于西方以宗教画为主体的最伟大的绘画：世俗画。此时的中国儒家思想盛行，其代表了中国思想中最理性而人文的一面，持儒家思想的人认为，具有训诫性的主题画能够起到劝人为善的教育作用，还可以提升人的心智、锻炼人的精神。不得不说，他真正地把握到了此后中国人物绘画的精髓。

接着，高居翰介绍南北朝画家顾恺之的《女史箴图》、张僧繇的《五星二十八宿真形图》，称前者画作无特异处，"最多不过诙谐而已"，后者则是第一个优秀地使用了幻觉凹凸法的大师。对于唐朝的人物绘画，他称现存画作较少，只能接受既有的评论：最伟大的宗教人物、俗世人物和肖像画都是此时完成的，而无法提出自己的独到见解，只是简单地介绍了一下王维、张萱、周昉等人的后人摹本。对于擅长佛道人物画的唐朝"画圣"吴道子，因其作品没有留传下来，甚至没有可靠的摹本，更是无法评述。唐代之后的南唐和后蜀是五代时期的两个小朝廷，南唐李煜画院中的人物画家追随了唐代典雅而唯美的格调，把贵族的闲逸生活描绘得细腻无比。而后蜀却有一个比南唐画派更为进步的画派成长繁荣起来，把"逸品”的粗犷细条使用在人物画上，而这一切与否定佛教正宗繁文缛节的仪式而兴旺起来的禅宗相关。粗犷的笔法和水墨画作为新的画法，和禅宗同时兴起，相传为石恪所作的《二祖调心图》就是这个时期的代表作。禅宗二祖慧可舒服地依偎在老虎背上，头搁在耸起的双肩间，神态慵懒，似是在打坐，又似是在睡觉，被他依偎着的老虎却是正在酣睡。画家使用的不是毛笔，而是类似稻草或竹篾之类的画具，描绘人物的衣袍和虎毛，线条粗糙，老虎的毛施以淡墨，人物的衣袍则如泼墨一般，大块的墨渍浸留在画面上。笔行走快速，笔毛分裂时，便甩出一条条墨线，能够感受到画家手中强劲的动势，属于典型的“逸品”风格，洒脱而有趣味，以后禅画的发展过程中，这种逸品传统发生了持续不断的演变。

在人物画的发展过程中，出现了一个与山水画相融合的山水人物及庭园人物画的逸出品类。在中国传统中，人与自然之间的不断变化着的对话，一直是诗人和画家所关心的主题。进行这种对话的时候，人试图用幻想改变其周遭的环境，而环境也在改变着人的心境。高居翰认为，相传顾恺之所作的《洛神赋》图卷中，山石树木分别摆放在人物的旁边，人物则各居其位，营造出一种人物与自然相互应和的氛围；唐朝的《明皇幸蜀图》也采用同样的结构布局，故意把拱卫主要人物的山岩画得突兀独立，以衬托流亡帝王的悲愤心情。及至五代及宋期间，为了解决在山水间建立连贯空间这一问题，画家们创造了一种新的画法，即所谓的“平远”格局，就是在平旷的陆地或河水上展现无际的视野。五代时画家赵幹的《江行初雪图》是使用这一画法的代表作。展开画卷，便可见一片萧瑟黯淡的水面，两个渔人蜷缩在高跷支撑着的捕鱼台上，只有一块草席遮挡风雨。远方空荡的河面掠过一叶扁舟，两名舟子撑着篙，舟中则坐着服饰鲜丽的豪客。丛丛芦草、河洲、扁舟，一切都由明净的线条衬托在墨染上，一种疏离感愈发增加了全景的孤寂气氛，同时也强调了各个单元在画面中疏疏落落，而这却也是细腻无比的经营位置。到了宋朝的画院派画家中，则产生了一种面对自然的浪漫主义风格：“高士坐在山中的平台上，凝视着垂下的瀑布，或者望向神秘的空茫。”高居翰认为，这种典型风格由马远所创立，而最好的画作则是其子马麟的《静听松风》。画幅中微醺的诗人舒适地斜偎在树旁，保持着倾听松声的姿态，斜眼瞧着身旁侍立的童子。线条优美的崖石、溪流和远山，完美无缺的松树，都是他的心中之景；在画中，他不但被自然本身包围着，也被他自己投射于自然的情绪包围着。人与自然间的古树对话，如今两边都由他一人支配了，便成为一种独白。

“石头和树，你拿来的就是石头和树，我的读者要看的是人、房子，还有故事。”这是美术书籍出版家史基拉看到高居翰的选图时，所发出的疑问和质问。于是，高居翰只得对不懂中国绘画风格的史基拉解释，最好的中国绘画是山水画，而山水画大半都是石头与树，间或有些空处，有些屋舍和人物等。高居翰认为，从汉到唐，人物画在中国绘画中占据了主要地位。而到了9世纪，中国画家把注意力转到了自然上，到11世纪这种转化大功告成，此后则不再回转，因此，在整个中国绘画传统中，最独特最辉煌的成就正是山水画。如果说人物画受儒家思想的影响，那么，山水画则受道家思想的激发，寻觅自然之美，与自然合一。最早流行于南北朝时期一批道家诗人与画家之间，到4、5世纪时，山水画开始独立存在。六朝画家宗炳在其《画山水序》一文中，认为自然的形式不但包括外在的世界，而且还包含着“趣灵”，即仁、智、贤者所感发的内在品质。宗炳时代的山水画没有一幅流传下来，仅从相传为顾恺之所作的《洛神图》中找到一些线索，临摹8世纪的《明皇幸蜀图》保存了一些遗风。而享有最伟大的山水画家之誉的，则是生活于五代和宋初的北方画家李成。现存中国山水画中，最优秀的作品出自范宽、许道宁、郭熙之手，他们皆尊李成为师。李成擅长画肃穆气氛的条景，以《晴峦萧寺》为例，曾为唐及以前山水基本物质的温暖颜色和迷人的细节，皆消失不见，代之以肃穆庄严的气氛：“山峦静穆，枯树兀立在稀薄的山岚里。黑树干清晰地矗立在前景，向后退去时，则渐淡成影而消失。”到北宋时，则产生了最伟大的不朽名作，即范宽的巨型山水《溪山行旅图》，被后世批评家称之为具有近乎宇宙创造力般神奇禀赋的力作。整幅画作布局雄浑壮阔，展示的境界咄咄逼人：一块巨嶂主宰着全景，幅度被丘顶的邈小树丛和建筑衬托得雄浑无比。从郁黯神秘的峡壁间冲流下一条白练似的瀑布。雾从山脚翻卷上来，飘过山谷，隐约了山底，使陡壁看来格外高矗。整个画面几无人际，只有两个邈小的人物正赶着骡队，一座桥和半隐在树木后的寺庙，其余就是未经触及的大自然，使观看者有一种雄浑伟岸的自然无处不在却又与人恰当和谐相处的秩序感。

山水画到了南宋，则出现了繁荣景观，各个画派如保守派和创新派、复古派和怪诞派、院派画家和业余画家，都以不同的风格创作着，繁复得令人惊奇。这一时期的郭熙、李唐则是李成、范宽传统的继承者和创新者。郭熙不但在绘画上超人一等，还写了一篇中国最重要的山水画理论著作《林泉高致》。就像六个世纪以前的宗炳一样，他认为山水画的价值在于能使观者“身临其境”，一个真正喜欢山水的人，可以在神游于山水画中，感受山水在阴阳四时、昼夜晨昏间的变化，进而建立与山水间的亲和关系。其山水画杰作《早春图》，是现存唯一能在雄伟气势上与范宽的《溪山行旅图》并驾齐驱的作品。但这是与范宽不同的另一种雄伟，体现了自然处于不断变化的骚动景观，强烈的不安定感激荡着画面：“一种忽粗忽细的线条紧张地颤抖着；似乎有一片不自然的光从底层泛起，映亮了石块；阴影在某个层面上神秘地折闪着；这些现象愈发使画面不稳定起来。而最不稳定的，是壁岩好像经历了万古的侵蚀似的，一律都从底部切开了。”李唐则是继郭熙之后的另一主要画家，同范宽一样，喜欢画饱经风蚀、灌木丛生于顶的绝岩峻岭和阴郁的峡谷。他除了有《万壑松风图》这样雄浑境界的大幅山水画外，也有《奇峰万木》般的扇面和小幅挂轴，亦同样很有成就，达到了同等的艺术水准。同时，高居翰认为，李唐创造了山水画的一种独特风格，即“留白”，在整体画面中创造一种空间感。他以斜角线分割画面，运用前景元素先建立某种高度，再压缩到画面构局的另一半，通过弥漫的云烟削减画面的实体感，把幻想遥引出画面，暗指了画面以外的整个世界。李唐独创的这种风格，后来成了南宋山水画家的典型构图。

山水画到了南宋则出现了风格的突变。南宋朝廷来到了江南的富沃丘壑地带，画院置身于杭州西湖两岸的诗情画意中，一种新的抒情趣味灌输进画院风格中。北方连绵起伏的山岭、辽阔无垠的平原，已经不适合江南这种温和的情绪了，李唐小幅册页传统在这里得到了传承，恬淡闲适风格成了南宋画院山水画的主导，以两位创建人马远、夏珪命名的马夏山水画派应时而生。在马远的笔下，自然被驯服而理想化了，如在《山径春行图》中，一位高士和童仆独行在溪边的小径上，抬头远看飞憩在风中柳枝上的一对黄鹂，这是尽情享受自然的一种情绪的净化。在另一幅山水人物画中，则使用了他典型的“马一角”构图：在轮廓鲜明的前景山石的后边，展现了朦胧的树影，从树边推向远处，则是无尽的一片渺茫，令观者的视线落入这无边的渺茫中而生发出漫无边际的神秘遐思。同马远相比，夏珪则把线条削减到最少的程度，只用寥寥数笔勾勒边缘轮廓，用更多的雾朦胧他的整体画面，在其杰作《溪山清远》中，我们能够欣赏到他笔法的精练与用墨的精妙，坡石使用侧斜的干笔，叶丛则以秃笔聚成，从最浓郁的深墨到最细腻的淡墨，简洁冷峻，妙笔天成。马远之子马麟深得这一画派的真传，他的《秉烛夜游》则是所有表现短诗气氛的南宋创作中最为秀雅细致的一幅作品。夜幕降临庭院，一轮淡月挂在薄暮的黯淡天空，屋檐空隙处透出郁黄的灯光，苍绿的树正开着淡紫色的花，一位显贵坐在亭阁的入口处，仆从准备点上花径两旁的烛台，等待夜宴的来宾。整幅画面的构图，正符合用李白诗意命名的画题：既然生命这样短暂，我们不妨点上烛火，尽情享受这午夜的时光吧！

宋代的文人画及禅画、山水人物及庭园人物画，则是高居翰在介绍山水画时，所分出来的两个逸出品类。宋朝以文人治国，形成了一批卓越的士大夫文人群体。这一群体以苏轼为中心，在政务、古籍的研习与写作之余，进行绘画的创作与讨论，形成了“文人画”宗派。这派画家的绘画理论反映了他们的儒家身份背景，认为作品的本质反映了画家本人的品质，作品内容来自画家的心灵，因此作品的价值不在于表现自然真实性的形似，而在于对被描绘物的感觉与看法。苏轼最喜欢画竹与枯木，然而其画作没有流传下来，就是这个画派的画作流传也极为有限，在高居翰的考证下，仅有米友仁、李公麟、王庭筠等少数几人的画作得以传世。如果说以前的画家追求的是“如在其身”“身临其境”的感觉，那么此时文人画的真正主题则是艺术家的心灵，观者是与画家的面对面相遇。与文人画派产生的同时，与苏轼文人圈子交往的还有几位身兼业余画家的禅僧，沿袭相传到13世纪，形成了禅画派。这一画派以六通寺为中心，环绕了杭州几个寺院进行活动，由于与文人画派交往甚密，因此其风格也极为接近。但据高居翰分析，如果我们一定要区分，可以用基本态度的不同来加以划分，儒家文人的绘画比较强调用知性的手法，而禅画家则更强调感性的直觉手法。基于禅宗的哲学认识，在自然界纷繁复杂的万象底下，隐藏着唯一真理，接近或达到这种真理的途径，则是依靠无法言说的感官直觉的顿悟，因此，禅画家通常只关键性地点出他的画作题目，其他部分则保持暧昧，使用暗示而更甚于描述的手法。如禅画家牧溪《潇湘八景》之一的《山水》卷，使用简单的渲染，用草秆制造出宽阔而潦草的笔触，点缀出几丛枝干，数片屋顶，舟中停憩着三两渔人。用这种简单的技法创造了令人信服的光影感和空间感，使此画不但是一张动人的纯粹水墨山水画，而且可以被视为一种外在世界的意象，一种简化了的、印象主义式的，然而却咄咄逼人的意象。

尽管高居翰认可中国画评家且对中国绘画分为人物、山水以及动植物三大类，但是从他叙述的布局来看，更倾向于把第三类归为山水画的旁支。在唐代，这类画作更多地在描绘户外景色的佛教画或俗世画里看到，存在于装饰性的局部段落中，或是填充人物的布景空白处。而在北宋最伟大的花鸟画家崔白那里则得到了独立的发展，由于同为卓越花鸟画家的宋徽宗的提倡，此一画作形式得到了极大的发展，画作风格也由即兴式的创作，转变为追求严谨布局和准确性的画风。《梅竹聚禽》《竹石双禽》分别为徽宗画院画师和徽宗本人的花鸟画代表作，表现风格极为接近：竹枝在画面上像扇骨般展开，上面栖歇着优美的禽鸟；几笔勾勒和墨染构成岸石，石面不加任何皴笔。画面上的每一元素在视觉上都是非常真实的，然而真实感的底下深藏着画家精密而耐心的观察，以及其与自然界的花鸟间的情趣。

第二时段，元朝的绘画史。朝代更迭之际，在朝廷任职的大部分文人、士大夫都开始隐居起来，他们集中于南宋旧都杭州和长江之间一带的狭小地区，致力于他们深爱的文人活动，写诗，习字，画画。在绘画上，元初画家认为传统的画院风格过于炫耀，而禅画又缺乏纪律，都被他们摒弃了。他们开始另辟蹊径，力求在古老传统的基础上，创造一种崭新的风格。因此，元初的文人画运动由杭州之北的吴兴起步，先驱者是钱选及其学生赵孟頫，以及在元大都与赵孟頫交往的高克恭。钱选是拒绝到元廷入仕的退隐之士，他画人物、山水以及花鸟，经常回溯到南宋以前的风格，其大部分人物画根据唐朝的法格，再融入一定的情感。他在一幅模仿唐朝画马专家韩幹的《贵妃上马图》中，呈现出了冷静、古典主义的气质。他的复古只是在风格上借用典故，当作一种风格上的借喻，而挑起思古之幽情。赵孟頫则在其名画《鹊华秋色》中，用钱选的类似方法，获得了更大的成功。全画展现了朴素主义者对尺寸比例的有意忽略，以及对外烁美的排斥，完全显示平淡天真的景致，把全画带入几近荒芜的肃穆中。高克恭则在《青山白云》的短卷中，把各种古代风格和绝对的独创性糅合在一起，既满足了古拙趣味，又满足了当时的表现需要。他们尽管力求在中国绘画史上开创一个新纪元，在画风上发起一种革命的尝试，把与传统的关联推溯到更远的北宋甚至以前，然而在创造一种新的画风上，他们并未成功。他们留下的问题，则留给了被称为“四大家”的画家来解决，“四大家”及其追随者们把元朝的文人画带到了成熟的境地。

元末“四大家”包括吴镇、黄公望、倪瓒和王蒙。吴镇出身贫寒，天性孤峭，以卖卜、卖画为生，其画题更多的是描绘家乡的景色，即遍布网状的河流与沟渠，山峦平广的视线只偶然被馒头小山所打断的滋润的江南。他的风格就像他的题材一样，不装腔作态，有一种恬淡的风味。在偶然的乖僻和些许的怪诞中，透露着小小的欢趣。黄公望的山水画对后世影响最大，他其实与吴镇一样，爱画恬淡平凡的景色，表现出动人的细腻与个人品质。但他在画法上有所创造，即用逐渐叠积的过程来筑造他的山水，即开始时先用淡墨，渐次加上较黑较干的笔触，然后回视全画，再略略修改一些细节。他晚年所画的传世名作《富春山居图》长卷，就是用这种画法创造的。他趁灵感充沛之时，不费心力地一气呵成全稿。以后在情绪高涨之时，再添加局部细节，如是再三，至整幅画完成时，已经三年有余。倪瓒是一位被画评家认为与黄公望几乎同一等级的画家，他出生于富商之家，年轻时购置了很多古董和书画，晚年时又散尽家财，弃家出游。他泛舟漫行于湖泖之间，偶尔也与朋友共游，但大多时间孑然一身，在这些性格特性的后面，则注定了他萧瑟恬淡的画风，他的画经常空无人迹，通常只有一座空亭，暗示曾经有隐士的造访。与倪瓒的冷寂风格相反，王蒙的画作较为关心空间、体积和表面的质感，然而他更注重的是表现这些事物的内在品质，更胜于重现外在自然的形体。为了实现这种意境，他或使用空间，或拒用空间，或塑造形式，或扭曲形式，具有西方某种超现实主义的画风。

第三时段，进入明朝的绘画，其发端者则为明初及中期的画院派以及浙派、吴派。由于明初几位皇帝的努力，重建类似翰林画院制度，被称为明画院，但其成就远远不能同宋徽宗创建的画院相比。明宫廷画家的好处与弱点都在边文进的作品中表现出来，模仿传统大师时只是部分地追捕到他们的精髓，却失去了对主题的深厚感情和秩序井然的构局。明初的优秀画家戴进在供职宫廷数年后弃职而去，回到出生地杭州以职业画家谋生，进而被追认为山水画浙派的创始人，复兴了马、夏以来的传统画风。戴进技巧卓越，傲气奇崛，在描述性的技法上展现了熟练的功夫，在纠缠的芦草和泥地上呈现出一片耀目的天然。戴进的追随者吴伟，性情憨直豪放，其好酒的天性和狂放画风，使他上可以列入晚唐泼墨醉师，下到明清之际的徐渭、朱耷的一脉传统。一直到16世纪，浙派都是明代画坛的一支活跃势力，但是由于其后继者把潮流带向紧张、过分强烈和矫揉主义的极端，16世纪以后便开始衰落了。与浙派同时兴起的则是吴派画家群体，这些画家生活在苏州附近的吴县，因此被称为吴派。15世纪末、16世纪初，生活于此地的一小批画家重新把文人传统作为中国绘画的主力。他们大部分出身于世家，受过严格的儒家教育，浸融了洋溢于明代中期社会里所表现的那种热烈的突破精神。稳健与平衡是他们绘画的主要调子，由创始人沈周奠定下来，在他的学生文徵明那里得到了发扬。作为书、画俱佳的一代才子，常常在其画作中展现卓越的书法技巧，用毛笔快速而流畅地行走在纸面上，交织成松柏纷密的场面，占满了大部分高狭的画面，一种粗犷而冷峻的景象展开在观者的眼前。沈、文之后，著名者则为陆治和陈淳，两人均过着出世的生活，专心研习儒学古籍，诗、书、画上均有很高的成就，在画布上继续着中国文人的安静而又细腻的趣味吟咏。

周臣、唐寅和仇英，三人均生活在苏州的吴县，但其画风与吴派不同，不能以吴派目之，因为三人在风格上相似且来往密切，因之高居翰把他们放在一起来介绍。这三人才分极高，他们调和职业画家和业余画家两派之间的不同，获得了极大的成功。其实，他们并不是一个整体的风格，而是各具才性的发挥。周臣特别喜欢在岩石上强调色调的对比，笔法显示了精良的描绘技能。唐寅和仇英则是才子型画家的典范，同样喜欢把活泼的新生命灌输到保守陈旧的风格和技巧中，并在数十年内，使职业绘画恢复了一些自宋以来就一直缺乏的品质，其中尤为显著的就是技巧和趣味两方面的陶练，这种技巧和才能对后世画家产生了深远而有益的影响。晚明时期的绘画流派错综复杂，在这流派纷呈之中，董其昌则是其间最具有独创性的一代宗师。他身居高职，又是当时首要学者、书法家和最为权威的画评家，其“南北宗”系统的划分对后世产生了相当大的影响。他歌颂文人画传统，贬低院画派和职业画家，特别是浙派，他想要把整个历史和绘画史带入一种使他自己感到满意，并且也能说服与他同时代人的秩序世界，可贵的是，他凭借自己的实力做到了，而且做得非常成功。自他以后，在中国写成的有关绘画的文字都强烈地受到了他的影响。在介绍了孙克弘、陈洪绶两位晚明著名画家之后，高居翰重点分析了两幅时代相差七八十年的作品，即徐渭的《竹卷》和张风的《秋山红叶》。两幅画作都使用了粗犷狂放的“逸品”笔法，笔法的运用均非纪实性的绘形，而是表意性的表现主义风格。区别在于，徐渭的竹似乎是毛笔怒扫在纸上的结果，速度快到完全无法加以控制，好像画家在亢奋状态之中，急于表现胸中翻涌上来的力量，没有时间思考一样；张风的笔法虽然也一样狂放专横，却表达了温和而诗意的气氛，他的线条比较疏逸，流动也比较缓慢，画评家张庚这样评论他："以己意为之，颇有自得之乐。"

高居翰介绍中国绘画的最后一个阶段，则是清朝绘画。对清初绘画，他分两个流派进行介绍，即正传大家和独创主义者。高居翰认为，中国绘画持续到 11 世纪时主要属于专业画家传统，自南宋开始进入文人画阶段，到 17 世纪的清朝时，职业画派已然衰落，文人画则分裂成若干流派，即介于模仿和创新之间的正统派和独创主义者得以发展流传下来。其中，更多的独创主义者在朝代更迭之际，更多地选择退隐到释、道寺庙中，出家做僧侣；而正统派画家的退隐冲动较弱一些，或在家中静享尊贵的避居生活，或若干年后开始接受新朝代的官职。一般而言，正统派追随董其昌的传统，注重中国绘画传统中的细腻与敏感，主要代表人物有"四王"（王时敏、王鉴、王翚、王原祁）和吴历、恽寿平，被称为清初六大正统画家。其中，王时敏、王鉴是领导型人物，而最有创造力的则是王原祁，他以新方式来使用旧形式和旧技巧，利用绘画几个世纪的发展演进，来达到个人表现目的。他通过虚、实的交割拱伏，土、石的推挽拒迎，线、体的重叠转映，来彰显其最具想象力、最大胆的构图。其以在新空间内建立新构造、以知性重整外在世界的绘画风格，被西方评论家比作塞尚。而清初独创主义画派的开启者则是髡残、弘仁和龚贤，前两人是画僧，髡残的画风"苍深"，弘仁的绘画则表现出"疏萧"感，龚贤自评其画"前无古人，后无来者"。三位画家的共同特点是拒绝接受成规定型，坚持亲身去体会自然造化的奥秘，他们的画是其心灵与外在世界交相作用的产物。把这种风格发挥得淋漓尽致的则是两位天才画家朱耷和石涛，两人都是明宗室，与新朝代更有着极强的疏离感。朱耷自号八大山人，连写起来既似"哭之"，又似"笑之"，体现了朱耷的个性，时而哭，时而笑，性情怪诞，画风追随徐渭，然而在狂妄奔放的笔法中，却透露着一种抑郁感，与其个性相符合。石涛则是登峰造极的独创主义大师，他的视野宽广，技巧高妙，自称其绘画“今问南北宗，我宗耶？一时捧腹曰，我自用我法”，即坚持独创性的画风，把中国山水画带到了顶峰。他的巨型绢本山水杰作《庐山观瀑图》达到了高度的雄伟感和普遍性。画底突岩上的人物可能就是画家自己，他不上眺瀑水，却下望山岚。山岚飘过，濛卷了所有视界，只余下松林的顶层，还继续在他脚边流连。远岫渺茫，一峰翻向一峰，另一峰更迢遥。在一片云霭之上群峰累累迤逦向远方。悬瀑从陡壁刷下，冲过一层又一层的断谷。形体和空间交相融合，烟霞流涨。在这幅画作中，画家的现实世界与精神世界不可抗拒地融成了一体。

到了18世纪，正统画派已经末路穷途，而独创主义者则笔走偏锋，出现了“扬州八怪”这一画派。其中的高其佩甚至放弃了画笔，发明了独具一格的指画，不但用手指尖和手掌边来创造宽条纹，渲染和上色，又把一个指甲留得特别长，把它像笔一样撕开，于是也能用它来画各种线条。金农则是18世纪中叶最主要的画家，在他的身上我们看到一种用科学方法无法解说的混合风格，它是由一种并非矫装出来的业余性生涩技巧和有意的笨拙所构成的“拙趣”画风。高居翰最后介绍的是这个画派最后的孤独健将罗聘。他从金农那里得到其独特的趣味，高居翰介绍了他的一幅人物画《易安像》。画中他的好友易安独自站在一块满是凹坑的怪石前，微倾着头，有意以优美的模样深嗅着梅香。细腻的脸庞透露出一种厌倦俗世的伤感，以至于脸部都变得怪诞起来。高居翰从这幅画作中，看出了很多隐含的意义，即是否具有中国绘画史上的隐喻，是对传统的借鉴与反思，还是应该更为敏感而更具有创造力，这些都要依靠后来者的体味，更需要观看者的再度解读与阐释。

（付金柱）

阅读链接

1.《图说中国绘画史》，高居翰著，李渝译，生活·读书·新知三联书店，2014 年版。

2.《隔江山色：元代绘画（1279—1368）》，高居翰著，宋伟航等译，生活·读书·新知三联书店，2009 年版。

3.《江岸送别：明代初期与中期绘画（1368—1580）》，高居翰著，夏春梅等译，生活·读书·新知三联书店，2009 年版。

4.《山外山：晚明绘画（1570—1644）》，高居翰著，王嘉骥译，生活·读书·新知三联书店，2009 年版。

5.《画家生涯：传统中国画家的生活与工作》，高居翰著，杨贤宗译，生活·读书·新知三联书店，2012 年版。

第一堂课：在哈佛和芝大教中国美术史

巫　鸿

巫鸿，著名艺术史家、艺术批评家和策展人，芝加哥大学教授。出生于书香之家，父亲巫宝三是著名经济学家，哈佛大学经济学博士，母亲孙家琇为莎士比亚研究专家，巫鸿受到家庭和周围学术环境的濡染，从小就阅读父亲的经济学、社会学、诸子百家、二十四史，以及母亲的莎士比亚、小说、诗歌、戏剧类图书，并且酷爱美术。1963 年考入中央美术学院美术史系学习。1972 年，得到在故宫博物院书画组、金石组工作的特殊机缘，正式走上学术研究道路。恢复高考制度后，1978 年重返中央美术学院，师从金维诺先生攻读中国美术史硕士学位。1980 年负笈海外，就读于哈佛大学人类学系，师从张光直先生，接受人类学、美术史、思想史以及语言学与结构主义理论等系统性学术训练；1987 年获得美术史和人类学双重博士学位，被遴选在哈佛大学美术史与建筑史系任教；1994 年获得该校终身教授职位，同年受聘主持芝加哥大学亚洲艺术教学，享有“斯德本特殊贡献讲座教授”荣衔。2008 年荣列美国国家文理学院终身院士，2018 年获选为美国美术家联合会杰出学者。在此期间，受邀于欧美著名学府和学术机构，做有关中国艺术的系列演讲，不断促进西方学术界对中国文化与艺术的了解。主要中国美术史专著有《武梁祠：中国古代画像艺术的思想性》《中国古代艺术与建筑中的“纪念碑性”》《礼仪中的美术：巫鸿中国古代美术史文编》《时空中的美术：巫鸿古代美术史文编二集》《黄泉下的美术：宏观中国古代墓葬》《重屏：中国绘画中的媒材与再现》《废墟的故事：中国美术和视觉文化中的“在场”与“缺席”》《全球景观中的中国古代艺术》《中国绘画中的“女性空间”》等。巫鸿的中国艺术史研究跨学科性很强，他既有中国传统艺术根基，又有西方学术训练和视野，造就了其学术修养博古通今、中西接轨的特色，他的中国美术史研究对理解中国古代不同材质、时期、主题的艺术作品都颇有启发性。

《第一堂课：在哈佛和芝大教中国美术史》这本书并不是巫鸿关于中国美术史的专著，而是他的系列关于中国美术史“第一堂课”课堂讲稿的结集。从1987年开始，他在哈佛大学教授中国美术史，1994年转到芝加哥大学继续开设这门课程。他开设这门课程共分三个档次，最基本的一级是为本科生专门设计的“核心课程”，目的在于为青年学生提供基本的人文知识素养；中间的一级是给本科生和研究生开设的选修课程，专业程度亦随之而加强；最高一级是给研究生（主要是博士生）开设的小型讨论课，该类课程强调老师与学生不间断的互动以及学生的独立研究。这本书就是他从1987年至2018年这三类课程中“第一堂课”的讲稿汇集。所谓“第一堂课”，即是巫鸿在此30多年来中国美术史专题课程的第一次课程。在每次专题课程中，由于授课层次与内容设定的不同，都会有一个独出心裁的“开场白”。在每次“开场白”中，他都会向学生介绍这门课程的性质、内容与研究方法，引导学生进入课程的图书文献，以及学生在这门课程中需要受到训练的形式与方法等。因此，这不是一般性介绍中国美术史发展的通识类图书，而是一本带有导入与研究入门性质的专业类书籍。这本书从大的类型上划分为两编，上编是概论与方法，下编是主题与视角。

首先看上编，共有12次“第一堂课”来介绍中国美术史的概论与方法。在这编中，开始选取了两讲关于早期、后期中国美术通论的“第一堂课”。由于是针对美国学生，因此巫鸿开篇明义，这门课程旨在探索和发掘一个陌生艺术传统的原始意涵，对这个问题的回答决定了这门课程的基本教学方式。概要地说，这门课程并不是对中国艺术的泛泛介绍，而是对一些案例进行集中讨论，每个案例通常包括建筑环境和独立艺术品的组合，课程的目标就是将这些作品还原到它们的原境中去，因此，“重构”则是这门课程的主要概念。比如，以秦始皇兵马俑为例，课程的目的不是对独立塑像进行美学欣赏，而是希望通过它去理解秦代艺术的基本特点。为此，这些塑像将被看成一个庞大的“地下军团”的组成元素，这个军团又是一个更宏大的陵园的组成部分，而这座陵园则昭示了一位修建长城、首封泰山的中国帝王的野心。在这种语境下，这些兵马俑所记录的是中国早期艺术史的一个转折点，同时也见证了一个新的历史时期的开端。巫鸿认为，在大约公元前 4000 年到公元前 3000 年的新石器时代，人们制造的日常用品和礼仪器物之间发生了分离，后者在材料、形状和制作工艺方面，同前者发生了区分，如用象牙和硬玉等珍稀材料制作，有的虽然用普通材料，但是用纯白或纯黑的特殊颜色，或者造型单薄纤长难以实用，可以看出这些器物已经脱离了实用功能，趋向于礼仪用器，这就意味着中国美术史的发端。中国美术史的早期阶段，艺术创作者大都是无名的，更多的是集体工匠而非独立的画家和雕塑家，并且艺术创作无法从宗教、政治和日常生活中抽离出来，更多的是祭祖用的礼器、装点厅堂的饰品以及丧葬用的祭品等。到了汉代以后，即始于公元 3 世纪的魏晋南北朝时期则出现了变化，随着独立艺术家的出现，可携带的“卷轴画”成了主体的美术形式，随之出现了美术批评和美术流派。

巫鸿对中国古代的礼仪美术、战国时期的美术、中国书画、中国叙事画等方面，都针对西方学生的特点以及课程的性质，进行概论与方法的导引。下面仅就墓葬美术与敦煌艺术予以介绍。对于墓葬美术专题，巫鸿同样声明不是介绍中国墓葬美术的历史发展，而是探讨中国墓葬的基本性格和模式，同时也反思研究墓葬美术的方法。一个墓葬一般包括地上和地下两个部分，因此有一种研究方法把这两部分看成是墓葬的“外部”和“内部”空间，二者一起构成一个完整的建筑体。一个高级墓葬的外部空间通常包括墓冢、礼仪建筑，以及可供人观瞻、举行礼仪的公共场所中的雕塑和墓碑。墓葬内部虽然往往装饰更为华丽，却只能通过盗墓或考古发掘才能被后人看到。墓葬内部空间一般包括壁画、雕刻、墓俑、建筑模型和其他一些随葬品。巫鸿认为，研究墓葬美术有两种基本方法，一种是将丧礼和埋葬的过程作为主要对象，包括建墓前的准备、建墓终始，尤其是从死者过世到最后入墓之间所举行的一系列葬礼仪式。这种研究的主旨在于揭示葬礼过程所反映的复杂社会关系及其作为艺术展示场合的意义。第二种研究方法则更侧重于墓葬内部的空间，其主要目的是发现墓葬设计、装饰和陈设中隐含的逻辑和理念，阐释这些人造物和图像所折射出的社会关系、历史记忆、宇宙观，以及宗教信仰等深层次问题。巫鸿在课程上运用的就是第二种研究方法，即把某一墓葬作为一个整体来进行描述、分析和解释。研究者的基本宗旨和研究策略，是把墓葬整体作为观察和阐释的焦点与框架。这个观察与阐释框架关系到墓葬的三个方面，即空间性、物质性和时间性。在“空间性”的部分着重探讨墓中营造的各种象征性环境以及专门为死者灵魂所布置的“主体空间”；在“物质性”的部分中着重考察墓葬的建筑和装饰是如何以及为何选定特定的材质、尺寸、形制和颜色的。在以上考察的基础上，将进行“时间性”部分的考察，进一步探讨建筑空间、随葬器物和装饰图像如何相互配合，在封闭的墓室中显示出“过去”、“未来”和“永恒”等不同的时间性，以及如何创造出“运动”的时间过程。通过巫鸿考察墓葬研究方法的介绍，我们找到一个墓葬的具体资料，就可以按部就班地进行研究了。

对于具有世界影响的敦煌石窟美术史研究，巫鸿认为其研究方法多种多样，如与美术史研究密切相关的学科方向就有历史学、考古学、宗教学、建筑史以及有关石窟保护的科学研究等，而在美术史学科研究方向和方法上则有对图像内容的确定、形式分析以及“中层研究”方法等。在这些研究方向和研究方法的基础上，巫鸿考虑能否系统地建立以“石窟分析”为基础的敦煌石窟美术史方法论。这一考虑的基础是现在的美术史研究方法相对较为传统和狭窄，有待于扩展和更新。以往对敦煌石窟的美术史研究常以图像学和形式鉴赏为主，结合考古和文字材料对雕塑和壁画进行论述。虽然学者做出了不少成果，但其研究往往受到类型学和宗教文献学的束缚，甚至被看成考古学和宗教学的一支。因此，如何利用现代美术史观念，缔造基于敦煌洞窟本身物质材料和视觉材料的美术史分析框架，从而更有效地发掘敦煌艺术的丰富性和复杂性，这是建立敦煌石窟美术史研究中以“石窟分析”为基础的方法论的主要目的。以“石窟分析”为基础的分析核心，即首先基于个体石窟的建筑、雕塑和壁画建构起来的空间，进而考虑窟与窟之间的关系，以及特定时期内单窟、窟群的空间和整个石窟的总和空间的关系。巫鸿进而具体介绍观察石窟的基本步骤：崖面位置，建筑与“内部空间”，雕塑与“雕塑空间”，壁画与“图画空间”，洞窟中的题记和铭文，重修、重绘的情况，有关文献，原状重构和改建过程。对于敦煌艺术，巫鸿在“敦煌视觉文化：传统与互动”“敦煌经变画”两讲中进行了具体而微的介绍与分析。

下编为“主题·视角”，共选取了巫鸿所讲中国美术史的11个专题，偏重于考察美术史的视点。巫鸿认为，祖先崇拜可以说是中国古代礼仪美术的核心，中国古代的很多陶器、玉器、青铜器等“艺术品”在当时都是为祖先崇拜服务的。因此，巫鸿设计了一个“中国古代艺术与祖先崇拜”的专题。在这个专题的“第一堂课”中，他声明本课程的主要目标是培养学生对中国早期艺术的一般性理解，这里的“一般性理解”不是“概述”，即不是以朝代为经对艺术家及其作品的简单介绍与了解，而是希望通过分析艺术形式、媒介与功能，来理解古代中国艺术的一些基本特征和内在逻辑，并将这些特征与中国古代礼仪、宗教发展的主要趋势联系起来。因此，引出这门课程一个鲜明的主题，即艺术与祖先崇拜之间的关系。首先，巫鸿对工艺与艺术进行了简单的区分。他说，工艺作品主要是为了实用目的制作的，而艺术作品的功能则超出了实用目的之外，更多地在于其美学价值及其所反映的意识形态。然而，艺术作品仍然具有一定的使用价值，其使用者不是平常的普通人，而是不可见的超然存在。这个不可见的超然存在，即人类的祖先，即把人类引向了初始的宗教。那么宗教是什么呢？对于这个“大哉问”，巫鸿认为可以把其概括为：“人类在其意识中对更高级、不可见力量的承认，这些力量掌握着人的命运，并享有被遵从、敬畏和崇拜的无上权力。”如此，则宗教与艺术产生了关联，它们都暗示着“异化”，人类离开了世俗的存在和实际的需求，转向更高级、更虚幻、更加精神层面的存在，开始尝试用各种可能的方式与这种存在进行交流。巫鸿认为，艺术作品为宗教概念和仪式程序提供了具体的呈现形式。正是通过这些有形的作品，而非抽象的原则，在古人的生活中与他们的宗教体验直接相关，大多数人通过宗教建筑、乐舞表演、仪式器皿、绘画雕塑来理解和参与宗教实践。因此，在这门课中，不要求学生死记硬背一些理论，而是要求通过系统的阅读对于艺术与祖先崇拜有一些基本的了解，然后再用自己的双眼，从实物和图像中发现祖先崇拜和它的发展变化历史。对于中国人都知道，但不一定有深入了解的秦始皇，巫鸿设置了一个“艺术史上的秦始皇”专题进行讨论。他认为秦始皇不仅是一个“把历史拉开了一道巨大的裂隙”的政治家，而且还确立了一个与前代完全不同的社会和宗教体系。他的政权极具个人色彩，他主张法律，信仰宗教，他的行动构成了最重要的政治、宗教和艺术事件。而在这门课程中，则专门探讨其在中国历史中扮演的诸多角色之一——艺术史上的秦始皇。巫鸿介绍了这门课的七种学习方法，我们可以简单地归纳为两类，即历史上的秦始皇以及“建构”的秦始皇。历史上的秦始皇，主要通过秦代建筑、艺术和其他物质文化的考古材料发掘，以及不同历史时代的相关文献材料的审读，尽可能把秦始皇放到他所处的历史情境中去，尝试理解他的想法和角色，理解他所创立的艺术和建筑形式。而“建构”的秦始皇，即后人如何以文字记载他，又如何在各种艺术形式中描绘他，甚至连卡夫卡和博尔赫斯这般外国大文豪也写过关于他的文学作品。在这个后人观察和阐释的框架中，被“建构”的秦始皇服务于各种各样的政治目的，在这个意义上，可以说秦始皇在后来的政治和艺术中获得了“长生不死”，历久而弥新。最后，巫鸿强调这门课的一个目标是学生通过撰写论文，培养讨论问题和阐述自己论点的能力。在这门课上，每一名学生都要参与并发表自己的观点，每堂课由两三名学生作简短报告，其他同学在此基础上补充提问，进而展开讨论。

女性形象在中国传统绘画中并不多见，巫鸿却在本书中选取了“中国绘画中的‘女性空间’”专题的两次“第一堂课”，可见其对常人所不注重话题的重视。巫鸿通过对美国学者韩庄（John Hay）《身体在中国美术中无形吗?》一文的评介，探讨“女性身体”与“女性空间”之间的关系。诚如韩庄所论，从古希腊艺术到文艺复兴艺术再到西方现代艺术，西方美术史中对女性艺术，尤其是女性裸体的展现与研究都十分丰硕，而对“为何中国艺术没有裸体”这样的问题，韩庄认为这是西方视角下的偏见。为了回答这样的问题，他认为有必要对“身体”与“裸体”这两个概念加以区分，“裸体”反映的是西方美术史中对身体的一套独特思维与再现模式，而“身体”则是文化的产物，是性别、医学、道德、美学等多方互动之下所构成的一个领域。在传统中国艺术中，他发现了两种截然不同的身体形式：一种是“未着衣的身体”，通常见于“春宫画”的情色插画；另一种是“着衣的身体”，通常以回旋的线条描绘人物，这些线条本身就有其美学价值，在更高层次上体现了“气”的运动。巫鸿认为韩庄的解释具有创造性，但是他所认为的带有律动的线条并不为女性所独有，也可以用来描绘男性形象。因此，可以沿着韩庄分析的思路，对中国艺术中的女性特质进行更开阔的分析，接下来巫鸿围绕此主题提出了他的三点思考。首先，即使没有描绘裸体的传统，中国文化仍发展出了关于身体的独特认知，开发了描绘身体的艺术传统，包括对理想女性的再现。其次，中国艺术家不依靠裸体直接表现女性特质，而是习惯使用多种形式来予以呈现，包含具象与非具象的图像，展现“女性空间”这个更大的观念。最后，描绘由人物、物件、建筑组构而成的女性空间图像不是对现实的忠实描绘，而体现在人为的构建上，反映出在各种不同历史与社会情境下对女性特质的想象。

在另一次中国绘画中的“女性空间”的“第一堂课”中，巫鸿继续探讨这一主题的解释路径。在这次“第一堂课”中，巫鸿由美国的中国美术史大家高居翰（James Cahill）关于中国“美人画”的探讨来展开分析。高氏把现代学者对“美人画”的忽视归咎于学术界根深蒂固的学术偏见，因此他提出两种相互关联的方法来修正这种偏见。首先，他认为应该将这些在学术界认为“低端”的美人画引入展览和学术讨论，使这一领域的研究获得学界的重视。随之而来的是，他认为明清时期的美人画多由职业画家所作，供日常社会生活之用，他希望对这些美人画的重新发掘可以帮助了解“世俗绘画”这一更大的艺术现象。巫鸿非常敬佩高居翰挑战中国艺术史领域现有体系的愿望与雄心，并在他的激发下希望另辟蹊径，探索一个不同的观察、分析体系以重新解读女性图像的整个历史。他以顾恺之所作的两幅名画《女史箴图》《洛神赋图》的释读为例，认为以往的艺术史家将视线与思维聚焦在画中的女性人物身上，将女性人物作为孤立人像从原有绘画中裁剪出来加以独立呈现，极大程度地改变了一幅绘画的整体意涵。而巫鸿则更强调整体性的“女性空间”的释读路径，即两幅绘画都把女性与男性并列，画家的目的不是塑造单独的女性人物，而是表现两性之间或政治的或浪漫的关系。因此，必须将女性形象置于画幅中所展现的更为广阔的“女性空间”范围内来予以解读，才能完整地呈现一个由风景、植物、建筑、色彩、物品、人物活动等共同组成的女性虚拟世界。

最后，介绍巫鸿教授的“艺术与宗教：佛教与基督教艺术比较研究”的“第一堂课”。这门课是为芝加哥大学研究生开设的讨论课，由巫鸿与专注于早期基督教艺术的牛津大学雅希·埃尔斯纳（Jaś Elsner）教授共同讲授，两名各具中国美术史、西方美术史研究专长的学者共同通过比较两种宗教美术传统，更深地理解宗教美术的共性和特性。同所有课程一样，巫鸿亦是开宗明义，点明这门课程不是研究两种宗教艺术传统之间实际的、历史性的关联，不是训练学生成为两种艺术传统的专家，而是通过对话去寻找理解广义上的“宗教艺术”和发展相应教学方法的可能性，如是否可以将“宗教艺术”发展成为美术史中的一个跨地域的亚学科？如何定义“宗教”和美术史中的宗教艺术？如何发展美术史、宗教史、历史、人类学之间的跨学科研究？进而使学生思想更为广阔、活跃，对概念和方法论的问题更为敏感，在讨论本质问题时更为熟练。

通过上面对巫鸿中国美术史课程“第一堂课”的摘要介绍可以看出，阅读这本书是一个很“烧脑”的事情。因为在各个层次的课程中，巫鸿不是对中国美术发展的纵向演进历程进行线性的简单介绍，也不是对中国美术作品的审美性赏析，而是对中国美术史进行跨学科的专题讨论，启发学生的问题意识，开阔学生的研究视野，使其领略“中国美”的丰富意蕴，感受中国艺术的至高境界。因此，阅读本书既是一次欣赏中国艺术之美的历程，同时更是一场开阔视野、启迪心智的智力操练。

（付金柱）

阅读链接

1.《第一堂课：在哈佛和芝大教中国美术史》，巫鸿著，湖南美术出版社，2020年版。

2.《美术史十议》，巫鸿著，生活·读书·新知三联书店，2016年版。

3.《武梁祠：中国古代画像艺术的思想性》，巫鸿著，柳扬、岑河译，生活·读书·新知三联书店，2016年版。

4.《黄泉下的美术：宏观中国古代墓葬》，巫鸿著，施杰译，生活·读书·新知三联书店，2016年版。

5.《礼仪中的美术：巫鸿中国古代美术史文编》，巫鸿著，郑岩等译，生活·读书·新知三联书店，2016年版。

6.《时空中的美术：巫鸿古代美术史文编二集》，巫鸿著，梅玫、肖铁、施杰等译，生活·读书·新知三联书店，2016年版。

汉字书法之美

蒋　勋

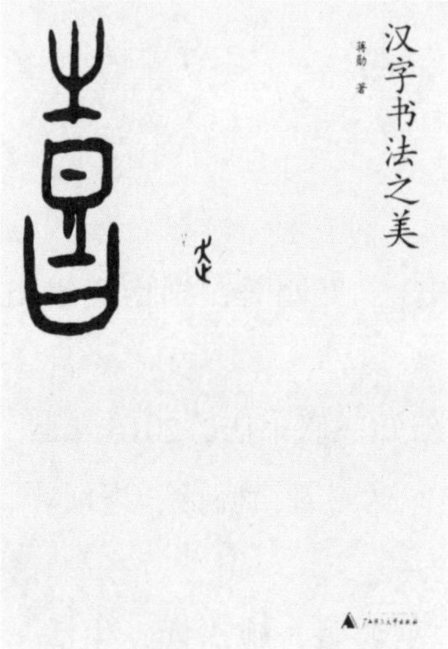

蒋勋（1947—　　），中国台湾知名画家、诗人、作家。祖籍福建长乐，生于古都西安，成长于中国台湾。台湾文化大学史学系毕业，现任《联合文学》社长。1972 年负笈法国巴黎大学艺术研究所，1976 年返台后，曾任《雄狮美术》月刊主编，并先后执教于文化、辅仁大学，担任东海大学美术系主任。其文笔清丽流畅，说理兼具感性与理性之美，著有小说、散文、艺术史、美学论述作品数十部。主要著作有《天地有大美》《美的觉醒》《身体美学》《美的曙光》《美的沉思》《舞动白蛇传》《舞动红楼梦》《舞动九歌》《汉字书法之美》《吴哥之美》《写给大家的中国美术史》等。

“汉字的书写学习里，包含了一生做人处事漫长的‘规矩’的学习。既学习直线的耿直，也学习曲线的婉转；既学习‘方’的端正，也学习‘圆’的包容。东亚文化的核心价值，其实一直在汉字的书写里。最早的汉字书写学习，通常都包含着自己的名字。很慎重地，拿着笔，在纸上，一笔一画，写自己的名字。仿佛在写自己一生的命运，凝神屏息，不敢有一点大意。一笔写坏了，歪了、抖了，就要懊恼不已。”出自蒋勋《汉字书法之美》开篇的这段文字，得之于作者对汉字的切身感受。写字对一个人究竟意味着什么，也许很少有人慎重地想过这个问题，但童年时的汉字书法练习，大概深植在许多中国人的脑海里。正如蒋勋所说：“学习了‘不可抖’的慎重，学习了‘不可歪’的端正，学习了自己作为自己‘不可取代’的自信。”蒋勋以其细腻柔美的笔触，将文字编织成画面，带领我们进入古老而又现代的汉字时光长廊，体味书写的喜悦与敬意。

《汉字书法之美》是写给每个中国人的书法美学，意在唤醒每个中国人的书写记忆，为我们打开了极其动人而又平易近人的书法美学世界。它旁征博引，图文并茂，以散文的语言，将汉字演变的历史、历代书法的美学意蕴、书法里的感知教育以及汉字书写在现代社会的衍变娓娓道来。相比于中国书法史上那些高头讲章，《汉字书法之美》节奏舒缓，简洁明了，它所阐释的不是特别系统理论化的书法美学，而是一种我们普通人能够感知得到，能够进入、能够体会的书法美学，它是一本随时随地、随便翻开一个段落，就能读一读的书法美学通俗读物。

书法，顾名思义，是指文字符号的书写方法。文字是语言的书面形式，语言是传递信息、表达思想和情感的工具。这样说来，书法原本就是一项日常工作生活的实用技巧而已。然而，中国人将书法从实用层面的技术，变成了审美层面的艺术，因为中国人写字，不只是为了传递信息，也是一种美的表达。据说西方人也有书法，欧洲中世纪僧侣手抄的羊皮卷，其中不乏字体华丽、工整优美的上乘之作。但是，只有中国人真正让“书”上升为“法”，使汉字呈现出变幻无穷的线条之美，透射出书写者的思想境界与情感追求。可以说，中国书法的全部真相和全部意义，都凝聚在这一个“美”字上。那么，中国的汉字书法究竟是一种怎样的美，可以独步天下，无出其右？《汉字书法之美》给了我们答案：象形之美、书写之美以及生命之美。汉字书法之美，是通过岁月铭刻在天地间一种不肯消失、不肯遗忘的顽强印证。

汉字的象形之美集中体现在两组矛盾的对立统一：抽象与具体，简约与深远。象形文字的抽象与具体相互成就了和谐之美。汉字的起点是甲骨文，甲骨文是最古老的象形文字，也是迄今为止唯一的仍然“活着”的象形文字。原始的象形文字由图画演化而来，简单抽象的线条和图案，却能指代具体而丰富的实物与意象。元旦的“旦”，其实就是太阳从地平线上升起。一直到今天，这个“旦”字，仍然带有明显的象形文字的图像特征。只是为了书写方便，“旦”字经历了“破圆为方”，圆太阳变成了直线构成的方形而已。经过数千年的演化，现代汉字虽然已经不再是严格意义上的象形文字，但汉字传统一路走来有着清晰的传承轨迹。汉字文学的寓繁于简体现了简约与深远的对立统一，少即是多，越是深邃悠远的含义，越是要用最精简、锤炼的词句去表述和还原。《诗经》里脍炙人口的“昔我往矣，杨柳依依；今我来思，雨雪霏霏”短短的 16 个字，时间的逝去，空间的转变，景物的更替，人世的沧桑，情感的喟叹……一一都在整齐精炼的排比中，汉字的格律性本身就是一种强固的美学。汉字文学的“言有尽而意无穷”充分展现了简约而又深远的无穷魅力。汉字独特的以视觉为主的象形本质，决定了汉字不仅要“读”，更要“念”——有“心”才叫“念”，存“心”才能“悟”。正是因为有了面对文字时的思考和领悟，文字的书写方法，才会从单纯的技术，跃升成为体现书写者情感意趣的审美艺术。

汉字的书写之美是一个时代美学最集中的表现，反映着那个时代的特征与美学。蒋勋以其独特的美学情怀，述说着汉字或沉重朴厚，或飞扬婉转，或森严宏大，或肆意狂放的书写之美，诠释了汉字书法在源远流长的历史曲线中透射出的书写者的精神和情感。他将汉隶水平线条的“波磔”与中国建筑张扬起翘的飞檐相媲美；分析了王羲之《兰亭集序》所呈现的行书的“即兴与自在”；对比碑与帖的“厚重与飘逸”，探究从行草到狂草的“平正与险绝”；阐释唐楷的“法度与庄严”；描摹宋代书法的“意境与个性”；解说元明书法与文人画的“形式与表现”；玩味清代书法走向民间的“古朴与拙趣”。蒋勋从隶书谈起，认为隶书是最“中国”、最“东方”的字体。汉代的隶书确立了汉字横平竖直的基本格局，也体现了东方美学飘逸昂扬的气度风韵。隶书的美感全部集中在水平线条的飞扬律动，形成了“波磔”这一汉代视觉美学上独特的时代标志，笔势恢宏开张，线条紧劲连绵，有着传统中国建筑中的飞檐美感。汉代是形成“飞檐”的时代，利用往上升起的斗拱，把屋宇尾端拉长且翘起，如同鸟飞翔时张开的翅膀，体现了东方建筑“凹曲屋面”的特有美感。《诗经》里“如鸟斯革，如翚斯飞”的记载，北京紫禁城建筑群、日本奈良古建筑群都是这种东方美学的佐证，甚至传统戏剧的“云手”和“跑圆场”等招式，也是这种审美意趣的印证。隶书之后，汉字形体走向了具有视觉美感的方块字，其审美艺术的体现更是因为一代代书法家在书写汉字时倾注其间的个人情感和意趣。王羲之和他的《兰亭集序》一直是中国书法艺术不可逾越的高峰，印证了魏晋时期“人字合一”的审美精神——情在字间，字如其人。《兰亭集序》是一篇还没有誊写的“草稿”，保留了最初书写的即兴与自由，那些未经修饰的涂、改，正是作者当时情绪感受与书写节奏相互交织、跌宕变化的痕迹。那些流丽明快、游丝引带的横竖撇捺，就像是一个个欢快的精灵，用轻盈的舞姿讲述着书写者当时的自在与随性。《兰亭集序》确立了汉字书法“行草”的即兴美学，保留着创作者最饱满也最不修饰、最不做作的原始情绪，也正是这份“非正式”的原始与真实，为《兰亭集序》博得了“天下第一行书”的美誉。魏晋以后，“碑”与“帖”代表了汉字书法史上两种截然不同的书风，形成两种对立的美学流派。“碑”刻于石碑，清一代书法从“金”“石”入手，从“平正”走向“险绝”，把“篆刻”用刀的方法转移到毛笔的书写中，创造了沉重朴厚的书法。“帖”写于纸帛，增加了汉字线条“行走”“流动”“速度”的表现，汉字在以纸帛书写的晋代文人手中飞扬婉转，或“行”或“草”，潇洒飘逸，创造了汉字崭新的行草美学。汉字书法在魏晋之间进入崭新的阶段，汉字书写对于文人而言不再是“抄写”，而是加入了更多心情的表现，加入了更多实用之处的“审美”意义。草书正是从实用功能里大量提升出“审美”价值的字体。行草的飞扬与顿挫是汉字艺术发展出独特美学的关键，达到了与绘画、音乐、舞蹈、哲学同等的美学表现。到了唐代，狂草“颠张”与“狂素”的生命调性体现了大唐美学的时代风格，用汉字交响诗的方式出入各种形体之间，达到“平正”与“险绝”的美学牵制。法度与庄严的唐楷成为书写汉字新的典范，横平竖直，森严规矩，是书写的典范，也是做人的典范，其代表人物是欧阳询与颜真卿。欧阳询的书风控制内敛、严格谨慎，是“楷书”建立线条间架的“楷模”。颜真卿的书风端正工整，饱满大气，是一千年来影响华人大众生活最广大普遍的视觉艺术。二者书风皆是随情绪流动的美学经验，也当然来自于各自不同的人生体验。由唐入宋，书法美学发生了本质改变，“唐人尚法”“宋人尚意”正代表了书法美学的全面变化。宋代的书法如同水墨山水，追求素净空灵、平淡天真，渴望从时代的伟大里解放出来，向往自我的完成和个性的表现，更重视意境、领悟与个性的自由，而不再是唐楷“法度”的拘束。苏轼的《寒食帖》是宋人书法美学最好的范例，笔势倾侧跌宕，奔放酣厚而又尖锐犀利，借助视觉的流转，成为生命底层的呐喊。宋徽宗的“瘦金体”华丽贵气，把汉字线条做得锋芒毕露。“锋”与“芒”都是汉字美学的禁忌，这与主流传统的“藏锋”不符。书法美学讲“藏锋”，讲“棉中裹铁”，讲“外柔内刚”，其实都是在书法里注入了人事的学习，而“瘦金体”不藏锋，不妥协，宁为玉碎，不为瓦全，是交错着美与毁灭的魔咒。到了元明时期，“书画同源”又再一次被赋予新的结合意义，以书法的优越性主导绘画，横平、竖直、点、捺、撇、磔皆可入画，开创了“文人画”一格。赵孟頫将“诗”“书”“画”三者合而为一，组成不可分的美学意境，开创了世界美术史上独一无二的文字与绘画视觉艺术结合的先例。其书法量多而质精，书风一直影响到元明诸家，“准确”“形式美”为其赢得了书法史上不朽的地位。杨维祯在赵孟頫之后打开了书法美学另一条纵情表现的道路——表现主义书法，气势雄奇，用笔古拙，忽篆忽隶，忽行忽草，墨色浓淡干湿，变化万千，具有更为强烈的自我个性。进入清代以后，书法美学的发展空间已所剩无几，传承太久，不敢创新，文人书法已陷入萎缩停滞的僵局。清代文人没有放弃努力，尝试走出“书法家”的舒适圈，不避世俗，走向民间的“古朴与拙趣”。郑板桥以隶书行草入画墨竹墨兰，画面大量夹入书写，使得文字与绘画线条无法分割，隶韵浓厚，具有画意，形成书画合璧的美感。21 世纪的今天，书法美学仍然面临传承与创新的难题。蒋勋认为，使新书法的创造力不断绝于文人的因袭习惯，吸收民间书写形式的生命力，或许是解决问题的关键。

作者在宏观整体上阐述汉字书法的美学特征之后，接下来讲到汉字构成，一撇一捺、一点一横，看似简单的笔画，实则蕴含生命之美。蒋勋研究汉字笔画的蓝本与他人不同，很多学者关注的是永字八法中笔画书写的具体法则，蒋勋重视的是在书法教育里获得的感受体悟，所以他研究卫夫人的《笔阵图》——相传是卫夫人教导王羲之写字的方法。在他看来，这是一本与现代美学思潮非常接近的、建立在审美基础上的书法美学“秘籍”，也可以说是一部注重感知教育的生命美学。高峰坠石为之“点”，从“点”里面理解了速度、力量、重量、质感，还有字与字连接的“行气”。千里阵云是一“横”，在书写水平线条时，让它拉开形成水与墨在纸上交互律动的关系，是对沉静的大地上云层的静静流动有了记忆，有了对生命广阔、安静、伸张的领悟，从而学习开阔的胸怀。万岁枯藤是一“竖”，坚硬顽固的线条是向一切看来枯老却毫不妥协的坚强生命的致敬，是一种强韧坚持的感悟。陆断犀象的“撇”，笔锋逆势而行，要像犀牛切断的尖角和大象截断的弯曲长牙，有锐利而又坚硬的质感。百钧弩发的“弋”，如箭射发那一刻的力量，充满弹性的可以“发射”的力道。劲弩筋节的“力”，从水平转向垂直，如弦拉开时，紧绷的力量使人觉得劲道十足。崩浪雷奔的“辶”，长长地拖出去，连绵不绝，是海浪崩涌，是雷声喧哗，是更内敛也更含蕴于内在的力量，生生不息，奔向最后宿命的一击。高峰坠石、千里阵云、万岁枯藤、陆断犀象、百钧弩发、劲弩筋节、崩浪雷奔统合了视觉、触觉、听觉各方面的活动，是融入书法美学的生命体验。汉字书法之美一直与生命相通，不是形式，而是启发与感悟；“不仅在指腕之间，而且是呼吸，是养生，是身体的运动，是性情的表达，是做人处事的学习，是安定保佑的力量，最终成为与自己相处最真实的一种仪式”。

所以，在书法教育层面，作者倡导的是建立在“审美”基础上的教学法，是生命美学的感悟，而不是刻板的形式临摹。“审美”必须是跟自己生命息息相关的活动，失去了回归自身的感受，艺术与美都只是徒具形式而已。通过书法完成感知世界一切现象的能力，将知识转为智慧，这才是书法美学的意义。

蒋勋讲书法美学，也谈到了书法的来路与根基，从点画“形进”看历史变迁，带领我们如于莽莽时空穿越几千年，感受汉字文化不同时期的历史风貌。诉诸视觉的汉字源于绘画，“壮烈宏放”抑或“拘谨颓靡”的甲骨文始于殷商卜辞，其象形本质不仅传达了中国人的思维与行为模式，也为汉字书法开启了美的历程。镌刻在青铜器上的金文是汉字可以追溯到的视觉源头，充满象征性和隐喻性，带领我们进入先民天地初开、万物显形的图像世界。青铜器是上古社会庙堂礼器，所以金文较甲骨文而言更为庄重，更具备视觉形象结构的完美性，成为后代学者了解上古历史、文字、书法的重要依据。如果说甲骨文和金文还充斥着图画形象的视觉美感，那么铭刻于石鼓上的篆文真正从绘画脱身而来，繁复且抽象，圆润而均匀，具备了确定的文字结构和书写规范。由右而左、由上而下的书写行气，字与字的方正结构，行路间的阳文线条间隔，定格了汉字书法的基本框架。然而，书法史上最重要的里程碑则是隶书的“破圆为方”，确立了汉字以水平垂直线条为基本元素的格局，“点”的静定、“线”的律动、“面”的包容在一支毛笔的行云流水间淋漓展现。蒋勋认为，开创隶书新书风的时代是秦而非汉，秦代竹简木牍上的毛笔书写走向隶书波磔的飞扬，开创了“锋”的美学，发展出线条流动的美学，书法美学至秦代隶书有了真正的依据。书法的舞蹈性和音乐性到了汉简隶书完全彰显出来，打破了长期以来对隶书的刻板印象。汉简书法不仅摆脱了石刻翻版的刀工限制，欣赏者的视觉更直接与字的墨迹接触，阅读时可以完全感受到书写者关节的运动和旋律，笔锋随书写者的情绪流走，既有粗犷的野趣，又有宽绰质朴的气息，展现了汉代民间书法的多样风采和韵致。汉简的书写者来自屯戍守边的书记小吏，书写内容多为书信、军马账册及日记报表，没有官方文书的压力，笔画自然自由活泼，线条亦奔放不受拘束，更能发挥书写者个人的表现风格，也更符合书法美学创造性的艺术本质。从甲骨文的象形文字到青铜铭文，从石鼓篆文、秦代隶书再到汉简书法，纵观汉字演变的逻辑，一方面随书写和记录的材质而变化，另一方面也随用途和时代风貌而变迁。

《汉字书法之美》是一扇能让年轻人更亲切地认识我们每天都要打交道的汉字的美学大门，里面是琳琅满目的汉字与美构成的结晶，闪耀着智慧的光芒。我们不妨在读完《汉字书法之美》后，接受蒋勋先生的建议——“回来认真写自己的名字，也许是一个喜悦的开始”。

（钟　黎）

阅读链接

1.《汉字书法之美》，蒋勋著，广西师范大学出版社，2009 年版。

2.《中国书法简史》，王镛主编，高等教育出版社，2004 年版。

陈从周说园

陈从周

陈从周（1918—2000），原名郁文，晚年别号梓室，自称梓翁。中国著名古建筑专家、中国园林艺术大师，被国外建筑界称为“现代中国园林之父”。擅长文、史，兼工诗词、绘画。童年时期即喜欢养花种草、叠石理水，观察工匠造房起屋，并喜爱绘画和背诵古诗词。1938 年入之江大学文学系中国语文学科学习，诗词师承夏承焘教授，毕业后在中学、大学教授国文、历史等。1944 年，与海宁蒋定结婚，蒋定与徐志摩为姻兄妹，陈从周得悉徐志摩轶事而开始研究，发表处女作《徐志摩年谱》，这部作品成为研究徐志摩及现代中国文学史的宝贵资料。1946 年，被著名画家张大千赏识，成为其入室弟子，专攻山水、花卉与人物，1948 年在上海举办个人画展，以“一丝柳一寸柔情”的诗情画意引起画坛瞩目。新中国成立后先后执教于苏州美术专科学校、圣约翰大学、之江大学、同济大学，开始了中国古建筑、园林艺术的研究。1956 年，出版代表作《苏州园林》，融中国文史哲艺与古建园林于一体，总结了中国园林理论以及园林构造手法等，归纳了中国园林的本质特征。陈从周在研究、考察中国园林的同时，把更多的时间与精力投入到中国古建筑及园林的修复工作中，先后指导完成上海豫园、嘉定文庙、广州六榕寺塔、浙江海宁占鳌塔、绍兴应天塔等的修缮与复原工程。1978年，他将苏州园林局部模制，即明轩，输出至美国纽约大都会艺术博物馆，成为新中国成立以来园林文化建筑对外输出之先河。陈从周才华横溢，勤于耕耘，具有深厚的国学修养和诗人画家的艺术气质，先后出版了建筑园林著作《中国建筑史图集》《上海近代建筑史稿》《苏州园林》《扬州园林》《园林谈丛》《说园》《中国名园》等，散文、杂谈、诗词等著作《书带集》《春苔集》《帘青集》《随宜集》《山湖处处》等。晚年所著《梓室余墨》40余万字，详细记述了一生中的研究心得、各地山川风光、民俗、民情、遗闻逸事等。另外，贝聿铭雅嘱他写的长卷水墨丹青《名园青霄图卷》，复请国内文化耆宿、书法名家题咏，现存纽约贝氏园，成为一件极为珍贵的书画名品。

《陈从周说园》由陈从周的小女儿陈馨与长江文艺出版社合作而编成。该书从园林艺术大师陈从周十数部专著、千数篇文章中，精选出40篇脍炙人口的美文，非常翔实地反映出陈从周先生的园林艺术风格与特色。全书共分四个部分，分别题为《梓翁说园》《游园拾画》《贫女巧梳头》《园日涉以成趣》，从“说园”“游园”“园景”“园趣”四个维度，概述中国园林艺术，解析传统造园工艺，品鉴园林艺术和其他艺术形式之间的关联，深入浅出地呈现了中国古典园林艺术的美学风格。

第一部分为《梓翁说园》，共收入《说园》5篇。这是陈从周先生于1978年到1982年间，先后在《同济大学学报》发表的5篇论文，1984年由同济大学出版社结集出版。《说园》是他对古典园林艺术研究十余年的集大成之作，是对中国古典园林的基本目标、法则和手法的整体论述，是园林界的《人间词话》。中国古典园林如诗如画，是集建筑、书画、文学、园艺等于一体的艺术形式。陈从周早年攻读文史专业，师从词学宗师夏承焘先生学习诗词，具有深厚的国学功底，同时作为张大千的入室弟子，亦是一名著名的书画家。因此，“诗情画意”即成为他评价园林的总体标准，也是其园林艺术的核心理念。他在《说园》开篇即指出，“中国园林是由建筑、山水、花木等组合而成的一个综合艺术品，富有诗情画意”。园林艺术是人类生活的一种综合体验，与诗词书画等文人雅士的艺术生活融为一体，因此，中国古代园林表面上看是亭台楼阁、山石水池，但在欣赏时却能达到风花雪月、景色常新的体验效果。其原因在于，“我们民族在欣赏艺术上存乎一种特性，花木重姿态，音乐重旋律，书画重笔意”，必须要用水磨功夫，细细地推敲，才能蕴藉有味。这些精雕细琢功夫对园林构造亦有所启发，陈从周以中国园林的树木栽植为例，认为中国园林的树木栽植，不仅是为了绿化，更主要的则在于要具有画意：“窗外花树一角，即折枝尺幅；山间古树三五，幽篁一丛，乃模拟枯木竹石图。”树木栽植重姿态，而不计品种是否名贵，与盆栽相似，皆可入画。拙政园的枫杨，网师园的古柏，即是如此，如果把这些饶有画意的古木去掉，则一园景色皆无。这样看来，园林的每个观赏点，皆是一幅幅不同的画，深远而有层次，“远山无脚，远树无根，远舟无身（只见帆），这是画理，亦造园之理”。他说，懂得这个道理，在造园时才能“宜掩者掩之，宜屏者屏之，宜敞者敞之，宜隔者隔之，宜分者分之，等等，见其片断，不逞全形，图外有画，咫尺千里，余味无穷”。

以上说“画意”，下面再看“诗情”。陈从周认为，造园又称构园，而一“构”字，含意深远，深在巧思，妙在情趣，如同杜甫诗《陪郑广文游何将军山林十首》《重过何氏五首》，一路写来，园中有景，景中有人，人与景合，景因人异。写诗与构园息息相通，“名园依绿水，野竹上青霄”，“绿垂风折笋，红绽雨肥梅”，即是说园中景；“兴移无洒扫，随意坐莓苔”，“石阑斜点笔，桐叶坐题诗”，即是说景中人。只有这般诗意阑珊的境界，才称得上悟得了构园的机理。陈从周总结道：“风花雪月，客观存在，构园者能招之即来，听我驱使，则境界自出。”他举例说明，苏州网师园有亭名“月到风来”，临池西向，有粉墙若屏，题名“月到风来”，正是撷此景精华，则风月为我所有；杭州西湖有景“三潭印月”，正是由于有潭、水之故，而题名“三潭印月”，画龙点睛，风月破壁而出。

如果说“诗情画意”是古典园林品鉴的精髓，那么，陈从周认为“因地制宜”则是造园的基本原则。他说：“造园在选地后，就要因地制宜，突出重点，作为此园之特征，表达出预想的境界。”园林的选景、借景、寻景、引景、大小、动静、山水、曲折、隐显、聚敛、亭台楼阁、栽花植树等种种技法，无不需建立在“因”“宜”之上。从总体上看，园林因所处地域不同，气候环境不同，其特征也就各有千秋。即使处于同一地域之园林，因有市园、郊园、平地园、山麓园等的区别，其园林风格亦因之而异。另外，各地的文化艺术、风土人情、树木品种、山水特征等的差异，都可使园林变化万千。因此，造园时“如何运用，各臻其妙者，在于设计者之运思。故言造园之学，其识不可不广，其思不可不深”。陈从周举例说，北京圆明园“因水成景，借景西山”，园内景物皆因水而筑，并招西山入园，终成“万园之园”之一代名园。无锡寄畅园则为山麓园，景物亦因此皆面山而构建，纳园外山景于园内。苏州网师园则以水为中心，亭台楼榭无不依水而建，殿春簃一院虽然无水，但于西南角凿冷泉，贯通全园水脉。而镇江金山、焦山、北固山三处之寺，尽管同处一地，但因布局不同而风格各异。金山以寺包山，交通呈立体风格；焦山则以山包寺，内部院落各自分明；北固山以寺镇山，雄踞一山之巅。三寺尽管同临长江之水脉，但取景不同，各有胜处：金山宜远眺，焦山在平览，北固山则需俯瞰。

至于造园的具体手法，则可以归纳为：动观静观、小中见大与借景对景。陈从周先生的弟子李振宇教授总结《说园》5 篇的贡献时形象地比喻说，“诗情画意”是先生理想的屋顶，“因地制宜”是先生原则的基础，而“动观静观”、“小中见大”与“借景对景”则是先生建立在基础之上支撑屋顶的支柱。其一，动观静观。陈从周在《说园》开篇即说，“园有静观、动观之分，这一点我们在造园之先，首要考虑”。他认为，动观如漫漫长卷，静观如浅画成图。静观时犹如坐着观看三维景象，动观时如漫长画卷般移动品鉴。漫步曲径，所见山石是以动观静；倚栏静赏，则是以静观动。到具体的园林，小园应以静观为主，动观为辅；大园则以动观为主，静观为辅。前者如苏州网师园，进园后宜坐宜留之建筑多，绕池一周，有槛前细数游鱼，有亭中待月迎风，而轩外花影移墙，峰峦当窗，宛然如画，静中生趣；后者如苏州拙政园，径缘池转，廊引人随，与“日午画船桥下过，衣香人影太匆匆”的瘦西湖相仿佛，妙在移步换影，则为动观。然而，陈从周同时认为，动观与静观是相对而言的，在园林景观中，静寓动中，动由静出，变化之多，造景之妙，层出不穷：“若静坐亭中，行云流水，鸟飞花落，皆动也。舟游人行，而山石树木，则又静止者。止水静，游鱼动，静动交织，自成佳趣。”因此，他总结道：“故动观静观，实造园产生效果之最关键处，明乎此则景观之理初解矣。”

其二，小中见大。陈从周认为，山林之美，贵在自然，“晨餐朝晖，夕枕落霞，坐卧其间，小中可以见大”。因此，陈从周主张风景区的建筑，宜隐不宜显，宜散不宜聚，宜低不宜高，宜小不宜大，须多变化，朴素中有情趣，要随宜安排，尤需存民居的风格，则小院曲户，粉墙花影，自多情趣。陈从周说，园林是越隔越大，越拆越小，因此对空间的区分，就是对大和小的区分。同时，园林中的大小不是绝对的，园林空间越分隔，则感觉越大，越有变化，大园包小园就是这个道理。比如拙政园中的枇杷园、海棠坞，颐和园中的谐趣园等，都能达到很高的艺术效果。再如瘦西湖风景区园林群，其妙在内部各园依水而建，独立成园，既分又合，隔院楼台，红杏出墙，历历倒影，宛若图画，虽瘦而不觉寒酸，反而窈窕多姿。园林的空间，隔则深，畅则浅，因此，假山、廊、桥、花墙、屏、幕、书架等都起到隔的作用。比如日本居室很小，只能席地而卧，但以纸槅小屏分之，就是“以有限面积，造无限空间”。特别重要的是，园林的模山范水，不是把自然中的山水人为地缩小，而是截取自然山水中的一部分，予游览者以无限的想象，这才是小中见大的真谛。

其三，借景对景。陈从周一再强调，造园有法而无式，关键在于人们巧妙地运用其规律。他说明末造园家计成的《园冶》一书中提出造园要“巧于因借”，就是“借景”之法，而陈从周所说的园外有园、景外有景、即含此意：“园外有景妙在‘借’，景外有景在于‘时’，花影、树影、云影、水影、风声、水声、鸟语、花香，无形之景，有形之景，交响成曲。所谓诗情画意盎然而生，与此有密切关系。”因此，颐和园有烟波浩渺之昆明湖，复有深居山间的谐趣园；苏州网师园则运用了假山与建筑相互更换的原则，尽管无大桥、大山，然而小而精，以小胜多，亭亭当当，典雅谐趣。两园构造借景、对景相互参照，园林景色迭现，意境无穷。在借景、对景之外，陈从周又提出“引景”，即以景引人：“景有情则显，情之源来于人。‘芳草有情，斜阳无语，雁横南浦，人倚西楼。’无楼便无人，无人即无情，无情亦无景。”可见，借景与对景的目的，在于引景，即园林景色借助于人的主观情感想象而显现。因此，造园安排景色，皆需有人之巧妙构思，比如西湖满觉陇一径通幽，数峰环抱，故配以桂丛，香溢不散，而泉流淙淙，山气霏霏，花滋而馥郁，宜其秋日赏桂，游人信步盘桓，流连忘返。

造园之法尽管多有，然而必以意境为旨归。陈从周说，文学作品需要意境：“曲径通幽处，禅房花木深”，诗境也；“梦后楼台高锁，酒醒帘幕低垂”，词境也；“枯藤老树昏鸦，小桥流水人家”，曲境也。与诗词曲相同，造园亦有意境。园林之诗情画意即诗与画之境界在实际景物中出现：“景露则境界小，景隐则境界大。”“引水须随势，栽松不趁行。”“亭台到处皆临水，屋宇虽多不碍山。”“几个楼台游不尽，一条流水乱相缠。”这些尽管都是古人咏景说画之辞，然而亦为造园之法，能做到此，则园林意境自出。

第二部分为《游园拾画》，收入园记、游记 16 篇，可谓当代的《洛阳名园记》。陈从周自幼习文，旧学功底深厚，尤喜“经史子集”中的“集”，所作园记与宋人游园笔记相似，记史唯简，写景概括，抒情深刻，可谓史家心，画家眼，诗人情。苏州、扬州园林为中国古典园林之大端，陈从周既有总体概述，又有名园分析。其中对于苏州园林，陈先生誉为“江南园林甲天下，苏州园林甲江南”。苏州园林目前保存数量最多，也最为完整，原因在于，其一，在经济文化方面，经过两汉、两晋的发展，其六朝时已成为全国富庶之区，成为手工业重要产地兼及官僚地主的消费城市。到两宋时，土地兼并更甚，豪门巨富之宅则多建有园林。迨入明清，更成为官僚地主的集中地，并且科举登第者最多，以有清一代而论，状元之多为全国之冠，这些人年老归家，购田宅，设巨肆，大建园林以娱晚境。其二，苏州水道纵横，湖泊罗布，随处可以得泉引入。兼以土地肥沃，花卉树木易于繁滋，所产湖石又多，便于取材。其三，苏州为人文荟萃之所，诗文书画人才辈出，士大夫除自出新意外，广揽文人墨客为之策划。经济、地理、人才，三者兼备，其园林蔚为大观，则自在意表之中。陈从周重点介绍了拙政园、留园这两个最有代表性的苏州园林，兼及园林的总体布局、山水、树木、花卉、桥、路、游廊、墙、联对匾额等，都做了具体的介绍。陈从周归纳了苏州园林的两大特色。其一，园林色彩以雅淡幽静为主，与北方金碧辉煌的皇家园林恰成鲜明的对比。如梁枋柱头皆用栗色，挂落用墨绿，柱头用黑色退光，均为冷色调，与白色墙面形成强烈对比，而花影扶疏，又适当地冲淡了墙面强白，自多佳境。此种淡雅的色彩，与整个园林的轻巧外观，灰白的江南天色，秀茂的花木，玲珑的山石，柔媚的流水，都能相配合调和，给人淡雅幽静的感觉。其二，无论风雨明晦，在各种自然条件下，都能予人以最大、最舒适的美感。楼横堂列，廊庑回缭，阑楯周接，木映花承……使人们可以在各种自然条件下欣赏园林。游人在各种不同的境界中能够产生不同的体会，如夏日的蕉廊，冬日的梅影、雪月，春日的繁花、丽日，秋日的红蓼、芦塘，虽四时之景不同，而景物无不适人。对园林自然美的欣赏，不仅在一个春日的艳阳天气，而是要在任何一个季节，都要使它变成美的境地。因此，花影要考虑到粉墙，听风要考虑到松，听雨要考虑到荷叶，月色要考虑到柳梢，斜阳要考虑到梅竹等，都希望使理想中的幻景能付诸实现，安排一石一木，都寄托了丰富的情感，宜乎处处有情，面面生意，含蓄曲折，余味不尽。

再说扬州园林。扬州与苏州一样，均为历史悠久的古城，是我国经济最为富裕的地方，鱼、盐、工农商业都很发达，又是全国粮食、盐铁等的主要集散地，隋唐以后又成为我国对外文化联络和贸易的主要港埠，这些都为园林艺术的发展创造了有利的条件。在自然地理环境方面，扬州位于长江下游北岸，与镇江隔江对峙，南濒大江，北负蜀冈，西有扫垢山，东沿运河，具有平坦的地势、温和的气候、充沛的雨量以及较好的土质，为园林艺术的发展奠定了良好的地理气候条件。同时，扬州又地处交通中心，商业发达，明代中叶以后，扬州的商人以徽商居多，其后赣商、湖广商以及粤商等亦接踵而来，商业的发展与繁荣，使扬州园林艺术得到了物质上的保障。陈从周先生说，扬州目前保存得较为完整的园林，大大小小有30处，较为典型的有片石山房、个园、寄啸山庄、小盘谷、逸圃、余园、怡庐和蔚圃等，他根据各园林的不同风格，均分别进行了有侧重的介绍，并且对扬州园林的特色进行了分析。其一，扬州园林的主人以富商居多，除饶有资财外，大多捐得一个空头的官衔以显耀其身份，在建筑风格上追求奢华，借以炫富有、榜风雅。尤其在清康乾年间，他们期望得到皇帝的“御赏”，还模拟一些皇家园林的手法。因此，在园林的总体风貌上，建筑物的尺度、材料的品类，都向高敞华丽方面追求，如建筑用的木材，佳者多用楠木，楼层铺方砖，院中的地面铺以大理石，装修陈设亦多显华丽。另外，扬州的诗文与八怪画派，在风格上亦比吴门派豪放深厚，这也给造园带来一些感染。其二，自然环境与建筑材料的不同，对园林的风格必然产生相应的影响。扬州属江淮平原，地势平坦而开阔，因此在规划园林时，与苏杭一带利用天然地形与景色大不相同。大型园林多数中部为池，厅堂又为一园的主体，两者必相配合，池旁筑山，点缀亭阁，周联复道，以花墙、山石、树木为园林的间隔，形成有层次、富变化的景色。中小型园林则倚墙叠山石，下辟水池，适当地铺以游廊水榭，结构比较紧凑。其他，如花卉、山石、庭院等方面，均依自然条件而布设。总体来说，扬州园林在平面布局上较为平整，动观和静观相结合，然其妙处在于立体交通与多层观赏线，如复道廊、楼、阁以及假山的窦穴、洞曲、山房、石室，皆能上下沟通，自然就变化多端。其三，扬州园林素以“叠石胜”。扬州不产石，石料多取自他地，近处则取江浙的镇江、高资、句容、苏州、宜兴、吴兴等地，远则取自皖赣的徽州府属，更有少量奇峰异石取自西南诸省，因此石料较小，峰峦多用小石包裹，中以条石铁器支挑，加固嵌填后浑然成章。在扬州园林的假山中，最为突出的是壁岩，其手法的自然逼真，用材的节省，空间的利用，都在苏州园林之上。这些假山在不同程度上达到了异形之山，运不同之石，体现了石涛所谓的“峰与皴合，皴自峰生”的画理，以其高峻雄厚，与苏州园林的明秀平远互相颉颃，南北各抒所长。

除对苏州园林和扬州园林的总分描述外，陈从周还分别对杭州西湖、绍兴沈园与春波桥、同里退思园、上海豫园与内园、北京颐和园与恭王府、承德避暑山庄等进行了“畅游”。园林较多，不能一一遍览，仅让我们跟随着先生的步履，观赏以下两个北方园林：北京恭王府和承德避暑山庄。恭王府相传为红楼大观园的遗迹，陈从周认为尽管所传不确，但将其作为曹雪芹纪念馆则亦无不可。恭王府为北京现存诸王府中结构最精、布置得宜、拥有大花园的一组建筑群，同所有王府一样，头门不正开，东向，入门则诸门自南往北，建筑共分三路，正路今存两门，东西两路各三进，后堂悬“嘉乐堂”额，正房有匾名“锡晋斋”。楼后为花园，其东部小院，翠竹丛生，廊空室静，帘隐几净，多雅淡之趣，此即所谓“潇湘馆”。廊庑周接，亭阁参差，与苍松翠柏，古槐垂杨，掩映成趣。王府最后亘于北垣下，以山作屏者为“蝠厅”，抱厦三间突出，自早到暮，皆有日照，北京唯此一处而已，传为“怡红院”所在。厅前假山分前后两部，后部以云片石叠，主体以太湖石叠，上建阁，下构洞曲，施石过梁，山间树木亦苍古。如果观赏时恰值花期，梨云、棠雨、丁香雪与扶疏竹影交响成曲，则南归相思，又是天涯。

承德避暑山庄为清帝北方行宫苑囿，却有杏花春雨般江南景色，令人向往，游人到此总会流露出“谁云北国逊江南”的感觉。山庄为康熙于1703年始建，作为离宫之用，有三十六景，朴素无华，饶自然之趣。其后乾隆于1751年扩建，踵事增华，亭榭别馆骤增，又增三十六景。陈从周说，苑囿之建，首在选址，需得山川之胜，辅以人工。重在选景，妙在点景，二美具而全景出，避暑山庄正得此妙谛。行宫周约二十公里，多山岭，平地亦多水面，山岚水色，相映成趣。居住朝会部分位于山庄之东，正门内为楠木殿，素雅不施彩绘，因所在地势较高，故近处湖光，远处岚影，可卷帘入户，借景绝佳。园区可分两部，东南之泉汇为湖泊，西北山陵起伏如带，林木茂而禽鸟聚，麋鹿散于丛中，鸣游自得。水曲因岸，水隔因堤，岛列其间，仿江南之烟雨楼、狮子林等。山庄占地五百六十四万平方米，为现存苑囿中最大的。山庄依自然地势，有山岳平原与湖沼等，因地制宜，变化多端。而林木栽植，各具特征，山多松，间植枫，水边宜柳，湖中栽荷，园中“万壑松风”“曲水荷香”，皆因景而得名。而万树园中，榆树成林，浓荫蔽日，清风徐来，有隔世之感。其他则如苑囿之水，以聚者为多，山庄湖沼，得聚分之妙，依地势之自然，广建亭台楼阁、桥梁水榭，更就幽峪奇峰，建造寺观庵庙，殿阁参差，浮图隐现，朝霞夕月，梵音钟声，破寂静山林，绕神妙幻境。因此，陈从周先生说，用“移天缩地在君怀”一句来概括山庄，可以说体现已尽：“能融南北园林于一处，组各民族建筑在一区，不觉其不协调不顺眼，反觉面面有情，处处生景，实耐人寻味。”

第三部分为《贫女巧梳头》，收入《梓室谈美》等10篇。此部分陈从周主要谈造园美学、园林美学的元素和手法，是对计成《园冶》的补充和发展，是结合今天的生活进行的具体设计手法的呈现。在这部分中，《梓室谈美》是先生“挑灯偶读，掇拾一二，聊供夜谈而已”的读书短札，以前人之笔墨，释己之艺理。其余各篇则说景，说屏，说帘，说影，说竹，说兰，敞开笔端，信笔由缰，谈园林之美的诸元素。说景，是陈从周陪同赵朴初游淀山湖大观园的观感。尽管大观园“有风来仪”（应为“有凤来仪”，风、凤繁体字分别为“風”“鳳”，差别很大）的匾额，使人大跌眼镜，但当他看到大观园的塔时，则为之陶醉。淀山湖的淀山只有八公尺高，因此，大观园中没有可供仰视的借景，但有此塔后，景观则大为不同，无论身处大观园中的哪个院落，均可见到秀挺的塔影，使得偌大的一个园子，顿时灵动起来，游人会情不自禁地生出“相看好处无一言”的意境。陈先生到了船上，穿出拱桥，回望大观园，感到“面面有情，环水一塔塔映水”，半岛绿得如水晶盆中的碧螺，水塔则秀出云表，从塔的引人丰姿，感受到“愿化为水中的水草、游鱼，能朝夕在这塔影的怀抱中荡漾着”。大观园因一水塔，产生动观与静观的变化，处处随人而动，美妙景观时时再现。

屏、帘、影是园林中的“小景观”，但如果处置得宜，则亦能为园林增添别致的美感。“银烛秋光冷画屏，轻罗小扇扑流萤”，这句唐人的诗句，令人陶醉，在建筑中这种“似隔非隔”、于空间中起着神秘作用的屏风，关键在于构造时要把握一个“巧”字。陈从周认为屏有室内、室外与大、小之分，从宫殿、厅堂、院子、天井，到书斋、闺房，皆可布置。而屏的设置，要与整体的相称、安放的地位与作用、曲屏的折度、视线的远近等，均需要做到“得体”。屏的处置得当，则会生出“闲倚画屏”“屏山几曲篆烟微”“画屏闲展湖山翠”的闲情雅致来。“垂帘无个事，抱膝看屏山”，古人在建筑中，帘与屏常放在一起，均起到“隔”的妙用。帘则更灵活，廊子里、窗上、门上、室内，有了帘，则意境自出。初夏天气，窗前挂上了竹帘，小室的境界，分外地幽淡宜人。帘是隔中有透，实中有虚，静中有动，因此帘后美人，帘底纤月，帘掩佳人，帘卷西风，隔帘双燕，掀帘出室，等等，无不教人遐思，引人入画。“影这个神秘的东西，虚得令人可爱、可歌、可泣，它在不同的环境中幻成不同的感触。”在中国园林中，构景有虚有实，陈从周认为，影是园林虚景中的主要角色。因此，聪敏的建筑师，必须懂得影的运用，檐下的阴影，墙面凹凸的块影，壁面的竹影、花影，等等，均能使建筑生出变幻。陈从周更爱疏影、浅影：“小城春色，深巷斜影，那半截粉墙，点缀着几叶爬山虎，或是从墙内挂下来的几朵小花，披着一些碎影，独行其间，那恬静的境界，是百尺大道上梦想不到的。”

竹、兰是园林中常植的花木。国人爱竹，嗜食肉的苏东坡，在其诗中写道“宁可食无肉，不可居无竹”，原因在于竹的雅致，因此，竹可以入宅、入园、入文、入诗。陈从周说，园林贵深，立意在曲，而竹因环境与四时的光影变化不同，能使人得到不同的观感。春天新雨过后，新笋发芽，“新笋已成堂下竹，落花都入燕巢泥”，引人遐思；夏日翠竹成林，略点湖石万竿烟雨，宛如米家山水小品；秋来清风满院，摇翠鸣玉，其下衬以黄石一二，色彩对比尤觉清新；及至冬雪压柔枝，落地有声，以白色宣石安排其下，则更多荒寒之意。一年四季，春夏秋冬，“一日不可无”也。“兰香是世上最高雅的香，隐而不显，往往于无意中闻到，而从香中引出你绵邈的遐思，其神秘处就在这里。”因此，陈从周说，他在花中最为欣赏兰花，多次以兰花入画。其原因在于，一是兰花的形态美，坚韧碧绿的修长叶子，洁白如玉的花朵，迎风婀娜的舞姿，在幽静的庭院中，妥帖地安排几盆兰花，清香乍闻，沁人心脾，持久而弥漫。二是兰花寓高致。兰花淡逸之中，没有一丝纤尘，喻指高尚的品德，因此，屈子吟诗“余既滋兰之九畹兮，又树蕙之百亩”。

第四部分为《园日涉以成趣》，收入文章 9 篇。陈从周收入关于园林与中国传统艺术以及日常生活关系的散文小品，他认为中国园林是中国艺术的集成，诗歌，绘画，戏曲，一直到中国人的人生哲学，宇宙观念，都在园林中得到相应的体现。在这里，陈从周开宗明义，认为中国园林的特征就是“文人园”，主导思想就是人文思想，表现特征就是诗情画意，追求的是避去烦嚣，寄情山水，所欲达到的境界，就是“虽由人作，宛自天开”。中国园林如诗如画，集建筑、文学、书画、园艺等艺术的精华，在世界造园艺术中独树一帜。那么，中国园林的诗情画意是怎么出来的呢？陈从周认为，这与美学有关系，同情感有关系。中国人欣赏美，无论是文学、艺术，还是古典园林，都是重情感的抒发，突出一个“情”字。他举例说，“私订终身后花园，落难公子中状元”，在这句民间俗话中，为什么要在后花园私订终身，而不是在大门口？在于花园里有诗情画意，因而才有情感。文学艺术，古典园林，如果离开了感情，它的美也便无从谈起。比如园林里石峰的命名，有美人峰，有狮子峰，有五老峰，其实并不太像，而是通过感情悟物，使石峰人格化为美人、狮子、五老，这就使坚硬的石头情感化了。因此，中国的园林，同文学、书画、戏剧等一样，都是人类情感的不同表现形式。

中国园林艺术与诗文、山水画、昆曲都有着极为相通的关系，陈从周先生分别从不同的侧面，予以具体而细致的分析。先说园林与诗文的关系，他引用钱泳《履园丛话》中的话："造园如作诗文，必使曲折有法，前后呼应，最忌堆砌，最忌错杂，方称佳构。"一语道破，造园与作诗文无异，从诗文中可悟造园法，而园林又能兴游以成诗文。文人士大夫寄情山水，啸傲烟霞，避嚣烦，寄情赏，既见之于行动，又出之以诗文，园林之筑，应时而生。如白居易筑堂庐山，名文传诵；李格非记洛阳名园，华藻吐纳。因此，园之筑出于文思，园之存，赖文以传，相辅相成，互为促进，园实文，文实园，两者无二致也。诗文与造园之关系相通，因此，陈从周曾以诗词喻苏州园林："网师园如晏小山词，清新不落套；留园如吴梦窗词，七宝楼台，拆下不成片段；而拙政园中部，空灵处如闲云野鹤去来无踪，则姜白石之流了；沧浪亭有若宋诗；怡园仿佛清词，皆能从其境界中揣摩得之。"因此，他说研究中国园林，必先从中国诗文入手，必求其本，先究其源，然后许多问题都可迎刃而解。

再说园林与山水画。陈从周言，不知中国画理画论，难以言中国园林。其原因在于，中国的绘画自元代以后，写意重于写实，重意境与情趣，移天缩地，以抽象概括出之，正是造园所必备："言意境，讲韵味，表高洁之情操，求弦外之音韵。"他说，画究经营位置，造园言布局，叠山求文理，画石讲皴法。山水画重脉络气势，园林尤重此端，区分在于前者坐观，后者入游。园林为立体画本，晦明风雨，四时朝夕，其变化之繁多，更甚于绘画。以园林之假山而论，如苏州环秀山庄假山，其笔意兼宋元诸家之长，变化之多，丘壑之妙，堪为叠山典范，陈从周誉之为如诗中之李杜。

最后说园林与昆曲。对于昆曲，陈从周亦为行家里手，从小就看昆曲、学昆曲，与昆曲泰斗俞振飞相友善，称"园林与昆曲本是同根的姐妹行，园景与曲景不可分也"。他说，中国园林以"雅"为主，"典雅""雅趣""雅致""淡雅""雅健"等，莫不突出以"雅"。而昆曲之美，不仅在表演艺术，其文学、音韵、音乐，乃至一板一眼，经过几百年的琢磨，无不具有"雅"的书卷气。园林高低起伏富有节奏，有藏有隐宜细赏，人游其间需有一种悠闲情绪；而昆曲则一唱三叹，婉转低回，曲终而味未尽。两者都是慢节奏，宜细品，因此，俞振飞说演《游园》《惊梦》的演员，如果脑子里有中国园林的境界，那他的一举一动，一颦一笑，演起来就有感情，有生命，有声有色了。同样，造园者知道了昆曲的艺术，不论身段、唱腔、唱词，无不对造园有莫大的启发。曲要静听，园宜静观，沉静凝神，若有所思，两者融会，共同发展。

以上，我们追随中国园林大师陈从周先生，从“说园”“游园”，到“园景”“园趣”，在如诗如画的中国园林间徜徉、欣赏，领略了中国古典园林的艺术美、造型美、文化美和意境美。在欣赏中，我们也领略了陈从周先生独特的园林美学思想，他的园林美学融入了诗文、绘画、戏曲等艺术形式，强调园林之“佳构”者要拥有自己的个性，富有鲜活的生命情感，更需浸透中国传统文化与历史精神的深远厚重的文化品格。静静地回味一下，这不就是陈从周园林艺术品格的自况吗！

（付金柱）

阅读链接

1.《陈从周说园》，陈从周著，长江文艺出版社，2020 年版。

2.《陈从周造园二章》，同济大学建筑与城市规划学院景观学系著，同济大学出版社，2018 年版。

3.《苏州园林》，陈从周著，同济大学出版社，2018 年版。

4.《扬州园林与住宅》，陈从周著，同济大学出版社，2018 年版。

5.《梓室余墨》，陈从周著，上海书店出版社，2019 年版。。

6.《陈从周说古建筑》，陈从周著，社会科学文献出版社，2018 年版。

世界美术名作二十讲

傅雷

傅雷（1908—1966），字怒安，号怒庵，出生于江苏省南汇县（现上海市南汇区）。中国著名文学翻译家、文艺评论家和艺术教育家。傅雷幼年丧父，其母贤淑有主见，请先生教其识字、英语与算术。在上海接受小学与中学教育，1926 年考入上海持志大学。因时局动荡，决意出国留学。1927 年 19 岁时赴法国巴黎大学学习文艺理论。4 年时间一面在巴黎大学文科学习，一面在巴黎卢浮美术史学校听课，游览巴黎及欧洲博物馆与画廊，还经常与教授、文学家、艺术家等聚会讨论，充分汲取了西方文学、美术与音乐等艺术修养，为其日后从事文学翻译、文艺评论和艺术鉴赏打下了深厚的基础。1931 年回国，任教于上海美术专科学校，教授美术史及法文，致力于法国文学的翻译与介绍。一生译著丰富，译文以传神为特色，行文流畅，用字丰富，工于色彩变化，成为中国译界备受推崇的范文。翻译作品共 34 部，主要有罗曼·罗兰的《约翰·克里斯朵夫》《巨人三传》、巴尔扎克的《高老头》《欧也妮·葛朗台》《幻灭》、梅里美的《嘉尔曼》《高龙巴》、丹纳的《艺术哲学》等，约 500 万言，收录于《傅雷译文集》。遗著《世界美术名作二十讲》《傅雷家书》等深受读者喜爱，另有大量文学作品、文学评论、艺术鉴赏等，著述100余万言，收录于《傅雷文集》。

《世界美术名作二十讲》是傅雷先生编写的美术史课程讲稿的一部分。1931年，傅雷从法国留学归国，应刘海粟之邀，受聘于上海美术专科学校，担任美术史课与法文课讲席。本书就是此时他美术史课程讲稿的一部分，前半部分曾经在他任编辑的《艺术旬刊》上发表过。后来，傅雷先生又在讲稿的基础上，对世界美术名作进行更深入的研究，1934年6月，他完成了这部著作。但是，当年这部著作并没有出版，直到1979年才被“从故纸堆里”发现，后由三联书店委托中国艺术研究院的吴甲丰研究员(傅雷执教于上海美术专科学校时的学生)加以校订、配图，于1985年出版。此书自出版后，产生了巨大的影响，受到广大美术爱好者的喜欢，多次再版印刷，目前版本不少于20个，可见其受欢迎的程度。

当然，《世界美术名作二十讲》之所以得到读者的热爱，关键在于傅雷先生长期浸染于西方美术的结果，在于傅雷先生对西方美术名作具有广博的视野与精致的赏析，而这一切又都得益于他游学法国以及欧洲的经历。1927年的最后一天，还不满20岁的傅雷，乘坐法国邮轮开始了他的法国游学之旅。到巴黎后，他用了半年多的时间学习法语，便以优异的成绩考入了巴黎大学攻读文学，主修课程是文艺理论，然而，他把更多的兴趣与精力投入到美术理论和批评方面。为此，他一边去卢佛尔美术史学校和梭旁恩艺术讲座听讲，一边频繁地接触艺术界人士，实地考察巴黎和南欧众多的艺术馆、博物馆，观摩艺术大师们的不朽名作，扩大自己的知识面和增加感性体悟。恰当傅雷在法国留学期间，刘海粟、汪亚尘、王济远、张弦、庞薰琹、刘抗、朱光潜、梁宗岱等一大批日后在海内外艺坛放光耀彩的青年学子留学于法国及欧洲，傅雷与他们时相过往，切磋艺术，特别是与刘海粟、刘抗、庞薰琹等人的频繁交往，使傅雷获益匪浅，增进了对西方美术的理解。傅雷流连于巴黎这个艺术之都，在卢佛尔宫初识达·芬奇，反复欣赏《蒙娜丽莎》“摄魂制魄”的微笑，感受《最后的晚餐》人物安排、人物情绪展现的奥秘；徜徉于莱芒湖畔，欣赏如画的美景，参观日内瓦美术馆和历史博物馆，观赏德拉克洛瓦、库尔贝、米勒、莫奈、塞尚、高更等艺术大师的绘画杰作，完成了平生第一篇美术批评作品《塞尚》；在比利时之旅中，来到了布鲁塞尔美术馆，玩味鲁本斯、凡·代克等法兰德斯画派作品宏富的想象与巧妙的构图；而在意大利之行中，朝拜了米开朗琪罗和拉斐尔，领略了米开朗琪罗《创世纪》的鸿篇巨制和《大卫》《摩西》介乎人神间的超人伟力，品味拉斐尔恬静、明媚、和谐的画风……傅雷通过实地考察，反复观摩，逐渐形成了自己的艺术理念。他是一个不满足于表面印象与简单赏鉴的美术批评家，他会不断地利用一切机会，沉浸到艺术殿堂中去，沉潜到艺术境地的深层次中去。于是，有了《世界美术名作二十讲》这本美术批评史上的杰作。

乔托，这位早期文艺复兴时期的“绘画之父”，是傅雷在开篇第一讲中介绍的画家。文艺复兴时期的美术，以人的觉醒为中心，以科学的视觉分析代替旧有的神学形式，乔托便是最早以人体的解剖学和空间的透视法来处理绘画的先驱。乔托绘画的题材以方济各为中心，在他的笔下，方济各不再是徒具形式的神，而是有血有肉的真正的人。在乔托众多的方济各画作中，傅雷详细分析了《圣方济各向小鸟说教》这幅最富于诗意的壁画。他这样描绘这幅画作：方济各离开了他的同伴，走到路旁，头微俯着，举着手，劝告小鸟们“要颂赞造物，因为造物赐予它们这般暖和的衣服，使它们可以借此抵御隆冬的寒冷，并给予它们枝叶茂盛的木树，使它们得以避雨，得以筑巢栖宿”。小鸟们从树上飞下来，一行一行地蹲在他面前，画作处处流露出人、小鸟与自然间的和谐。乔托的所有作品，都具有美的和谐：是艺术的内容与外形的和谐；是传说的天真可爱，与画家的朴素的和谐；是情操与姿势及动作的和谐；是艺术品与真理的和谐。因此，乔托的画作，不像以前画家那样像英雄的行为或神奇的灵迹那样来表现，而是一曲天真动人的诗曲。

接着，傅雷介绍的则是早期文艺复兴时期的雕刻大师多那太罗。这是一位发动了文艺复兴雕刻革命的天才，他突破了教会的重重禁令，摆脱以往成法的束缚，到自然中追索灵感，到生活中寻求艺术，使艺术真正成了人类内心生活的表白，成就了他具有独特气禀的“丑的美”的写实主义雕刻艺术。傅雷重点介绍了多那太罗的《先知祖孔像》。在这个雕像中，作为先知的庄严的容貌，垂到胸前的飘然长须，以及安排得恰到好处的衣褶，这些传统的法则都不见了。我们看到的则是，一个秃顶的尖形的头颅，配着一副瘦削的面相、硕大的鼻孔，还有一张巨大而紧闭的口。这绝非一个美男子的容仪，完全是一副特别丑陋的形象，传统的造型美被多那太罗彻底地抛弃了，而是体现了一个思索、痛苦、感动的人。他的面貌虽然是丑陋的，然而，却传达了一种美，传达了一种内心生活的精神之美：那张大口以及脸上的皱纹，是宿愁旧恨的标记；低侧的肩头，表示了他的困顿；微微张开的双目，则是给一层悲哀的情绪笼罩了。所有这一切，表明了一个先知“思想的苦闷”，体现了印在心魂上的人类的苦恼。这正是多那太罗作品的伟大之处，他不仅要刺激你的感官，更要呼唤你苦闷的灵魂。

波提切利，拉开了意大利文艺复兴黄金时代序幕的重要画家，傅雷在第三讲中予以介绍。文艺复兴，指时代进入 1400 年之后，一百年间人文、科学与艺术全面兴盛的年代。傅雷在介绍波提切利之前，首先介绍了这个全盛的时代。在这个时代中，可以列举的著名画家就有 8 个，二、三流画家则不知凡几。当时的人才济济得益于美第奇家族对文学、艺术的赞助和保护，创办大学，兴建图书馆，搜罗古代思想家的著作，欧洲各国的学者云集于意大利，探讨一切政治、哲学、文学与艺术问题。整个社会弥漫着幸福的氛围，宴会，节庆，跳舞，狂欢，到处是美妙的音乐与歌曲，到处充溢着好奇心与求知欲。《伊利亚特》以及荷马著作的全集印行了，哥白尼的太阳系中心说改变了传统的天文学，炼金术渐渐变化为纯正的化学，这一切给予了艺术家以心灵的悸动，绘画与雕刻受到了人文主义思潮与科学的影响，波提切利就是受到这种影响的最高代表，形成了“波提切利的妩媚”独特画风。这种绘画风格的最著名体现，就是《维纳斯的诞生》与《春》两幅画作。在前幅绘画中，维纳斯全身赤裸，站在一个大大的贝壳上，从蔚蓝的海洋中诞生。女神的长发在微风中飘拂，花瓣纷纷从天空中飘落，两边天使的衣裙在空中飞舞，构成了整幅画面的和谐。画作以希腊神话为题材，打破了基督教的禁忌，大胆描绘女性的裸体，赋予了肉身重新诞生的意义。在这里，波提切利唤醒了人类沉睡已久的肉身，觉醒了的肉身受到了诸神的祝福。与此画相比，《春》的构图要复杂得多，画面从右上角开始，代表冬天的西风之神伸手要抓一名女子，女子惊慌逃避，用手去祈求花神保护。花神代表春天，她正在抓起花朵向四处抛撒，宣告春天的来临。画面正中是美神维纳斯，左侧是翩翩起舞的三名女神，身着薄而透明的纱衣，姿态优美。对于这幅绘画史上的巨作，傅雷进行了浓墨重彩的赏析。他首先认为此画在构图上，并没有古典作品的那般严谨，没有主要人物作为画幅的主脑，因此也就没有次要人物作为衬托。在画面的诸多女神中，很难指出哪一个是主角：维纳斯？春之女神？还是三女神？其次，在画作的主题上，傅雷认为是波提切利的大胆而新颖之作，彻底突破了传统宣传的题材，是对古希腊异教思想和享乐主义的复活与高扬。第三，围绕上面的主题而进行具体的画面赏析。三女神，是一组包围在烟雾氛围中的仙女，清新飘逸的丰姿，在林木的绿翳中显露出来，她们的婀娜多姿的妩媚，给予画面以清新、天真的情趣；春神，抱着鲜花，婀娜的姿态与轻盈的步履，可谓是“步步莲花”，脸上的微笑表示欢乐，但欢乐中含着惘然的哀情，还蕴藉着庄重、严肃、悲愁的情调；至于维纳斯，则迥异于《维纳斯的诞生》中的那种美丽与享乐的象征，她那微俯的头，轻轻举起的右手，左手挽抚着些许褶痕的衣服，构成了一片严肃、温婉、母性的和谐，象征着司长万物生命的女神。因此，傅雷最后总结道，“波提切利的妩媚”，是指其画作中线条构成的和谐所产生的美感，是属于感官的、触觉的，并非心灵的表象，因此，他画作下的春神、花神、维纳斯，在精神上都蒙着一层惘然的哀愁。回过头来，我们再细细品味波氏的这两幅画作，不得不说傅雷观察的细腻与体悟的深刻。

在接下来的篇幅中，傅雷浓墨重彩地用了八讲来介绍意大利文艺复兴时期的美术三杰达·芬奇（两讲）、米开朗琪罗（三讲）和拉斐尔（三讲)。达·芬奇，文艺复兴时代典型的天才，他的卓越才能不仅体现在绘画方面，举凡建筑、解剖学、化学、流体力学等领域，无不精通，而且还实验了人类最早的飞行器、潜水艇，设计水坝、桥梁，对于植物学也有独到的见解。《蒙娜丽莎》，那“摄魂制魄”的迷人微笑，引发了多少诗人、哲学家以及美术批评家的分析与申论，傅雷概莫能外。他带着疑问，带着景仰，带着对艺术的探寻，细致入微地描摹、欣赏这微笑：单纯地往两旁抿去的口唇，便是指出这微笑还只是将笑未笑的开端。而且是否微笑，还是疑问。口唇上的皱痕，是不是她本来面目上就有的？也许她的口唇原来即有这微微地往两旁抿去的线条？这些问题是很难解答的。可是这微笑所引起的疑问还多着呢：假定她真在微笑，那么，微笑的意义是什么呢？是不是一个和蔼可亲的人的温婉的微笑，或是多愁善感的人的感伤的微笑？这是不容易且也不必解答的。这是一个莫测高深的神秘。然而吸引你的，就是这神秘！接着，傅雷用他熟稔的另一种艺术形式音乐来譬喻：面对这迷人的微笑，仿佛在听一曲神妙的音乐，对象的表情和含义，完全跟随你的情绪而转移。你悲哀吗？这微笑就变成感伤的，和你一起悲哀；你快乐吗？她的口角似乎在牵动，笑容在扩大，她面前的世界好像与你的同样光明同样欢乐。读着傅雷的赏析，再看《蒙娜丽莎》，你便会沉浸其中，而几乎不能置一词。

如果达·芬奇是文艺复兴的一座高峰，那么，米开朗琪罗则是这座高峰上最尖端的一块巨岩。达·芬奇冷静、理性，却充满着神秘，引领人们进入一个深邃幽静的世界；米开朗琪罗则狂热奔放，犹如呼啸的狂风，使人们在他的作品中体验巨大的生命震撼。米开朗琪罗以雕刻而闻名，《大卫像》《摩西像》《悲恸像》，以及《日》《夜》《晨》《暮》四雕像等，均是不朽的杰作。然而，傅雷却重点介绍了他的西斯廷天顶画《创世纪》这一鸿篇巨制。米氏30岁左右时，受命为教皇朱力二世绘画西斯廷礼拜堂的天顶壁画。他每天仰卧在三十尺高的台架上，蜷着背，仰着头，脚跷起着，开发出他自己内在潜藏着的惊人创造力，为人类的创作树立了不朽的典范。在这里，对于傅雷对该画的布局以及具体的人物线条描摹不作过多的介绍，只分析傅雷对米开朗琪罗绘画特征的归纳与体悟。傅雷体会到，米开朗琪罗的时代是古典学复兴的时代，这种时代的风尚使当时的艺术家相信人体是最好的材料，一切美都蕴涵其中，这就形成了西方特有的艺术观念，即裸体，是代表宇宙间最理想的美。它的肌肉，它的动作，它的坚强与伟大，它的外形下面蕴藏着的心灵的力量与伟大，予人以世界上最完美的象征。因此，此一时期的宇宙观即以人为中心的宇宙观，整个时代的思想，往人的自觉的路上走。而米开朗琪罗的创作，则是时代思潮的具体体现，不仅处处贯彻了“只有人的热情才值得歌唱”这一理论，更把它推向了极端，以至在《比萨之役》中画上了正在洗澡的士兵，在西斯廷天顶画上找不到一头动物、一株植物，甚至连一个肖像都没有。因为，在他看来一切忠实地表现“现实的形象”的艺术是下品的艺术，他看重的是人物形象的“理想美”。在傅雷看来，在表现“理想美”这一点上，米开朗琪罗是个雕塑至上主义者。雕刻对于米开朗琪罗，显得比绘画更为有力度。因为雕刻不能像绘画那样表现色彩，因此，雕刻家必须运用综合的技能，超越现实而入于想象的领域。如米开朗琪罗自己所说：“雕刻是绘画的火焰，它们的不同有如太阳与受太阳照射的月亮之不同。”因此，他的画永远像一组雕像。例如，在西斯廷教堂的天顶画中，每组人物都像用白石雕成的一般，这正是米开朗琪罗所追求和憧憬的“理想美”，展现出超人的广大无边的伟力，幻想着把神的意志融合在人体中间，在画布上创作他巨雕般的宏大史诗。

米开朗琪罗活了 89 岁，达·芬奇活了 67 岁，拉斐尔只活了 37 岁。尽管英年早逝，又生活在达·芬奇和米开朗琪罗两座大山之间，但拉斐尔却显得像平静的原野，洁净无瑕，带给人内心平和圣洁的感觉，在艺术史上留下了他特有的位置。在这里，我们不介绍拉斐尔两幅空前巨制《雅典学派》和《圣体争辩》，前者为世人所熟知，后者则知者不多，但傅雷作了重点介绍。我们欣赏一下他的代表作圣母画和毡幕画。对于圣母画，我们不介绍他的晚期作品《西斯廷圣母》，而是跟随着傅雷的赏析，了解一下他的早期作品《美丽的女园丁》。从画作的题目就可以看出，拉斐尔把具有高尚情操的题材，变成了亲切、日常的田园牧歌，呈现在画面上：母亲恬静地微笑坐着，慈爱地看护着两个正在嬉戏的孩子。一个少儿站在母亲的前面，小脚踏在她的脚上，手放在她的手上，微笑地看着她；另一少儿一膝跪着，身上披着毛氅，手中拿着竹杖，温柔地望着。母子身后的背景，几条水平线，几座深绿色的山冈，一条平静的河流，肥沃而怡人的田畴，几棵疏朗摇动的树，远处天上几朵轻盈的白云，近处则散落着各色的鲜花。傅雷在这幅画中，感受到了拉斐尔用一种风格与形式的美，把一幅充溢着妩媚与华贵的诗，在简朴的古牧歌式的氛围中表现出来了，使观赏者的心魄浸没在超人神明的美感之中，这一幅和谐的图景，使我们有隔离了尘世似的感觉。毡幕画是当时绘画的一种新形式，现在留存了拉斐尔十余幅毡幕画手稿，我们介绍其中一幅画风大变的《捕鱼奇迹》。傅雷认为，拉斐尔在这幅画中表现的主题是"伟大"，因此一切画面的安排都是来表现这种伟大性，笼罩全幅画作的情调是静谧，没有丝毫的紧张与狂乱，是一种静谧而和谐的美，体现了拉斐尔明媚之外的另一种美：庄严与伟大。

高山之后，则是群岭。在后续的各讲中，傅雷依次介绍了巴洛克艺术的创造者贝尔尼尼、荷兰版画大师伦勃朗、佛兰德斯画家鲁本斯、西班牙宫廷画家委拉斯开兹、法国画派的宗主普桑、法国风俗画家格勒兹、英国画派的两位大师雷诺兹与庚斯勃罗以及法国诸浪漫派风景画家。在这些画家中，傅雷对伦勃朗情有独钟，认为他在欧洲绘画史上的地位与意大利文艺复兴诸巨匠不相上下。他认为，如果说拉斐尔所阐发的是南欧民族特性与民族天才，那么，伦勃朗所代表的就是北欧民族特性与民族天才。在傅雷看来，伦勃朗的代表作《木匠家庭》，使我们看到了结构光暗的方法具有何等有力的暗示性。在这幅充满着亲密情调的家庭景色中，那光明的照射使全景具有了神明显灵般的奇妙境界。而其阴暗部分，又绝不是空洞的、闷塞的阴暗。仅露端倪的一种调子、一道反射、一个轮廓，会令人觉察出其中有所蕴藏。受着这捉摸不定的境界的刺激，观赏者乐于在想象中唤起种种情调。伦勃朗正是通过这种光暗的奇妙作用，将欣赏者引领到远离现实的世界中去，而不致被那些准确的现实描绘所拘囿。对于其他画家，傅雷则按照美术史的发展脉络，重点欣赏了17世纪法国画派宗主普桑的代表作品《阿尔卡迪牧人》《四季图》《杰里科之盲人》《水中逃生的摩西》《圣家庭》等，探讨了他画作中纯粹的法国风格和古典美；观摩了与普桑不同的画家洛兰的《晨曦》《黄昏》、华托的《瑞利》《公园里的交际界》《冷漠的人》等作品；考察了科罗的《清晨》《科洛西姆斗牛场外景》《罗马集会场外景》《戴珍珠的妇人》《穿浅衣服的太太》，杜佩雷的《早晨》，卢梭的《枫丹白露之夕》《橡树》等代表性作品。在这类分析中，傅雷对普桑、洛兰、华托等人的作品，与科罗、杜佩雷、卢梭等一派作品，进行了比较研究。从风景在这两类画家作品中所占的不同分量、所起的不同作用，理出了风景画的发展过程，并揭示了这一发展过程的内在原因。傅雷还从普桑与格勒兹画作的比较研究中，看到了欧洲绘画由古典美到道德化、通俗化，以至庸俗化的转变情形。

“研究西洋美术，乃借触类旁通之功为创造中国新艺术之准备”。这是傅雷在《世界美术二十讲》序中说的话，也是他写这本书的宗旨，即通过欣赏与研究欧洲美术，开启学生与读者的艺术感觉，提高艺术鉴赏的能力，进而“创造中国新艺术”。追随着傅雷在这本书中的赏析之旅，会使我们更加真切地感受到，这个宗旨仍然是当下的价值所在。

（付金柱）

阅读链接

1.《世界美术名作二十讲》，傅雷著，生活·读书·新知三联书店，2016年版。

2.《傅雷家书》，傅雷著，三联书店，2018年版。

3.《傅雷谈艺录》，傅雷著，三联书店，2016年版。

4.《傅雷的美术世界》，吕作用著，人民美术出版社，2018年版。

影视编

电影是什么？

安德烈·巴赞

安德烈·巴赞（1918—1958），法国《电影手册》创办人之一，著名电影批评家、理论家。巴赞提倡现实主义美学，提出长镜头理论，阐述了新现实主义导演的重要价值，以及蒙太奇与景深镜头在电影语言中的重要性和辩证关系。由于对电影事业的重大贡献，自20世纪40年代至今，巴赞在西方电影界备受推崇，被誉为“电影的亚里士多德”“电影新浪潮之父”“法国影迷的精神之父”。主要著作有《电影是什么?》《巴赞论卓别林》《残酷电影》《让·雷诺阿》等。著名电影导演弗朗索瓦·特吕弗曾言：“今日法国电影，诞生于巴赞的思想与探索。”巴赞的现实主义审美观也对中国电影界影响深远。

安德烈·巴赞在他短暂的一生中，创作了数量颇丰的电影理论著作。其中，四卷本电影批评文集《电影是什么?》可谓风靡全球，影响力最大，被翻译为多种文字。目前，中文译本有两种。早先译本由中国著名电影理论家、翻译家崔君衍翻译，另一版由李浚帆翻译。两个译本所选文章略有不同。崔译本选了27篇文章，并附有原编者前言、巴赞原序及索引，李译本选了28篇文章。本文所有引证话语，均源自崔君衍的译本。

崔译本《电影是什么?》辑录了巴赞曾经发表过的27篇经典文章。其中，9篇为论文，18篇是影评。一般而言，选集作品往往呈现碎片化状态。但是，这本选集中理论与实践互为印证，电影批评与电影创作水乳交融，现实主义美学思想贯穿始终。读者在阅读时很少会觉得枯燥，因为巴赞总能将酣畅淋漓的思辨和富有质感的文字以亲近自然的文风娓娓道来。正如崔君衍在"译者前言"中写道："我喜欢那种文风：无理论术语的堆砌，无高头讲章的矜持，而多促膝交谈的亲切。"《电影是什么?》是巴赞留给我们的一份精神遗产，是巴赞的智慧与思想的结晶，凝聚了巴赞深刻的超前的审美观与世界观。"电影是什么"与"什么是电影"这两个乍看相似的本体论问题，实则迥然有异。"什么是电影"是一个封闭性的问题，即便是基于人们主观理解，其答案也具有极大的限定性。"电影是什么"则是一个开放性问题，谁都可以提出自己的独特见解，只要立论有据，言之有理。仅在巴赞一人笔下，"电影是什么"就有数种别出心裁的答案。

电影首先是一种造型艺术。在文集开篇《摄影影像的本体论》一文中，巴赞认为造型艺术起源于人类降伏时间的渴望。一具干瘪的呈深褐色的木乃伊或许是人类历史上的第一尊雕像。然而，木乃伊终究抵挡不住岁月的风沙，甚至还有被盗的风险。于是，在木乃伊的旁边，经常会发现形似人形的陶制或石头雕像。这些雕像的功能在于：复制外形以保存生命，延续逝者的在世时间。绘画艺术的出现，使得人类降伏时间的愿望更近一步，找到了用形式的永恒克服岁月流逝的门径。一张肖像画既可符合现实原貌，又可在时间上独立自存。然而，当摄影艺术出现后，绘画艺术变得有些惶恐不安。因为摄影是对原物的再现，具有独一无二的客观性。"摄影的客观性赋予影像以任何绘画作品都无法具有的令人信服的力量。""唯有摄影机镜头拍下的客体影像能够满足我们潜意识提出的再现原物的需要，它比几可乱真的仿印更真切，因为它就是这件实物的原型，但已摆脱了时间流逝的影响。"所以，在造型艺术发展史上，摄影艺术完成了对绘画艺术的超越。而“电影的出现使摄影的客观性在时间方面更臻完善”。摄影只能记录和保存被摄物的瞬间情景，而电影则可以让被摄物实现时间延续，但又不失真实。不过，电影的真实仍然是一种幻象的真实，或言之，真实的幻象。电影作为一种造型艺术，其美学潜在特性就在于揭示真实，然后以幻象的形式呈现在银幕之上。

电影是一种幻想的映象。在巴赞的思想园地里，揭示真实是电影的美学潜在特性，但如何揭示真实却需要人们的设想。而且，“人们的设想在他们的头脑中已经是完备的，如同在柏拉图的天国中一样”。电影的诞生确实依赖于物质条件，尤其是工业技术。譬如，在电影初级形态出现时需要用透明有韧性的片基和干性感光乳胶，以便获得瞬时影像。“但是人们发现，电影发明过程中所有决定性阶段都是在技术条件尚未齐备时就完成了。”因此，电影在本质上是人脑中的幻想，技术条件处于第二性的位置。幻想只是借由技术条件，再现一个声音、色彩和立体感等一应俱全的外在世界。从心理方面看，科学发现或工业技术不是电影发明的原动力，幻想才是电影诞生的不竭之源泉。电影的先驱者，像爱迪生、卢米埃尔、梅里爱、帕利西、马莱，都是耽于幻想的人。“电影就是从萦绕在这些人脑际的共同念头之中，即从一个神话中诞生出来的，这个神话就是完整电影的神话。”不过，机械复现现实技术对于电影发明起着至关重要的作用。有了这种技术，“影像上不再出现艺术家随意处理的痕迹，影像也不再受时间不可逆性的影响”。于是，再现世界原貌的神话得以广泛传播。神话的传播，须以语言为媒介。

电影还是一种语言，且一直处于演进状态。《摄影影像的本体论》结尾处，巴赞写道：“此外，电影还是一种语言。”在《电影语言的演进》中，巴赞系统地勾勒了电影作为一种语言从无声到有声的历史演进过程。电影语言的演进，其实也就是电影叙事风格和叙事形式的演进。巴赞把1920—1940年间的电影分为两大对立的倾向：影像与真实。影像泛指被摄事物再现于银幕时一切新增添的东西，主要是影像的造型和蒙太奇。造型包括布景和化妆的风格、表演风格、照明以及完成构图的取景。蒙太奇是影像在时间中的组合。毋庸置疑，蒙太奇在电影语言的演进中具有标志性意义，甚至标志着电影作为艺术的诞生。不过，巴赞在对蒙太奇给予肯定的同时，也对蒙太奇作为电影艺术的本质的观点提出了质疑。“无论在《吸血鬼》，还是在《日出》中，蒙太奇都不起决定性作用。”在巴赞来看，蒙太奇和影像的造型都不能当作电影语言的精髓。这是为什么呢？

因为巴赞推崇的是现实主义美学，他尤为偏爱景深镜头。“景深镜头不是像摄影师使用滤色镜那样的一种方式，或是一种照明的风格，而是场景调度手法的一项至关重要的收获，是电影语言发展史上具有辩证意义的一大进步。”为了更加清晰地阐明景深镜头对于电影语言演进的作用。巴赞补充道：“而且，这不仅是一个形式上的进步！运用得恰到好处的景深镜头还是突现事件的一种更洗练、更简洁和更灵活的方式；景深镜头不仅影响电影语言的各种结构，同时也影响观众和影像之间的知性关系，甚至因此改变了演出的含义。”景深镜头影响观众与影像之间的知性关系的美学后果大致可归纳为三点：首先，景深镜头使得观众与影像的关系更贴近他们与现实的关系，因而影像结构也就更具有真实性；其次，景深镜头要求观众更积极地思考，甚至要求他们积极参与场景调度；最后，景深镜头把意义含糊的特点重新引入影像结构之中。《公民凯恩》成功的奥秘，就在于导演奥逊·威尔斯敢于挑战分镜原则，大胆地使用了景深镜头。

不过，巴赞也理性地认为在电影语言的演进中，景深镜头与蒙太奇之间的关系是辩证的，二者都是电影叙事所凭借的表现手法，没有绝对的优劣之分。况且，景深镜头的巧妙应用，往往赋予蒙太奇以新意蕴。譬如，在《公民凯恩》中，“威尔斯并没有摒弃蒙太奇的表现主义方法，但是，正由于在用景深表现的‘镜头段落’之中穿插运用它们，蒙太奇手法才获得新含义”。因此，巴赞在归纳电影语言的演进历程时说道：“在默片时代，蒙太奇提示了导演想要说的话，到1938年，分镜的方法描述了导演所要说的话，而今天，我们可以说，导演能够直接用电影写作。”其实，时至今日，电影语言仍然处于演进之中，尤其是数码摄影和特效技术的广泛应用，或将重新界定电影语言的含义，乃至影响电影的表现方式。

电影也是表现事物的一种方式。在《非纯电影辩——为改编辩护》一文中，巴赞为电影改编小说或喜剧进行辩护。电影作为第七艺术，与建筑、音乐、绘画、雕刻、诗歌、舞蹈等艺术一样，也是表现事物的一种方式。艺术在历史演进中，相互之间交叉影响，电影即从小说和戏剧中汲取了丰富滋养。但是，这并不意味着电影不具有艺术独立性，也不意味着电影会对文学作品形成威胁。一些文学作品经电影改编后，往往能获得第二次艺术生命力。巴赞认为，即使部分文学作品被搬上银幕后文学性有所减色，也不应当横加指责，理由是改编从来不会损害那些了解和欣赏原著的少数读者；对于不了解原著的人，看电影就相当于读原著，或者激起读原著的强烈愿望，这对文学来说更是大有裨益。当然，这得益于电影独特的表现方式。“电影毕竟还是电影！”电影通过巧妙的场面调度手法实现独特的文学性，譬如，在《田园交响乐》中，“贯穿始终的雪景含有巧妙和丰富的象征意义，它稍稍更动了情节动作，增添了一种恒定的精神氛围，它的含义与作家力求通过运用适当的动词时态追求的含义恐怕是相近的。而特意忽略夏季的乡间景色，利用雪景烘托这种精神氛围，这一构思是具有电影化特点的创新”。电影表现独特的文学性，会不会把电影变成文学的附庸呢？答案是否定的。电影只是借重文学而已，以期赢得更多的观众，因为电影也是讲求效用的艺术。

电影是一种讲求效用的艺术。相较于其他艺术，电影的制作成本往往很高。如果没有数量可观的观众，来分担制作成本，电影是难以为继的。因此，电影的创新必须契合观众的审美趣味和审美观念。对此，巴赞有清晰的阐释：“电影没有起码数量的直接观众（这个起码数量也相当可观）就不能存在。即使导演不求迎合观众的趣味，那也只有在可能承认观众本应喜爱而当时未能理解和将来必然喜爱时，他的创新才有价值。”从哲学角度来讲，就是“电影的存在先于它的本质”。如果电影无法存在于世，一切关于“电影是什么”的本体论的探讨，都将归于虚妄徒劳。易言之，电影行业在某种程度上也是一个市场。在这个市场中，观众是消费者，用于交易的产品就是影片，影院就是交易场所，导演、编剧、演员、场务等电影工作者就是生产者。影片既然是一种商品，也就要遵循商品的价值规律，受供求关系变动的制约。这也就很好地解释了为什么有声电影会取代无声电影，为什么黑白电影让位于彩色电影，为什么“3D”电影越来越流行，以及为什么商业片大行其道。相比之下，文艺片似乎有点惨淡经营。不过，真正了解和喜爱电影的观众，从来不会抛弃文艺片。因为，文艺片的艺术性更加浓郁，这才是电影的精髓与灵魂。

电影是一切通过影片获致艺术特性的表现形式的总和。在巴赞心中，电影的精髓与灵魂是它的艺术性。这一观点在他为帕尼奥尔辩护时提出。帕尼奥尔是法兰西学院院士，也是位天才型电影导演，思想较为新潮，与萨特齐名，他的电影作品主要以对话和法国南部地方特色取胜，代表作有《马利尤斯》《面包师之妻》《泉水曼侬》。帕尼奥尔也是一位饱受争议的人物。巴赞在《帕尼奥尔专议》一文中，赞赏了帕尼奥尔对电影发展史的独特贡献，反驳了对他有失公允的批评。一些批评者声称帕尼奥尔导演的作品更像戏剧，缺乏电影性。对此，巴赞不以为然。在巴赞看来，“‘电影’不是一个抽象概念，不是一种本质，而是一切通过影片获致艺术特性的表现形式的总和”。因此，如果以帕尼奥尔在电影中过多使用对白为由，认为他的影片缺乏电影性是荒谬的。恰恰相反，对白是帕尼奥尔影片最大的特色。巴赞认为：“帕尼奥尔不是皈依电影的戏剧作者，而是拍摄对白影片的重要作者之一。”“即使帕尼奥尔算不上对话影片最伟大的作者，像他那样的天才毕竟是个了不起的人物。也许，他是自1930年以来唯一敢用大量语言的人。”《泉水曼侬》即是对白影片的经典之作。影片中虽然也有动作，但一切都是通过语言的自然力量表现出来的。语言作为中介，充分体现了影片的现实主义特性。帕尼奥尔以最通俗的格调，把一个颇具《荷马史诗》韵味的故事，讲述得美妙动人，让观众领略到地中海地区的唯美古风。所以，《泉水曼侬》几乎可以成为对白电影的史诗。如此具有艺术创新的影片，岂能被批评为不是电影呢？

“电影是什么”的确是一个开放性问题。“电影的亚里士多德”——巴赞基于他对电影的深邃洞见，为我们提供了观察世界的独特视窗。不过，电影史的自我演进，也在不断刷新人们对于这一问题的思考与认知。在20世纪初，本雅明对胶片摄影和电影的出现感到无比震惊，认为摄影及电影使得机械复制时代的艺术品从根本上改变了。现如今，电影已经进入数码时代，这种变革可能比机械复制所带来的后果更深刻。然而，当生活在21世纪初的我们，触摸写于20世纪中叶的《电影是什么?》中的文字时，仍然能感受到巴赞现实主义美学的神奇魅力。巴赞推崇的影片，诸如《于洛先生的假期》《偷自行车的人》《游击队》《大地在波动》《毕加索的秘密》《泉水曼侬》《血战七强盗》《关山飞渡》等，如今观之仍然趣味盎然。崔译本《电影是什么?》虽然是薄薄的选集，却集结了巴赞电影批评思想之精华。用译者崔君衍的话来讲："没有一篇文章是隔岸观火、隔靴搔痒的泛泛之谈。正是通过一系列立论鲜明的影评，通过对具体存在的影片的思考，巴赞阐述了自己的审美观念和审美理想。"更难能可贵的是，书中不仅阐述了电影理论与实践，而且涉猎了哲学、心理学、社会学、美学、文学、绘画、戏剧、考古、地理等诸多领域。因此，我们阅读本书时，宛如漫步在一望无垠的知识旷野，沐浴着和煦的春风暖阳。

（李兴军）

阅读链接

1.《电影是什么?》，安德烈·巴赞著，崔君衍译，商务印书馆，2016年版。

2.《巴赞传》，达德利·安德鲁著，张田、张立译，新星出版社，2011年版。

电影艺术：形式与风格

大卫·波德维尔　克里斯汀·汤普森

大卫·波德维尔（David Bordwell，1947—　）和夫人克里斯汀·汤普森（Krisin Thompson，1950—　），当代美国重要的电影理论家。波德维尔是“认知电影理论”的创始人，并以其对小津安二郎、爱森斯坦等人的“作者”研究，以及对电影叙事学、香港电影和电影风格史的研究而广受尊敬。汤普森则是新形式主义电影分析理论的领军人物之一，她的《打破玻璃盔甲》是公认的新形式主义经典著作。波德维尔夫妇著有多部享誉世界的电影学专著，如《世界电影史》《场面调度的艺术》《好莱坞怎样讲故事》等。但若论在世界范围内最畅销、最深入人心的作品，则非《电影艺术：形式与风格》莫属。波德维尔对亚洲电影情有独钟，2007 年 3 月，他以其对亚洲电影尤其是香港电影的持续关注而荣膺“亚洲电影艺术研究大奖”。《电影艺术：形式与风格》中文版翻译者曾伟祯，纽约大学电影研究中心电影学硕士，台湾著名编剧、影评家、自由作者，曾任台北金马影展、台北电影节、金钟奖评审。曾伟祯翻译作品除了《电影艺术：形式与风格》，还有《导演功课》《戏假情真——伍迪·艾伦的电影人生》《认识电影》《女性与电影》等。另外，曾伟祯还著有《从心看电影》《电影不散场》。

1979年，《电影艺术》第一版横空出世，此后历经数十次修订，早已成为电影学领域公认的标尺性著作。本书内容宏广，从对电影制作的技术性解说、对构成电影各元素的系统化评介，到电影分析方法的示范、电影史的梗概提要，无不做到深入浅出、思虑缜密且观点全面。《电影艺术》一书包括六个部分，共计十二章。六个部分的题目依次为“电影艺术与制片”“电影形式”“电影风格”“电影的种类”“电影分析评论”“电影史”。第一部分包含第一章：“电影即艺术：创意、科技与商业”。第二部分包含第二、三章：“电影形式的重要性”“叙事是一种形式系统”。第三部分包括第四、五、六、七、八章：“镜头：场面调度”“镜头：摄影”“剪辑：镜头之间的关系”“电影的声音”“总结：风格是一种形式系统”。第四部分包含第九、十章：“电影类型”“纪录片、实验电影及动画片”。第五部分包含第十一章：“电影评论：范例分析”。第六部分包含第十二章：“电影艺术与电影史”。《电影艺术》虽然有点教科书意味，但是，此书乃是大卫·波德维尔与夫人克里斯汀·汤普森30多年电影教学与研究的精华，可谓呕心沥血之作。全书坚持以“形式”与“风格”为主的美学方法论，理论逻辑轨迹明晰可循，以经典影片为例系统地诠释了电影美学，以期雅俗共赏。他们夫妇写作此书源于两个单纯而伟大的目的：一是以清晰详尽的方式描述电影基本技巧，如场面调度、摄影、剪辑及声音；二是希望能补充早期电影书中忽视的某些部分，从而帮助电影爱好者从整体上了解电影的形式或结构，而不是仅单独分析场景而已。作为享誉世界的资深电影理论研究者，大卫·波德维尔与克里斯汀·汤普森对电影的理解既博采众长又新颖深刻，闪烁着智慧光芒的深邃洞见，在书中随处可见。

经典作品总是能穿越时空。《电影艺术》不仅在美国电影界好评如潮，而且在亚洲电影界获得了广泛赞誉，很多知名电影人倾情推荐。比如，北京电影学院电影学系主任杨远婴认为：“作者以意义传达、视听风格、历史传统的不同维度分章断节，对电影的构成素材进行多角度解析，并凭借丰厚的专业素养实例举证，施予细腻而感性的欣赏。一册在手，有关电影的林林总总了然于胸。”而北京师范大学艺术与传媒学院影视传媒系主任王宜文评价此书时，说道：“很少有电影著述像这本书一样如此简洁明了，却又系统严谨地介绍电影艺术的全部内容，而且自成体系、个性鲜明。”资深导演、编剧和监制何平的评价更意味深长：“《电影艺术》有正本清源的作用，怎不令人惊喜？”这一反问句的言外之意为：《电影艺术》一书可谓电影界的一股清流，给电影人带来了极大惊喜。

专家的评语或许难免溢美之词，《电影艺术》究竟是否经典，读罢书后，分晓自见。

作者认为，电影是雅俗共赏的体验艺术。毋庸置疑，电影乃是一种雅俗共赏的艺术新宠。生活在现代社会的我们，实在很难想象没有电影的世界会是什么样子。对于电影，想说不爱，并不是很容易的事。与绘画、舞蹈、音乐、戏剧、文学等延续几千年的传统艺术形式相比，电影艺术实在太年轻了。从 1895 年标志着电影诞生的影片——《火车进站》在巴黎公映以来，它才经历了短短一百余年的艺术旅程。电影似乎是被天使亲吻过的宠儿，一经诞生，便开启了传奇的生命之旅，集万千宠爱于一身。时间从未阻挡电影一路高光的步伐，恰好相反，电影在时间河流的洗礼中愈发光彩照人、摄人心魂，持续焕发着风华正茂的生命力。那么，疑问出现了：电影究竟有何魅力，让上至达官贵族，下至贩夫走卒引车卖浆者，都对其一见钟情或痴迷疯狂呢？

你或许会说，电影的魅力在于它传达了被遮蔽的信息与观念，创造了一种视觉奇景，向我们展现了原本不知道的世界与生活方式，满足了人们原始的猎奇心；你或许会说，电影是一种叙事艺术，它的魅力在于为我们讲述了一个感人至深的故事，并让我们在故事中释放自己的能力、情感、理解力和想象力；你或许还会说，电影是一扇神秘之窗，这扇窗能够打开我们已有的视野，拓展眼光的界限。在大卫·波德维尔与克里斯汀·汤普森看来，上述回答都有相当的价值，“但是有某种东西却更加重要：电影为我们提供了赏心悦目的观看与感受方式，电影以体验掳获我们……一部电影会把我们带进一段旅程，提供一段触动我们心智与情感的特殊经验”。人类是一种高级情感动物，体验是我们与周遭世界进行互动的主要方式之一，那些使得人们心旷神怡或如痴如醉的身心体验，总能勾起人们无尽的兴趣、欲望与冲动。对此，大卫·波德维尔与克里斯汀·汤普森似乎有同感，电影作为一门体验艺术的观点，他们在《电影艺术》一书中多有论述。比如，他们认为“所有出现的电影传统——说故事、记录实际事件、使物体与图画栩栩如生、纯粹形式的实验等等，都是用来使观众获得在其他媒体上所没有的体验的”，而电影工作者的核心任务，就是“通过控制电影的样貌，提供给观众更为丰富、迷人的体验”，甚至，“电影之所以是一门艺术，原因在于它允许创作者为观众设计体验，而这些体验的价值不会因为其出身血统而受到影响”。换言之，体验是电影迈入艺术轨道的先决条件，否则，其就难以称之为艺术。而且，大卫·波德维尔与克里斯汀·汤普森旗帜鲜明地宣称：“我们的基本假定是，电影身为一门艺术，提供了观众认为有价值的体验——娱乐、刺激、困惑或陶醉。”对此，我想补充一点，即电影体验之所以如此迷人，还在于它是一种审美体验。无论何种类型的影片，其叙事、摄影、剪辑、色彩、声音以及场面调度都是呈现美或创造美的。审美或许不是人类独有的活动，但审美对于人类生活的价值却是举足轻重的，就像《幽梦影》中所言：“若无花月美人，不愿生此世界。”人生譬如朝露，去日苦多。自娱自乐或三省吾身固然可以消愁解忧，但更多时候，人们需要借“花月美人”“翰墨棋酒”“诗词乐影”等外在的赏心悦目之物，消解心中之块垒。

一百年来，电影以丰富迷人的体验，俘获了全球数以亿计的男女老少影迷。那么，电影是如何做到这一点的呢？

大卫·波德维尔与克里斯汀·汤普森认为，形式是电影艺术的核心所在。电影工作者为观众创造体验，一方面是依赖科技（如摄影机、灯光设备、多轨混音录音室、精密实验室、计算机合成特效等）与作业程序（如制作、发行、放映），另一方面是依托电影形式与风格的建构与选择。科技与作业程序在《电影艺术》中仅用一章内容简明扼要地予以勾勒，而形式与风格则贯穿本书始终。“形式与风格”是《电影艺术》的副标题，也是大卫·波德维尔与克里斯汀·汤普森在《电影艺术》一书中的核心论题，更是我们阅读《电影艺术》的“文眼”，抓住这两个文眼，就找寻到了进入大卫·波德维尔与克里斯汀·汤普森所建构的电影理论的时空隧道。风格暂且不论，我们先来解析大卫·波德维尔与克里斯汀·汤普森是如何建构电影形式的理论框架的。

“电影是根据什么原则组成的？到底各部分之间是如何连接成一个整体的？”这两个美学上的疑惑，探讨的就是电影形式的问题。大卫·波德维尔与克里斯汀·汤普森认为：“无论表达媒介是什么，形式都是任何艺术作品的核心。”他们得出这一结论的理由是：“我们在欣赏艺术作品的过程中动用了感官（senses）、感觉（feelings）、心智（mind）等功能，同时这个过程不断提高我们的兴趣与涉入的程度。这是怎么回事呢？因为艺术家们创造了一个模式，艺术作品同时激起并满足了人类对形式的渴望。艺术家们赋予其作品一个形式，让我们可以享受这个建构的经验。”也就是说，人们的内心深处对形式有着强烈的渴望，这是造物主赋予人类的自然属性之一，并往往启动感官、感觉、心智去捕捉形式。因而，艺术作品若想与欣赏者擦出激情的火花，必须拥有扣人心弦的形式。既然形式是任何艺术作品的核心，那么，电影作为艺术家族的成员之一，自然而然也须将形式置于核心地位。问题来了：什么是电影形式呢？大卫·波德维尔与克里斯汀·汤普森认为：“广义的电影形式是指观众在看电影时所认知到的整体结构，也就是电影中各元素的整体关系系统。”这一界定又连带出另一概念——系统。在电影的话语体系中，系统又意指什么呢？“它指任何一组元素不但彼此依赖，且互相影响。”所以，关于电影形式的基本假设，可以简洁表述为：形式即系统。那么，电影形式如何引发观众心理的反应呢？

在大卫·波德维尔与克里斯汀·汤普森看来，电影形式主要借助于五种渠道或桥梁引发观众心理的反应，即期待（expectations）、惯例（conventions)、经验（experience）、情感（feeling）及意义（meaning）。大卫·波德维尔与克里斯汀·汤普森发现，电影形式“给人一种‘万事皆备’的感觉”，它引导电影观众的参与，并能紧紧吸引观众的注意。也就是说，电影观众尤其是资深影迷，绝不会轻易让电影的任何部分只在眼前溜过，他们会主动地参与，和电影形成合作关系、提出看法，并在发展经验的同时，重新调整对形式的期待。这一期待贯穿于观影者的艺术体验中。但在现实中，电影工作者赋予电影的形式，并不一定会满足观影者的期待。可能刻意拖延期待，比如制造悬疑；也可能欺骗、干扰或颠覆观影者的期待，比如很多电影作品充满冲突、紧张与惊吓，令观影者感到困惑或不安。其实，观影者的期待大多来自于先前的生活经验以及对电影形式惯例的认知。这是因为，电影作品是电影工作者创作的产物，而电影工作者生活在历史与社会中，他们的作品很难不和社会现象以及其他作品产生关联，那些较为经典的传统、主导风格、流行形式等惯例可能同时出现在一些不同的电影作品中。因此，在理解电影形式时，观众也会从生活经验和形式惯例中去寻找电影作品的信息。另外，情感在电影的形式经验中也相当重要。大卫·波德维尔与克里斯汀·汤普森将电影语境的情感分为两类：“一类是作品中所呈现出来的情感，二是观众在观赏时的情感反应。”并认为，电影中的情感元素不是孤立存在的，即“所有电影中的情感元素都通过形式结构，有系统地与其他部分互动”。比如，期待会激发情感，“到底会发生什么事”的期待使我们全神贯注地关注剧情的走向，而悬疑可引发焦虑或同情：“侦探能找到凶手吗？”“男孩能赢得芳心吗？”

“像情感一样，意义（meaning）对艺术经验也非常重要。”影迷在观影时，会“不断主动地测试、寻求作品的旨趣”。大卫·波德维尔与克里斯汀·汤普森以经典影片《绿野仙踪》为例，将电影中的意义由表及里，分为四种类型：指示性意义（Referential meaning）、外在意义（Explicit meaning）、内在意义（Implicit meaning）及象征性意义（Symptomatic meaning）。指示性意义非常具体，几乎是影片故事的梗概。如《绿野仙踪》的指示性意义可概括为：“在经济大恐慌时代，一场飓风将一个女孩从堪萨斯州的农庄家里，吹到一个叫做奥兹的神秘地方；在经历了一连串的冒险后，她终于回到了家。”外在意义也相当具体，但与指示性意义不同的是，它是由电影作品的逻辑脉络赋予的，如《绿野仙踪》的外在意义可凝练为：“一个女孩梦想着能够离开家，远离她的烦恼；直到她经历了一些事，学到了经验，才了解家对她的意义。”内在意义则相当抽象，是观影者对影片的独特诠释，而诠释具有主观性。因此，同一部影片在不同观影者的心中，其内在意义可能具有明显差异。比如，我们可以把《绿野仙踪》的内在意义诠释为：“一位很快将要面对成人世界的青春期少女，梦想着能够回到童年的单纯世界，但是最后，她终于接受了成为一个成人的考验。”但是，另一个人则可能认为它是关于勇气与耐心的电影，或者有人说它是关于成人世界的反讽电影。诠释没有终点，它帮助观影者持续了解影片的整体形式，并赋予影片多元性的内在意义，这也许恰是电影艺术的最迷人之处。观影者通过内在意义的诠释，从而与电影作品深度互动、对话与交融。象征性意义同样非常抽象，它往往将影片置于社会的意识形态的语境之中来解析影片的意义。比如，《绿野仙踪》的象征性意义可解析为：“在一个以金钱衡量人性价值的社会里，家园与亲人可能是人性价值的最后避难所。”之所以如此解读《绿野仙踪》，是因为《绿野仙踪》于 1939 年上映，那个年代美国流行一种思潮：金钱就是上帝，它是一切价值的衡量尺度。其实，无论我们从指示性、外在的层面，还是内在、象征性的层面赋予电影以意义，都是从文化的角度认知我们所经历的或未曾经历的历史与社会，即借分析电影形式，来联通我们的心灵，而意义阐发乃是观影者与电影作品互动结果的符号呈现。

世间的电影作品浩如烟海，因而，电影形式也不计其数。面对这种境况，观影者如何尽量精准地捕捉或分析电影形式？电影形式是否存在应遵循的一般规则呢？众所周知，电影虽然依靠科技，但电影本质上是一种艺术。在艺术领域，很少遵从绝对的形式规则，更多的是在服从、违抗或创造模式、惯例。但是，大卫·波德维尔与克里斯汀·汤普森依然为我们析出了理解一部电影的形式系统的五条原则，即功能，类似与重复，差异与变化，发展，统一或不统一。掌握了这五条原则，就相当于手握开启电影之门的五把钥匙，我们也可以再进一步去辨识影片中更多的形式类型，比如电影叙事或非叙事。

作为电影作品核心的形式，可以使观影者情不自禁地沉浸于电影工作者建构的虚拟时空中，乐享短暂悬空于光怪陆离的现实社会的审美体验，甚至不能自拔。我们不禁会问：形式系统是通过什么媒介建构起来的呢？大卫·波德维尔与克里斯汀·汤普森的回答是：通过四组电影技巧，即场面调度、摄影、剪辑以及声音。电影技巧形成了一部影片的形式系统，同时，一部影片在格式化的形式系统中，也会发展出特定的技巧。“这种对于特定技巧的选择，在电影中呈现出具有统一性、发展性，且富有意义的手法，我们称作风格（style）。”那么，电影风格与电影形式之间呈现什么关系？

大卫·波德维尔与克里斯汀·汤普森在《电影艺术》中认为，风格是电影技巧的唯美邂逅。电影风格与形式系统之间是互动关系。这种互动关系主要体现在对电影技巧组合的选择及其效果，比如，电影技巧可以支持叙事或非叙事形式，还可以催化因果关系链，产生平行对照，处理故事或情节之间的关系，而形式系统的设计也引导着场面调度、摄影、剪辑以及声音等电影技巧的选择。

首先，我们来解析场面调度这一技巧元素。场面调度这一词汇是从戏剧艺术借用而来的，延伸到电影艺术后，意指“导演为摄影机安排场景，以利拍摄”，即电影导演对拍摄画面的控制，它包含了许多与戏剧艺术相同的元素，如场景、灯光、演员服饰及肢体动作等。“场面调度通常是经过设计的，但是也有导演不刻意去安排。”后者主要取决于拍摄时的情境，演员的演技、情绪及对剧本的理解，因而不可预期。对于场面调度，普通观影者往往以“写实（realism）”与否作为评判标准。但是，大卫·波德维尔与克里斯汀·汤普森对此提出了不同的见解，他们发现写实的标准是有某些漏洞的，“因为写实的观念会因文化、时间，甚至个体差异而有所变化”，并以马龙·白兰度在《码头风云》中的表演以及《卡里加利博士的小屋》中锯齿状的屋顶和倾斜的烟囱为例，来佐证他们的观点。那么，我们应该如何来检视电影中的场面调度呢？大卫·波德维尔与克里斯汀·汤普森的回答是，用场面调度的“功能”（function），而非场面调度是否写实。“也就是说，导演可采用任何结构的场面调度，而观众须从全片的角度去分析它的功能——它的产生、变化或进展，以及它与其他电影技巧之间是如何互动的。”电影是高度集中的时空艺术，影片长度虽然没有统一标准，但有大致范围，一般在两个小时左右，每一帧画面都需表达某种意蕴。因而，作为绘制画面的场面调度，每一个片段都须承载某些功能。大卫·波德维尔与克里斯汀·汤普森以影片《我们的好客之道》，精彩绝伦地论证了场面调度的叙事功能，即分析场景、服饰、灯光、演技等场面调度元素如何与影片叙事系统进行互动、推动故事的因果关系。例如，“威利原本想象‘马凯’屋是座大房子，结果却是一座废墟，马凯之屋与康菲尔德家像宫殿一样的庄园房子形成对比。当康菲尔德家的父亲因为强调‘不可杀这屋内的任何一个客人’，而禁止他的儿子们杀威利时，康菲尔德庄园在叙事上更显得有其重要性。讽刺的是，敌人的屋子竟变成全镇里最安全的地方，因为如此，接下来许多场戏，就是康菲尔德兄弟俩处心积虑要诱使威利出门”。此乃以场景推动叙事的典范。叙事是电影形式中最为关键的系统，场面调度则是叙事系统的关键支撑。一部影片，如果场面调度的功能发挥得不充分，其叙事结构极有可能也是支离破碎的。另外，大卫·波德维尔与克里斯汀·汤普森还认为，场面调度的诸多元素之间也相互依赖与烘托，而导演对这些元素在时间与空间的巧妙排列组合，可以制造母题、悬疑、惊奇等效果，以便吸引观影者的注意力。

其次，我们来解析电影摄影的特质。电影摄影（cinematography）字面意思是“以摄影机运动进行写作”，主要借助于摄影机的特质（以光影写作）来完成。大卫·波德维尔与克里斯汀·汤普森认为电影摄影的特质包含三个因素：镜头的摄影特性、镜头的画面构图以及镜头拍摄的时间长度。他们认为，“镜头是一个非常复杂的单位”。的确如此，每一个电影摄影的特质又包含更为细致的元素。比如镜头的摄影特质包含着影片的色调、操作影片的速度及空间透视关系；镜头的画面构图涉及景框的面积与形状，画内空间与画外空间，取景的角度、水平、高度、距离，以及镜头运动方式（横摇、直摇、推拉、升降、翻筋斗、连续转或回转）；镜头拍摄的时间，则需区分镜头时间、拍摄时间、故事时间、剧情时间以及银幕时间，因为在作为时间艺术的电影作品中，这些时间彼此之间的关系并不单纯。而在一部影片中，上述镜头元素既可以单独呈现，又可以排列组合的形式呈现，世界各地的杰出导演，也总是能天才般地将这些元素进行神奇组合，然后创造出一部部令影迷如痴如醉的经典影像。电影在某种意义上就是以镜头讲述故事，所以，镜头不仅是一种语言，而且是一种专业的语言体系。镜头语言所建构的光影时空，可以是对现实世界的模拟，也可以是对现实世界的改造，还可以是对现实世界的超越。无论采取何种建构方式，电影的镜头语言总能深深吸引影迷，使其进入如梦如幻的光影时空，获得虚拟与现实相互交错重叠的审美体验。但是，电影摄像机似乎是隐藏起来的，观众在观看电影时也往往忽略摄像机的存在。所以，大卫·波德维尔与克里斯汀·汤普森提醒读者们，尝试培养对各种摄影特质的敏感度，例如，“在整个场景当中，可以先追踪某一个摄影技巧——如摄影距离，看它在整部电影中的变化；注意镜头的开始与结束，观察长镜头如何影响电影的形式；注意镜头运动方式，尤其是镜头如何跟随人物动作（这是最难注意到的部分）”。当我们能觉察到各种电影摄影的特质，并分析它们在整部影片中种种可能的功能时，对电影的理解与认知也会更为深刻、透彻与专业。

再次，我们来检视电影剪辑的无限潜能。在电影语境中，剪辑指的是“一个镜头与下一个镜头的调度”。其中，“一个镜头”是指“一段底片上一连串一格或一格以上的连续画面”。在剪辑的过程中，剪辑师先排除不要的镜头底片，并剪掉多余的画面景框，然后，再把想要的镜头首尾连接在一起。这种连接的表现方式有淡入、淡出、叠化、划接以及切接。其中，淡入、淡出、叠化和划接都是一个镜头慢慢取代另一个镜头，而切接则是一个镜头快速取代另一个镜头。同时，切接也是最常用的剪辑手法，比如希区柯克的《群鸟》，就大量采用切接的手法创新镜头语言，形成了特色鲜明的叙事风格。大卫·波德维尔与克里斯汀·汤普森将剪辑技巧提供给电影工作者的选择及控制范围总结为四种，即镜头A与B之间的图形关系（graphic relation）、节奏关系（rhythmic relation）、空间关系（spatial relation）和时间关系（temporal relation）。其中，图形和节奏关系普遍存在于剪辑过程中，而空间和时间关系则常见于非抽象式影片的剪辑中。图形关系的产生是通过相似性或差异性的镜头来实现的，其功能在于“达到连续性的效果或制造对比”。在叙事式的影片中，导演会利用图形的连续性，以维持整体的光调。比如在《七武士》中，六个武士单独奔跑的镜头；在《蒲公英》中，女厨子与主厨面对面冲突的镜头。对比效果则通常是运用镜头之间图形的非连贯性或图形冲突制造的。大卫·波德维尔与克里斯汀·汤普森以《公民凯恩》《历劫佳人》《夜与雾》《德州，巴黎》《群鸟》等经典影片中镜头为例，佐证了这一观点。比如，在《公民凯恩》中，凯恩在卧室的镜头，光线幽暗，紧接着却是一段明亮的报纸交叠出现的蒙太奇；在《历劫佳人》中，维佳斯在画面右边向窗外看的镜头，接着苏珊在画面左方由另一个窗户向外看的镜头，两者间的对比更因窗上的倒影而加强。节奏关系则主要依靠电影工作者调整每个镜头的长短来控制，即运用不同长度的镜头来形成可辨别的模式，然后制造出剪辑的节奏感。比如，希区柯克在《群鸟》中，表现群鸟第一次攻击行动时，镜头的长度依次缩短：米兰妮、米契和船长在餐厅的窗边谈话用了将近41秒，米兰妮眺望窗外大约13秒，米兰妮的视点——加油站、电话亭、群鸟蓄势待发的镜头时间约2秒，米契及船长跟着米兰妮一起看窗外的镜头仅为1秒，加快节奏的镜头使得情节愈发紧张，增加观众对后续剧情发展的期待。总之，剪辑师借着剪辑，控制了图像、节奏、时间及空间等元素，从而为电影的创造力提供了无限可能，并形成了种种剪辑风格，比如连续性剪辑、图形式剪辑、光线式剪辑、节奏式剪辑、跳接式剪辑以及插入式剪辑，等等。其中，连续性剪辑是使用频率最高的剪辑风格，因为连续性剪辑借着对时间和空间的合理安排，来达成电影叙事上的连续，从而为观众呈现一个有趣的故事，引发观众的好奇、紧张或惊讶。

最后，我们来感受电影声音的独特魅力。在所有电影技术中，声音是最难以分析研究的。原因在于：一方面人们早已习惯了生活中的声音环境，对声音缺乏好奇心，声音只是人们视觉焦点的背景信息；另一方面我们难以把电影的声音冻结或把声轨转出来，进行独立研究。然而，自从电影从默片时代发展到有声电影时代，观众对电影中的声音越来越敏感。很多影迷因为钟爱电影中的声音，而偏爱某个演员或导演。比如石班瑜为周星驰所饰角色的独特配音，迷倒了无数星爷粉丝，而张涵予、陈宝国、姜文、王志文等演员的独特声音也曾收获粉丝无数。声音表现甚至能影响电影的票房，这也是世界各地影院不断升级音响系统的原因。人们对“电影是什么”的认知，也从电影是一种画框艺术，升级为电影是一种声画艺术。著名导演科波拉曾言：“声音至少是电影的半个灵魂。”所以，声音对电影的重要性是不言而喻的。那么，声音对电影而言有哪些优点呢？大卫·波德维尔与克里斯汀·汤普森认为，主要有四种优点：其一，声音能强化观众的感官感受——听觉；其二，声音能够积极地影响影迷对影像的诠释；其三，声音能引导观众对特定影像的注意力；其四，声音能营造期待心理。此外，声音还赋予了静音新的价值，以及剪辑创意的可能性。电影中声音的特质包括三种：音量（loudness）、音调（pitch）和音色（timbre）。音量是通过声波振幅的大小，让我们感觉到声音的电影功能，即通过音量的变化营造场景、感受距离以及制造氛围等效果。音调则通过声波震动的频率予以控制。“音调也可以在电影中完成特定的目的。例如，在《青山翠谷》中，一个男孩想学男人低沉的嗓音说话而失败时，就是利用音调来制造诙谐之处。”音色是声音各部分的调和，赋予声音特定的味道，虽然没有明确的辨别坐标，但是人们却很容易识别不同的人、动物或乐器的音色。大卫·波德维尔与克里斯汀·汤普森认为，“音量、音调和音色这三个音响的基本要素彼此之间的互动，影响影片中的音响特质”。在电影中，主要存在三种声音形式：人声（speech）、音乐（music）与噪音（noise），其中噪音也称为音效（sound effect）。声音的形式可以自由组合或重叠，不同的组合或重叠会产生不同的效果。另外，声音与节奏、时间、空间以及忠实度等形式元素相关联后，又会产生一些新的特性。比如，通过声音的变化改变剧情的节奏、制造喜剧或悲剧效果、表达所处的空间感或调控叙事结构。总之，电影的声音功能具有无限的可能性，音响师通过对声音的选择、对音质的控制，以及对声音与声音间或声音与影像间关系的处理，来创造影片的风格与独特效果。所以，我们在看电影的时候，也要学会“听电影”。

场面调度、摄影、剪辑以及声音等电影技巧的奇妙组合，会形成一部电影作品的独特风格模式。事实上，电影风格也是另一种形式系统，它与叙事/非叙事形式系统在电影中交互影响。一部电影作品的风格与电影工作者密切关联，比如导演、演员、编剧、摄影师、剪辑师、音响师以及特效师，尤其与导演关系最为紧密，比如希区柯克、戈达尔、布列松、基顿、爱森斯坦、李安、王家卫等，他们所导演的电影作品存在明显的个人风格特质。另外，大卫·波德维尔与克里斯汀·汤普森还发现，电影风格与观众也有关联，这一点很少有人注意到，其主要表现为观众会期待风格，而风格也是吸引观众注意力的重要元素。因此，很多导演通过电影风格的创造，来吸引观众的注意，诱发观众的心理反应，强化观众的视听审美体验。作为一名忠实影迷，如果能将形成风格的电影技巧谙熟于心，那么我们以后在观影时，就不会简单地说：“这部电影真精彩，真带劲!”而是会以专业的视角感受电影艺术的魅力，在观影时也会产生更多的期待。例如，我们会期待“一个有两个人物的远景镜头之后，能够切进更近一点的镜头；或某个角色走向画面的右方，好像要离开时，会希望镜头能跟着向右横摇”。

大卫·波德维尔与克里斯汀·汤普森这对学术伉俪，倾情为我们奉上的《电影艺术》，是一部电影爱好者入门的经典之作。本书以“形式与风格”为线索，将电影艺术所涉及的所有元素有机串联，以丰富的经典影片案例（如《辣手摧花》《公民凯恩》《群鸟》《一个国家的诞生》《关山飞渡》《洛城机密》《绿野仙踪》《西北偏北》《我们的好客之道》《七武士》

《重庆森林》《西伯利亚来信》《危险关系》《死囚越狱》《沉默的羔羊》《星期五女郎》《筋疲力尽》《东京物语》《愤怒的公牛》《持摄影机的人》）为我们深度解析了电影元素之间的互动关系及运用技巧，让我们尽享经典电影的饕餮盛宴。同时，他们在书中还简明扼要地分析了电影类型，介绍了电影评论撰写方法与技巧，梳理了电影艺术演进历史，从而让我们穿越时空隧道，去了解电影这门年轻艺术的前世今生与唯美瞬间。总而言之，在《电影艺术》中，大卫·波德维尔与克里斯汀·汤普森以一个非常系统性的方法进行电影“形式”与“风格”方面的概念思考，同时佐以巨细靡遗的影片举例，详细分析电影的元素，说明电影的形式系统（叙事性与非叙事性）及风格系统（摄影、剪辑、场面调度与声音）如何在影片中交互作用。这样能帮助读者在了解一部电影时，不再是以过往观影经验所积累的惯性直觉方式去感受影片技术上或情感上的精彩片段，而是能将电影看作如诗歌、建筑、音乐与舞蹈等其他艺术一般，是一个创作者在凝萃创作意念之后，执行到影片胶卷上的完整呈现。正如本书的后记所言：“一卷读罢，不觉感慨：电影是一件多么美好的事物！在你的人生路上，必定有太多你没看过的、将要看的和看过若干遍的电影，它们将负责激起你各种不同的反应。”那就让我们跟随《电影艺术》指引的方向让自己在电影中展开，开启一段全新的观影旅程吧！

（李兴军）

阅读链接

1. 《电影艺术：形式与风格》（插图修订第 8 版），大卫·波德维尔、克里斯汀·汤普森著，曾伟祯译，北京联合出版公司，2015 年版。

2. 《世界电影史》（第 2 版），大卫·波德维尔、克里斯汀·汤普森著，范倍译，北京大学出版社，2014 年版。

3. 《电影诗学》，大卫·波德维尔著，张锦译，广西师范大学出版社，2010 年版。

4.《打破玻璃盔甲：新形式主义电影分析》，克里斯汀·汤普森著，张锦译，北京大学出版社，2020 年版。

5.《从心看电影》，曾伟祯著，上海三联书店，2014 年版。

6.《电影不散场》，曾伟祯著，上海三联书店，2014 年版。

7.《认识电影》（全彩插图第 12 版），路易斯·贾内梯著，焦雄屏译，北京联合出版公司，2016 年版。

演员自我修养

斯坦尼斯拉夫斯基

斯坦尼斯拉夫斯基（1863—1938），世界著名演员、导演、戏剧教育家和理论家，出生于莫斯科。他所创立的斯坦尼斯拉夫斯基表演体系，在世界范围内产生了极大的影响。他坚持以“体验分析方法”为创作核心，后期又以“形体言语动作分析方法”丰富了以内心体验为核心的戏剧理论。他曾执导了契诃夫的《海鸥》《三姊妹》《樱桃园》《万尼亚舅舅》，高尔基的《小市民》《底层》，其中，《海鸥》在当时轰动整个戏剧界，标志着一个新的现实主义戏剧流派的诞生。主要著作有《我的艺术生活》、《演员自我修养》和《演员创造角色》。《演员自我修养》是他的代表作。《演员自我修养》中译版本较多，比如，林陵与史敏徒合译本（第一部），郑雪来译本（第二部），杨衍春、石文与何丽娟合译本（第一部），王辛夷、许世欣与吴允兵合译本（第二部），郑君里与章泯合译本，李志坤与陈亚祥合译本，刘杰译本，陈筱慕译本，叶红译本，等等。翻译版本如此众多，足见《演员自我修养》的经典程度及其对中国艺术界深刻而广泛的影响。

斯坦尼斯拉夫斯基表演体系乃世界三大戏剧表演体系（另外两个为德

国的布莱希特体系和中国的梅兰芳体系）之一，是世界上第一个对表演艺术最根本的问题进行系统的科学研究与全面阐述的体系，是斯氏毕生创作和教学经验的总结，也是他对演剧艺术领域的先驱者和同时代的世界杰出大师们的经验总结。它系统总结“体验派”戏剧理论，主张演员要沉浸在角色的情感之中，发掘和体验每个角色经历的情感瞬间。使用这种表演方法，演员所创造的角色会具有多层次的真实感，而且能诠释角色的行为与内心思想之间微妙的联系。斯坦尼斯拉夫斯基表演体系在中国博得梅兰芳等戏剧家的高度评价，并对中国戏剧产生了深远影响。

《演员自我修养》是俄国著名演员、导演、戏剧教育家和理论家斯坦尼斯拉夫斯基呕心沥血的经典著作，凝聚了斯坦尼斯拉夫斯基表演体系思想的精华之精华。该书文体别致，是以戏剧学校师生课堂对话形式写就的日记体，以一位青年人学表演的视角，来讲述自己每次上课的体会。翻开书的扉页，那句影响了20世纪至今所有演员的十字箴言——“没有小角色，只有小演员”即映入眼帘，跃入脑海。这意味着，斯坦尼斯拉夫斯基旗帜鲜明地表明了立场：表演艺术是一种创造性活动，演员是表演艺术的灵魂，演员饰演并创造着角色。因此，即使一些微如尘埃的角色，也可能因为演员的出色演绎而成为名垂艺术史的经典形象。全书共计十六个章节，章节题目以关键词的形式呈现，简洁明了，紧扣主题，分别是“首次考核”“表演是一门艺术”“舞台动作”“想象力”“集中注意力”“放松肌肉”“单元和任务”“信念和真实感”“情感记忆”“交流”“适应”“内在驱动力”“连续线”“内部创作状态”“最高任务”“进入潜意识状态”。书中详细阐述了演员在发声、形体、性格、思维逻辑等方面所应具备的素养，强调现实主义原则，主张艺术的精髓不在于外部形式，而在于内在精神与情感，反对把表演艺术看作“上天降临的灵感”的观念，认为演员只有拥有了高度专业的业务技巧，才能创作出真正有价值的艺术作品与艺术角色。所以，《演员自我修养》不仅是一部经无数表演工作者成功检验的关于演员职业、责任与使命的工具书，更是一部关于演员与社会相结合，提升和完善演员艺术修养、道德修养的人生巨著。

当然，作为经典著作，《演员自我修养》的细节更耐人寻味！

《演员自我修养》体现了作者独具匠心的叙事风格。斯坦尼斯拉夫斯基杰出的艺术才华，不仅展现在其戏剧水平上，而且体现在他的习作水平上。在《演员自我修养》一书中，斯坦尼斯拉夫斯基采用了第一人称的叙事策略，详略交替地记录了他系统学习戏剧艺术的过程。在书中，斯坦尼斯拉夫斯基化名为科斯佳·纳兹瓦诺夫，而整本书的灵魂人物——托尔佐夫是一名导演，斯坦尼斯拉夫斯基新潮的戏剧理念、有趣的演员训练方法及深刻的戏剧理论，正是经由托尔佐夫之口娓娓道来。那些闪耀着智慧光芒的审美思想与戏剧思想，不仅令书中的科斯佳、格里沙、桑娅、瓦尼亚、保罗、李奥、尼古拉斯等人受益匪浅，也令阅读本书的读者佩服得五体投地，不由自主地产生了实践其思想的冲动。斯坦尼斯拉夫斯基不愧为20世纪顶级戏剧导演与戏剧教育家，他的这一处理方式太巧妙了！假如他直接以导演或教师的口吻告诉读者关于戏剧的理念、方法与理论，那么就难免陷入枯燥说教的桎梏，写出来的文字估计也无人问津，更不会成为风靡全球、穿越历史风尘的经典名作。

导演出身的斯坦尼斯拉夫斯基，对《演员自我修养》章节的安排，就像是在导演一场戏剧，一个章节相当于这个戏剧的一幕。呈现在读者面前的第一幕剧就是演员考核。托尔佐夫给科斯佳等戏剧演员第一次上课时，就布置了一个非常有趣的课程作业：让演员们自主选取剧本中的一些片段，然后自己尝试着表演，目的是考察演员们的基本戏剧表演素质。这是演员们完全没有预料到的，他们既紧张又兴奋。科斯佳选择的是莎士比亚的著名悲剧之一《奥赛罗》，经过两次彩排后，就到了正式表演的日子。科斯佳表面上故作镇定，但他一走进化妆间，心就开始怦怦直跳，整个人都快要吐了。当到了舞台上时，科斯佳感觉到的是超乎寻常的寂静、肃穆和秩序感。灯光亮起，他便感到头晕目眩，台下观众的凝视更让他感到前所未有的恐慌。于是，他喉咙发紧，声音偏高，手、脚、动作以及台词都变得狂躁起来。但随着表演进度的徐徐推进，科斯佳慢慢地找到了一点儿感觉，并情不自禁地迸发出《奥赛罗》中那句经典台词："血，埃古，是血!"在那一瞬间，科斯佳似乎也感受到了剧中轻信他人的奥赛罗灵魂深处的所有伤痛。此时，台下的观众中有人暗暗唏嘘。观众的肯定性反应，使得科斯佳心中腾起了一股力量的暖流，他完全摆脱了恐惧，忘情地把自己融入剧情中。舞台的幕布落下后，观众厅响起了一片热烈的掌声，科斯佳也感觉信心满满。呈现在读者面前的第二幕剧是导演托尔佐夫对科斯佳等演员在考核中表现效果的评判。果不其然，托尔佐夫对科斯佳吼出"血，埃古，是血!"那个片段给予了表扬，并把这一瞬间的成功划归为体验艺术。接着，托尔佐夫让演员们挨个回忆考核表演时的内心感受。有趣的是，很多演员都忘记了当时的情境与感受，托尔佐夫认为是直觉引导着演员完成了精彩的表演，并认为"舞台上最好的效果就是演员完全随着剧情走，完全不受意志控制，演员在体验这个角色本身，他不用刻意去想他该如何表达、他该如何做动作，而是就这么自然而然地表演，凭着直觉，下意识地表演"。所以，演员若想取得良好的表演效果，必须用心体验剧中角色的生活处境与心理状态。呈现在读者面前的第三幕剧是托尔佐夫训练科斯佳等演员们的舞台动作，第四幕剧是训练演员们的想象力，第五幕剧是训练演员们的专注力，第六幕剧是训练演员们如何放松肌肉……这一幕幕剧就构成了托尔佐夫演员训练"航道"的"灯塔"。由此可见，托尔佐夫对科斯佳等演员们的训练是进阶式的，一步一个脚印，循序渐进，从而使演员们的表演水平徐徐提升。而且，托尔佐夫的训练方式很别致，即总是让演员们先自我表演，然后再进行评判。评判时，先通过生动的实际例子，让演员们去体验、去感受，然后再讲理论。在对与错的对比中，诱导着演员们认知、理解、吸纳内心体验派的戏剧理论与风格。所以，托尔佐夫传授艺术的方法本身也成了一种艺术。当然，我们知道，托尔佐夫的传艺方法，事实上都是出自斯坦尼斯拉夫斯基的天才叙事，因此，斯坦尼斯拉夫斯基才是隐藏在舞台幕布之后的总导演。

斯坦尼斯拉夫斯基认为，真正的艺术源于内心体验，这是他戏剧理论的核心。刘再复在《读书十日谈》中曾讲道，读书要抓住书中的"文心"

“文眼”。如果按照刘再复的逻辑，内心体验就是《演员自我修养》这本书的“文心”，整本书围绕“内心体验”铺展开来。斯坦尼斯拉夫斯基认为，表演是一种时空综合艺术，艺术的精髓不在于它的外部形式，而在于它的精神内涵。真正的艺术家是渴望自己在内心体验到一场与身边不同的更深刻、更有意思的生活的，好的表演既不是惟妙惟肖的刻板模仿，也不是浮夸过火的自我展现，而是演员与角色高度契合的自然流淌，它的剧情是合情合理的，逻辑是自洽连贯的，情感是饱满真实的。所以，自然有机法则是斯坦尼斯拉夫斯基表演体系的第一法则，也是根本表演法则。在《演员自我修养》一书中，托尔佐夫循循善诱地向科斯佳等演员们讲授戏剧艺术的本质以及优秀演员的必备元素。比如讲创造、灵感、潜意识以及意识的辩证关系时，托尔佐夫说：“我们本应该是在灵感激发之下进行创作，而只有潜意识能让我们产生灵感，我们只能通过意识来使用潜意识，而一旦使用了意识，潜意识又随之消亡。”这显然是有点儿矛盾的，尤其是潜意识与意识之间，二者呈现出了此长彼消的现象。怎么办呢？托尔佐夫说：“将潜意识带入到创作性工作是有特殊技巧的。我们必须让潜意识本质上处于最本真的状态，尽我们所能投入其中。”但是，托尔佐夫也十分清楚，潜意识犹如幽灵一般，飘忽不定，很难对其进行有效控制。所以，他认为演员们不能一直靠着潜意识用灵感来进行创作，而是要学会用意识进行恰当的创作，并且说：“在角色塑造中，越能有意识地进行创作，越有可能激发出灵感的自然流淌。”

斯坦尼斯拉夫斯基主张，戏剧表演是精神生活与艺术审美的融合。书中，保罗认为在戏剧中，演员要透彻理解所饰演角色的心理技巧，从而塑造人物的精神生活。托尔佐夫只是部分地肯定了这种观点，他说：“我们的目标不仅是塑造人物的精神生活，而且要‘以一种美好、艺术的手段’把这种生活表现出来。演员有责任传达人物的内心，然后通过外在的手法把人物的内心表现出来。”同时，托尔佐夫还补充道，演员一方面要塑造人物的精神生活，另一方面还要通过声音、形体塑造人物最微妙的情感生活。那么，演员如何才能做到精神生活、情感生活以及艺术审美的完美统一呢？托尔佐夫认为最好的途径就是体验生活。“根据我们的亲身体验，我们坚信只有我们这门艺术是完全沉浸到人物的生活体验中去，只有这样才能将角色难以琢磨、最深层的内心生活以艺术的手法再现出来。”当然，托尔佐夫对他的观念和理论也是非常自信的。所以，他继续讲道：“只有这样的艺术才能完全抓住观众，让观众不仅能理解角色，而且能让他们体验到舞台上所发生的一切，引起观众共鸣，丰富观众的内心生活，给他们留下不可磨灭的印象。”其实，从托尔佐夫的话语中，我们还可以解读出另外一层意蕴，那就是：好的戏剧表演艺术是多重元素有机互动的结果，剧作家、剧本、舞台、场景、灯光、道具、演员、导演以及观众等，都是戏剧表演艺术的参与者，每一种元素都参与了演出过程的某一个或数个单元，完成了一个或数个任务。尤其是观众，看似是旁观者、局外人，事实上也是局中人，他们的情绪往往会随着剧情的发展或演员的表演而波动起伏，甚至，即便离开了剧场，还可能沉浸在剧情之中，分不清哪里是现实、哪里是戏剧，其心态、思想、言语或行为都可能被戏剧所浸染。

为了突出内心体验戏剧流派的特色与风格，托尔佐夫还列举了其他几种戏剧表演风格，并对其进行了理性批判。

首先是表现艺术流派，其与内心体验流派风格较为相似，鉴别难度系数大约三颗星。托尔佐夫认为表现艺术也是一种真正的艺术，因为“在表现艺术中，演员也会体验角色”。但是，表现艺术的目标与体验艺术不同。“他们体验角色是为了完善角色的外在，一旦掌握了这种方法，演员就只需通过训练有素的‘肌肉’机械地再现角色的外在就可以了。”换言之，表现艺术的体验角色注重外在，而忽视内在。因此，表现艺术中“体验角色并不是他们的创作过程，而是他们为下一步艺术创作所做的一个准备而已”。而内心体验艺术则恰恰相反，体验角色本身就是艺术创作过程。就如托尔佐夫说的：“在我们体验艺术中，每次表演、表演的每一个瞬间都应该是在体验。并且每次表演都必须是全新的角色塑造、全新的体验、全新的表现。”同时，我们发现托尔佐夫对表现艺术的理性批判，是建立在对表现艺术的通透认知与部分肯定的基础之上。托尔佐夫解释道：“这种艺术（表现艺术）手段是美好的，但并不深刻；它会产生即时效应，但很少撼动人心，它的形式比内容更能让人产生兴趣。它主要是作用于人的视觉和听觉，而不是人的心灵。因为它更多的是在使人愉悦而不是感动人心。这种艺术也可以给人留下深刻的印象。但是它既不能温暖你的灵魂也不能走进你的灵魂深处。它所产生的效果强烈但不持久。它会使你震惊，但很难取得你的信任。这种艺术所能做到的就是通过惊人的剧场效果，或哀婉生动的画面来进行表演。而人类微妙又深邃的情感是无法通过这种技术手段表现的。”这段对比性论述太精彩了！语言简明凝练，观点鲜明犀利，逻辑连贯通畅，文笔生动斐然，分寸合情合理，既恰如其分地肯定了表现艺术的优势，又一针见血地道出了其缺陷，然后顺理成章地凸显了体验艺术的深邃与卓越不凡。这充分展现了托尔佐夫对体验艺术的无比自信，也彰显了他对体验艺术的无尽炽爱。

其次是舞台匠艺，舞台匠艺的风格特点是通过精心设计、约定俗成的一套手法来表现角色，鉴别难度系数大约四颗星。为了帮助演员们区分舞台匠艺与体验艺术，托尔佐夫先是对舞台匠艺进行了全身“核磁扫描”。他说：“匠艺的表现手法我们称之为‘橡皮图章法’。要表达角色的情感，就要求演员必须有过类似的亲身体验。而匠艺演员是不体验角色的情感的，所以他们也就无法通过外在来表现角色情感。在面部表情、效仿、声音和手势的帮助下，匠艺演员展现给观众的只是凭空创造的感情的假面具。为了这一目的，他们设计出一大套各种各样的表现手法，通过一些外部手段来假装塑造人物的各种情感。”简言之，匠艺表演就是一个字：“假”或者“虚”。但是，匠艺的“假”或者“虚”又很逼真，所以，往往会以假乱真，甚至博得对戏剧艺术知之甚少的观众的满堂喝彩。托尔佐夫对此也是叹息与无奈，他说：“只可惜，世界上低级趣味毕竟要比雅致趣味多得多。高尚被浮夸取代，优美被媚俗取代，表现力被舞台效果取代。”说到动情时，托尔佐夫甚至有点愤怒了：“最糟糕的是这些陈腐的机械表演手段简直是无孔不入，情感稍有疏漏，它们就乘虚而入。并且，它们还经常抢先一步，堵住情感抒发的道路。”可见，相较于表现艺术，托尔佐夫对舞台匠艺的态度明显不够友好，从他对舞台匠艺特征的分析话语中，我们能强烈感觉到深恶痛绝的气息，类似于“歇斯底里”“病态狂乱”“空洞无力”“沉闷单调”“机械表演”等含有贬义性的词汇频繁闪现。舞台匠艺因为缺乏体验角色，所以，在托尔佐夫眼里，根本算不上真正的艺术。

最后是过火表演，过火表演是一种业余的表演手法，其主要特征是夸张的模仿，把信手捡来的、未经打磨或准备的人类习惯直接搬上舞台，鉴别难度系数大约三颗星。在托尔佐夫看来，过火表演比舞台匠艺还糟糕，因为即便是舞台匠艺，演员们也需要长期的刻苦训练，然后用刻板的表演代替真实的情感。所以，他在批判过火表演时，用了“最让人反感的”这一限定词。托尔佐夫也严禁科斯佳等演员们使用这种表演手法，他要求演员们必须掌握体验艺术的基本知识，并一定要有内心体验，自己要切身感受剧本的含义，然后再通过外在来塑造角色。为了让演员们深刻领悟艺术的真谛，托尔佐夫在批判了表现艺术、舞台匠艺和过火表演之后，总结道：“艺术的真相很难描绘，但也不是无法企及。当它与艺术家合二为一，与观众融为一体的时候，艺术会更加让人愉悦，更能深入人心。建立在真实基础上的角色会日渐高大，而建立在模式化造型上的人物形象会逐渐消亡。”所以，体验艺术的基础是“真实”，演员在舞台上表演时，既要在形式上真实，也要在精神上与情感上真实，体验艺术是形式与内容的高度融合，这是典型的现实主义的立场与风格。

当然，托尔佐夫之所以令演员们心悦诚服，不仅因为其对体验艺术的推崇与践行，还在于其对艺术本身的虔诚与敬畏。他明确地反对戏剧行业的一种陋习或者说恶习：利用艺术。他要求所有接受训练的演员们牢牢记住：“剧场，由于演出都是当众进行的，并且舞台效果往往是光彩夺目的，所以会吸引很多人，而有些人仅仅是想借此展示美貌或赢得虚名。他们往往利用公众的无知和某些人的不良癖好，采用吹捧、勾心斗角等与艺术创作无关的手段来满足自己的欲望。这种利用艺术的人是艺术的死敌。”那位姿色最出众的桑娅，此刻显得有点可怜与尴尬，因为她被托尔佐夫当面问道：“只此一次机会，你来这里到底是为艺术服务、为艺术献身的呢，还是利用艺术来达到个人目的呢？”这个反问句太突然了，也表明了托尔佐夫的立场：我们应该为艺术服务、为艺术献身，而不是让艺术为我们服务，同时也明显责备了桑娅在表演考核时的表现：向观众卖俏。所以，我们完全可以用“德艺双馨”来形容书中的托尔佐夫和他的“真身”——斯坦尼斯拉夫斯基。

斯坦尼斯拉夫斯基认为，想象力对于戏剧表演至关重要。想象力犹如艺术的翅膀，有了想象力的助力，艺术就可以在时空里自由翱翔。所以，斯坦尼斯拉夫斯基借托尔佐夫之口讲道：“在舞台上没有现实这一说法。艺术是想象力的作品，所以戏剧家的作品也应该是这样的。演员的目的就是通过他的技巧将剧本转变成舞台现实。”对于艺术家而言，甚至仅有想象力还不够，有的时候还需要大胆的幻想。那么，演员在进行艺术表演时为什么需要想象力呢？最直接的原因就是剧本与舞台呈现之间的距离。戏剧家在创作剧本时，很难把剧中人的生活全部描述出来，也很难详细地叙述剧情的所有前因后果，更不可能完全描绘出剧中人物的性格、心态、情感、行为等细枝末节，这些都需要通过演员的精湛表演去补充和深化。因此，演员的舞台表演不是对剧本的简单情景再现，而是对剧本的二次创作，赋予了剧本第二次艺术生命。然而，并非所有演员天生就具有丰富的想象力，对于那些想象力匮乏的演员，该怎么办呢？很简单：慢慢培养。

天才导演托尔佐夫有专门训练演员想象力的窍门：经常性使用“假如”与合理调度“规定情境”。练习时，托尔佐夫假设了如下情境：这个舞台是一座房子，以前住着一个男人，后来这个男人疯了，被带进了疯人院，有一天，这个疯男人逃出来了，就躲在那扇门后面。然后，问演员们：该怎么做？于是，演员们开始了即兴表演，有的演员开始寻找那个疯男人，有的演员查看逃离通道，有的演员寻找防御武器，有的演员打电话给医院，让把疯男人弄回去关起来……好有趣的画面呀！“假如”就像一根杠杆，可以把演员从日常生活的平地里撬到想象力的云端。“‘假如’效果的奥妙，首先就在于它不是使用恐吓或强迫手段，或者是迫使演员去做动作。正相反，它是通过诚实的手段，鼓励你去相信这种假设的情景。”“假如”的另一个特质是，“它可以激起演员的内心和外在活动，并且是通过自然的手段”。换言之，“假如”可以有效地激发出演员们极具创造力的潜意识。其实，托尔佐夫之所以如此青睐“假如”，是因为“假如”可以帮助实现体验艺术流派的三个基本原则：创作与艺术中的活动紧密相关、通过有意识的技巧来实现无意识的创作以及规定情境中感情的真挚和情感的真实。这里引出了“规定情境”这一概念，它是什么意思呢？托尔佐夫解释道：“（规定情境）指的就是剧本的主题、剧本依据的事实、事件、时期、故事发生的时间和地点、生活条件、演员和舞台监督对于剧本的解读、舞台调度、制作、舞台布景、服装、道具、灯光和音响效果等，演员塑造角色时所给定的情况全部都要考虑进去。”一言以蔽之，与角色塑造相关的一切存在都属于“规定情境”。“规定情境”为“假如”本身奠定基础，“假如”以此为基础去唤醒沉睡的想象力。

上述是理论层面的逻辑推演，那么，舞台上的想象力训练具体如何操作呢？科斯佳的日记中这样写道：“我们必须，首先，要有一系列连续的规定情境，我们的练习就是在这些规定情境中进行的。其次，我们必须要有与规定情境紧密相关的连续的心理视像，规定情境会给我们提供插图一样的说明。在舞台上的每一个瞬间，在剧本情节发展的每一个瞬间，我们必须不单要观察我们周边的外部环境（剧作的整个物质背景），还要观察为了诠释角色而想象出来的环境对我们内心产生的影响。”这里出现了一个非常有意思的现象：内心视像，就是在内心描述出并不存在的东西。比如我们看着一棵树上歇着的画眉鸟，我们将视觉触角伸出去，感受到它。然后，我们闭上眼睛，在我们内心的荧屏上又看到了那棵树上的画眉鸟，并能想象着画眉鸟的羽毛、叫声、进食的动作等细节。在训练演员们的想象力时，导演托尔佐夫会不断向演员们提问，先是问一些简单的问题，然后问一些较为复杂的问题，从而引导着演员们把想象的图景不断展开。如果导演不在身边，由演员们自由练习想象力时，往往会出现漫无目的的想象，并最终偏离剧本。怎么办呢？托尔佐夫又传授了一个方法：弄清楚想象的目的。没有目的的想象，内心之眼满是笼统的概念，有了目的之后，想象的图景更具有逻辑性。“演员想象力所促成的每一个创作都必须是经过全面考虑、牢固地以事实为基础的。当演员驱动自己的创作力去创作一幅越来越明确的虚拟画面的时候，他们必须可以回答自己所提出的问题：何时、何地、为什么和怎么样。”托尔佐夫在课堂总结时这么说道。所以，演员在舞台上表演时，要充分地意识到自己是谁、从哪里来、想要什么、到哪里去、到那里之后又将要做什么，而不是机械地念台词、做动作。由此可见，想象力赋予了舞台表演以灵性，有了想象力，就能从身体上和心理上调动演员积极表演的欲望，并把自己全部交给所饰演的角色。

总而言之，斯坦尼斯拉夫斯基通过《演员自我修养》这部奇书，为我们讲述了一个有趣的故事：好演员是怎样炼成的！一个好演员，一个真正愿意将自己全部生命奉献给艺术的演员，不仅需要极好的表演天赋，而且需要后天长期而系统的刻苦训练。训练的项目包括诸多方面，除了上述的体验角色、想象力，还包括舞台动作、集中注意力（精神上）、放松肌肉（身体上）、切分剧本单元和任务、舞台上的信念与真实感、储备情感记忆、情感和形体交流、适应能力、内在驱动力（情感、智慧及意志力）、连线剧本、内在创作情绪以及进入潜意识状态，等等。这些元素都是内心体验戏剧流派的必备心理技巧，一个优秀的戏剧演员必须对其熟练掌握与运用。说到技巧，似乎就与人为的建构相关，是刻意为之。然而，斯坦尼斯拉夫斯基却认为，上述所有的心理技巧均源于自然，他所建构的表演体系遵循的根本法则就是自然法则。正如书中托尔佐夫所言：“我们这个体系所倡导的创造力正如新生儿——新角色——的孕育和诞生一样。它是一个自然过程，跟人的孕育和出生很相似。”为了进一步说明自然法则的意蕴，托尔佐夫用了一个非常形象的比喻：“跟人类一样，角色的塑造也要经历类似的孕育阶段。在角色塑造过程中，也得有父亲，那就是剧本的作者；有母亲，怀上了角色的演员；然后是孩子，也就是诞生出来的角色。”而导演在这个过程中，则充当着媒婆的角色。为了引起演员们对自然法则的足够重视，在书的最后一段，斯坦尼斯拉夫斯基语重心长地提示道：

"自然法则对所有的舞台艺术创作者都具有约束力，无一例外，那些不能遵守法则的人必然会吃苦头的。"

人生如戏，戏如人生。不同的是，有的人戴着面具表演，有的人则本色出演，有的人分时空选择表演方式。当然，在生活的场域中，我们同时饰演着多重角色，我们既是演员，也是观众，同时也是编剧与导演，角色冲突也在所难免。亲爱的读者，那就请在生活的空隙中，将碎片化的时间予以粘连，慢慢阅读《演员自我修养》。也许，就在某一瞬间，迸发出巨大的创造力与生命力，迎来人生的高光时刻！

（李兴军）

阅读链接

1.《演员自我修养》，斯坦尼斯拉夫斯基著，刘杰译，华中科技大学出版社，2015 年版。

2.《我的艺术生活》，斯坦尼斯拉夫斯基著，瞿白音译，上海译文出版社，2022 年版。

3.《演员创造角色》，斯坦尼斯拉夫斯基著，郑雪来译，中国电影出版社，2006 年版。

4.《戏剧》（第 6 版），罗伯特·科恩著，费春放主译，上海书店出版社，2006 年版。

大学影视鉴赏

张　燕

张燕，北京师范大学艺术与传媒学院教授、博士生导师，北京师范大学亚洲与华语电影研究中心执行主任，曾任北京大学生电影节第21—22届秘书长、第23—24届评委会主席。研究方向为电影史论与产业研究、亚洲电影研究。迄今，在理论核心刊物发表论文百余篇，出版专著《香港电影史研究》《在夹缝中求生存——香港左派电影研究》《映画：香港制造》以及合著《入世后中国电影产业检视——一个全球化的视角》《镜像·互文——电影与戏剧发展新观察》等，主编出版《大学影视鉴赏》《影视欣赏》《影视概论教程》等教材，主编《亚洲电影蓝皮书》（2015—2020）系列等10余部影视类图书。

近代著名教育家蔡元培先生曾言：“若为涵养德性，则莫如提倡美育。”美育不仅能涵养德性，而且能提升审美素养，陶冶情操，温润心灵，激发创新创造活力。因此，以美育人、以美化人、以美培元是大学生培养的重中之重。艺术最具美育功效，诸如音乐、绘画、书法、文学、戏剧、影视皆可美育。不过，上述艺术或许唯影视入门最易，为大学生最爱之美育课。《大学影视鉴赏》即是一本专门为大学生编写的影视鉴赏的经典教材。此书虽为教材，读来却无枯燥说教之感，优美隽永的文笔，简洁干练的文风，细致入微的分析，思如泉涌的灵感，妙趣横生的隐喻，具有真知灼见的影评，瞬间将读者带入光影世界的奇幻之旅。

全书主旨集中，围绕“影视艺术为何能有巨大的魅力”这一问题而展开，以总论开篇，然后分三编阐述，上编为电影篇，中编为电视篇，下编为网络影视篇。电影篇涵盖六章，概述世界电影格局之后，分别对亚洲、美洲、欧洲、大洋洲及非洲的经典电影予以鉴赏；电视篇涵盖四章，先是概述电视艺术，之后分别鉴赏经典的电视节目、电视剧及纪录片；网络影视篇包括三章，分别是网络电影、网络剧及网络短视频，并选择了一些口碑上乘的网络影视剧予以鉴赏。作者以富于美感和韵律的文字，再现了29部经典影片、4个人气很高的电视节目、11部广受好评的电视剧、6部收视率较高的纪录片以及10部网络影视。因此，阅读本书犹如穿梭在由经典影视作品生成的奇幻森林之中，心旷神怡的美感油然而生。

影视艺术为何能有巨大的魅力？首先在于影视艺术的特性与功能。本书在总论的第一节着重解析了影视艺术的特性与功能。影视艺术的特性有很多，作者归纳为三类，分别是社会性与时代性、民族性与国际性、艺术性与商业性。其中，社会性与时代性联系紧密，正如书中所言：“影视艺术被称作时代的多棱镜，社会的万花筒，与特定的社会语境和时代特征不可分割。”因此，影视作品往往留着时代的印痕，反映特殊的社会风貌。不同社会与时代的影视作品，会呈现出迥异的形式与风格。譬如，黑白和无声电影流行于20世纪初，而自20世纪中后期至今，彩色和有声电影则成了主流；法国社会的浪漫文化产生了诗意现实主义电影美学；经历二战创伤的意大利则掀起了新现实主义电影美学思潮。民族性与国际性、艺术性与商业性这两对特性，在某种程度上具有一定的矛盾与冲突。民族性是影视艺术的显著特征。比如，我们很容易区分中国电影和印度电影。中国电影饱含“忧国忧民的忧患意识和重视家庭亲情的伦理意识”，印度电影则呈现“绚丽奔放的色彩、悠扬婉转的配乐、美轮美奂的舞蹈”等特征。

艺术性是影视作品的灵魂，一部影视作品的艺术性越浓郁，越能带给人们更多的审美体验。书中认为，影视作品的艺术性主要体现在综合性与技术性的统一、逼真性与假定性的统一及造型性与运动性的统一。无奈的是艺术性有时不得不妥协于商业性。其实，商业性是电影与生俱来的属性。世界电影之父卢米埃尔兄弟本来就是商人，“他们最初拍摄影片也是为了出售电影器材”。好莱坞的商业大片因较强的娱乐性与强大的演员阵容深受观众喜爱。尽管一些真正懂电影的人对此嗤之以鼻，但商业片盛行天下却是不争的事实。当然，纠结于商业片或艺术片，本身没有重要意义。因为无论是商业片，还是艺术片，都有其各自的功能，比如认知、美育、娱乐及情绪宣泄等。只是需要注意的是，部分影视作品也具有负面功能。“在商业利益驱使下，越来越多的影视作品为了追求刺激和快感，过分强调和突出暴力与色情内容，对广大观众，特别是成长中的青少年和儿童来说，造成极为有害的影响。”

影视鉴赏不同于单纯地影视观赏，它必须建立在对影视艺术的视听语言有所了解的基础之上。因此，本书在总论的第二节简明扼要地介绍了影视艺术的视听语言，主要包括镜头、声音、蒙太奇及长镜头与场面调度。“镜头是影视艺术最基本的构成单位。”构图、景别、角度及镜头的运动方式是镜头语言的四大元素。构图风格大致可分为戏剧性和纪实性。戏剧性构图追求形式美，强调表现与写意；纪实性构图追求真实美，注重画面透视和景深关系。所以，我们可以从影视作品的构图风格，推断影视作者的审美风格。而影视构图画面一般包括主体、陪体和环境。其中，环境又分为背景和前景。景别由远至近分为远景、全景、中景、近景和特写。不同的景别会产生不同的艺术效果。譬如，远景擅长表现自然景观的壮丽、磅礴或静谧，特写则通过细微的动作和情绪的变化，透视人物的内心世界。角度指的是摄影机拍摄时的角度，平角度、仰角度及俯角度使用较为频繁。镜头的运动方式则较多，比如固定镜头、推镜头、拉镜头、摇镜头、移镜头、跟镜头、升降镜头。此外，还有一种本书没有提及的“甩镜头”。

"甩镜头"是一种特殊的镜头运动方式，且有一定的风险，所以很少被使用。

声音语言是在有声电影出现之后的影视语言。影视的声音一般分为三种，即人声、音乐和音效。人声不仅承担叙事功能，也是一种表现手段，主要包括对白、独白和旁白。对白的作用在于展示人物性格、推进叙事和深化主题，独白强调内心的情绪，旁白往往交代叙事背景。音乐分为有声源音乐和无声源音乐，二者往往被交叉使用。音效分为动效和环境声，作用在于增加影视作品的真实感，以刻画人物或渲染氛围。在影视作品中，声画关系有三种，即声画合一、声画分离和声画对位。不同关系所拥有的叙事功能也有所不同。

蒙太奇原为建筑学领域的术语，意为组合、装配及构成，引入影视艺术后意为剪辑与组接。蒙太奇的出现，在电影史上具有里程碑式的重要意义。格里菲斯是早期蒙太奇的集大成者，他在《一个国家的诞生》和《党同伐异》中展现了蒙太奇的神奇魅力。他创新的"最后一分钟营救"叙事模式对影视语言做出了巨大贡献，至今还被广泛使用。而将蒙太奇发扬光大并形成理论的当属苏联的蒙太奇学派。库里肖夫将著名演员莫兹尤辛的几个没有任何表情的特写镜头，分别与一盆汤、一口棺材和一个可爱的小女孩组接在一起后，观众从莫兹尤辛的脸上分别看到饥饿、悲伤和慈父三种截然不同的情绪。这说明不同镜头的拼接具有产生新含义的功能。人们把这种现象称之为"库里肖夫效应"。普多夫金将五个在不同地点拍摄的片段进行组接，使观众看到了一个完整的故事，这证明了蒙太奇还具有创造时间和空间的功能，在银幕上造成了所谓的"创造性地理学"。而爱森斯坦则用《战舰波将金号》这部经典影片，将蒙太奇的可能性探索到极致。

现如今，蒙太奇已非常成熟，成为大部分影视作品的必用语言。蒙太奇语言可分为叙事蒙太奇和表现蒙太奇。叙事蒙太奇用来叙述故事、交代情节及因果关系，引导观众理解剧情，可细分为线性蒙太奇、平行蒙太奇、交叉蒙太奇和重复蒙太奇。表现蒙太奇用于表达思想情感或心理情绪，可细分为隐喻蒙太奇、对比蒙太奇、抒情蒙太奇及心理蒙太奇。蒙太奇固然能创新视听语言，但是崇尚现实主义美学的巴赞提出了另外一个美学原则：“若一个事件的主要内容要求两个或多个动作元素同时存在，蒙太奇应被禁用。”蒙太奇被禁用后用什么镜头呢？用长镜头。长镜头不仅指胶片尺数长的镜头，还包括丰富的场面调度，又指对景深镜头的自觉追求。“长镜头具有时空的完整性、表意的丰富性和构图的开放性等美学特征。”因而，它也被影视作品广泛使用。其实，长镜头与蒙太奇并不冲突，可以根据故事情节、叙事节奏及情感氛围进行搭配使用。当二者无缝衔接融为一体时，影视语言的艺术表现力才能得以最大限度发挥。

了解影视艺术的视听语言，仅仅是影视鉴赏的基础。若要进行较为专业的影视鉴赏，还需要掌握影视鉴赏的方法。本书认为，常见的影视艺术的鉴赏方法有三种，分别是文本鉴赏、视听语言鉴赏及艺术风格鉴赏。文本鉴赏包含对影视主题、人物、台词、情节与结构等层面的鉴赏。主题是影视作品的灵魂，需要能唤起观众的共鸣与思考；人物是影视作品的核心，一定要有血有肉、性格鲜明、细腻饱满，尽量避免脸谱化；好的台词设计要符合人物性格与身份特征，同时也要考虑角色的性别、年龄、职业及生活地域等因素。近年来，很多影视作品重视方言文化的运用。比如《山河故人》《路边野餐》《疯狂的石头》《人生大事》等作品。在情节与结构上，则分析开端、发展、高潮和结局是否合理，矛盾与冲突的设置也是重要的考量标准。视听语言鉴赏就是分析影视作品的构图、景别、镜头角度、镜头运动、造型、光、色彩、蒙太奇、长镜头或声画关系等视听语言元素应用的合理性与创新性。例如，陈凯歌的《黄土地》用黄色来叙事，张艺谋在《大红灯笼高高挂》中用红色来叙事。萨姆·门德斯的《1917》为了表现历史的真实感和厚重感，采取了“一镜到底”的镜头运动方式。不过，大部分影视作品都是综合运用视听语言，从而构筑作品的视听风格。因此，影视鉴赏时，应以全面的、普遍联系的方法分析其视听语言。比如印度影片《跳动的心》的结尾镜头，可谓综合运用视听语言的典范。视听语言的不同组合，则会形成影视作品不同的艺术风格。就形式而言，影视作品的艺术风格大致可分为再现性和表现性、纪实性和抒情性、客观性和主观性。例如，王家卫的《花样年华》侧重于氛围的营造和情绪的表达，因而其艺术风格属于表现性、抒情性和主观性。其实，影视鉴赏没有放之四海而皆准的公式，面对一部影视作品我们可以从多角度、多层次进行鉴赏。核心是言之有理，论之有据，笔下有情。

熟知影视艺术的视听语言和鉴赏方法之后，接下来将进入影视鉴赏的实战演习。第一章概述了世界电影格局，从第二章至第十三章均是对经典影视作品鉴赏的案例。本书影视鉴赏有一个独特的亮点，那就是在正式赏析前，先交代影片制作背景、影片信息、故事简介、获奖记录以及特色之处，从而让读者快速扫描影片的轮廓。尤其是对影视作品的特色之处的归纳，虽简明扼要，却十分精炼准确。例如，将《小城之春》的特色归纳为“中国电影百年经典首选之作，传统美学与现代电影的完美融合”；《流浪地球》的特色是“中国科幻电影翻开新篇章；看中国人如何在宇宙文明的尺度上表达亲情伦理与家国情怀”；《无间道》的特色在于“黑白交融，游走于无间灰暗地狱；尘埃落定，再回首已成百年之身”；《天堂电影院》的特色为“电影故乡，在笑声与激情里徜徉；追寻梦想，在失去与获得中感伤”；《战争天堂》的特色在于“无色世界，人性在困境中明灭闪烁；独白心路，生命在沉思下负重前行”。这些特点归纳，不仅简练准确，而且富于诗意与哲理。在影视作品赏析时，本书侧重于分析作品的叙事主题和情节结构，同时解析作品的视听语言如何服务主题与结构。另外，也会从美学的角度阐释作品特性。

以《小城之春》赏析为例，简单交代影片制作的时代背景和导演费穆的从影之路后，即进入影片的主题分析。“情感与理智的博弈”乃是《小城之春》的主旨，“但费穆的高明之处恰恰在于，故事本身绝非影片的看点，如何以中国观众可以接受的方式表现人性深处理智与情感的博弈，这是以往绝大多数中国电影未曾深入挖掘的部分”。为了深刻反映这一主题，影片在情节设计、视点选择、造型布置、镜头运动方式等方面都做到了极致。在情节设计上，影片以倒叙方式为开端，以个人情欲与传统礼教之间的复杂张力为线索，引导剧情发展，最后以主角悲剧性选择为结局。而将女性作为影片的视点，能更好地展开主观心理叙事。造型布置颇有意大利新现实主义美学风格：“破败萧索的小城与家既表明了故事发生的时代背景（抗日战争刚刚结束，整个中国都处在百废待兴的状况），亦暗示出主人公压抑消沉、荒凉孤寂的内心世界，就好像整个小城里除了他们家就再无其他人存在。”这种写实风格的场景布置，刚好适合运用巴赞推崇的长镜头拍摄。“影片中许多场景使用了横移长镜头的拍法，灵感应是来自于传统中国长卷画，随着摄影机的缓缓移动，展示同一空间内不同局部细节的出色调度能力，成为后来许多中国电影学习的榜样。”美学思想可能来自欧洲，但影片所呈现的美学效果，却弥漫着浓郁的中国传统美学气息。这得益于“费穆将自己对中国传统美学的理解融入到这部影片的摄制中去”，才“最终创造出独树一帜的中国电影美学”，“片中出现的城墙、小路、流水、花木等空镜头意象，都流露出中国传统美学的写意特征”。《小城之春》的美学风格可谓是民族美学与世界美学的有机融合。《小城之春》虽然不被同时代的人们所理解与接受，但是导演费穆“以一种‘遗世而独立’的姿态，执着坚守着自己的人文理念”。随着时间沉淀，这部影片成为中国电影史上最具艺术成就的代表作。

相对于影评的历史，剧评的历史较短，因此对于剧评尚未出现较为成熟的赏析模式。可能是因为电视剧与电影在艺术形式上具有相似性，所以很多剧评也效仿影评的模式。本书在赏析电视剧时，赏析模式就类似于电影赏析。例如，对热播剧《白鹿原》的赏析，即从改编之道、叙事策略和视听风格三个维度切入。电视剧版《白鹿原》播出后，受到了观众的普遍认可与好评。这是因为，“该剧以宏大的叙事视角和诗意的影像风格，不仅娓娓呈现了白、鹿两个家族三代人近半个世纪的命运浮沉，更是以宽厚的家国情怀，对中国社会文化及人性善恶进行了深刻的批判和反思，是一部集思想性、艺术性和观赏性为一体的上乘之作”。具体来讲，该剧的成功首先归于新颖的改编之道：经典之“守”与现代之“破”。所谓经典之“守”，“是对原著精髓的坚守”，即保留原著的文化内涵，“全景式地展现了历史进程中新旧两代人对传统文化的固守、反思及扬弃，充分利用视听艺术的优势，将文字中的诸多典型场景和关中民俗文化，生动直观地显现于观众面前，并且用更为丰富的情节和对白充分阐释了原著中‘白鹿精魂’的儒家精神和民族大义”。所谓现代之“破”，“是结合当代意识对原著的主旨进行大胆的‘突破’”，从而消解了原著的魔幻色彩，赋予剧版以现实主义的基调。

在叙事策略上，剧版《白鹿原》强化了伦理叙事和传奇叙事，对原著的人物关系和情节设计，进行了通俗化处理。例如，剧版提前了冷秋月的死亡时间，使得鹿兆鹏与白灵相爱更符合传统爱情与婚姻的伦理道德，又契合现代人对爱情与婚姻的伦理追求。

剧版《白鹿原》视听语言的赏析最为精彩。本书将该剧的视听风格提炼为“诗意的镜语与细腻的造型”。例如，“剧集的开场便是一个大全景的运动长镜头，层叠的山峦、蜿蜒的土道，配合极富陕北风情、粗犷有力的秦腔——‘吃饱了，喝胀了，和皇上他爸一样了’，短短数十秒，便简洁有力地将时代背景以及辽阔苍茫、沉稳肃静的关中平原诗意地展示在观众面前，引领观众走进那段波澜壮阔的历史画卷之中”。作为一部现实主义风格的影视作品，运用长镜头运镜方式无疑是最佳选择。对称性构图方式展现了一种稳定均衡的形式之美，令观众从心理上感受到白鹿原的安定有力。镜头和构图展示了该剧精妙的视觉语言，配乐则凸显了该剧别具韵味的听觉语言。“剧中的配乐运用了很多原汁原味的秦腔唱腔，结合西洋乐器大提琴的浑厚绵长，亦增加了人物和场景的厚重感，更加凸显了该剧的史诗气质。”因此，无论是视觉语言，还是听觉语言，都充分地展现了该剧史诗般的艺术风格。巴赞那句“电影也是一种史诗艺术”，用以赏析剧版《白鹿原》同样恰如其分。

本书对纪录片和网络影视作品的鉴赏亦非常精彩。例如，将纪录片《舌尖上的中国》的特色，归纳为“近观食物之美，远眺中华美食所根植的文化渊源。名曰美食，实关民生；名曰舌尖，实至心头”。可谓一语切中要旨。在赏析时，从考究的视听语言与修辞，精巧绝伦的解说词，故事化和跨时空的叙事手法，展现故土情怀与传统习俗，尽显中国人的美食价值观等维度切入。尤其是抓住了该纪录片“解说词”的亮点：“解说词是《舌尖》系列成功的非常重要的因素。平淡的语言经过精心的打磨和凝练，不但交代了背景，丰富了画面的信息，而且通过文字的美感和韵味，调动了画面的节奏，调节了观众的情绪。”更难能可贵的是，《舌尖》系列的解说词不仅优美隽永，而且借鉴了中国绘画艺术的“留白”技巧，营造了一种空灵之美。“解说词的克制运用也是该片的特色，解说词没有一味的解释画面，而是适度的留白，在画面之外构筑了另外一个空间，给观众更多的遐想和回味。”另外，《舌尖》系列的解说词极富诗意。“诗意往往运用排比和字词的反复强调来进行体现。”例如，《时间的味道》这集有段解说词为：“这是盐的味道。山的味道、风的味道，阳光的味道，也是时间的味道、人情的味道。”诗意盎然的解说词，也是《舌尖》系列让数亿观众回味无穷，甚至魂牵梦绕的味道。可见，纪录片鉴赏方法类似于电影鉴赏，视听语言、叙事技巧、言说主题仍是最佳的鉴赏视点。

《大学影视鉴赏》的作者们犹如影视艺术的灵魂导游，而书中的文字即是影视鉴赏的详情攻略。书中没有晦涩难懂的理论堆砌，没有似是而非的术语壁垒，没有絮絮叨叨的干瘪说教，有的只是对经典影视作品独具慧眼的匠心赏析，以现实主义美学风格再现了蕴含于作品之中的美学元素，告诉读者这些作品美在何处。透过对经典影视作品的赏析，让不熟悉作品的读者发现影视美学的神秘宝藏，也让熟悉作品的读者重新审视影视艺术的美学神韵。在书中，我们邂逅了展现中国传统武侠美学的《一代宗师》，也邂逅了表现美国英雄主义的《蝙蝠侠：黑暗骑士》，还邂逅了呈现英国绅士幽默的悬疑剧《神探夏洛克》，更邂逅了透视非洲社会冷暖人间的南非影片《黑帮暴徒》。这些散落在世界各地的影视作品，美学风格虽迥然有异，但都散发着摄人心魂的美学幽光。

（李兴军）

阅读链接

1.《大学影视鉴赏》，张燕主编，华东师范大学出版社，2021 年版。

2.《光影留痕：影视鉴赏与评论集》，詹庆生著，清华大学出版社，2020 年版。

后　记

2022 年 6 月，《黑龙江省哲学社会科学普及条例》正式出台。在这一背景下，我们编纂并出版《向美人生——大学生美育书目导读》一书便有了特别的意义。这本美育书目导读从选题策划、书目遴选、体例确立，到具体的编写及定稿，大约历时两年多的时间，现在终于呈现在读者的面前了。

本书的编写缘于两个大的背景。一是美育教育得到国家层面的重视与提倡。2015 年出台了美育工作的指导性文件《国务院办公厅关于全面加强和改进学校美育工作的意见》。2018 年 8 月，习近平总书记在给中央美术学院 8 位教授的回信中，强调美育对塑造美好心灵具有重要作用①；2018 年 9 月，习近平总书记在全国教育大会上指出，“要全面加强和改进学校美育，坚持以美育人、以文化人，提高学生审美和人文素养”②。自此大学美育教育引起了高教界的广泛重视。二是新文科建设成为国家教育发展的重要战略性构想。2018 年 4 月，教育部等 13 个部门联合召开“六卓越一拔尖”计划 2.0 启动大会，提出发展新工科、新医科、新农科、新文科建设，提高高校服务经济社会发展能力。2020 年 11 月，新文科建设工作会议在山东大学召开，发布了《新文科建设宣言》，对新文科建设做出了全面部署，要求新文科建设必须打破学科专业壁垒，推动文科专业之间深度

① 《习近平给中央美术学院老教授的回信》，载《美术》2018 年第 10 期。

② 《习近平出席全国教育大会并发表重要讲话》，2018 年 9 月 10 日，中华人民共和国中央人民政府网 https：//www. gov. cn/xinwen/2018-09/10/content_ 5320835. htm。

融通、文科与理工农医交叉融合，融入现代信息技术赋能文科教育，进而实现文科教育的革故鼎新。在这两个大背景下，我们所身处的传统农业院校如何实现新文科与新农科建设，达到文科与农科的交叉融合，实现各自学科门类的新发展，则成为摆在我们面前的一大教育命题。我们认为，美育教学体系的构建与实施，则不失为一个有效联结文农交叉融合以促进共同发展的具体路径。

我们先后申报了四个与此相关的课题，分别是：黑龙江省高等教育教学改革重点委托项目“新文科建设理念与农业院校美育教学体系的建构研究”（项目编号：SJGZ20200116）；黑龙江省新文科项目“基于行业特色的地方农业院校‘一体四维’新文科建设体系研究” （项目编号：HLJXWY071）；黑龙江省高等教育教学改革一般研究项目“新文科视阈下农业院校美育课程体系建设研究”（项目编号：SJGY20200500）；教育部新农科项目“新农科视阈下农林高校推进课程思政建设改革与实践研究”（项目编号：2020415）。本书即为此四个课题的阶段性成果。

本书在策划与编写过程中，得到学校领导与相关部门的大力支持。时任主管教学工作的副校长武瑞教授，对于本书的编写给予了高屋建瓴的方向性指导以及政策性支持，而且加入课题组指导整个研究过程。崔卫国副校长对本书的编写也非常关注，时常予以指导。教务处、学生处等部门领导对学校美育教育体系构建以及本书的编纂体例等方面，给予了具体的指导性建议。本书能够得以出版，离不开黑龙江大学出版社的领导以及责任编辑的专业化指导与细致耐心的工作。在此，对给予本书支持和帮助的领导和部门一并表示感谢。我们希望这本书能够发挥抛砖引玉的功能，助力于黑龙江省哲学社会科学普及工作。

最后，需要强调说明的是，本书虽然经过编纂同仁的一再修改，但我们深知在此书的编写过程中仍然会存在一些问题，真诚地恳请广大读者予以批评指正。